Sicherheit, Strategie & Innovation

Der Beginn des 21. Jahrhunderts ist geprägt durch eine dynamische Systemkonkurrenz einflussreicher Staaten vor dem globalen Hintergrund politisch-wirtschaftlicher, sozio-kultureller, technisch-industrieller und ökologischer Interdependenzen. Neben besorgniserregenden konventionellen Bedrohungen wie geopolitischen Rivalitäten von Großmächten und klandestinen Terrorstrukturen erlangen vor allem globale Megatrends wie bspw. Klimawandelfolgen, disruptive technologische Innovationen, Migration und demographische Trends verstärkte sicherheitspolitische Bedeutung und erfordern strategische Berücksichtigung.
Aufbauend auf einem erweiterten Sicherheitsbegriff ist es daher Ziel der Reihe, „Sicherheit, Strategie & Innovation" für Deutschland und Europa vorausschauend drängende sicherheitspolitische Fragestellungen inter- oder transdisziplinär zu thematisieren. Dabei soll herausgearbeitet werden, welches strategische Denken und Handeln den komplexen Herausforderungen einer nach mehreren Dekaden vorangeschrittener Globalisierung eng vernetzten Welt gerecht werden kann. Beiträge für diese Reihe präsentieren ausdrücklich den methodischen und/oder konzeptionellen Austausch zwischen Disziplinen wie politikwissenschaftlichen Strategie- und Sicherheitsforschung, der Innovations- und Technologieforschung, der Friedens-, Konflikt- und Entwicklungsforschung, sowie relevante Ansätze von Anthropologie, Soziologie, Agrarwissenschaften, Geographie, Recht und Ökologie.
Die transdisziplinäre Reihe „Sicherheit, Strategie & Innovation" soll zukunftsweisende strategische Argumentationen und Themenfelder sowie innovative konzeptionelle und methodische Ansätze in die deutsche und europäische sicherheitspolitische Debatte hineintragen. Damit soll ein realistisches, empirisch fundiertes und praxisorientiertes Bild bedeutender sicherheitspolitisch relevanter Entwicklung und der strategisch zu bewältigenden Herausforderungen gezeichnet werden, welches sowohl für die fachwissenschaftliche Forschung einen Beitrag leistet, als auch für verantwortliche Entscheidungsträgerinnen und Entscheidungsträger in sicherheitspolitischen Feldern handlungsinformierende Relevanz entfaltet.

Ole Donner · Oliver Gnad ·
Randolph H. Pherson

Klarheit im Denken

Theorie und Praxis strategischer Vorausschau und strukturierter Analysetechniken

Springer

Ole Donner
Strukturierte Analyse Deutschland
Bardowick, Deutschland

Oliver Gnad
Bureau für Zeitgeschehen (BfZ) GmbH
Frankfurt am Main, Deutschland

Randolph H. Pherson
Pherson Associates, LLC
Reston, VA, USA

ISSN 2948-2046 ISSN 2948-2054 (electronic)
Sicherheit, Strategie & Innovation
ISBN 978-3-031-62116-1 ISBN 978-3-031-62117-8 (eBook)
https://doi.org/10.1007/978-3-031-62117-8

Die Deutsche Nationalbibliothek verzeichnet diese Publikation in der Deutschen Nationalbibliografie; detaillierte bibliografische Daten sind im Internet über https://portal.dnb.de abrufbar.

Planung/Lektorat: Jan Treibel
Springer ist ein Imprint der eingetragenen Gesellschaft Springer Nature Switzerland AG und ist ein Teil von Springer Nature.
Die Anschrift der Gesellschaft ist: Gewerbestrasse 11, 6330 Cham, Switzerland

Kurz nach Fertigstellung der englischen Edition dieses Buches im Januar 2024 verstarb unser Mitautor Randolph Pherson. Bis wenige Tage vor seinem unerwarteten Tod hatte er unermüdlich die letzten Verbesserungen an der englischen Ausgabe vorgenommen. Randy war ein Vordenker auf dem Gebiet der Strukturierten Analysetechniken, ein Mentor für Generationen von Analystinnen und Analysten, und sein Vermächtnis wird die Arbeit vieler Intelligence Professionals auf der ganzen Welt über die kommenden Jahrzehnte weiter prägen.
Wir verdanken Randy so viel und werden ihn schrecklich vermissen. Ohne ihn

würde es dieses Buch nicht geben. Danke Randy! Und ruhe in Frieden, Freund.

Bardowick/Frankfurt am Main, im Januar 2024
Ole Donner, Oliver Gnad

Vorwort

Liebe Leserinnen, liebe Leser,

was der deutsch-schweizerische Komödiant Curt Goetz einmal so süffisant auf den Punkt gebracht hat, ist zu einem strukturellen Problem informationsübersättigter Gesellschaften geworden: „Allen ist das Denken erlaubt, vielen bleibt es erspart."

Tagtäglich werden wir von einer Flut an Informationen, Bits und Bytes überschwemmt. Klarheit im Denken wird so zu einem fast unmöglichen Unterfangen. Wie unterscheiden wir „richtige" von „falschen" Informationen? Wie Wahrnehmung von Wahrheit? Was ist ein starkes Signal aus der Zukunft, was nur belangloses Hintergrundrauschen? Können wir überhaupt Entscheidungen treffen angesichts der Ungewissheit, welche Informationen relevant, verborgen oder schlichtweg falsch sind? Und dann müssen wir uns auch noch mit dem Paradoxon der „Unknown Unknowns" auseinandersetzen – mit Dingen also, von denen wir gar nicht wissen, dass sie existieren.

Klar zu denken ist auch deshalb eine Kunst, weil wir uns weder auf unsere Intuition noch unsere Erfahrung verlassen können. Denn unser Gehirn täuscht uns permanent falsche Tatsachen vor: Es verleitet uns zur Auswahl von Informationen, die zu unseren bereits bestehenden Annahmen passen, zu Wahrnehmungen, die eingespielte Muster verstärken und es drängt uns zu Urteilen, die unseren Vorurteilen entsprechen. All diese kognitiven Verzerrungen (cognitive biases) geschehen unbewusst – und prägen doch die Mehrzahl unserer Alltagsentscheidungen.

Als würde all das nicht schon genug Verunsicherung stiften, müssen wir uns auch noch mit ständiger Veränderung herumschlagen – und die ist häufig disruptiv. Ob der Anschlag auf das New Yorker World Trade Center (2001), die weltweite Finanzkrise (2009), der Arabische Frühling (2010/11), das Flüchtlingsdrama im Mittelmeer-Raum (2015/16), die russische Annexion der Krim (2014), die Corona-Pandemie (2020/22), der Angriffskrieg Russlands gegen die Ukraine (2022–), der neu entflammte Konflikt im Nahen Osten (2023) – disruptive Pfadwechsel prägen unser Leben viel stärker, als uns lieb und bewusst ist. Und sie führen uns auf schmerzliche Weise die Begrenztheit unserer analytisch-prognostischen Fähigkeiten vor Augen.

Was also tun? – Die Antwort gibt der Kognitionswissenschaftler Daniel Kahneman: Wir müssen wieder lernen, langsam zu denken. Nur so können wir dem Teufelskreis von vorschnellen Urteilen, Bestätigungskulturen und Echokammern entfliehen, die verhindern, dass wir in Zeiten beschleunigten Wandels zu zukunftsrobusten Entscheidungen und abgewogenen Urteilen kommen können.

Mit unserem Band „Klarheit im Denken – Theorie und Praxis strategischer Vorausschau und strukturierter Analysetechniken (SAT)“ wollen wir einen Beitrag zur Etablierung einer neuen Kultur des klaren Denkens leisten. Dabei greifen wir u. a. auf einen Methodenkasten zurück, den die CIA bereits vor 9/11 entwickelt hat und der seitdem kontinuierlich weiterentwickelt wurde. Ein Methodenkasten, der sowohl in der geheimdienstlichen und militärischen Analyse, in Unternehmen, bei Strafverfolgungsbehörden als auch im Rahmen der strategischen Politikformulierung zur Anwendung kommt.

Dieser Methodenkasten ist befüllt mit „Strukturierten Analysetechniken“ (SATs), die wir entsprechend ihrer Leistungskerne nach fünf Methoden-Familien unterscheiden: (1) Explorationstechniken, (2) Diagnose-Techniken, (3) Reframing-Techniken, (4) Vorausschau-Techniken und (5) Techniken zur Entscheidungsunterstützung. Und weil noch so gute Analyse ihre Zielgruppe verfehlt, wenn sie nicht pointiert präsentiert wird, finden Sie in diesem Kompendium auch ein Kapitel zu effektivem Schreiben.

Lange haben wir darüber nachgedacht, ob es ein weiteres Methodenhandbuch braucht. Es ist wie mit Kochbüchern: Sie sind Inspiration und machen Appetit. Aber Kochen lernt man, indem man es tut, nicht, indem man Bücher darüber liest. So verhält es sich auch mit guter Analyse.

Und deshalb ist dieses Kompendium ein Hybrid – halb Methodenhandbuch, halb Simulationscockpit. Anhand von drei Fallstudien zeigen wir das Zusammenspiel der Methoden-Familien und ihre Leistungsfähigkeit. Während wir das Attentat auf den schwedischen Ministerpräsidenten Olaf Palme als kriminologischen Fall nutzen, um analytische Fallstricke und Fehlschlüsse offenzulegen, wendet sich die Fallstudie „Blackout in Berlin" einem (vermeintlichen) Cyber-Angriff auf kritische Infrastruktur zu und dem Problem des analytischen Irrwegs bzw. der bewussten Täuschung. Und wie die Zukunft der Arktis angesichts rapide fortschreitenden Klimawandels und geopolitischer Rivalität aussehen könnte, ist Gegenstand einer simulierten Übung in strategischer Vorausschau und Szenario-Planung – eine Methode, die zunehmend von Unternehmen, aber auch im öffentlichen Sektor zum Risiko-Management und zur Entwicklung von Handlungsoptionen genutzt wird.

Denn in einer Welt, die durch Fragmentierung, schwelende Interessen- und Zielkonflikte und damit zunehmende Ungewissheit geprägt ist, wird klares Denken nicht nur zu einem Wettbewerbsvorteil, sondern zu einer existentiellen Notwendigkeit.

Die gute Nachricht: Klares Denken kann erlernt werden. Dieses Buch soll einen Beitrag zu dieser Lernreise leisten – es ist gleichsam das Ticket, um diese Reise antreten zu können. Auf diese Weise wollen wir nicht nur zu einer Professionalisierung der deutschsprachigen Intelligence Community beitragen, sondern auch zur Etablierung gemeinsam geteilter Arbeitsstandards und einer verbesserten Interoperabilität mit dem englischsprachigen Raum. Denn wir befinden uns in einer Ära des Übergangs, in der der Gleichklang von Gedanken und Konzepten eine wesentliche Voraussetzung ist, um Gesellschaften und Institutionen zukunftsfähig zu machen.

Dieses Buch verdankt seine Entstehung der Unterstützung Vieler. Insbesondere danken wir Anne Vargas (Blackout in Berlin) und Christoph Rosa (Terror in Stockholm, Arktis im Umbruch) für ihre Unterstützung bei der Formulierung der Fallstudien. Dr. Volker Raddatz hat die Übersetzung aus dem Englischen übernommen; Mary O'Sullivan und Friederike Bauer haben das Manuskript redaktionell überarbeitet, und Adriana Gonzalez war für die Erstellung der über 120 Grafiken verantwortlich.

Abschließend noch ein rechtlicher Hinweis: Alle Fakten und Analysen in diesem Buch basieren auf Recherchen der Autoren; Einschätzungen und Meinungen sind ebenfalls die der Autoren. Sie spiegeln keine offiziellen Positionen wider – weder amerikanischer Geheimdienste, wie der Central Intelligence Agency (CIA), anderen US-Regierungsbehörden bzw. deutschen oder europäischen Institutionen. Inhalte sollten also nicht so interpretiert werden, als ob sie offizielle Regierungspositionen widerspiegelten. Um zu verhindern, dass Verschlusssachen offengelegt werden, wurde dieses Buch vor seiner Veröffentlichung von der Central Intelligence Agency (CIA) überprüft. Die CIA hat aber keinen Einfluss auf Inhalte oder Interpretationen ausgeübt.

Bardowick	Ole Donner
Frankfurt am Main	Oliver Gnad
Reston/VA	Randolph H. Pherson
im Februar 2024	

Inhaltsverzeichnis

1 Klarheit im Denken ... 1
1.1 Strukturierte Analysetechniken ... 4
1.2 Kapitelübersicht ... 4

2 Wie wir denken: System 1 und System 2 ... 7
2.1 System 1 als Quelle systematischer Fehler ... 12
2.2 Wie wir uns irren: Biases, Heuristiken und Intuitive Stolperfallen ... 14
2.3 Wie wir es besser machen können: Strukturierte Analysetechniken ... 16
2.4 Die fünf Gewohnheiten eines Meisterdenkers ... 23

3 Die zentrale Rolle von Fragestellungen ... 27
3.1 Warum sind Fragen so wichtig? ... 27
3.2 Was sind „falsche" Fragestellungen? ... 29
3.3 Was sind falsch gestellte Fragen? ... 31
3.4 Was hindert uns daran, mit guten Fragen zu arbeiten? ... 32
3.5 Wie können wir die richtigen Fragen richtig stellen? ... 34

4 Terror in Stockholm – Die Ermordung von Olof Palme ... 45
4.1 Die politischen Hintergründe zu Palmes Ermordung ... 49
4.2 Tathergang und Tatort im Detail ... 54
4.3 Das Profiling alias Operative Fallanalyse ... 60
4.4 Politische Verschwörungen und Motive ... 76

5 Blackout in Berlin! 89
5.1 Blackout in der deutschen Hauptstadt 91
5.2 Untersuchung: Was ist passiert? 105
5.3 Wesentliche Erkenntnisse und die wahre Geschichte 115

6 Die Arktis im Umbruch 119
6.1 Welche Treiber prägen die Zukunft der Arktis? 120
6.2 B. Die wichtigsten Akteure 142
6.3 Szenarien erstellen 165
6.4 Indikatoren generieren und validieren 171

7 Analyseprodukte optimieren 181
7.1 Die richtige Herangehensweise 183
7.2 Eine Checkliste für den Projektstart 186
7.3 Das Ziel des Produkts bestimmen 188
7.4 Ein letzter Blick 193

8 Strukturierte Analysetechniken 195
8.1 Explorationstechniken 195
8.2 Diagnose-Techniken 214
8.3 Reframing-Techniken 242
8.4 Vorausschau-Techniken 267
8.5 Techniken zur Entscheidungsunterstützung 288
8.6 Die Auswahl der richtigen Analysetechnik 306

9 Und nun? – Anstelle eines Schlussworts 309

Anhang A: Ausgewählte Biases, Heuristiken und Intuitive Stolperfallen 311

Anhang B: Literaturempfehlungen 327

Über die Autoren

Ole Donner ist Gründer des Trainings- und Beratungsunternehmens „Strukturierte Analyse Deutschland" und arbeitet in dieser Position als Trainer und Berater. Zu seinen Kunden zählen staatliche Institutionen wie die Kriminalpolizei, zwischenstaatliche Organisationen wie die NATO sowie nationale und internationale Wirtschaftsunternehmen. Sein Ziel lautet stets: die jeweilige Intelligence- und Analysefähigkeit zu steigern.

Ole Donner blickt auf 13 Dienstjahre bei der deutschen Bundeswehr zurück, in denen er umfangreiche Erfahrungen als Analyst, Vorgesetzter und Dozent gesammelt hat. In dieser Zeit konzipierte er die Analyseausbildung der deutschen Streitkräfte neu und setzte dabei stark auf die kompetenzorientierte Vermittlung von Strukturierten Analysetechniken (SATs). Zudem erarbeitete er Teile der Ausbildung „Intelligence Leadership" der Führungsakademie der Bundeswehr in Hamburg.

Ole Donner ist Autor der ersten deutschsprachigen Website über Analyse und Strukturierte Analysetechniken (strukturierte-analyse.de) und Initiator der „German Intelligence Community Conference" (GICC). Darüber hinaus ist er Research Fellow am Institute for Intelligence and Security Management (I2SM) an der NBS Northern Business School Hamburg.

Ole Donner hat einen Bachelor in Politikwissenschaften und einen Master in Internationalen Beziehungen der Universität der Bundeswehr in Hamburg.

Oliver Gnad ist Mitbegründer und geschäftsführender Gesellschafter des „Bureau für Zeitgeschehen", einer Denkfabrik und Strategieberatung mit Sitz in Frankfurt am Main. Er ist spezialisiert auf Trendanalysen und Methoden der strategischen Vorausschau. Oliver Gnad ist Senior Visiting Fellow des German Marshall Fund of the United States und des Stimson Center in Washington, D.C. Seit 2015 unterrichtet er Strukturierte Analysetechniken an der Hertie School in Berlin und an deutschen Universitäten. Von 2008 bis 2016 leitete er in Berlin GIZ AgenZ, eine hauseigene Agentur der Deutschen Gesellschaft für Internationale Zusammenarbeit (GIZ) für Public Affairs-Fragen und strategische Geschäftsentwicklung.

Davor war er fünf Jahre lang Programmleiter „Internationales und Global Governance" der ZEIT-Stiftung Ebelin und Gerd Bucerius in Hamburg. Er ist promovierter Historiker und Politologe, Autor zahlreicher Bücher und Aufsätze zu außen- und sicherheitspolitischen Themen und Fragen nachhaltiger Entwicklung.

Randolph H. Pherson (†) Mitbegründer und Geschäftsführer von Pherson Associates, LLC und CEO von Globalytica, LLC. Randy Pherson hat Analystinnen und Analysten in den meisten US-Geheimdiensten, in Fortune-100-Unternehmen und in vielen Ländern auf der ganzen Welt, darunter Großbritannien, Italien, Norwegen, Dänemark, Spanien, Rumänien, Australien, Saudi-Arabien und Hongkong, Strukturierte Analysetechniken und Fähigkeiten zum kritischen Denken vermittelt. Er ist Autor des Handbook of Analytic Tools and Techniques, 5th ed. (2019) und How to Get the Right Diagnosis: 16 Tips for Navigating the Medical System (2020). Er ist Mitautor von Structured Analytic Techniques for Intelligence Analysis, 3. ed. (2021); Critical Thinking for Strategic Intelligence, 3. ed. (2021); Cases in Intelligence Analysis: Structured Analytic Techniques in Action, 2. ed. (2015); Analyst's Guide to Indicators (2018), Analytic Briefing Guide (2018), Analytic Production Guide (2016), und Intelligence Communication in the Digital Era: Transforming Security, Defense, and Business (2015).

Pherson beendete im Jahr 2000 eine 28-jährige Karriere in der US Intelligence Community, bei der er zuletzt als National Intelligence Officer (NIO) für Lateinamerika tätig war. Zuvor verantwortete er bei der Central Intelligence Agency (CIA) die Koordination von Analysen. Thematisch reichten diese von globaler Instabilität bis hin zu Lateinamerika. Er gehörte dem Stab des Generalinspekteurs an und war Chef des Stabes für strategische Planung und Management der CIA. Für seinen Dienst als NIO wurde er mit der Distinguished Intelligence Medal und der Distinguished Career Intelligence Medal ausgezeichnet. Randolph Pherson erhielt seinen B.A. vom Dartmouth College und einen M.A.

in Internationalen Beziehungen von der Yale University.

Abkürzungsverzeichnis

A5 (Arctic Five)	Kanada, Dänemark (Grönland), Norwegen, Russland, USA (Die arktischen Fünf)
A8 (Arctic Eight)	Kanada, Dänemark (Grönland), Finnland, Island, Norwegen, Russland, Schweden, USA (Die arktischen Acht)
AACA	Adaptation Action for a Changing Arctic/ Anpassungsmaßnahmen für eine sich wandelnde Arktis
AC	Arktischer Rat (Arctic Council)
ACH	Analysis of Competing Hypotheses/Analyse konkurrierender Hypothesen
AEP	American Electric Power (US-Energieversorger)
KI/AI	Künstliche Intelligenz/Artificial Intelligence
ALCOM	Alaska Command/Alaska-Kommando der US-Streitkräfte
ANC	African National Congress/Afrikanischer Nationalkongress
AWZ	Ausschließliche Wirtschaftszone
BEAC	Barents Euro-Arctic Council/Rat der europäisch-arktischen Barentssee-Region
BIP	Bruttoinlandsprodukt
BKA	Bundeskriminalamt
BNetzA	Bundesnetzagentur
ChatGPT	Natural Language Processing Tool, das auf KI basiert
CIA	Central Intelligence Agency/US-Auslandsnachrichtendienst
CLCS	Commission on the Limits of the Continental Shelf/ Festlandsockelgrenzkommission (siehe FSGK)

EAP	Europeiska arbetarpartiet (schwedische Partei)
E.ON	Deutsches Energieunternehmen
ERC	Electric Reliability Corporation/US-Netzagentur
EU	Europäische Union
EVE	Evaluation of the Evidence/Evaluierung von Belegen und Indizien
FBI	Federal Bureau of Investigation/Oberste Strafverfolgungsbehörde der USA
FSGK	Festlandsockelgrenzkommission (siehe CLCS)
IC	Intelligence Community/informeller Verbund der US-Nachrichtendienstorganisationen
ICS	Industrial Control Systems/Industrielle Kontrollsysteme
IMO	International Maritime Organization/Internationale Seeschifffahrts-Organisation
ISIS	Islamic State in Iraq and Syria/Terrororganisation Islamischer Staat im Irak und Syrien
ISOs	Independent System Operators/Unabhängige Systembetreiber
IT	Informationstechnik
MECE	Mutually Exclusive and Comprehensively Exhaustive/sich gegenseitig ausschließend und in der Gesamtschau vollumfänglich
MHG	Multiple Hypothesis Generation/Multiple Hypothesen-Generierung
MISO	Midwest Independent System Operator/Stromnetzbetreiber im mittleren Westen der USA
MOM	Motive, Opportunity, and Means/Motive, Gelegenheiten und Möglichkeiten
MOSES	Manipulability of Sources/Manipulation von Quellen
MSG	Multiple Scenario Generation/Multiple Szenario-Generierung
NATO	North Atlantic Treaty Organization/Nordatlantikpakt
NORAD	North American Aerospace Defense Command/ Nordamerikanisches Luftverteidigungskommando
NERC	North American Electric Reliability Corporation/ US-amerikanische Netzagentur
NORTHCOM	US Regional Command for North America/Regionales Kommando der US-Streitkräfte für Nordamerika
NSR	Northern Sea Route/Nördlicher Seeweg

NWP	Nordwest-Passage
OFA	Operative Fallanalyse
OPEC	Organization of the Petroleum Exporting Countries/ Organisation erdölexportierender Länder
OSIF	Open Source Information/Information aus öffentlichen Quellen
PESTLE	Political, Economic, Social, Technological, Legal, Environmental/Politische, wirtschaftliche, soziale, technologische, rechtliche und ökologische Veränderungsfaktoren
PII	Persönlich identifizierbare Informationen
PKK	Partiya Karkerên Kurdistanê/Kurdische Arbeiterpartei
PMESII	Political, Military, Economic, Social, Information, Infrastructure/Politische, militärische, wirtschaftliche, soziale, informationsbezogene, infrastrukturelle Faktoren
POP	Past Opposition Practices/Vergangene Verfahrensweisen eines Gegners/Konkurrenten
RAF	Rote Armee Fraktion (deutsche Terroristenvereinigung)
RWE	Deutsches Energieunternehmen
SAPÖ	Säkerhetspolisen (schwedischer Inlandsnachrichtendienst)
SATs	Structured Analytic Techniques/Strukturierte Analysetechniken
SCADA	Supervisory Control and Data Acquisition/Kontrolle durch Aufsichtsbehörden und Datenbeschaffung
SRÜ	UN-Seerechtsübereinkommen
STEEP	Social, Technological, Economic, Environmental, Political/ Soziale, technologische, ökonomische und politische Veränderungsfaktoren
STEMPLES+	Social, Technological, Economic, Military, Political, Legal-Regulatory, Environmental, Security, Plus Soft/ Soziale, technologische, wirtschaftliche, militärische, politische, rechtliche, ökologische, sicherheitsbezogene und weiche Veränderungsfaktoren
SWOT	Strengths, Weaknesses, Opportunities, Threats/Stärken, Schwächen, Möglichkeiten, Gefahren
UdSSR	Union der Sozialistischen Sowjetrepubliken
UK	United Kingdom/Vereinigtes Königreich
UN	United Nations/Vereinte Nationen

UNCLOS	United Nations Convention on the Law of the Sea/ Seerechtsübereinkommen der Vereinten Nationen/(siehe SRÜ)
USA	United States of America/Vereinigte Staaten von Amerika
VOIP	Voice Over Internet Protocol/Übermittlung von Sprachdaten über das Internet
WMD	Weapons of Mass Destruction/Massenvernichtungswaffen
WYSIATI	What you see is all there is/Was Sie sehen, ist alles, was es gibt

Abbildungsverzeichnis

Abb. 1.1 Zwei Denkarten. (Quelle: Copyright 2024 Pherson. All Rights Reserved) 2
Abb. 2.1 Schnelles Denken, langsames Denken. (Quelle: Copyright 2024 Pherson. All Rights Reserved) 8
Abb. 2.2 Ambiguität 13
Abb. 2.3 Taxonomie analytischer Ansätze. (Quelle: Copyright 2024 Pherson. All Rights Reserved) 18
Abb. 2.4 Die fünf Analysetechnik-Familien. (Quelle: Copyright 2024 Pherson. All Rights Reserved) 21
Abb. 2.5 Die fünf Gewohnheiten des Meisterdenkers. (Quelle: Copyright 2024 Pherson. All Rights Reserved) 24
Abb. 3.1 Der Produktionsprozess. (Quelle: Copyright 2024 Donner. All Rights Reserved) 38
Abb. 3.2 Das Analytische Spektrum. (Quelle: Copyright 2024 Pherson. All Rights Reserved) 41
Abb. 4.1 Olof Palme 46
Abb. 4.2 Lisbeth und Olof Palme 47
Abb. 4.3 PKK-Gründer Abdullah Öcalan 52
Abb. 4.4 Timeline. (Quelle: Copyright 2024 Gnad. All Rights Reserved) 53
Abb. 4.5 Künstlerische Interpretation des Tathergangs (anonym) 55

Abb. 4.6 Ausschnitt der Stockholmer Altstadt. Position 1 markiert den Tatort, 2 und 3 Orte, an denen der Täter auf der Flucht gesehen wurde. Das Cinema Grand liegt in der oberen, linken Ecke der Karte 56
Abb. 4.7 Trauernde am Tatort am Tag nach Palmes Ermordung, 1986 58
Abb. 4.8 Ein Beispiel für eine „Starmap" unseres Falls (nicht immer machen alle der sechs Teilfragen Sinn – „was" passiert ist, ist hier eindeutig). (Quelle: Copyright 2024 Gnad. All Rights Reserved) 61
Abb. 4.9 Multiple Hypothesen-Generierung: Wer, warum und was. (Quelle: Copyright 2024 Gnad. All Rights Reserved) 64
Abb. 4.10 Die Ermordung Palmes: Mögliche Hypothesen. (Quelle: Copyright 2024 Gnad. All Rights Reserved) 65
Abb. 4.11 Olof Palme mit seinen Söhnen Marten und Joakim. Das beschauliche Privatleben des Politikers spricht wohl gegen eine Beziehungstat 66
Abb. 4.12 Die Ermordung Palmes: Analyse konkurrierender Hypothesen. (Quelle: Copyright 2024 Gnad. All Rights Reserved) 68
Abb. 4.13 Gedenktafel an Olof Palme 69
Abb. 4.14 Akteursanalyse. (Quelle: Copyright 2024 Gnad. All Rights Reserved) 79
Abb. 4.15 Ein Waffensystem der Firma Bofors 82
Abb. 5.1 Berlin im Sommer 90
Abb. 5.2 Blackout Key Assumptions Check. (Quelle: Copyright 2024 Pherson. All Rights Reserved) 96
Abb. 5.3 Blackout Mind Map. (Quelle: Copyright 2024 Pherson. All Rights Reserved) 98
Abb. 5.4 Schwere Blackouts in Europa. (Quelle: Copyright 2024 Pherson. All Rights Reserved) 101
Abb. 5.5 Interdependenzen des Energiesektors. (Quelle: Copyright 2024 Pherson. All Rights Reserved) 102
Abb. 5.6 Erklärung eines europäischen Beauftragten für Cyber-Infrastruktur *(Auszug)*. (Quelle: Copyright 2024 Pherson. All Rights Reserved) 104
Abb. 5.7 Priorisierung der Ermittlungen mit Starbursting. (Quelle: Copyright 2024 Pherson. All Rights Reserved) 106

Abb. 5.8 Vorschriften und Kontrollen für elektrische Infrastruktur ... 107
Abb. 5.9 Cluster Brainstorming zur Identifikation möglicher Ursachen. (Quelle: Copyright 2024 Pherson. All Rights Reserved) ... 112
Abb. 5.10 Gruppierung von Blackout-Ursachen mit Cluster Brainstorming. (Quelle: Copyright 2024 Pherson. All Rights Reserved) ... 113
Abb. 5.11 Inconsistencies Finder™ zur Identifikation der Leithypothese. (Quelle: Copyright 2024 Pherson. All Rights Reserved) ... 116
Abb. 6.1 Die Zukunft der Arktis: Schlüsselannahmen. (Quelle: Copyright 2024 Pherson. All Rights Reserved) ... 123
Abb. 6.2 Geschwindigkeit der Eisschmelze. (Quelle: Copyright 2024 Pherson. All Rights Reserved) ... 127
Abb. 6.3 Nachfrage nach Ressourcen. (Quelle: Copyright 2024 Pherson. All Rights Reserved) ... 127
Abb. 6.4 Sicherheit und rechtliche Organisation. (Quelle: Copyright 2024 Pherson. All Rights Reserved) ... 128
Abb. 6.5 Disruptoren. (Quelle: Copyright 2024 Pherson. All Rights Reserved) ... 128
Abb. 6.6 Cross-Impact-Matrix. (Quelle: Copyright 2024 Gnad. All Rights Reserved) ... 130
Abb. 6.7 Verteilung der unentdeckten fossilen Ressourcen in der Arktis, in Prozent. (Quelle: Copyright 2024 Pherson. All Rights Reserved) ... 131
Abb. 6.8 Voraussichtliche Geschwindigkeit der Eisschmelze in der Arktis. (Quelle: Copyright 2024 Pherson. All Rights Reserved) ... 134
Abb. 6.9 Arktische Schifffahrtsrouten. (Quelle: Copyright 2024 Pherson. All Rights Reserved) ... 135
Abb. 6.10 „Arctic Eight" (Arktischer Rat) und internationale Mitgliedschaften. (Quelle: Copyright 2024 Pherson. All Rights Reserved) ... 138
Abb. 6.11 Bevölkerung in der Arktis. (Quelle: Copyright 2024 Pherson. All Rights Reserved) ... 140
Abb. 6.12 Ressourcen in der Arktis. (Quelle: Copyright 2024 Pherson. All Rights Reserved) ... 141
Abb. 6.13 Arktische Territorialgrenzen und Ansprüche. (Quelle: Copyright 2024 Pherson. All Rights Reserved) ... 143

Abb. 6.14 Prognostizierte Bevölkerungsentwicklung in der Arktis. (Quelle: Copyright 2024 Pherson. All Rights Reserved) 144
Abb. 6.15 Arktische Eisbrecher. (Quelle: Copyright 2024 Pherson. All Rights Reserved) 145
Abb. 6.16 Russlands Militarisierung der Arktis. (Quelle: Copyright 2024 Pherson. All Rights Reserved) 146
Abb. 6.17 Indigene und nicht-indigene arktische Bevölkerungsgruppen. (Quelle: Copyright 2024 Pherson. All Rights Reserved) 151
Abb. 6.18 Norwegens Arktis-Politik. (Quelle: Copyright 2024 Pherson. All Rights Reserved) 157
Abb. 6.19 Finnland als Tor zur Arktis. (Quelle: Copyright 2024 Pherson. All Rights Reserved) 161
Abb. 6.20 Vergleich des BIP der arktischen Anrainerstaaten. (Quelle: Copyright 2024 Pherson. All Rights Reserved) 164
Abb. 6.21 Geschwindigkeit der Eisschmelze/Nachfrage nach Ressourcen. (Quelle: Copyright 2024 Pherson. All Rights Reserved) 165
Abb. 6.22 Geschwindigkeit der Eisschmelze/Sicherheit und rechtliche Organisation. (Quelle: Copyright 2024 Pherson. All Rights Reserved) 166
Abb. 6.23 Geschwindigkeit der Eisschmelze/Zwei Disruptoren Matrix. (Quelle: Copyright 2024 Pherson. All Rights Reserved) 166
Abb. 6.24 Nachfrage nach Ressourcen/Sicherheit und rechtliche Organisation. (Quelle: Copyright 2024 Pherson. All Rights Reserved) 167
Abb. 6.25 Nachfrage nach Ressourcen/Zwei Disruptoren Matrix. (Quelle: Copyright 2024 Pherson. All Rights Reserved) 167
Abb. 6.26 Sicherheit und rechtliches Regime/Zwei Disruptoren Matrix. (Quelle: Copyright 2024 Pherson. All Rights Reserved) 168
Abb. 6.27 Validierte Indikatoren für drei Arktis-Szenarien. (Quelle: Copyright 2024 Pherson. All Rights Reserved) 172
Abb. 6.28 Szenario: „Red Ice“; Handlungsempfehlung: Begrenzung der russischen Hegemonie in der Arktis. (Quelle: Copyright 2024 Pherson. All Rights Reserved) 177

Abb. 6.29 Szenario: „Corporate Coldbox“; Handlungsempfehlung: Widerstand gegen eklatante Verletzungen des Völkerrechts und der nationalen Souveränität und Ausschluss anderer Akteure aus der Region. (Quelle: Copyright 2024 Pherson. All Rights Reserved) 178

Abb. 6.30 Szenario: „Wild, wild North“; Handlungsempfehlung: Beibehaltung des Status quo. (Quelle: Copyright 2024 Pherson. All Rights Reserved) 179

Abb. 7.1 The Analyst's Roadmap. (Quelle: Katja Petzold, Landeskriminalamt Hamburg) 182

Abb. 7.2 Neun Prinzipien für effektives Schreiben. (Quelle: Copyright 2024 Pherson. All Rights Reserved) 183

Abb. 7.3 Adressatencheckliste. (Quelle: Copyright 2024 Pherson. All Rights Reserved) 186

Abb. 7.4 Einstiegscheckliste. (Quelle: Copyright 2024 Pherson. All Rights Reserved) 187

Abb. 7.5 Bewertung der Nützlichkeit von SATs zur Extraktion, Analyse und Präsentation von Daten. (Quelle: Copyright 2024 Pherson. All Rights Reserved) 189

Abb. 7.6 Bestimmen Sie das ZIEL Ihres Analyseproduktes. (Quelle: Copyright 2024 Pherson. All Rights Reserved) 190

Abb. 8.1 Definitionen von Biases, Heuristiken und Intuitiven Stolperfallen. (Quelle: Copyright 2024 Pherson. All Rights Reserved) 198

Abb. 8.2 Welche explorative Analysetechnik hilft gegen welche kognitive Stolperfalle? (Quelle: Copyright 2024 Pherson. All Rights Reserved) 199

Abb. 8.3 Circleboarding. (Quelle: Copyright 2024 Pherson. All Rights Reserved) 204

Abb. 8.4 Starbursting. (Quelle: Copyright 2024 Pherson. All Rights Reserved) 207

Abb. 8.5 Mind Map. (Quelle: Copyright 2024 Pherson. All Rights Reserved) 208

Abb. 8.6 Concept Map. (Quelle: Copyright 2024 Pherson. All Rights Reserved) 211

Abb. 8.7 Venn-Analyse. (Quelle: Copyright 2024 Pherson. All Rights Reserved) 213

Abb. 8.8 Definitionen von Biases, Heuristiken und Intuitiven Stolperfallen. (Quelle: Copyright 2024 Pherson. All Rights Reserved) 216
Abb. 8.9 Welche diagnostische Analysetechnik hilft gegen welche kognitive Stolperfalle? (Quelle: Copyright 2024 Pherson. All Rights Reserved) 217
Abb. 8.10 Beispiel einer Analyse konkurrierender Hypothesen. (Quelle: Copyright 2024 Pherson. All Rights Reserved) 227
Abb. 8.11 Definitionen von Biases, Heuristiken und Intuitiven Stolperfallen. (Quelle: Copyright 2024 Pherson. All Rights Reserved) 244
Abb. 8.12 Welche Reframing-Technik hilft gegen welche kognitive Stolperfalle? (Quelle: Copyright 2024 Pherson. All Rights Reserved) 245
Abb. 8.13 Kontexterweiterndes Denken. (Quelle: Copyright 2024 Pherson. All Rights Reserved) 248
Abb. 8.14 Zwei Arten strukturierter Analogien. (Quelle: Copyright 2024 Pherson. All Rights Reserved) 250
Abb. 8.15 Systematik der Szenarerstellung im klassischen Quadranten-Crunching. (Quelle: Copyright 2024 Pherson. All Rights Reserved) 257
Abb. 8.16 Annahmen umkehren. (Quelle: Copyright 2024 Pherson. All Rights Reserved) 259
Abb. 8.17 Beispielmatrizen. (Quelle: Copyright 2024 Pherson. All Rights Reserved) 259
Abb. 8.18 Szenarauswahl. (Quelle: Copyright 2024 Pherson. All Rights Reserved) 260
Abb. 8.19 Beispielfragen strukturierter Selbstkritik. (Quelle: Copyright 2024 Pherson. All Rights Reserved) 264
Abb. 8.20 Taxonomie unterschiedlicher Vorausschau-Techniken. (Quelle: Copyright 2024 Pherson. All Rights Reserved) 268
Abb. 8.21 Definitionen von Biases, Heuristiken und Intuitiven Stolperfallen. (Quelle: Copyright 2024 Pherson. All Rights Reserved) 269
Abb. 8.22 Welche Vorrauschau-Technik hilft gegen welche kognitive Stolperfalle? (Quelle: Copyright 2024 Pherson. All Rights Reserved) 270

Abb. 8.23 Die Zukunft des Ukraine-Krieges: Paarung der Schlüsseltreiber. (Quelle: Copyright 2024 Pherson. All Rights Reserved) ... 278
Abb. 8.24 Die Zukunft des Ukraine-Krieges: Multiple Szenario-Generierung – Beispiel. (Quelle: Copyright 2024 Pherson. All Rights Reserved) ... 279
Abb. 8.25 Die Zukunft des Ukraine-Krieges: Szenarauswahl. (Quelle: Copyright 2024 Pherson. All Rights Reserved) ... 280
Abb. 8.26 Definitionen von Biases, Heuristiken und Intuitiven Stolperfallen. (Quelle: Copyright 2024 Pherson. All Rights Reserved) ... 290
Abb. 8.27 Welche Technik zur Entscheidungsunterstützung hilft gegen welche kognitive Stolperfalle? (Quelle: Copyright 2024 Pherson. All Rights Reserved) ... 291
Abb. 8.28 Chancen Inkubator. (Quelle: Copyright 2024 Pherson. All Rights Reserved) ... 292
Abb. 8.29 SWOT-Analyse. (Quelle: Copyright 2024 Pherson. All Rights Reserved) ... 295
Abb. 8.30 Einflussmatrix. (Quelle: Copyright 2024 Pherson. All Rights Reserved) ... 298
Abb. 8.31 Entscheidungsmatrix. (Quelle: Copyright 2024 Pherson. All Rights Reserved) ... 300
Abb. 8.32 Umfeld-Analyse. (Quelle: Copyright 2024 Pherson. All Rights Reserved) ... 302
Abb. 8.33 Wobei hilft mir welche Strukturierte Analysetechnik? (Quelle: Copyright 2024 Pherson. All Rights Reserved) ... 307

Klarheit im Denken 1

Zusammenfassung

In unserer modernen Welt, geprägt von einer ständig wachsenden Menge an Informationen und einer Fülle von Entscheidungsmöglichkeiten, ist das Denken, das Fällen von Urteilen und das Treffen von Entscheidungen eine anspruchsvolle Aufgabe geworden. Systematische Denk- und Urteilsfehler vergrößern diese Herausforderung noch. Bedauerlicherweise ist die bloße Kenntnis dieser Denk- und Urteilsfehler keine Garantie, sie zu vermeiden. Vor diesem Hintergrund liefern Strukturierte Analysetechniken (SATs) das notwendige Rüstzeug für eine effektive Entscheidungsfindung in allen analytischen Bereichen – sei es im privaten, geschäftlichen oder öffentlichen Sektor – und auf allen Ebenen, sei es taktisch, operativ oder strategisch. Da das Verbessern des Denkens und des Urteilsvermögens durchgängig und überall von Nutzen ist, richtet sich dieses Buch an alle, die sich als „Denker“ verstehen. Egal, ob Sie eine erfahrene Analystin oder ein erfahrener Analyst sind oder gerade erst in dieses Feld einsteigen – wir hoffen, dass dieses Buch Ihnen das erforderliche Wissen und die praktischen Fähigkeiten vermittelt, um komplexe Probleme wirkungsvoll anzugehen.

Ist Ihnen bei den zwei Rechenaufgaben in Abb. 1.1 etwas aufgefallen? Wahrscheinlich sind Sie bei der ersten schnell und intuitiv auf „vier“ gekommen. Und dies, obwohl Sie nicht dazu aufgefordert waren, etwas zu berechnen. Aber die Lösung kam automatisch, Sie konnten sich ihr gar nicht entziehen – es war eine passive Erfahrung. In solchen Fällen sprechen wir von *schnellem Denken.* Bei der zweiten Aufgabe hat sich vermutlich bei den wenigsten ähnlich passiv eine Lösung eingestellt. Wer es dennoch versuchte, musste sich für die Berechnung anstrengen. Sie mussten sich die Regeln der Multiplikation vergegenwärtigen,

O. Donner et al., *Klarheit im Denken*, Sicherheit, Strategie & Innovation,
https://doi.org/10.1007/978-3-031-62117-8_1

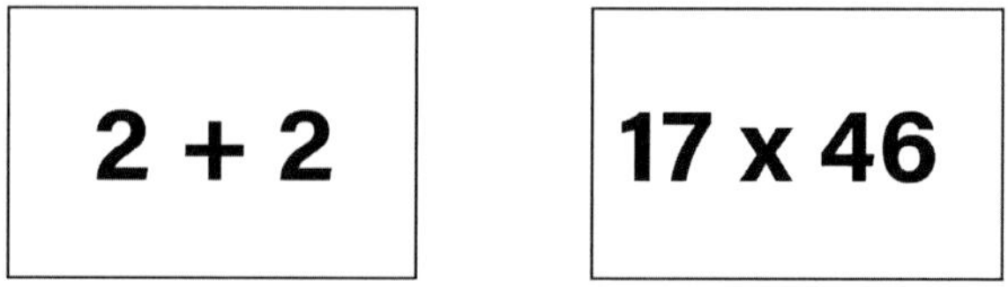

Abb. 1.1 Zwei Denkarten. (Quelle: Copyright 2024 Pherson. All Rights Reserved)

Zwischenergebnisse im Kopf behalten und kamen so schließlich auf die Zahl 782. Anders als im ersten Fall, handelte es sich um eine aktive Erfahrung. Hier sprechen wir von *langsamem Denken* oder auch *analytischem Denken.*

Uns allen begegnen diese beiden Denkweisen jeden Tag und überall. Einmal als eine Art „Flow", bei dem alles wie von selbst zu laufen scheint *(schnelles Denken)*, oder in Form eines Gefühls, das uns mitteilt: irgendetwas stimmt nicht; hier müssen wir noch mal nachhaken *(langsames Denken).*

Leider bringt das *schnelle Denken* eine Herausforderung mit sich, die in Deutschland lange ignoriert wurde. Wir sind dann anfällig für systematische Denk- und Urteilsfehler: so genannte Biases, Heuristiken und intuitive Stolperfallen. Wie genau kann das aussehen?

- Da ist zum Beispiel ein Familienvater, der ein Auto vordergründig wegen seiner technischen Ausstattung kauft. Tatsächlich kauft er es unbewusst vor allem, weil er die Marke mag. Bei einem genauen Vergleich hätte er vielleicht ein besseres Auto für weniger Geld erwerben können.[1]
- Oder da ist eine Kriminalbeamte, die davon ausgeht, ihr aktueller Fall sei genauso gelagert wie der vorherige. Tatsächlich gibt es aber nur ein paar markante Ähnlichkeiten. Durch die unbewusste Annahme, die Fälle seien gleich, entgehen der Beamtin wichtige Indizien.[2]

[1] Hier haben wir es mit der Affektheuristik zu tun: „Als Affektheuristik bezeichnet man bestimmte Entscheidungsstrategien, bei denen die Entscheidung in erster Linie den Gefühlen folgt, die angesichts der vorhandenen Optionen in der Person entstehen." Stangl, W. (2021). Stichwort: *‚Affektheuristik – Online-Lexikon für Psychologie und Pädagogik'.* Online-Lexikon für Psychologie und Pädagogik, online: https://lexikon.stangl.eu/7619/affektheuristik [Zugriff: 09.03.2021].

[2] Projektion vergangener Erfahrungen: Die Annahme, dass dieselbe Dynamik im Spiel ist, wenn etwas mit den vergangenen Erfahrungen des Analysten/der Analystin übereinzustimmen scheint.

- Es könnte auch ein politischer Analyst sein, der von einem bestimmten Wahlergebnis ausgeht, weil die Umfragen darauf hindeuten und deren Tendenz bisher stimmte. Dabei übersieht er zahlreiche Hinweise, die gegen das prognostizierte Ergebnis sprechen. Am Ende ist er womöglich selbst überrascht.[3]
- Oder da ist schließlich eine Militär-Analystin, die die Wahrscheinlichkeit eines Anschlages als hoch einschätzt, weil sie selbst einmal einen Anschlag miterlebt hat. Und dies, obwohl die vorliegenden Belege auf ein niedriges Risiko hindeuten. Dadurch werden Ressourcen vielleicht falsch eingeplant und fehlen an anderer Stelle.[4]

Eine Medienwelt, die zu viele und kaum noch zu verarbeitende Informationen anbietet, begünstigt solche Fehler. Eine Welt, in der Algorithmen in den sozialen Netzwerken Echokammern erzeugen, die das verstärken, was wir ohnehin für die Wahrheit halten. Eine Welt, in der „Fake News" weiter reichen als deren Richtigstellungen oder als gut recherchierte Nachrichten.

In dieser Welt fällt es immer schwerer, zu denken, zu urteilen und zu entscheiden. Leider schützt uns auch das Wissen um diese neue Welt und ihre Funktionsweise nicht davor, solche Denk- und Urteilsfehler zu machen: „Wie im Fall optischer Täuschungen, so bleiben auch kognitive Verzerrungen wirksam, wenn wir uns ihrer bewusst sind."[5]

---

[3] Ignorieren widersprüchlicher Beweise: Das Verwerfen oder Ignorieren von Informationen, die nicht mit dem übereinstimmen, was man zu sehen erwartet, und die Ablehnung von Beweisen; Festhalten an einem Urteil, während man mit einer wachsenden Zahl widersprüchlicher Beweise konfrontiert wird.

[4] Verfügbarkeitsheuristik: „Bei der Verfügbarkeitsheuristik wird die Einschätzung der Häufigkeit oder Wahrscheinlichkeit eines Ereignisses oder einer Kategorie unbewusst davon abhängig gemacht, wie leicht es fällt, entsprechende Ergebnisse oder Kategorien aus dem Gedächtnis abzurufen und wie viele Ergebnisse oder Kategorien abgerufen werden können." (Definition in Anlehnung an: Glossary of Cognitive Biases and Inappropriately-Used Heuristics, © 2017 Globalytica, LLC.) und Vividness-Effekt: Der Vividness-Effect beschreibt das Phänomen, dass Informationen, die lebendig, konkret und bildhaft sind, deutlich besser aufgenommen, verarbeitet, abgespeichert und erinnert werden, als abstrakte Informationen." Siehe (1) Heuer, Richards: Psychology of Intelligence Analysis, Center for the Study of Intelligence, 1999, S. 118 f.

[5] Vgl. Heuer, a.a.O., S. 162 (eigene Übersetzung aus dem englischen Original).

1.1 Strukturierte Analysetechniken

Und doch gibt es Werkzeuge, um systematische Denk- und Urteilsfehler zu vermeiden oder zumindest ihre Folgen zu begrenzen. Werkzeuge, die uns dabei helfen, stärker das *langsame* und *analytische Denken* zu nutzen. Sie heißen Strukturierte Analysetechniken (SATs) und dienen dazu, Gedanken aus dem Kopf und auf Papier zu bringen. Sie externalisieren den Analyseprozess. Dadurch wird er objektiver, transparenter und ist konstruktiver Kritik leichter zugänglich. Analysetechniken regen kollaboratives Denken an und können so Analyseprozesse aus dem stillen Kämmerlein holen und in eine gemeinsame Wissensunternehmung überführen. Auf diese Weise schaffen sie die Grundlage für verlässliche Informationen. Sie verhelfen Verantwortlichen zu mehr Entscheidungssouveränität und insgesamt zu besseren Wirkungen, ob privat, geschäftlich, staatlich, bei taktischen, operativen oder strategischen Angelegenheiten. Damit sind sie schnellen Denk- und Analysemethoden auf allen Ebenen überlegen, egal, ob es um strategische Vorausschau, Informationssicherheit, Politikberatung, Immobilienbewertungen, Cyber- oder Extremismus-Abwehr geht.

Strukturierte Analysetechniken sind Instrumente, um das Denken und Urteilen zu verbessern: Beides braucht man immer und überall. Damit hat dieses Buch für jeden „denkenden" Menschen einen Nutzen. Weil viele Techniken aus dem nachrichtendienstlichen oder wirtschaftlichen Kontext stammen, richtet es sich aber ganz besonders an Analystinnen und Analysten und an Entscheidungsträgerinnen und Entscheidungsträger. Denn diese tragen maßgeblich zur Wissensgrundlage in Wirtschaftsunternehmen und staatlichen Institutionen bei. Sie beeinflussen dadurch das Leben von Millionen Menschen. Deshalb sind es gerade sie, die durch die Anwendung strukturierter Analyseprozesse am meisten gewinnen und weitergeben könnten.

1.2 Kapitelübersicht

Das nachfolgende, 2 dieses Buches gibt einen Überblick über Daniel Kahnemans einflussreiches Konzept des System-1- und System-2-Denkens und der Vorurteile und vorschnellen Schlüsse, auch Biases und Heuristiken genannt, die unsere Urteile und Entscheidungen beeinflussen. Wenn wir diese Biases und Heuristiken verstehen, können wir erkennen, wann diese mentalen Abkürzungen unser Urteilsvermögen beeinflussen. Auf dieser Grundlage können wir uns bemühen, so fundierte und objektive Entscheidungen wie möglich zu treffen. Abgerundet wird dieses Kapitel mit den Fünf Gewohnheiten eines Meisterdenkers: einem Konzept, das Kernelemente reflektierter Analyse auf fünf Mindeststandards kondensiert, die auch dann angewendet werden können, wenn wenig Zeit zur Verfügung steht.

In Kap. 3 wird die kritische Rolle von Fragestellungen für den Bereich Intelligence und Analyse herausgestellt. Mit falschen oder falsch formulierten Fragestellungen ist fast jede Anstrengung hin zu guten Analyseprodukten vergebens. Deshalb führt Sie dieses Kapitel durch die Frage, was gute und gut formulierte Fragestellungen ausmacht.

In den Kap. 4 bis 6 präsentieren wir Ihnen drei Fallstudien, die illustrieren, wie Strukturierte Analysetechniken in der Praxis eingesetzt werden können. Die erste analysiert den Mord an Olof Palme, die zweite untersucht die Ursachen eines Stromausfalls in Berlin und die dritte Fallstudie befasst sich mit der geostrategischen Zukunft der Arktis.

Kap. 7 widmet sich dem Verfassen von Analyseprodukten und der Präsentation von Ergebnissen, inklusive Tipps zur visuellen Aufbereitung. Beides ist entscheidend, um anderen Schlussfolgerungen und Empfehlungen klar und prägnant zu vermitteln.

Kap. 8 ist der Methodenteil – hier geben wir einen ausführlichen Überblick über jede der fünf Analyse-Technik-Familien und arbeiten deren wichtigsten Merkmale und Vorteile heraus. Für jede der fünf Analysetechnik-Familien stellen wir Ihnen jeweils ein Set besonders nützlicher methodischer Werkzeuge vor. Diese Techniken helfen dabei, komplexe Probleme in kleinere, besser handhabbare Teile zu zerlegen und sie auf strukturierte und systematische Weise zu durchdenken.

Der Band wird durch zwei kurze Anhänge abgerundet: eine Synopse der 20 wirkungsvollsten Biases, Heuristiken und intuitiven Stolperfallen sowie eine kleine Bibliografie, mit deren Hilfe Sie Ihre analytischen Fähigkeiten weiter vertiefen können.

Wie wir denken: System 1 und System 2

2

Zusammenfassung

System-1-Denken ermöglicht es uns, auf der Grundlage unvollständiger und widersprüchlicher Informationen schnell und mühelos zu einem Urteil zu gelangen. Diese Fähigkeit hat sich im Laufe der Evolution entwickelt und zum Überleben unserer Spezies beigetragen, insbesondere zu Beginn der menschlichen Entwicklung. System-2-Denken setzt ein, wenn wir mit einer komplexen Berechnung oder einem komplexen Analyseproblem konfrontiert werden und bewusst darüber nachdenken müssen. System-1-Denken ist anfälliger für kognitive Verzerrungen, d. h. unbewusste Denkfehler, die durch unsere vereinfachten Informationsverarbeitungsstrategien verursacht werden. Zu diesen Verzerrungen zählen „Biases", Heuristiken und intuitive Stolperfallen. Strukturierte Analysetechniken (SATs) können dabei helfen, zu möglichst verzerrungsarmen Analyseergebnissen beizutragen, indem sie System-2-Denken stimulieren und zudem kreative, transparente und kollaborative Analyseprozesse ermöglichen. Für Analystinnen und Analysten, die keine Zeit haben, SATs einzusetzen, finden sich am Ende dieses Kapitels die Fünf Gewohnheiten des Meisterdenkers als mögliche Alternative für zeitkritische Situationen.

Der Wirtschaftsnobelpreisträger Daniel Kahneman[1] unterscheidet zwei Arten des Denkens und ordnet beiden Denkarten Systeme zu. Diese Systeme nennt Kahneman System 1 und System 2 (siehe Abb. 2.1): System 1 arbeitet automatisch und

[1] Daniel Kahneman ist Professor für Psychologie an der Princeton University und einer der weltweit einflussreichsten Kognitionspsychologen. Für seine Arbeit wurde er 2002 mit dem Wirtschaftsnobelpreis ausgezeichnet.

O. Donner et al., *Klarheit im Denken*, Sicherheit, Strategie & Innovation,
https://doi.org/10.1007/978-3-031-62117-8_2

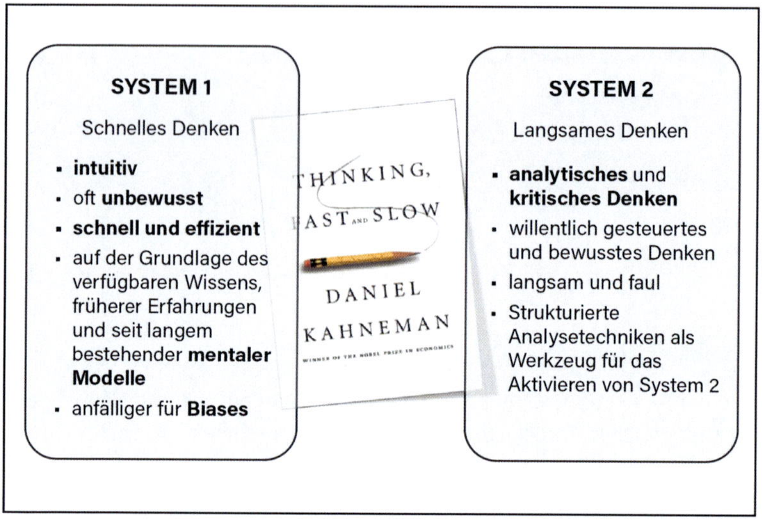

Abb. 2.1 Schnelles Denken, langsames Denken. (Quelle: Copyright 2024 Pherson. All Rights Reserved)

schnell, weitgehend mühelos und ohne willentliche Steuerung. System 2 lenkt die Aufmerksamkeit auf anstrengende mentale Aktivitäten, darunter komplexe Berechnungen. Die Operationen von System 2 gehen oftmals mit dem subjektiven Erleben von Handlungsmacht, Entscheidungsfreiheit und Konzentration einher.[2]

Alles, was uns innerlich unbewusst widerfährt, ist durch System 1 generiert worden. Unsere Eindrücke, Gefühle, Neigungen und unsere Wahrnehmung der Wirklichkeit.[3] Zentral ist hierbei das Wort „widerfährt". Denn alles, was System 1 erzeugt, geschieht ohne willentliche Steuerung. Die Prozesse und Ergebnisse

[2] Kahneman, a.a.O., S. 33.

[3] Vgl. Kahneman, ebd., S. 136.

von System 1 nehmen wir als passive Erfahrung wahr.[4] Diese passive Erfahrung unterliegt nicht unserer willentlichen Steuerung. Hierzu merkt Richards Heuer[5] an:

„Eine grundlegende Erkenntnis der kognitiven Psychologie ist, dass der Mensch das meiste, was im menschlichen Geist geschieht, nicht bewusst erlebt. Viele Funktionen, die mit der Wahrnehmung, dem Gedächtnis und der Informationsverarbeitung zusammenhängen, werden vor und unabhängig von jeder bewussten Steuerung ausgeführt. Was spontan im Bewusstsein erscheint, ist das Ergebnis des Denkens, nicht der Prozess des Denkens."[6]

Einfache Beispiele, die Daniel Kahneman exemplarisch für System-1-Funktionen nennt, sind das Berechnen von 2 + 2, das Lesen eines Wortes in der eigenen Muttersprache auf einem Bildschirm oder das Fahren auf einer leeren Straße. System 1 ruft aber auch Fähigkeiten ab, die wir im Laufe der Zeit durch Erlernen und Übung aufgebaut haben: „Das Wissen ist im Gedächtnis gespeichert und wird ohne Intention oder Anstrengung abgerufen."[7]

Damit Wissen schnell abgerufen werden kann, muss es im Langzeitgedächtnis abgespeichert worden, und leicht zugänglich sein. Weil die im Langzeitgedächtnis abgelegten Informationen das vordergründige Bewusstsein verlassen haben, muss dieses Wissen indirekt abgerufen werden. Um zu verstehen, wie das funktioniert, müssen wir uns die Funktionsweise des Gehirns bewusst machen. Richards Heuer hat in diesem Kontext eine, wie er selbst schreibt, simplifizierte Darstellung verfasst, die sehr nützlich ist: Im menschlichen Gehirn existieren zig Milliarden Neuronen, untereinander verbunden durch Synapsen. Die Neuronen, vergleichbar mit Speicherchips, dienen der Ablage von Informationen. Synapsen (bzw. Axone und Dendriten) verbinden Neuronen miteinander; über sie werden Signale zwischen Neuronen übermittelt, über sie erfolgt der Zugang zu Informationen. Wenn wir etwas lernen – oder allgemeiner – wahrnehmen, dann ordnen sich dadurch die Verbindungen zwischen Neuronen neu. Und zwar, indem sich zwischen den Neuronen Synapsen bilden oder vorhandene Synapsen verstärkt werden. Es verändert sich also physisch die Struktur unseres Gehirns (Stichwort:

---

[4] Vgl. die Ausführungen von Daniel Kahneman in: Daniel Kahneman: „Thinking, Fast and Slow"|Talks at Google, Online: https://www.youtube.com/watch?v=CjVQJdIrDJ0&t=905s [Zugriff: 02.09.2019].

[5] Richards J. Heuer Jr. arbeitete fast 45 Jahre für die Central Intelligence Agency (CIA). Neben einigen herausragenden Positionen innerhalb der CIA, nahm er Dozententätigkeiten wahr und wurde für seine Verdienste mehrfach ausgezeichnet. Vgl. Heuer, a. a. O., S. 185.

[6] Heuer Jr., Richards (2): Limits of Intelligence Analysis, Orbis, quarterly journal of the Foreign Policy Research Institute, Winter 2005, S. 4 (eigene Übersetzung aus dem Englischen).

[7] Kahneman, a. a. O., S. 34.

Neuronale Plastizität[8]). Je häufiger dieselben Neuronen über dieselben Synapsen angesteuert werden, desto stärker wird die Verbindung zwischen den Neuronen und desto schneller können wir auf die in den Neuronen abgelegten Informationen zugreifen. Bildlich kann in diesem Zusammenhang bei einem ersten Erlernen von einem Trampelpfad zwischen Neuronen gesprochen werden. Je häufiger dieser Trampelpfad genutzt wird, desto breiter wird er. Nutzen wir eine bestimmte neuronale Verbindung sehr häufig, können aus Trampelpfaden Autobahnen werden.[9] Denken wir also über eine Sache, ein Ereignis oder einen Prozess auf eine bestimmte Art und Weise nach, etablieren wir damit auch physisch einen speziell geformten Weg innerhalb des Gedächtnisses. Es ist dieser Weg, den wir dann auch in ähnlich gelagerten Folgesituationen gehen werden. In diesem Kontext spricht Kahneman davon, dass Intuition nichts anderes als eine Form des Wiedererkennens ist.[10] Wir prägen unbewusst die Art, wie wir Informationen ablegen und wichtiger: abrufen können. Denn wenn wir einen Gedankengang oder eine bestimmte Lösungsstrategie erst einmal etabliert haben, ist es nur schwer möglich, die auf diesem Gedankengang abgelegten Informationen auf anderen Wegen zugänglich zu machen. Wir denken also über ähnlich gelagerte Sachverhalte stets auf ähnliche Art und Weise nach.

Wenn Neuronen, und damit auch die abgelegten Informationen, besonders stark miteinander verbunden sind – und zwar so, dass dieses Set an Neuronen (Informationen) quasi als Einheit abgerufen und genutzt werden kann –, dann spricht Heuer von einem Schema.[11] Jeder Mensch hat unzählige Schemata in seinem Langzeitgedächtnis verfügbar. Das können banale Schemata sein, beispielsweise eines für das Frühstück, in dem alle Assoziationen abgelegt sind, die etwas mit diesem Thema zu tun haben (welche Speisen gehören dazu, um welche Uhrzeit und an welchem Ort wird das Frühstück normalerweise eingenommen usw.). Daneben gibt es auch komplexere Schemata. Etwa eines für die Merkmale unterschiedlicher politischer Systeme, von Demokratie über Autokratie bis hin zu Diktatur; von kapitalistischen Systemen bis hin zu kommunistischen

[8] „Unter neuronaler Plastizität versteht man die Eigenart von Synapsen, Nervenzellen oder auch ganzen Hirnarealen, sich zwecks Optimierung laufender Prozesse in ihrer Anatomie und Funktion zu verändern." Quelle: Wikipedia: Neuronale Plastizität, Online: https://de.wikipedia.org/wiki/Neuronale_Plastizit%C3%A4t, [Zugriff: 14.08.2019].

[9] Vgl. Heuer, a. a. O., S. 20 f.

[10] Vgl. Kahneman, Daniel: „The End of Intuition: Daniel Kahneman Speaks at 14th-Annual Lynford Lecture", Online: https://engineering.nyu.edu/news/end-intuition-daniel-kahneman-speaks-14th-annual-lynford-lecture, [Zugriff: 16.08.2019] (eigene Übersetzung aus dem englischen Original).

[11] Vgl. Heuer, a. a. O., S. 22.

oder sozialistischen. Auch für das Schreiben eines „Intelligence Reports“ oder für erfolgreiche Einschätzungen („Intelligence Estimates“) braucht es Schemata.[12]

„Jeder beliebige Punkt im Gedächtnis kann mit vielen verschiedenen, sich überschneidenden Schemata verbunden sein. Dieses System ist sehr komplex und ist bislang wissenschaftlich noch nicht verstanden worden.“[13]

In den Schemata sind neben Sachinformationen auch mit dem entsprechenden Bereich verbundene Emotionen abgelegt. Der schnelle Zugriff auf Informationen durch System 1 erfolgt über den Rückgriff auf unterschiedliche, teils überlappende Schemata, die unser Wissen in unserem Langzeitgedächtnis organisieren. So entsteht ein Modell der Wirklichkeit, das System 1 geschaffen hat, aufrechterhält und aktualisiert. Kahneman beschreibt dies folgendermaßen:

„Die hauptsächliche Funktion von System 1 besteht darin, ein Modell unserer persönlichen Welt, in dem das repräsentiert ist, was normal in unserer Welt ist, aufrechtzuerhalten und zu aktualisieren. Das Modell ist aufgebaut auf Assoziationen, die Vorstellungen mit Situationen, Ereignissen, Handlungen und Ergebnissen verknüpfen, die mit einer gewissen Regelmäßigkeit gemeinsam auftreten, entweder gleichzeitig oder innerhalb einer relativ kurzen Zeitspanne. In dem Maße, wie sich diese Verknüpfungen bilden und verstärken, entsteht ein Netzwerk assoziativer Vorstellungen, das die Struktur von Ereignissen in unserem Leben repräsentiert, und es bestimmt unsere Interpretation der Gegenwart sowie unsere Zukunftserwartungen.“[14]

System 1 liefert also durchgängig eine Interpretation der Wirklichkeit und durch System 1 nehmen wir unsere Umwelt wahr. Zudem versetzt uns System 1 in die Lage, auf Grundlage unvollständiger und widersprüchlicher Informationen schnell und mühelos zu einem Urteil zu gelangen. Diese Fähigkeit hat sich im Laufe der Evolution herausgebildet und besonders zu Beginn der menschlichen Entwicklung zum Überleben unserer Spezies beigetragen.[15] Als Beispiel kann der Säbelzahntiger dienen, der vor zwei Höhlenmenschen auftaucht. Derjenige, der in Millisekunden reagiert und flieht, wird wahrscheinlich überleben. Der andere, der sich Zeit lässt, um die Lage zu beurteilen, eher nicht. Damit ist System 1 sozusagen ein Produkt der Evolution und hat über Jahrtausende das Überleben der Menschheit gesichert.

Demgegenüber greift System 2, also das langsame Denken, wenn wir nicht automatisch eine Antwort auf ein Problem haben und uns dieses Umstands auch

[12] Vgl. Heuer, ebd., S. 22 ff.

[13] Heuer, ebd., S. 22 (eigene Übersetzung aus dem Englischen).

[14] Kahneman, a. a. O., S. 96.

[15] Vgl. Kahneman, ebd., S. 50.

bewusst sind. Wenn wir im wahrsten Sinne des Wortes nachdenken müssen. Das kann eine komplizierte Berechnung sein oder ein komplexes Analyseproblem. Um System 2 zu aktivieren, müssen wir uns willentlich dazu entscheiden. In Abgrenzung zum passiven System-1-Denken erzeugt System-2-Denken den Eindruck eines aktiven Vorgangs.[16]

Der willentliche Rückgriff auf System-2-Denken kann notwendig werden, wenn System 1 keine intuitive Lösung für ein Problem bereithält. Beispielsweise wenn wir aufgefordert werden, 17×24 im Kopf auszurechnen.[17] Um diese oder andere schwierige Aufgaben zu lösen, wenden wir mentale Ressourcen auf. Und obwohl das System-2-Denken von den meisten Menschen als ihr bewusstes Ich wahrgenommen wird, ist es tatsächlich nur einen Bruchteil des Tages aktiv.[18]

2.1 System 1 als Quelle systematischer Fehler

Was bedeuten nun die beiden Systeme und ihr Zusammenspiel für die Arbeit von Analystinnen und Analysten? Leider ist System 1 nicht nur die Quelle der meisten Dinge, die wir richtig machen, sondern es ist häufig auch verantwortlich für systematische Fehler.[19] Und System 2 ist nicht immer zur Stelle, um Fehler von System 1 zu bemerken und zu korrigieren. Hierzu merkt Kahneman an:

„Es wäre unerträglich mühsam, ständig sein eigenes Denken zu hinterfragen, und System 2 ist viel zu langsam und ineffizient, um bei Routine-Entscheidungen als Ersatz für System 1 zu fungieren."[20]

Die folgenden Absätze beschreiben systematische Fehler, für die System 1 verantwortlich ist. Und sie zeigen auf, was diese Fehler für den Bereich der Analyse bedeuten und welche Möglichkeiten es gibt, sich vor solchen Irrtümern zu schützen.

Die Arbeit des Analysten besteht größtenteils darin, sich auf Grundlage unvollständiger und widersprüchlicher Informationen Urteile zu bilden. System 1 beherrscht diese Fähigkeit. Es neigt aber auch dazu, voreilige Schlüsse zu ziehen. Hierzu schreibt Kahneman:

---

[16] Vgl. die Ausführungen von Daniel Kahneman in: Daniel Kahneman: „Thinking, Fast and Slow"|Talks at Google, Online: https://www.youtube.com/watch?v=CjVQJdIrDJ0&t=905s [Zugriff: 02.09.2019].

[17] Vgl. Kahneman, a. a. O., S. 32 ff.

[18] Vgl. Kahneman, ebd., S. 33 ff.

[19] Vgl. Kahneman, ebd., S. 79.

[20] Kahneman, ebd., S. 42.

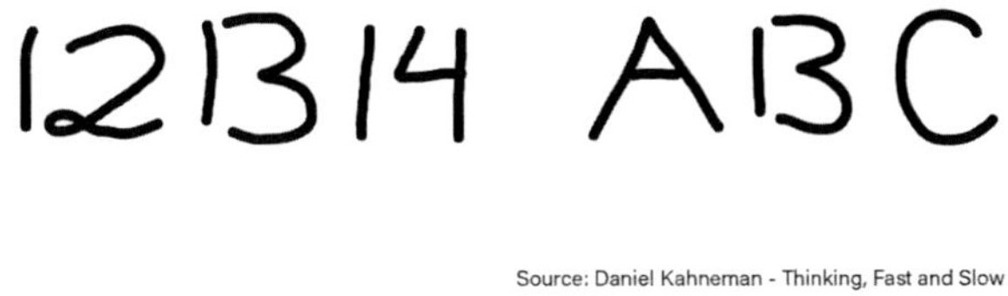

Abb. 2.2 Ambiguität

„Voreilige Schlussfolgerungen sind dann effizient, wenn sie mit hoher Wahrscheinlichkeit zutreffen, wenn die Kosten eines gelegentlichen Fehlers akzeptabel sind und sie viel Zeit und Mühe sparen. Dagegen sind voreilige Schlüsse riskant, wenn die Situation unbekannt ist, viel auf dem Spiel steht und man keine Zeit hat, weitere Informationen zu sammeln. Unter solchen Umständen sind intuitive Fehler wahrscheinlich, die allerdings durch eine gezielte Intervention von System 2 verhindert werden können."[21]

Kahneman arbeitet mit Beispielen, um unterschiedliche systematische Fehler zu illustrieren. Das in Abb. 2.2 genutzte Beispiel ist voreiligen Schlussfolgerungen gewidmet.

Die Aussage dieser Grafik ist mehrdeutig. In beiden Reihen ist das mittlere Symbol gleich. Allerdings wird es in der ersten Reihe als 13 identifiziert und in der der zweiten als B. Interessant ist nun, dass den wenigsten Lesern die Mehrdeutigkeit des Symbols überhaupt bewusst wird. Kahneman führt hierzu aus, dass Kontextualisierung eine System-1-Funktion ist. System 1 hat eine klare Entscheidung getroffen, was das mittlere Symbol im jeweiligen Kontext bedeutet. Von dieser Wahl, von möglichen Alternativen und der inhärenten Mehrdeutigkeit bekommt der Leser nichts mit:[22]

„System 1 protokolliert nicht die Alternativen, die es verwirft, oder auch nur die Tatsache, dass es Alternativen gab. Bewusste Zweifel gehören nicht zum Repertoire von System 1; dazu wäre es erforderlich, gleichzeitig an miteinander unvereinbare Interpretationen zu denken, wozu es mentaler Anstrengung bedürfte. Ungewissheit und Zweifel sind die Domäne von System 2."[23]

Hinzu kommt, dass bewusst gemachte Zweifel und Mehrdeutigkeiten einer kohärenten Geschichte abträglich wären. Die Stärke von System 1 ist jedoch gerade, dass es kohärente Geschichten erzeugt. Diese sind Ausfluss aktivierter

---

[21] Kahneman, ebd., S. 105.

[22] Vgl. Kahneman, a. a. O., S. 106.

[23] Kahneman, ebd., S. 106.

Vorstellungen in unserem assoziativen Gedächtnis. Und nur mit diesen aktivierten Vorstellungen arbeitet System 1. Es merkt nicht, dass Informationen fehlen könnten, sondern arbeitet ausschließlich mit dem, was im Hier und Jetzt verfügbar ist. Kahneman prägte für diesen Umstand eine gesonderte Regel, die WYSIATI-Regel („What you see is all there is"). Je weniger Informationen verfügbar sind, desto leichter fällt es System 1, eine „gute", weil stimmige Geschichte zu erzeugen. Mehr Informationen und vor allem widersprüchliche Informationen senken die Kohärenz der Geschichte. Kognitive Leichtigkeit stellt sich also vor allem dann ein, wenn unser assoziatives Gedächtnis kohärente Vorstellungen aktiviert und wir (beziehungsweise System 2) zulassen, dass System 1 aus diesen Vorstellungen eine gute Geschichte erzeugt.[24]

Einem exakten Analyseergebnis kann es jedoch nicht zuträglich sein, auf dieser Grundlage Urteile zu fällen und Schlüsse zu ziehen. Arbeitet ein Analyst oder eine Analystin also in einem Zustand kognitiver Leichtigkeit – sprich: System 1 dominiert –, dann ist das Risiko fehlerhafter Analysen groß.

Voreilige Schlussfolgerungen und die WYSIATI-Regel sind Faktoren, die den Prozess einer Analyse und ihr Ergebnis grundsätzlich beeinflussen können. Darüber hinaus existiert jedoch noch eine ganze Reihe kognitiver Verzerrungen, die das Ergebnis von Analysen ebenfalls negativ beeinflussen können.

2.2 Wie wir uns irren: Biases, Heuristiken und Intuitive Stolperfallen

Kognitive Verzerrungen – also „Biases", Heuristiken und intuitive Stolperfallen – sind einfach ausgedrückt mentale Abkürzungen. Sie basieren auf den Mechanismen unseres System-1-Denkens und dessen begrenzten Kapazitäten.

Wird von „Bias" oder „Biases" gesprochen, ist damit vor allem der kognitive „Bias" gemeint:

Kognitive „Biases" sind unbewusste Fehler des Denkens, die durch unsere vereinfachenden Informationsverarbeitungsstrategien verursacht werden. Sie hindern den Analysten an einem zutreffenden Verstehen der Realität; und das selbst dann, wenn alle notwendigen Informationen vorhanden sind, die für ein zutreffendes Verständnis nötig wären.[25]

[24] Vgl. Kahneman, ebd., S. 112 ff.

[25] Diese Definition ist eine Mischform der Definitionen und Ausführungen von Richards Heuer und Randolph Pherson. Vgl. Heuer, a. a. O., S. 111: „Cognitive biases are mental errors, caused by our simplified information processing strategies." und Globalytica: Glossary of Cognitive Biases and Inappropriately-Used Heuristics, © 2017 Globalytica,

„Biases“ verzerren also grundsätzlich die Wahrnehmung, wodurch es schwerer wird, die Realität zutreffend wahrzunehmen. Demgegenüber ist eine Heuristik – und hier ist vor allem die Urteilsheuristik gemeint – technisch definiert, ein einfaches Verfahren, das uns hilft, angemessene, wenn auch oftmals unvollkommene Antworten auf schwierige Fragen zu finden.[26]

Urteils-Heuristiken stellen eine Form von System-1-Denken dar und werden folglich unbewusst genutzt. Sie können dabei helfen, näherungsweise zu guten Schlüssen zu gelangen, in Situationen, in denen wir:

- zu wenige Informationen für ein rational ausgewogenes Urteil zur Verfügung haben.
- aus Motivationsgründen nicht willens sind, zu einem ausgewogenen Urteil zu gelangen.
- aufgrund von Konzentrations- und Ressourcenproblemen nicht in der Lage sind, zu einem ausgewogenen Urteil zu gelangen.

Heuristiken sind sinnvoll, weil sie uns ermöglichen, auch dann urteilsfähig zu bleiben, wenn ein rational-ausgewogenes Urteil nicht möglich ist. Das ist ein Vorteil, den man allerdings nicht in allen Situationen nutzen sollte. Wenn Urteile, Schlüsse und Entscheidungen mit hoher Wahrscheinlichkeit zutreffen und sporadische Irrtümer verkraftbar sind, ist der (unbewusste) Rückgriff auf Heuristiken effizient. Wenn Fehler jedoch zu hohen Kosten führen würden, dann ist der Rückgriff auf Heuristiken riskant. In solchen Situationen sollte also möglichst System 2 zur Anwendung kommen, um den (unbewussten) Rückgriff auf Heuristiken (als System-1-Funktion) zu vermeiden.[27]

Ein weiterer potenzieller Nachteil von Heuristiken ist ihr konservativer Charakter. Robert S. Sinclair[28] beschreibt dies folgendermaßen:

„Heuristiken sind von Natur aus konservativ. Sie folgen der bewährten Methode, auf dem aufzubauen, was bereits vorhanden ist. Wenn Heuristiken aber mit einer ungewohnten Situation oder einem erweiterten Problembereich konfrontiert werden, stoßen sie rasch an ihre Grenzen. Ungeachtet dessen weigern wir

---

LLC: „They prevent an analyst from accurately understanding reality even when all the needed data and evidence that would form an accurate view is in hand.!“

[26] Kahneman, a. a. O., S. 127.

[27] Vgl. Kahneman, ebd., S. 105.

[28] Sinclair arbeitete 37 Jahre bei der Central Intelligence Agency und betätigte sich anschließend als Berater im Feld der Analyse. Vgl. Sinclair, Robert S.: Thinking and Writing: Cognitive Science and Intelligence Analysis, Center for the Study of Intelligence, Washington, DC: February 2010 (Originally published in January 1984).

uns, auf andere Methoden zurückzugreifen – entweder, weil wir mit ihnen weniger vertraut sind, oder aber, weil unsere bisherigen Erfahrungen mit Heuristiken auch dann plausible Antworten hervorgebracht zu haben scheinen, wenn es um eine unendlich große Menge an Lösungsmöglichkeiten geht."[29]

Das Konservative an Heuristiken kann insbesondere Analysten und Analystinnen Schwierigkeiten bereiten, da sie sich in der Regel mit Aktuellem und oftmals Neuem befassen. Zudem lassen sie nach Sinclairs Lesart disruptive Entwicklungen, beispielsweise Technologiesprünge, außer Acht und sind damit nicht geeignet, das komplexe Umfeld zu erfassen, mit dem sich Analysepersonal in aller Regel auseinandersetzen muss.

Schließlich sind intuitive Stolperfallen („Intuitive Traps"; Trugschluss, eine Situation entwickle sich so, wie in einem ähnlichen Fall.) Manifestationen kognitiver „Biases" und Heuristiken, die Analysten in ihrer praktischen Arbeit negativ beeinflussen können.[30]

„Biases" führen also grundsätzlich zu Wahrnehmungsfehlern und machen es daher schwer, die Realität zutreffend zu erfassen. Heuristiken können demgegenüber hilfreich sein. Aber auch sie können zu Fehlwahrnehmungen, falschen Urteilen und Schlüssen führen. Schließlich sind intuitive Stolperfallen Manifestationen von beiden mentalen Abkürzungen und beeinflussen die tägliche Arbeit des Analyse- und Entscheidungspersonals.

2.3 Wie wir es besser machen können: Strukturierte Analysetechniken

Es ist deutlich geworden, dass kognitive Fallstricke Ausflüsse von System 1 sind. Die Frage ist nun, wie der Einzelne und wie Organisationen diesen kognitiven Herausforderungen am besten begegnen können. Zunächst stellt sich die Frage, ob das bloße Wissen um die mentalen Abkürzungen, die wir gehen, nicht schon genügt, um uns vor deren negativen Auswirkungen zu schützen? Bedauerlicherweise lautet die kurze Antwort: Nein. Das bloße Wissen genügt nicht.

[29] Sinclair beschreibt die heuristische Vorgehensweise folgendermaßen: „The heuristic approach is a form of intelligent trial-and-error, in which we use experience and inference to clarify, narrow, or otherwise refine a problem to make it workable." Sinclair, ebd., S. 9 (eigene Übersetzung aus dem Englischen).

[30] Vgl. Pherson, Randolph/Heuer, Jr., Richards J.: Structured Analytic Techniques for Intelligence Analysis, 3rd Edition, CQ Press, California: 2020, S. 23.

Und dieser Befund gilt auch hinsichtlich Heuristiken und intuitiven Stolperfallen. Allerdings gibt es andere Möglichkeiten, sich vor den negativen Auswirkungen mentaler Abkürzungen zu schützen. Und zwar für Organisationen und für einzelne Analystinnen und Analysten.

So merkt Kahneman für Organisationen folgendes an:

„Organisationen können Fehler besser vermeiden als Individuen, weil sie naturgemäß langsamer denken und die Macht haben, geordnete Abläufe durchzusetzen. Organisationen können nützliche Prüflisten erstellen und ihre Einhaltung vorschreiben, und sie können auch ausgeklügelte Methoden wie Referenzklassen-Vorhersagen und Premortem -Analysen einführen. Organisationen können zumindest teilweise auch dadurch, dass sie ein ganz bestimmtes Vokabular verwenden, eine Kultur fördern, in der Menschen aufeinander aufpassen, wenn sie sich [kognitiven] Minenfeldern nähern.“[31]

Was Kahneman Organisationen empfiehlt, kann auch Entscheidungs- und Analysepersonal umsetzen. Schlussendlich ist jeder Einzelne gut beraten, stärker sein System 2 einzubeziehen: also das langsame und analytische Denken.

Strukturierte Analysetechniken zwingen Analysten dazu, systematisch über Problemlagen nachzudenken. Sie lenken den Fokus auf Teilaspekte, die vielleicht übersehen oder wegrationalisiert worden wären. Sie werfen Licht auf Fragen, die gestellt wurden, aber auch auf Gegenfragen. Diese systematische und explizite Art, mit Problemstellungen umzugehen, ist bei den wenigsten Menschen eine angeborene Fähigkeit. Analysepersonal muss sich zwingen, jenseits dessen zu arbeiten, was spontan und intuitiv kommt. Mit dieser anstrengenden und anspruchsvollen Herangehensweise lässt sich System 2 aktivieren.[32] Auch deshalb klassifizieren Heuer und Pherson in ihrem Grundlagenwerk „Structured Analytic Techniques for Intelligence Analysis“ Strukturierte Analysetechniken als eine Form von bewusstem System-2-Denken.[33] Das bedeutet, Strukturierte Analysetechniken aktivieren, wenn korrekt angewendet, per se System 2.

Die Nutzung Strukturierter Analysetechniken bringt aber noch einen wesentlichen Begleitumstand mit sich, der sich aus dem ergibt, was Daniel Kahneman als „Symmetrie assoziativer Verknüpfungen“ bezeichnet. Hierzu führt er aus:

„[Wir erleben] eine starke Beanspruchung unserer kognitiven Leistungsfähigkeit, wenn die anstrengenden Operationen von System 2 ablaufen. Andererseits

[31] Kahneman, a. a. O., S. 517.

[32] Vgl. Kahneman, ebd., S. 36.

[33] Vgl. Heuer/Pherson, a.a.O., S. 19 ff.

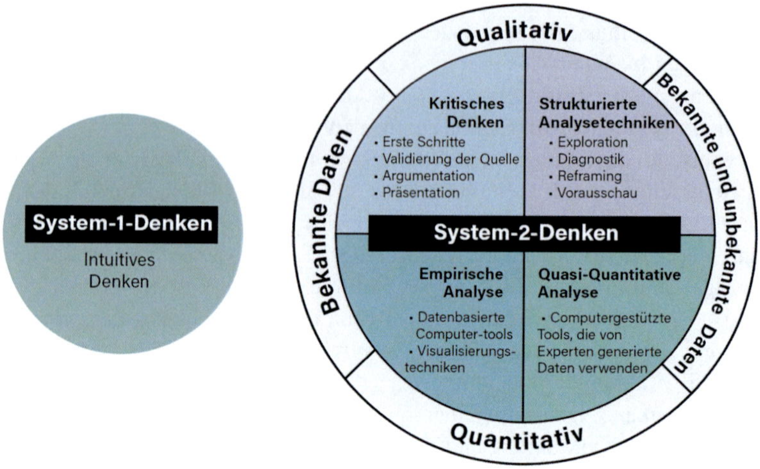

Abb. 2.3 Taxonomie analytischer Ansätze. (Quelle: Copyright 2024 Pherson. All Rights Reserved)

mobilisiert eine hohe kognitive Beanspruchung unabhängig von ihrer Ursache tendenziell System 2, mit der Folge, dass […] auf einen konzentrierten, analytischen Modus [der Problemlösung] umgestellt wird."[34]

Daraus folgt, dass SATs nicht einfach nur selbst System-2-Funktionen bzw. System-2-Denken darstellen, sondern es zu einer wechselseitigen Verstärkung von System-2-Funktionen im Gehirn kommt; initiiert durch die Anwendung von SATs.

Abb. 2.3 skizziert das Verhältnis zwischen Strukturierten Analysetechniken und den zwei Denkarten schnelles Denken und langsames Denken. Obwohl sich dieses Buch auf den Bereich der strukturierten Analyse konzentriert, ist es hilfreich diesen Ansatz innerhalb einer Taxonomie verwandter Ansätze zu verorten.

Die in Abb. 2.3 beschriebene System-2-Taxonomie beinhaltet vier unterschiedliche methodische Ansätze der Analyse. Sie unterscheiden sich durch die Art der verwendeten Analysemethoden, die Art der Quantifizierung (falls vorhanden) und die Art der verfügbaren Daten. Obwohl es sich um unterschiedliche Methoden handelt, können die Grenzen zwischen ihnen unscharf sein.

[34] Kahneman, a. a. O., S. 88.

Kritisches Denken. Kritisches Denken ist gemäß der Definition des langjährigen Nachrichtendienst-Methodikers und Praktikers Jack Davis die Anwendung der Prozesse und Werte wissenschaftlicher Untersuchungen auf die besonderen Umstände von „Strategic Intelligence".[35] Gute kritische Denker halten inne und überlegen, wer der Adressat ist, wie die Fragestellung lautet, wo sie die besten Informationen finden können, wie sie eine überzeugende Argumentation formulieren können und was erforderlich ist, um ihre Botschaft wirksam zu vermitteln. Sie erkennen, dass dieser Prozess die Überprüfung der wichtigsten Annahmen, die Suche nach widersprüchlichen Daten und die Erwägung mehrerer Erklärungen erfordert.

Strukturierte Analyse. Strukturierte Analysetechniken beinhalten einen Schritt-für-Schritt-Prozess, der den Denkprozess des Analysepersonals auf eine Art und Weise externalisiert, die diesen für andere leicht nachvollziehbar macht und es so ermöglicht, ihn Stück für Stück zu überprüfen, zu diskutieren und zu kritisieren. Aus diesem Grund wird die strukturierte Analyse in der Regel zu einer gemeinschaftlichen Anstrengung, bei der die Transparenz des Analyseprozesses die teilnehmenden Analystinnen und Analysten abweichenden oder widersprüchlichen Perspektiven aussetzt. Wir sind der Meinung, dass diese Art der Analyse dazu beiträgt, einige der negativen Auswirkungen kognitiver Fallstricke abzuschwächen. Darüber hinaus ermöglicht die Nutzung Strukturierter Analysetechniken die kollaborative Gestaltung transparenter und nachvollziehbarer Analyseprozesse und liefert damit die Grundlage für nachhaltiges Wissensmanagement und fachliche Qualitätskontrolle.

Empirische Analyse. Wenn große Mengen an quantitativen Daten oder Berichten aus sozialen Medien verfügbar sind, können Analystinnen und Analysten quantitative Methoden einsetzen, um die verfügbaren Informationen oder „Big Data" zu analysieren. Quantifizierbare empirische Daten unterscheiden sich so sehr von durch Experten generierten Daten, dass die Methoden und die Art der Probleme, die mit den Daten analysiert werden, gänzlich anders sind. Die ökonometrische Modellierung ist ein Beispiel für diese Methode. Mit der großen Menge an Daten, die von Anbietern sozialer Medien und dem Internet der Dinge zur Verfügung gestellt werden, können hochentwickelte Algorithmen Trends erkennen und Hypothesen testen.

Quasi-quantitative Analyse. Wenn die für die Analyse eines Problems erforderlichen empirischen Daten fehlen, besteht eine Strategie darin, die Lücken mit

[35] Vgl. Katherine Hibbs Pherson and Randolph H. Pherson, Critical Thinking for Strategic Intelligence, 2nd ed. (Washington, DC: CQ Press, 2017), xxii.

Daten von Experten zu füllen. Viele Methoden stützen sich auf Experten, die Schlüsselvariablen als hoch, mittel, niedrig oder nicht vorhanden einstufen oder eine subjektive Wahrscheinlichkeitsbeurteilung abgeben. Die Bewertungen werden in der Regel in ein größeres Modell integriert, das ein Phänomen beschreibt, z. B. die Verwundbarkeit eines Staatschefs gegenüber eines Militärputsches, den Grad der politischen Instabilität oder den wahrscheinlichen Ausgang eines Gesetzgebungsverfahrens.

Keine dieser vier Methoden ist besser oder effektiver als eine andere. Alle werden in verschiedenen Situationen benötigt, um die Chancen auf eine richtige Antwort zu erhöhen. Der Einsatz mehrerer Methoden im Laufe eines einzigen Analyseprojekts sollte die Norm sein, nicht die Ausnahme. So kann beispielsweise selbst eine hochgradig quantitative technische Analyse Annahmen über Motivation, Absichten oder Fähigkeiten beinhalten, die am besten mit Ansätzen des kritischen Denkens und/oder einer strukturierten Analyse analysiert werden. Oder es könnte eine Brainstorming-Technik verwendet werden, um die Variablen zu identifizieren, die in ein dynamisches Modell aufgenommen werden sollen, das Daten von Experten zur Quantifizierung dieser Variablen verwendet.

Wie kann uns die strukturierte Analyse beziehungsweise können uns Strukturierte Analysetechniken nun konkret helfen? Abhängig vom Aufbau des jeweiligen Analyseprojektes, dienen unterschiedliche Analysetechniken verschiedenen Zwecken. Pherson und Heuer teilen alle Analysetechniken in fünf Familien ein (siehe Abb. 2.4).

Zunächst zwingen alle SATs dazu, die eigenen Gedanken strukturiert zu Papier zu bringen. Sie zerlegen und externalisieren also das jeweilige Analyseproblem und verringern damit die negativen Auswirkungen der natürlichen Begrenztheit des menschlichen Geistes.[36] Dadurch können sich Analystinnen und Analysten zwingen, alle Fakten zu berücksichtigen und nicht nur solche, die aus unterschiedlichen Gründen gerade dominant sind. Zudem fördern und fordern SATs die Zusammenarbeit zwischen dem involvierten Analysepersonal. In einem Team durchgeführte Analysen berücksichtigen immer mehr Perspektiven und haben deshalb eine höhere Qualität als Analysen, die im Alleingang angefertigt werden. Das gilt besonders dann, wenn das Team möglichst divers zusammengesetzt ist, aus Mitgliedern mit unterschiedlichen Hintergründen und Spezialisierungen besteht.

Explorationstechniken wie „Cluster Brainstorming" helfen dabei, neue Vorstellungen zu erzeugen oder bestehendes Wissen neu zu arrangieren. Besonders

[36] Vgl. Heuer, a. a. O., S. 27 f.

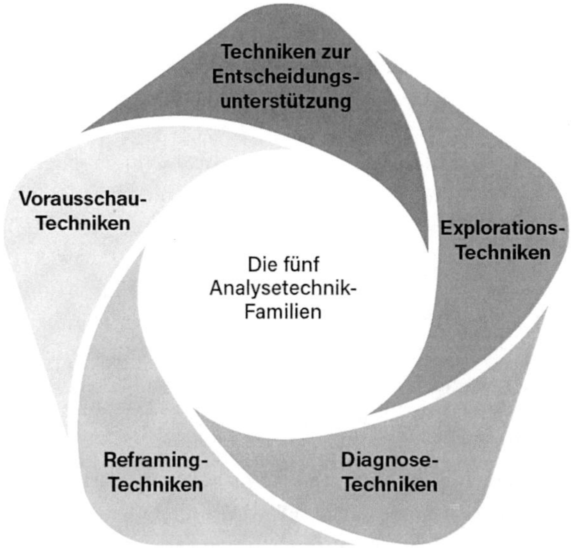

Abb. 2.4 Die fünf Analysetechnik-Familien. (Quelle: Copyright 2024 Pherson. All Rights Reserved)

effektiv sind diese Techniken darin, den natürlichen Impuls zu unterdrücken, kontinuierlich Antworten auf komplizierte Fragen zu erzeugen (Mentale Schrotflinte) und die erste Antwort auszuwählen, die „gut genug" erscheint („Satisficing"). Imaginationstechniken helfen außerdem, die intuitive Stolperfalle zu umgehen und fälschlicherweise anzunehmen, eine Situation entwickle sich so, wie in einem ähnlichen Fall oder wie bisher meist in solchen Situationen.[37]

Eng verwoben mit Explorationstechniken sind **Diagnose-Techniken,** mit denen breite Spektren an Hypothesen generiert und getestet werden können. Techniken, die darauf ausgelegt sind, Hypothesen zu falsifizieren, statt zu verifizieren. Um negative Effekte – zum Beispiel den Bestätigungsfehler, das Ignorieren inkonsistenter Informationen oder die unzulässige Projektion vergangener Erfahrungen – zu begrenzen. Diagnosetechniken helfen außerdem dabei, reflektiert mit Annahmen zu arbeiten und diese zu testen.[38]

[37] Vgl. Pherson/Heuer, a.a.O., S. 90 f.

[38] Vgl. Pherson/Heuer, ebd., S. 128 ff.

Die Ergebnisse von Analysen und die mentalen Modelle, die diesen zugrunde liegen, können auch gezielt durch **Reframing-Techniken** infrage gestellt werden. Das kritische Hinterfragen vorhandener mentaler Modelle hilft dabei, sich vor „Mirror Imaging", dem Anker-Effekt und der Annahme zu schützen, die Zukunft werde sich nur marginal verändern.[39]

Um einen Blick in die Zukunft beziehungsweise in mögliche Szenarien zu werfen, helfen **Vorausschau-Techniken** und verschiedene Arten von Indikatoren. Die technikgeleitete Arbeit mit dem Bereich „Foresight" ermöglicht es, ein breites Spektrum an „Zukünften" zu entwickeln, um so der komplexen Welt gerecht zu werden, in der wir leben. Dadurch können Entscheidungsträgerinnen und Entscheidungsträger für Entwicklungen sensibilisiert werden, auf die sie sich vorbereiten sollten. Entweder um Risiken zu minimieren oder um Möglichkeiten auszuschöpfen. Die Arbeit mit Vorrauschau-Techniken begrenzt Biases und Heuristiken wie Gruppendenken, eine verfrühte Beendigung des Analyseprozesses und den Ankereffekt.[40]

Schließlich versetzen **Techniken zur Entscheidungsunterstützung** Adressatinnen und Adressaten in die Lage, auf Basis eines möglichst vollständigen Lagebildes fundierte Entscheidungen zu treffen. Analystinnen und Analysten können dieselben Techniken dabei helfen, Entscheidungssituationen von feindlichen Akteuren oder Konkurrenten zu modellieren, um deren Entscheidungen möglichst reflektiert zu antizipieren (Red Teaming). Techniken zur Entscheidungsunterstützung zielen auf das Begrenzen von Effekten wie der verfrühten Beendigung von Analyseprozessen, Gruppendenken und „Mirror Imaging".[41]

Die Funktionsweisen von System 1 und System 2 samt ihrer kognitiven Herausforderungen, und das Potenzial von SATs, diesen Herausforderungen zu begegnen, sind die wesentlichen Gründe, warum diese Analysetechniken als Denkwerkzeuge („Thinking Tools") genutzt werden sollten.

Dennoch: Strukturierte Analysetechniken sind kein Allheilmittel. Sie entbinden uns nicht vom Gebrauch des gesunden Menschenverstands und sie liefern auch keine Ergebnisse durch Zauberhand, die über jeden Zweifel erhaben sind.[42] Gegenwärtig stellen sie aber den besten Werkzeugkoffer dar, um kognitiven Herausforderungen zu begegnen, denen alle Analystinnen und Analysten ausgesetzt sind. Einen Werkzeugkoffer für das Aktivieren von System-2-Funktionen, um

---

[39] Vgl. Pherson/Heuer, ebd., S. 182 ff.

[40] Vgl. Pherson/Heuer, ebd., S. 250 ff.

[41] Vgl. Pherson/Heuer, ebd., S. 306 ff.

[42] Zur kritischen Reflektion der empirischen Nachweisbarkeit des Nutzens von Strukturierten Analysetechniken siehe: Artner, a. a. O. und Heuer/Pherson, a. a. O., S. 345 ff.

zu bestmöglichen Ergebnissen zu gelangen. Damit sind das Erlernen von SATs und ihre Anwendung unabdingbare Schritte auf dem Weg, ein gewissenhafterer, professionellerer und damit klarerer Denker zu werden.

2.4 Die fünf Gewohnheiten eines Meisterdenkers

Die häufigste Kritik an Strukturierten Analysetechniken lautet: „Mir fehlt die Zeit, um sie anzuwenden." Die Erfahrung der meisten Analystinnen und Analysten – und besonders deren Vorgesetzten – ist, dass diese Kritik nicht gerechtfertigt ist. Tatsächlich werden Analysten, wenn sie innehalten und überlegen, wie lange es dauert, um ein Thema zu recherchieren, ein Analyseprojekt zu entwerfen, den Analyseprozess zu koordinieren und das Produkt durch den Produktionsprozess zu schleusen, in der Regel feststellen, dass die Verwendung von Strukturierten Analysetechniken den Prozess fast immer beschleunigt.

Bei der Arbeit an zeitkritischen Aufgaben, die noch am selben Tag erledigt werden müssen, lässt sich allerdings plausibel argumentieren, dass es nicht möglich ist, sich Zeit für die Anwendung Strukturierter Analysetechniken zu nehmen. Deshalb sollte man Analysten dazu ermutigen, Strukturierte Analysetechniken bereits dann anzuwenden und zu üben, wenn die Fristen weniger eng sind. Auf diese Weise eignen sie sich Grundsätze des kritischen Denkens mit ausreichend Zeit an und werden diese wahrscheinlich auch dann instinktiv anwenden, wenn sie unter Druck stehen.

Der Ursprung der fünf Gewohnheiten des Meisterdenkers war eine Diskussion mit Analysten im britischen Cabinet Office (entspricht dem deutschen Bundeskanzleramt), die einen der Autoren fragten: „Wenn ich nur zwei Stunden Zeit habe, um ein Produkt für den Verteidigungsminister zu schreiben, wie kann ich mir dann die Zeit nehmen, eine Strukturierte Analysetechnik anzuwenden?"

Die fünf Gewohnheiten des Meisterdenkers sind (siehe Abb. 2.5):

- Hinterfragen Sie Ihre **Schlüsselannahmen**. Wenn Sie Ihre Kolleginnen und Kollegen bitten, Ihre Schlüsselannahmen regelmäßig infrage zu stellen, dann werden Sie persönlich sensibler und sich zunehmend selbst fragen, ob Ihre Annahmen fundiert sind.

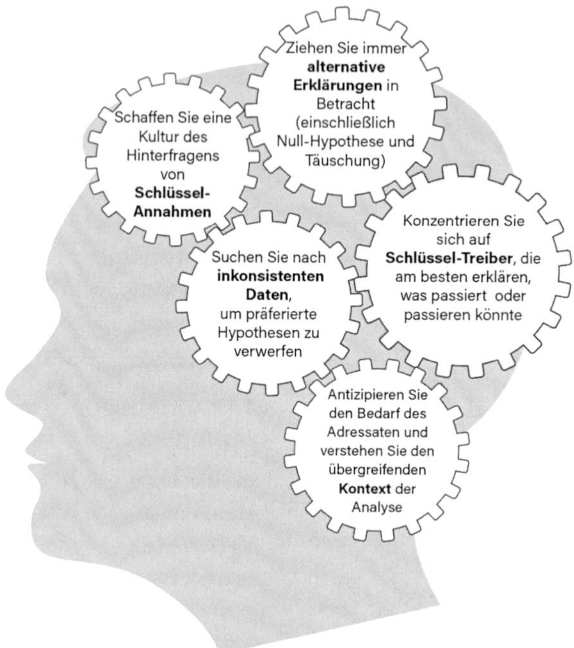

Abb. 2.5 Die fünf Gewohnheiten des Meisterdenkers. (Quelle: Copyright 2024 Pherson. All Rights Reserved)

- Entwickeln Sie **alternative Hypothesen**, sobald Sie mit neuen Entwicklungen konfrontiert werden. Obwohl alternative Hypothesen zunächst vielleicht unwahrscheinlich erscheinen, können sich diese, sobald neue Belege auftauchen, zur Leithypothese entwickeln.
- Suchen Sie nach **inkonsistenten Daten**. Dies ist die am schwierigsten zu meisternde der fünf Gewohnheiten, aber diejenige, die die größte Zeitersparnis mit sich bringt.
- Fragen Sie zu Beginn, welche **Schlüsseltreiber** am besten erklären, was geschehen ist, oder voraussagen, was geschehen wird. Wenn Analystinnen und Analysten Schlüsseltreiber schnell identifizieren, verringert sich das Risiko von (bösen) Überraschungen.
- Lernen Sie, innezuhalten und den **übergreifenden Kontext** der Analyse zu reflektieren. Analystinnen und Analysten müssen der Tendenz widerstehen,

sich sofort in die Arbeit zu stürzen, ohne zu reflektieren, sobald sie eine neue Aufgabe zugeteilt bekommen haben. Denn das führt gewöhnlich zu einem schlechten Analyseergebnis und verschwendet wertvolle Bearbeitungszeit.

Zu lernen, wie man die fünf Gewohnheiten verinnerlicht, erfordert kontinuierliche Anstrengungen. Die bewusste Anwendung jeder einzelnen Kernanalysetechnik[43] auf drei bis fünf reale Probleme sollte ausreichen, um die grundsätzlichen Konzepte, die mit diesen Techniken verbunden sind, zu verinnerlichen. Mit jeder Wiederholung werden die Gewohnheiten immer tiefer verankert, bis sie mit der Zeit instinktiven Charakter annehmen. Als Analystin oder Analyst kann man sich eigentlich nicht viel mehr wünschen: Wenn die Gewohnheiten beherrscht werden, können sie sowohl Zeit sparen als auch die Relevanz ihrer Analyseprodukte innerhalb einer Organisation erhöhen.

[43] Kernanalysetechniken (orig. Core Techniques) sind Cluster Brainstorming, Key Assumptions Check, Analyse konkurrierender Hypothesen, Premortem Analyse and Strukturierte Selbstkritik, Was wäre wenn?-Analyse, Multiple Szenario-Generierung sowie das Generieren, Validieren und Evaluieren von Indikatoren.

3 Die zentrale Rolle von Fragestellungen

Zusammenfassung

Zu Beginn eines jeden Analyseprojektes steht zunächst die Frage nach der richtigen Frage. Was ist die Kernfrage, deren Beantwortung die Adressatin oder den Adressaten in eine bessere Position als Konkurrenten oder Gegner versetzen würde? Und aus welchen Teilfragen setzt sich diese Kernfrage zusammen? Neben dem Identifizieren der richtigen Fragen, spielt aber auch eine Rolle, ob diese Fragen richtig formuliert wurden. Denn es gibt nicht nur falsche Fragestellungen, sondern auch falsch gestellte Fragen. Weil Fragen in den Bereichen Intelligence und Analyse eine große Tragweite haben, widmet sich dieses Kapitel ausführlich diesem oftmals unterschätzten Thema.

3.1 Warum sind Fragen so wichtig?

Erinnern Sie sich noch an die letzte komplexe Frage, die Sie beantworten mussten? An den letzten schwierigen Auftrag, den Sie erfüllen mussten? Oder den letzten schier unlösbaren Fall, den Sie lösen mussten? Kurzum an das letzte Mal, dass Ihnen die Arbeit wirklich Kopfzerbrechen bereitet hat? Alle Informationen zu finden, zu berücksichtigen, zu gewichten, um am Ende zu einer Lösung – zu einer Antwort zu kommen?

(Analyse)-Fragen zu beantworten, kann sehr herausfordernd sein. Und das, obwohl man sich vielleicht stundenlang mit der Antwort und der Formulierung der Frage beschäftigt hat. Obwohl man mehrfach vor- und zurückgegangen ist, um sicher zu gehen, dass nichts übersehen wurde. Eine gute Antwort auf eine gut gestellte Frage zu finden, kann bereits äußerst schwierig sein.

O. Donner et al., *Klarheit im Denken*, Sicherheit, Strategie & Innovation,
https://doi.org/10.1007/978-3-031-62117-8_3

Nun stellen Sie sich vor, Sie würden sich gar nicht mit der Fragestellung beschäftigen. Nehmen wir an, Sie würden von Ihrer Vorgesetzten oder Ihrem Adressaten eine schlecht formulierte Frage erhalten. Eine Frage, bei der gar nicht ganz klar ist, was überhaupt verlangt wird. Wie hoch ist die Wahrscheinlichkeit, dass Sie eine gute Antwort auf eine schlecht gestellte Frage finden? Sie geht gegen Null. Denn sowohl der Raum, in dem sich die Frage potenziell bewegt, als auch der dazugehörige Antwortraum sind quasi grenzenlos. Eine schlechte Frage kann nur mit einer schlechten Antwort gewürdigt werden. Oder zumindest mit einer, die weit hinter dem zurückbleibt, was möglich wäre.

> „Wenn ich einmal getötet werden sollte und ich nur noch eine Stunde Zeit hätte, um herauszufinden, wie ich mein Leben retten könnte, würde ich die ersten 55 min darauf verwenden, nach der richtigen Frage zu suchen. Hätte ich diese Frage gefunden, bräuchte ich nur 5 min, um die passende Antwort aufzuspüren."
>
> Albert Einstein

Dieses Zitat wird Albert Einstein zugeschrieben; es ist ein perfekter Einstieg in den Komplex über die Bedeutsamkeit von Fragen.

Fragen sind wichtig, weil sie den Ausgangspunkt für Wissen bilden. Oder anders: Fast alles, was wir über das Offensichtliche hinaus wissen, hat seinen Ursprung darin, dass jemand eine Frage gestellt und beantwortet hat.

Fragen haben Macht. Und zwar die Macht, Perspektiven zu öffnen. Das kann jede und jeder für sich im Kleinen ausprobieren. Denn zunächst einmal ist unser alltägliches Denken stark von Aussagen geprägt.

„Ich muss heute noch diesen Report fertigbekommen. Das wird verdammt eng!" oder „Morgen kommen meine Schwiegereltern. Vorher die Wohnung sauber zu machen und Kuchen zu backen, werde ich niemals schaffen!"

Versuchen Sie mal Folgendes – stellen Sie sich selbst Fragen: „Wie müsste ich mich organisieren, damit ich diesen Report heute noch fertigbekomme?" oder „Was muss ich tun, damit ich es schaffe, die Wohnung sauber zu machen und Kuchen bereitzustellen, bevor morgen meine Schwiegereltern kommen?"

Das Erstaunliche ist: Unser Gehirn produziert Antworten auf diese Fragen. Das Gleiche funktioniert auch mit schwierigen Fragen. Das Arbeiten mit Fragen gibt uns Möglichkeiten und lässt uns vorhandene Potenziale besser nutzen. Vorweg aber eine kleine Einschränkung: Wir sollten die Antworten, die unser Gehirn bereitstellt, natürlich nicht unreflektiert übernehmen. Sie sind das Resultat unseres System-1-Denkens, und wir sollten sie entsprechend einordnen.

Wichtig ist aber, dass wir unser Gehirn zum Arbeiten bringen. Und das schaffen wir mit Fragen deutlich leichter als ohne. Sie sind der Schlüssel zu Wissen und sauber abgeleiteten Schlussfolgerungen. Und sie sind eine Voraussetzung für das Aufdecken von Annahmen.[1]

Mit Fragen können wir mentale Ablagen[2] kreieren und uns so davor schützen, Informationen zu ignorieren, die vielleicht doch relevant sind. Warum also sind Fragen so wichtig?

- Mit den richtigen Fragen können wir zu richtigen Antworten gelangen.
- Mit den richtigen Fragen können wir relevantes Wissen erzeugen.
- Mit den richtigen Fragen steigt die Wahrscheinlichkeit, über ausreichend mentale Ablagen zu verfügen.
- Richtige Fragen schaffen die Voraussetzung für den Umgang mit Schlüssen und Annahmen.

Darum lohnt es sich, fragenzentriert zu denken und zu arbeiten.

3.2 Was sind „falsche" Fragestellungen?

Nicht jede Frage ist gleich gut. Es gibt unterschiedliche Fallen, in die wir beim Formulieren von Fragen tappen können. Jeder von uns kennt den Spruch: „Es gibt keine dummen Fragen, es gibt nur dumme Antworten." Doch diese Volksweisheit ist mit Vorsicht zu genießen. Denn es besteht auch Grund zu der Aussage: „Dumme Fragen führen zu dummen Antworten." Oder besser: „Unklare Fragen haben unklare Antworten zur Folge."

Denn es gibt tatsächlich doofe Fragen. Zielführender wäre es allerdings, von „falschen" Fragen zu sprechen – oder von „unzweckmäßigen" Fragen.

Eine Fragestellung ist dann falsch oder unzweckmäßig, wenn sie Zeit und Aufmerksamkeit von Analystinnen und Analysten vorhersehbar verschwendet.[3] Jede Frage, die Adressatinnen oder Vorgesetzte ihren unterstellten Analystinnen und Analysten zur Bearbeitung geben, ist ein Investment. Und jedes Investment braucht Ressourcen. In der Finanzwelt ist das Geld, das in der Hoffnung investiert

[1] Vgl. Charles Vandepeer, Question-asking in intelligence analysis: Competitive advantage or lost opportunity? In: Air & Space Power Journal: Afrique et Francophonie, 7(4), 2016, S. 25.

[2] Fehlende mentale Ablagen: Der Analyst oder die Analystin kann sich nicht an etwas erinnern oder etwas nicht in die Analyse einbeziehen, weil ihm eine geeignete Kategorie oder „mentale Ablage" für diese spezielle Information fehlt.

[3] Vgl. Pease, Bruce E.: Leading Intelligence Analysis – Lessons from the CIA's Analytic Front Lines, CQ Press, 2019, S. 103 f. & S. 97.

wird, am Ende etwas herauszubekommen. Im Bereich „Intelligence Analysis" geht es nicht um Geld, sondern es werden die Aufmerksamkeit und Zeit von Analystinnen und Analysten investiert. Damit sind falsche Fragen nicht notwendigerweise dumme Fragen. Jeder stellt bisweilen „dumme" Fragen – egal wie schlau er ist. Das ist aber nicht gemeint, wenn von „falschen" Fragen die Rede ist.

Sondern eine Fragestellung ist dann falsch, wenn für ihre Beantwortung nicht ausreichend Informationen und Belege vorliegen. Und wenn sich das absehbar nicht ändern wird. Nehmen wir folgende Frage als Beispiel: „Hat der Iran eine geheime Nukleareinrichtung?"[4]

Die Antwort auf diese Frage kann nur „ja" oder „nein" lauten; wir bräuchten stichhaltige Beweise für eine definitive Antwort. Haben wir diese nicht und können sie auch absehbar nicht beschaffen, dann ist der Versuch, auf diese Frage eine Antwort zu finden, eine Verschwendung von Ressourcen. Wenn unser Adressat keine eindeutige Antwort braucht, könnte allerdings folgende Frage zweckmäßig sein: „Inwiefern könnte der Iran über eine geheime Nukleareinrichtung verfügen?"

Die Frage ist nicht mit ja oder nein zu beantworten, sondern es geht darum, möglichst viel Wissen darüber zusammenzutragen und mit Schlussfolgerungen zu verknüpfen. Zielt die Frage darauf ab, die wahrscheinlichen Möglichkeiten zu skizzieren, dann ist die Beantwortung dieser Frage keine Ressourcenverschwendung, die Frage mithin keine falsche Frage.

Es gibt noch eine weitere Art falscher Frage: Und zwar, wenn sie einfach zu viel ist.[5] Arbeiten Analystinnen und Analysten bereits am Limit, kann eine Frage mehr den Blick auf das große Ganze versperren. Wenn also keine Expertin und kein Experte mehr darauf achtet, was gerade insgesamt passiert, ist das Risiko groß, irgendwann eine Überraschung zu erleben. Es sollte daher immer mindestens eine Analystin oder ein Analyst so viel „Freiraum" behalten, dass relevante aktuelle Entwicklungen nicht unbemerkt bleiben.

---

[4] Mit diesem Beispiel arbeitet auch Bruce Pease in seinem großartigen Buch: Leading Intelligence Analysis – Lessons from the CIA's Analytic Front Lines, CQ Press, 2019.

[5] Vgl. Pease, Bruce E.: Leading Intelligence Analysis – Lessons from the CIA's Analytic Front Lines, CQ Press, 2019, S. 103 f. & S. 97.

3.3 Was sind falsch gestellte Fragen?

Neben falschen Fragen gibt es auch falsch gestellte Fragen. Es kann also sein, dass eine Frage inhaltlich richtig, aber falsch formuliert ist. Wie das aussehen kann, zeigen einige Beispiele.

Angenommen, wir arbeiteten in einem Polizeirevier einer Kleinstadt. Dieses bekäme den Hinweis, in seinem Zuständigkeitsbereich befinde sich eine Gruppe „Salafisten". Um sich ein Bild darüber zu machen, wird folgende Frage gestellt: „Was wissen wir über islamistischen Extremismus in Deutschland?" Die Antwort auf diese Frage könnte Ordner füllen; sie ist zu weit gefasst.

Das sind sogenannte „Gib-mir-alles-Fragen". Sie verschlingen enorme Ressourcen und trotzdem bleiben deren Antworten am Ende häufig wirkungslos, weil sie zu umfangreich sind, um vollständig gelesen und verarbeitet werden zu können.

Beispiel Nummer zwei: Im Pentagon möchten Vorgesetzte wissen, wie es mit dem iranischen Nuklearprogramm weitergeht – speziell mit einer möglichen nuklearen Bewaffnung. Sie stellen folgende Frage: „In wie vielen Wochen ist Iran in der Lage, eine Atombombe herzustellen?"

Die Antwort darauf hängt von vielen Faktoren ab und ist zudem zu eng gefasst. Liefern ließen sich allenfalls Szenarien, wie sich das Nuklearprogramm mit Blick auf eine nukleare Bewaffnung entwickeln könnte. Und auf welche Indikatoren, bezogen auf jedes Szenario, zu achten wäre. Die Frage auf eine Anzahl von Wochen einzuschränken, lässt eine solch freie Antwort jedoch gar nicht erst zu.

Bleiben wir im Mittleren Osten und kommen zu einer weiteren Art, Fragen falsch zu stellen: „Wo befinden sich die Massenvernichtungswaffen im Irak?"

Ein Klassiker in der „Intelligence"-Literatur. Diese Form der Fragen gilt als annahmebasiert. Genau so wurden auch die Fragen an die „US Intelligence Community" vor der amerikanischen Irak-Invasion im Jahr 2003 gestellt. Der Fall ist einer der größten Fehlschläge der „US-Intel-Community"; ein „Intelligence Failure". Der Frage zugrunde liegt nämlich die Annahme, es habe Massenvernichtungswaffen im Irak gegeben. Heute wissen wir: Es gab keine. Doch eine so gestellte annahmegetriebene Frage lässt eine neutrale Antwort gar nicht erst zu.

Beim nächsten Typus falscher Fragen fällt die Schwäche auf den ersten Blick nicht besonders auf. Die Geschäftsführerin eines mittelständischen Unternehmens hat ihre Abteilungsleiter zusammengerufen und formuliert ohne weitere Spezifikationen die gerechtfertigt erscheinende Frage: „Wie können wir unseren Output signifikant steigern?"

Doch diese Frage ist zu unbestimmt formuliert, denn die Begriffe „Output" und „signifikant" sind nicht definiert. Was meint Output? Die Produkte? Den

Umsatz? Den Gewinn? Gilt Output in qualitativer oder quantitativer Hinsicht? Und was bedeutet signifikant? Abgesehen davon, dass es wichtig klingt! Wie lässt sich messen, was wir steigern wollen, und ab wann ist die Schwelle überschritten, die wir als signifikant erachten? Das heißt: Wir müssen unklare Elemente unserer Fragen definieren. Und zwar grundsätzlich!

Was geschieht sonst? Der nicht definierte Raum wird unbewusst gefüllt – zum Beispiel mit Annahmen, Fehlwahrnehmungen oder Ersatzinformationen. Das heißt, ein Analyst sucht nach Möglichkeiten, den Umsatz zu steigern. Eine andere Analystin lotet Strategien zur Steigerung des Gewinns aus. Beide Varianten könnten sich am Ende sogar widersprechen. Und wenn schließlich die Adressatin – in diesem Fall die Geschäftsführerin – eigentlich die Qualität der Produkte im Sinn hatte, kommt überhaupt kein brauchbares Ergebnis zustande.

Die Qualität von Analysen steht und fällt also auch mit den Definitionen, die einer Frage zugrunde liegen. Fragen sollten so wenig Interpretationsspielraum wie möglich lassen.

Und schließlich noch ein Klassiker unter den falschen Fragestellungen: „Schreiben Sie mal was zum Hackerangriff auf den Bundestag!" Vorgesetzte geben gern Themen statt Fragen vor. Hier gilt es dann, Fragen einzufordern. In diesem Fall böten sich verschiedene Fragen an: „Wer hat den Bundestag gehackt?", „Wie wurde der Bundestag gehackt?" oder „Welche Systeme waren betroffen?"

Herauszubekommen, was der Adressat genau wissen möchte, ist der Schlüssel für relevante Analysen. Die Effizienz einer Organisation hängt davon ab, ob und wie dazu kommuniziert wird.

Im nächsten Abschnitt geht es um Hindernisse, die guten Fragen im Weg stehen, und was wir tun können, um diese zu überwinden.

3.4 Was hindert uns daran, mit guten Fragen zu arbeiten?

Hier deutet die Literatur – und das deckt sich mit persönlichen Erfahrungen der Autoren – vor allem auf einen Faktor hin: Zeit.

Viele Fragen und Aufgaben erfordern schnelle Antworten. Das ist nicht weiter verwunderlich – soll Intelligence doch vor allem eine Grundlage für Entscheidungen schaffen. Dadurch entsteht Druck.

Fatalerweise führt aber genau das oftmals dazu, dass Fragen unreflektiert übernommen werden, um möglichst schnell mit der Arbeit zu beginnen. Schließlich gilt es, keine Zeit zu verlieren. Doch genau hier passiert der entscheidende Fehler. Werden schlechte oder schlecht gestellte Fragen unreflektiert übernommen, besteht ein hohes Risiko, ein unzureichendes Ergebnis zu produzieren. Hier gilt wieder: unklare Fragestellungen, führen zu unklaren Antworten.

Zudem ist die Wahrscheinlichkeit hoch, dass im Prozess der Bearbeitung immer wieder über unklare und unscharfe Fragestellungen gestolpert wird. Dieses Fischen im Trüben kostet viel Zeit. Und das, obwohl eigentlich Zeit gespart werden sollte und deshalb schnell mit der Arbeit begonnen wurde. Dadurch entsteht ein Paradox, das gar nicht so selten vorkommt. Vermeiden lässt es sich nur, wenn künftig direkt bei der Fragestellung angesetzt wird.

Ein weiterer Faktor, der daran hindern kann, mit guten Fragen zu arbeiten, ist die Motivation. Mangelnde Motivation oder psychisches Unwohlsein steigern das Risiko, Fragestellungen unreflektiert zu übernehmen. Das schließt an Kap. 1 und die Ausführungen zu Kahnemans Ansätzen an. Durch Müdigkeit, Erschöpfung, Trägheit oder mangelnder Motivation sinkt die Wahrscheinlichkeit auf System-2-Denken zurückzugreifen – also auf das analytische, langsame Denken. Die kognitive Verwundbarkeit steigt und System 1 regiert. Daran knüpft auch der nächste Faktor an, der hemmend wirken kann: die Ersetzung. Selbst versierte, erfahrene und motivierte Analystinnen und Analysten sind davor nicht gefeit. Sie beantworten unbewusst eine einfachere Frage, auf die eine Antwort leichtfällt, statt die schwierige Frage zu beantworten, die ursprünglich gestellt wurde.[6]

All diese Faktoren existieren natürlich nicht im luftleeren Raum. Auch das organisatorische Umfeld hat Einfluss auf den Umgang mit Fragestellungen. Organisationen, in denen sich bestimmte Denkmuster festgesetzt haben, die akzeptable Antworten und Aussagen vorgeben, sind für eine gute Analysearbeit extrem gefährlich.[7] Solche Rahmenbedingungen beeinflussen nicht nur die Antworten, sondern automatisch auch die Fragen, die gestellt werden. Fragen, deren Antworten niemand hören möchte, werden häufig erst gar nicht aufgeworfen. Dazu kommt noch der Konformitätsdruck. Wenn sich eine Organisation eine gewisse Zeit mit einem Thema beschäftigt, entsteht ein bestimmtes Bild dazu. Das kann beispielsweise eine Einschätzung zu den Gefahren einer Gruppierung oder die Wettbewerbsfähigkeit eines Konkurrenten sein. Eine Organisation berichtet über ein Thema auf eine „verlässliche", „stringente" und „konsistente" Weise. Das erzeugt Druck auf das dort beschäftigte Analysepersonal, weil das Abweichen

---

[6] Vgl. Kahneman, Daniel: Schnelles Denken, Langsames Denken, 13. Auflage, Random House, 2012, S. 127.

[7] Vandepeer, Charles: Question-asking in intelligence analysis: Competitive advantage or lost opportunity? in: Air & Space Power Journal: Afrique et Francophonie, 7(4), S. 24–43, 2016.

von etablierten Urteilsmustern dann begründet werden muss. Das zu wissen, kann davon abhalten, andere Fragen zu stellen oder bereits aufgeworfene Fragen anders zu stellen. Diesen Konformitätsdruck abzuschwächen, sollte das Ziel jeder Organisation sein, die im „Wissensgewerbe" tätig ist. Ein Abweichen von etablierten Berichtsmustern deutet nicht unbedingt auf Fehler hin. Sondern zeugt vielmehr davon, dass sich die Organisation folgender Tatsache bewusst ist: Sachverhalte können sich ändern, und das muss berücksichtigt werden. Gruppierungen passen sich an, Wettbewerber positionieren sich neu. Und wenn eine Fragenkultur so etwas nicht vorsieht, dann werden auch nicht die nötigen Fragen gestellt, um Veränderungen mitzubekommen.

Zudem existiert der Druck, konsistent mit der eigenen Berichterstattung zu bleiben. Man schreibt ungern diese Woche etwas vollkommen anderes zu einem Sachverhalt als in der Vorausgegangenen. Auch hier geht es darum, den Eindruck zu vermeiden, in der Vergangenheit seien Fehler gemacht worden. Dabei kann sich erstens jeder und jede einmal irren; außerdem könnte sich ja wirklich seither etwas geändert haben, oder die Informationslage ist eine andere. Am Ende geht es um das Ermutigen, Fragen neu zu stellen oder neue Fragen aufzuwerfen.

Schließlich kann auch der Ausbildungsstand daran hindern, mit guten Fragen zu arbeiten. Wer kleine Kinder hat weiß, dass sie viele Fragen haben: Etwa 300 bis 500 stellt ein dreijähriges Kind – pro Tag!

Wir sind also geborene Fragensteller und wer will uns da schon was beibringen? Der Chef denkt sich, warum sollte ich Geld ausgeben, um meinen Mitarbeiterinnen und Mitarbeitern etwas zu vermitteln, das ohnehin jeder kann? Tatsache ist: Die wenigsten wurden ausgebildet, die richtigen Fragen richtig zu stellen. Wir wurden in der Regel gar nicht damit vertraut gemacht, dass es bestimmte Werkzeuge gibt, mit Fragestellungen strukturiert umzugehen und damit zu besseren Fragen zu gelangen.

3.5 Wie können wir die richtigen Fragen richtig stellen?

„Die Organisationskultur hat einen Einfluss darauf, ob Analysten ermutigt oder davon abgehalten werden, Fragen zu stellen; ob es Fragen gibt, die Analysten stellen können oder nicht; und ob Fragen als intellektuelle Hilfsmittel zur Überprüfung von Annahmen begrüßt oder als Ablenkung von der eigentlichen Aufgabe betrachtet werden."[8]

[8] Vandepeer, Charles: ebd., S. 27 (eigene Übersetzung aus dem englischen Original).

Zunächst einmal spielt das organisatorische Umfeld eine wichtige Rolle dafür, ob die richtigen Fragen richtig gestellt werden. Organisationen müssen eine Atmosphäre schaffen, in der es nicht nur akzeptiert, sondern auch gefördert und gefordert wird, Fragen zu stellen. Es braucht deshalb eine ausgeprägte Fragenkultur. Alles, was Analystinnen und Analysten bei ihrer Arbeit tun, lässt sich unter irgendeiner Frage subsummieren, egal ob sie explizit gestellt wurde oder nicht. Das bedeutet, sie arbeiten ohnehin schon „fragenzentriert“. Oftmals findet dies aber unbewusst statt. Dass das mit Risiken einhergeht, wurde bereits erörtert. Wer als Analystin oder Analyst einen Auftrag bekommt, sollte fordern, dass er als Frage formuliert wird. Oder die Frage selbst formulieren und dann das Gespräch mit dem Auftragssteller suchen. Vorgesetzte sollten mit Fragen führen. Warum hören Mitarbeiterinnen und Mitarbeitern immer die Frage: „Woran arbeiten Sie gerade?“ Warum heißt es nicht besser: „Welche Frage versuchen Sie gerade zu beantworten?“ Diese Frage auf diese Weise zu stellen wird zunächst vermutlich zu Irritationen führen. Vielleicht ist es dem Analysepersonal beim ersten oder zweiten Mal auch gar nicht möglich, eine gute Antwort auf diese Frage zu finden. Eines ist aber sicher: Wenn Analystinnen und Analysten häufig danach gefragt werden, welche Frage sie gerade versuchen zu beantworten, dann werden sie sich darauf einstellen. Sie werden sich diese Frage selbst stellen, um vorbereitet zu sein, sollte die Vorgesetzte oder der Vorgesetzte vorbei schauen und diese Frage stellen. Das bedeutet, dass diese kleine Variation bereits dazu beitragen kann, eine stärker fragenzentrierte Arbeitskultur zu etablieren.

Das eröffnet die Chance, Neues zu erfahren. Neues über einen Konkurrenten, andere Marktteilnehmer oder einen feindlichen Akteur. Daher sollten Organisationen danach streben, eine fragenzentrierte Kultur aufzubauen, auch wenn dafür etablierte Urteilsmuster gebrochen werden müssen – jene der Organisation und jene des Analysepersonals. Denn Analyse dreht sich um Wissen; Analyse ist eine Reise. Alle Beteiligten sollten mutig und offen sein für Unkonventionelles. Das beste Werkzeug dazu sind Fragen. Die richtigen Fragen – kreative Fragen – strukturierte Fragen.

Eine weitere Möglichkeit, um einen Analyseprozess mit guten Fragen zu beginnen, ist der „Intelligence Dialogue“. Dabei handelt es sich um den Austausch zwischen Auftragsteller – also Adressaten – und Bearbeiter – also Analystin oder Analysten. Häufig steht dazwischen auch noch eine Vorgesetzte oder ein Vorgesetzter. Beim „Intelligence Dialogue“ geht es darum, den tatsächlichen Informationsbedarf abzuklären. Hier kann es gleich an mehreren Stellen zu Problemen kommen.

Erstens kann es sein, dass Adressaten schon ihre Ausgangsfrage „falsch“ stellen. Oftmals formulieren sie die Frage zu einem bestimmten Thema nämlich nicht präzise genug, weil ihnen die nötigen Kenntnisse dazu fehlen. Sie beschreiben ihr Erkenntnisinteresse deshalb nur ungenau. Im Austausch mit den Spezialisten – also im besten Fall den Analystinnen und Analysten – kann dann die richtige Frage herausgearbeitet werden. Gibt es einen Vorgesetzten als Zwischenebene, muss er mit dem Adressaten kommunizieren. Merkt der Vorgesetzte dabei, dass sein Wissensstand nicht ausreicht, um mit dem Adressaten eine gute Frage zu formulieren, dann sollte er die direkte Kommunikation zwischen Adressat und Analystin anregen.[9]

Aber auch Analysten können eine Frage falsch verstehen. Etwa wegen des Phänomens der Ersetzung: Wird auf eine schwierige Frage nicht schnell genug eine befriedigende Antwort gefunden, kreiert das schnelle und intuitive Denken (System 1) eine ähnliche, aber leichtere Frage und beantwortet diese.[10] Die Ursprungsfrage wird also durch eine andere Frage ersetzt. Das geschieht unbewusst. Wir merken nicht, dass wir eine einfachere Frage beantworten, weil wir wahrscheinlich nicht einmal bemerkt haben, dass die Ausgangsfrage komplex war. Auch hierfür kann es sinnvoll sein, auf den Adressaten zuzugehen und mit ihm abzuklären, wie die Frage wirklich lauten soll.

Und schließlich können und sollen Fragen nicht nur auf der Ebene des Adressaten aufgeworfen und bearbeitet werden. Analystinnen und Analysten sind Experten; sie wissen meist, wenn sich etwas von Interesse in ihrem Fachgebiet tut, und können es den Adressaten mitteilen. Auch Vorgesetzten obliegt es zu antizipieren, welche Fragen die Adressaten umtreiben, welche Nöte sie haben und welche Entscheidungen sie treffen müssen. Deshalb müssen auch Vorgesetzte Fragen aufwerfen und ihren Analysten und Analystinnen zuteilen. Fragen, die nicht vom Adressaten kommen, sollten aber rechtzeitig mit ihm abgesprochen werden, ganz besonders dann, wenn ihre Beantwortung viele Ressourcen binden würde. Auf diese Weise lässt sich das Erstellen irrelevanter Produkte verhindern. Der „Intelligence Dialogue" sollte also nicht nur stattfinden, wenn Fragen von oben an den Analysebereich herangetragen werden, sondern auch umgekehrt, wenn im Analysebereich Fragen auftauchen.

Der Dialog zwischen Adressaten und Analysten ist im Übrigen auch deshalb wertvoll, weil dabei wechselseitig Denkprozesse angestoßen und Perspektiven gewechselt werden. Das kann unter Umständen mehr bewirken als schriftliche

---

[9] Vgl. Pease, Bruce E.: Leading Intelligence Analysis – Lessons from the CIA's Analytic Front Lines, CQ Press, 2019.

[10] Kahneman, Daniel: Schnelles Denken, Langsames Denken, 13. Auflage, Random House, 2012, S. 127.

Analysen am Schreibtisch. Und noch ein letzter Faktor ist relevant, wenn es darum geht, mit den richtigen Fragen zu arbeiten: Zeit.

Egal, für wie lange eine Analyse angelegt ist, es lohnt sich immer, sich vor der Bearbeitung mindestens einige Minute Zeit zu nehmen, um zu überlegen, ob die richtige Frage richtig gestellt wurde. Auch ein Gespräch mit dem Adressaten oder Vorgesetzten kann nützlich sein und sicherstellen, dass die Arbeit nicht vergebens ist. All das kostet Zeit, aber schlussendlich macht sie sich bezahlt. Sonst stellt man eventuell auf halber Strecke fest, die Frage war falsch. Oder man hat am Bedarf des Adressaten vorbeigearbeitet und muss vielleicht sogar von vorn anfangen. Das kann sehr frustrierend sein und verspielt zudem Vertrauen beim Adressaten.

Übersicht

An dieser Stelle noch ein kleiner Tipp, um sich etwas Zeit zu verschaffen.

Planen Sie Ihren Produktionsprozess! Als grobe Orientierung kann hierzu Abb. 3.1 dienen.

Erstellen Sie einen Ablaufplan, bei dem Sie vom Tag der Abgabe zurückrechnen und überlegen, welche Stationen wie viel Zeit kosten.

- Der Versand
- Das Qualitätsmanagement (QM)
- Die Produkt-Abnahme
- Die Korrektur und Fertigstellung des finalen Produktes
- Die Produkt-Vorabnahme
- Das Schreiben des ersten Entwurfs
- Das Konzipieren des Produktes
- Der Analyseprozess inklusive Recherche
- Der „Intelligence Dialogue“
- Das Formulieren der Fragestellung(en)

Auf diese Weise können Sie abschätzen, wie viel Zeit für die einzelnen Arbeitsschritte bleibt. Und gegebenenfalls sofort mehr Zeit beantragen. Sollte der Adressat diese zusätzliche Zeit nicht gewähren, sollten Sie ihn darüber informieren, was in der Zeit lieferbar ist – und Erwartungsmanagement betreiben.

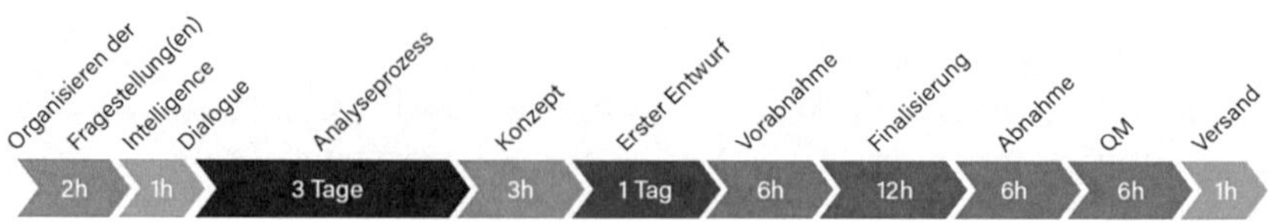

Abb. 3.1 Der Produktionsprozess. (Quelle: Copyright 2024 Donner. All Rights Reserved)

Und noch etwas kann dabei helfen, die richtigen Fragen richtig zu stellen: Strukturierte Analysetechniken. SATs können dabei helfen, Fragestellungen richtig einzuordnen und sie kreativ und strukturiert auszubauen. Um tatsächlich das große Ganze – also das Big Picture – dessen zu erhalten, was uns im relevanten Fragenraum begegnet. Nur von dieser Basis aus lässt sich entscheiden, welche Fragen tatsächlich Relevanz besitzen und beantwortet werden sollten. Zwei besonders geeignete Techniken für diesen Zweck sind die „Issue Redefinition“ und das Analytische Spektrum.

Der richtige Zeitpunkt für eine „Issue Redefinition“ ist der Beginn eines Analyseprojektes. Sie kann aber auch während eines laufenden Analyseprojektes sinnvoll sein. Dies ist insbesondere dann der Fall, wenn Sie mit Ihrem Projekt feststecken. Die Technik ermöglicht es, zielgerichtet an Analyseprojekte heranzugehen, und verhindert ein Abdriften von der eigentlichen Kernfrage eines Projektes. Mit der „Issue Redefinition“ ist es nicht nur möglich, genauer einzugrenzen, was das eigene Erkenntnisinteresse ist, sie ermöglicht auch einen Blick darauf, was nicht zum Auftrag gehört. Sie erreicht das, indem unterschiedliche Variationen einer Ausgangs- oder Kernfrage geschaffen werden. Im Anschluss kann geprüft werden, ob so eine bessere beziehungsweise eine besser formulierte Fragestellung entstanden ist.

Issue Redefinition (Sachverhaltsumformulierung) – Schritt für Schritt

1. **Umformulieren:** Definieren Sie das Problem neu, ohne die ursprüngliche Bedeutung zu verlieren. Überprüfen Sie die Ergebnisse, und überlegen Sie, ob Sie eine bessere Frage gefunden haben, um das zugrunde liegende Problem zu bearbeiten. Beispiel:

   Die Frage: „Wo befinden sich die Massenvernichtungswaffen im Irak?“ kann umformuliert werden in: „Welche Rolle spielen Massenvernichtungswaffen in der irakischen Sicherheitsarchitektur?“
2. **Fragen Sie nach dem Warum:** Stellen Sie eine Reihe von Warum-Fragen. Beantworten Sie diese Fragen intuitiv und stellen im Anschluss

wieder die Warum-Frage. Führen Sie diesen Prozess so lange durch, bis Sie zu der Überzeugung gelangt sind, auf die richtige Kernfrage gestoßen zu sein.

Wenn Sie beispielsweise die Frage haben:

„Ist die Feindschaft zwischen Saudi-Arabien und Iran unüberbrückbar?“ Können Sie diese intuitiv beantworten mit:

„Ja, die religiösen Unterschiede sind zu stark.“ Hier fragen Sie wieder nach dem „Warum?“

Weil der saudisch-wahhabitische Klerus eine Annäherung an die als Häretiker geltenden Schiiten ablehnen würde und das Königshaus auf den Klerus hören muss. – „Warum?“

„Weil das saudische Königshaus vom wahhabitischen Klerus religiös legitimiert wird.“ – „Warum?“

„Weil der Staat auf diesem Bündnis zwischen Staat und Religion gegründet wurde und diese Beziehung bis heute besteht.“ – Hier könnten Sie nun zu der Frage überleiten:

„Besteht das Bündnis zwischen Staat und Religion heute immer noch und falls ja, wie viel Einfluss hat der wahhabitische Klerus auf die Außenpolitik des saudischen Königshauses gegenüber Iran?“

3. **Fokuserweiterung:** Statt sich nur auf ein Teil des Puzzles zu konzentrieren, treten Sie zurück und betrachten das große Ganze.

   Die Frage: „Wie groß ist das Marihuana-Problem im Stadtpark?“ könnte erweitert werden zu: „Wie groß ist das Drogenproblem im Stadtpark?“
4. **Fokusverengung:** Engen Sie den Fokus ein: Können Sie die Ausgangsfrage in Teilfragen zerlegen?

   Die Frage: „Welche Bedrohung durch Akteur XY liegt vor?“ kann heruntergebrochen werden zu der Frage: „Welche Absicht und relevanten Fähigkeiten hat Akteur XY mit Blick auf uns?“
5. **Fokusverschiebung:** Formulieren Sie die Frage so um, dass der Gegenstand der Frage aus einem anderen Winkel betrachtet wird.

   Die Frage: „Welche Akteure bedrohen unsere Cyber-Sicherheit?“ kann umformuliert werden zu: „Auf welche Art Bedrohungen auf unsere Cyber-Sicherheit haben wir uns eingestellt?“
6. **180 Grad:** Drehen Sie den Inhalt der Frage „um 180 Grad“.

   Die Frage: „Aus welchen Gründen sollten die Demonstranten am kommenden Freitag gewalttätig agieren?“ kann auf den Kopf gestellt werden zu: „Auf welchen Gründen sollten die Demonstranten am kommenden Freitag friedlich agieren?“

Die zweite sinnvolle Technik, um gute und gut gestellte Fragen zu erzeugen, ist das Analytische Spektrum. Es ist ein Werkzeug, um den eigenen Informationsbedarf einzuordnen und auszubauen. Die Anwendung des Analytischen Spektrums sollte zu Beginn eines Analyseprojektes stattfinden. Es kann aber auch sinnvoll sein, das Spektrum in einem laufenden Projekt anzuwenden, sollte dieses feststecken. Durch das Einordnen der zu beantwortenden Fragestellung auf dem Analytischen Spektrum können Analystinnen und Analysten mehr Klarheit für die eigene Aufgabe gewinnen. Außerdem können weitere relevante Fragen identifiziert werden, um der Analyse bedarfsangepasst mehr Breite zu verleihen. Dadurch hilft die Nutzung des Spektrums dabei, relevantere Produkte zu erstellen.

Das Analytische Spektrum (siehe Abb. 3.2) veranschaulicht, dass Fragestellungen ganz unterschiedlicher Natur sein können. Es beinhaltet vier Stufen, auf denen sich Analysefragen verorten lassen und damit vier unterschiedliche Typen von Analysen. Begonnen auf der deskriptiven Stufe – also im beschreibenden Bereich – bis hin zur estimativen Stufe – also im Bereich von Fragen, die ihren Blick in die Zukunft richten.

- Die **beschreibende Analyse** berichtet oder fasst zusammen, was über Personen, Orte oder Objekte bekannt ist. Die wesentlichen Fragen, die eine beschreibende Analyse beantworten soll, sind die klassischen journalistischen W-Fragen: also nach dem Wer, Was, Wann, Wo, Womit und Wie.
- Bei der **begründenden Analyse** werden der Grund, das Motiv oder die Ursache einer Situation oder Dynamik untersucht, um herauszufinden, warum sie sich so entwickelt haben oder gerade ablaufen. Es wird also die Frage nach dem Warum gestellt.
- Die **beurteilende Analyse** befasst sich mit der besonderen Relevanz eines Themas oder Sachverhaltes für den jeweiligen Adressaten oder die Adressatin der Analyse. Sie unterscheidet sich von der beschreibenden oder begründenden Analyse weniger im Vorgehen als vielmehr in der Darstellung und Argumentation.
- Die **estimative Analyse** blickt in die Zukunft, fragt, was als nächstes passieren könnte, und antizipiert proaktiv, welche Maßnahmen Entscheidungsträgerinnen und Entscheidungsträger als Reaktion auf potenzielle Stimuli ergreifen könnten.

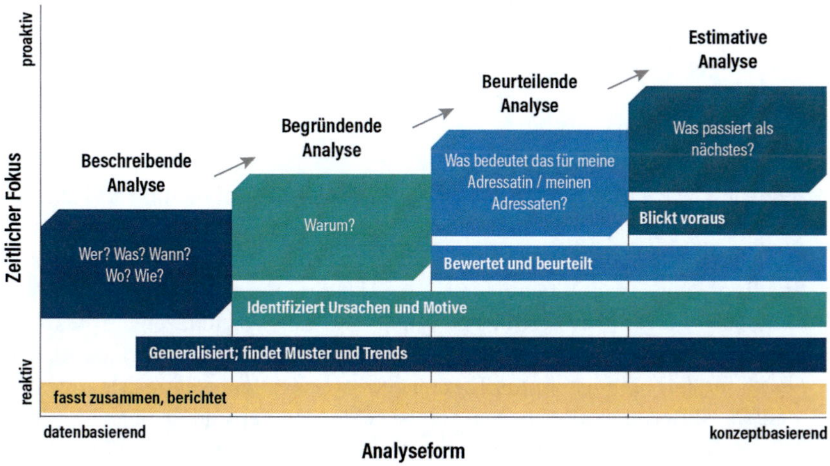

Abb. 3.2 Das Analytische Spektrum. (Quelle: Copyright 2024 Pherson. All Rights Reserved)

Das Analytische Spektrum – Schritt für Schritt

1. Prüfen Sie, ob Ihre Analysefrage so formuliert ist, dass sie sich auf dem Analytischen Spektrum einordnen lässt. Falls nicht, formulieren Sie diese entsprechend um.
2. Ordnen Sie Ihre Analysefrage einer Stufe des Analytischen Spektrums zu. Ist Ihre Analysefrage beschreibender, begründender, beurteilender oder estimativer Natur?
3. Formulieren Sie eine oder mehrere Spiegelfragen auf den übrigen Stufen des Analytischen Spektrums. Überlegen Sie also beispielsweise, welche begründende Frage Ihrer bereits vorhandenen beschreibenden Frage entsprechen würde.
4. Legen Sie fest, welche der aufgeworfenen Spiegel-Fragen:
   - zu Ihrem Auftrag gehören.
   - nicht zu Ihrem Auftrag gehören.
   - nicht zu Ihrem Auftrag gehören, aus Ihrer Sicht jedoch trotzdem beantwortet werden müssten.

Fünf Merkmale einer guten Frage. Eine gute Intelligence-Frage sollte tiefer gehende Überlegungen erfordern, die über die bloße Zusammenfassung oberflächlicher Fakten hinausgehen. Denken Sie bei der Formulierung Ihrer Kern- und Teilfragen darüber nach, ob diese den fünf Qualitätskriterien einer guten Frage entsprechen; diese sind:

1. **Relevant.** Die Frage sollte sich auf den Aspekt einer aufkommenden Frage, eines Problems oder einer Herausforderung konzentrieren, der für Ihr Unternehmen, Ihren aktuellen oder potenziellen Kunden, Ihre Organisation oder Ihre Regierung von größtem Interesse ist. Hat die jüngste Berichterstattung die Möglichkeit einer neuen Herausforderung oder Chance aufgezeigt? Ist es zum Beispiel wahrscheinlich, dass die jüngsten technologischen Entwicklungen den Markt für Ihr Produkt drastisch verändern werden? Gibt es in den sozialen Medien Hinweise auf drohende politische Instabilität und soziale Unruhen, die die Richtung, das Produkt oder die wichtigsten politischen Ziele Ihres Kunden, Unternehmens oder Ihrer Regierung untergraben (oder unterstützen) könnten?
2. **Zeitgerecht.** Gibt es ein Ereignis, das es nötig macht, jemanden zum gegenwärtigen Zeitpunkt auf dieses Problem aufmerksam zu machen? Findet zum Beispiel in den nächsten Tagen eine wichtige Sitzung statt? Haben wir entscheidende neue Erkenntnisse über die Verhandlungsposition eines Gegners oder eines Konkurrenten gewonnen? Erfordert die neue Entwicklung, dass Maßnahmen ergriffen werden, um einen unerwünschten Zustand zu verhindern, bevor es zu spät ist? Gibt es einen kritischen Zeitrahmen, außerhalb dessen das Thema an Bedeutung verliert? Es gilt der Grundsatz: Verfügbarkeit vor Vollständigkeit! Besser ein nicht fertiges oder nicht perfektes Produkt zeitgerecht bereitstellen als ein perfektes Produkt zu spät. Zu spät betrifft in diesem Kontext nicht nur die vorgegebene Abgabefrist, sondern umfasst auch einen Puffer, um Ihr Produkt zu verarbeiten. Wenn ein Produkt zwar zeitgerecht fertig wird, aber viel zu umfangreich ist, um es in eine Entscheidung einzubeziehen, erfüllt es nicht die Anforderungen eines guten Intelligence-Produkts.
3. **Präzise formuliert.** Ist das Thema präzise, im Kontext und in verständlicher Syntax formuliert? Ist die Frage klar und deutlich formuliert und ausreichend fokussiert, um den Adressaten bei der Entscheidungsfindung zu unterstützen und Handeln zu ermöglichen?
4. **Handlungsermöglichend.** Welche Auswirkungen hat diese Frage für diejenigen, die an diesem Thema oder dieser Entwicklung interessiert oder davon

betroffen sind? Was ist das „So what?“ – Gibt es offensichtliche Auswirkungen, wenn der/die Empfänger handeln oder nicht handeln? Wird jemand geschädigt? Muss die Aufmerksamkeit auf Maßnahmen gerichtet werden, die Risiken vermeiden oder mindern? Hat der Empfänger der Information die Möglichkeit, das Ergebnis maßgeblich zu beeinflussen? Ist die Antwort so formuliert, dass sie mehrere Handlungsmöglichkeiten anbietet und Chancen aufzeigt, aber keine bestimmte Handlungsweise oder Option vorschreibt? Sind die Folgerungen so formuliert, dass diese ohne weitere Bearbeitung entscheidungs- und handlungsermöglichend sind?

5. **Beantwortbar auf mehr als eine Weise.** Ist die Frage so formuliert, dass die Antwort mehr als eine glaubwürdige Alternative oder Handlungsmöglichkeit bietet? Kann die Frage mit einer Reihe möglicher Hypothesen und nicht nur mit einer Ja-oder-Nein-Antwort beantwortet werden? Enthält die Frage keine versteckten Annahmen, die den Empfänger des Produktes zu einer unüberlegten Handlung verleiten könnten? Gibt es Unsicherheiten, die das Ergebnis stark beeinflussen könnten?

4 Terror in Stockholm – Die Ermordung von Olof Palme

Zusammenfassung

Die Ermordung des schwedischen Ministerpräsidenten Olof Palme im Februar 1986 versetzte das nordische Land in Schock, Trauer und Schmerz. Für Westeuropa war der Mord in der Tat ein „John F. Kennedy-Moment". Das Verbrechen wurde nie aufgeklärt. Im Juni 2020 schloss der leitende Staatsanwalt Krister Petersson den ungelösten Fall – und gab nur einen Hinweis auf den plausibelsten Täter: Stig Engström, der berüchtigte „Skandia-Mann". Im Laufe von mehr als drei Jahrzehnten versäumten es immer neue Ermittlerteams, die üblichen Ermittlungstechniken anzuwenden, was dem Ruf der Polizei und der Staatsanwaltschaft in Schweden schadete. Die Unfähigkeit der Ermittler löste bald eine politische Krise aus: Eine zunehmend vergiftete öffentliche Debatte über die Verantwortung für diese Versäumnisse machte den Weg frei für Verschwörungstheorien. Wir verwenden das epische Verbrechen als Schaufenster, um zu veranschaulichen, welche Analyseinstrumente zu einer Lösung des Falles hätten führen können. Die von uns angewandten Methoden umfassen Timelines und Chronologien, Starmapping, Profiling, Multiple Hypothesen-Generierung, Analyse konkurrierender Hypothesen und die Überprüfung kognitiver Verzerrungen sowie eine Akteursanalyse.

Stockholm, 28. Februar 1986. Es ist kurz nach 23 Uhr, als sich Olof und Lisbeth Palme vor dem Grand Cinema von ihrem Sohn Marten und dessen Freundin verabschieden. Der amtierende schwedische Premierminister und die First Lady haben ihren Abend mit einem Kinobesuch ausklingen lassen. Am Freitagabend spontan und ohne Personenschutz mit der U-Bahn zum Kino zu fahren, ist für den Premier nichts Ungewöhnliches – in Schweden ist man auch als Regierungsoberhaupt volksnah.

O. Donner et al., *Klarheit im Denken*, Sicherheit, Strategie & Innovation,
https://doi.org/10.1007/978-3-031-62117-8_4

Abb. 4.1 Olof Palme[1]

Olof Palme (Abb. 4.1) schlägt seinen Kragen gegen den eisigen Nachtwind hoch, Lisbeth hakt sich unter, das Paar schlendert den Sveavägen entlang nach Hause. Die Hauptstraße Stockholms ist trotz der Kälte noch nicht verwaist, Olof und Lisbeth machen kurz an einem Schaufenster halt und setzen ihren Heimweg dann Arm in Arm fort. An der Ecke Sveavägen-Tunnelgatan hören die Palmes hinter sich ein Knirschen im Schnee. Bevor sie sich umdrehen können, zerreißt ein Schuss die eisige Stille. Dann ein weiterer Knall und ein gellender Schrei, über Olof Palme kauert Lisbeth, unter ihm verfärbt sich der weiße Schnee schnell blutrot. Zu schnell: Als Palme nur zehn Minuten später in den Schockraum eines Krankenhauses gebracht wird, ist der Premierminister bereits tot.

Der Schuss aus nur 30 cm Entfernung zerschmettert Olof Palmes Wirbelsäule und zerreißt Aorta und Luftröhre. Als Lisbeth Palme (Abb. 4.2) sich zu ihrem Mann umdreht, streift sie ein zweiter Schuss, den die traumatisierte Lisbeth jedoch zunächst gar nicht bemerkt. Der Täter rennt indes die Treppen Tunnelgatans hinauf und verliert sich trotz dutzender Zeugen in den nächtlichen Gassen Stockholms. Am Tatort verständigen Taxifahrer umgehend die Polizei, nur drei

[1] Quelle: Wikimedia, online: https://commons.wikimedia.org/wiki/File:Olof_Palme_-_Alvin_(239914).jpg, CC0.

Abb. 4.2 Lisbeth und Olof Palme[2]

Minuten später treffen die ersten Streifen ein. Ein zufällig vorbeifahrender Krankenwagen bringt das Paar ins nächste Krankenhaus, Lisbeth, unter Schock aber nur leicht verletzt, weicht ihrem sterbenden Mann nicht von der Seite.

Olof Palme, seit 1982 zum zweiten Mal Premierminister und seit zwei Jahrzehnten das Epizentrum schwedischer Politik, wird um kurz nach Mitternacht für tot erklärt. Das kaltblütige Attentat auf offener Straße reißt die Nation aus ihrem behüteten Idyll, die nachfolgenden Ermittlungen ziehen sich erfolglos über Jahrzehnte und erschüttern durch zahllose Skandale das Selbstbild Schwedens als kompetenter Rechtsstaat.

Olof Palme – Ein Titan schwedischer Politik

Niemand in Schweden hatte sich dem Einfluss des charismatischen Sozialdemokraten Olof Palme entziehen können. Als polarisierender Vollblutpolitiker prägte Palme Schwedens Wohlfahrtsstaat und setzte sich für Arbeitnehmerrechte ein. Besonders aber machte Palme mit seiner internationalen Politik Schlagzeilen. Als wortgewaltiger Kritiker von repressiven Regimen und Verfechter friedlicher Lösungen brachte er Schweden auf die politische Weltbühne. Auch den beiden Großmächten USA und

[2] Quelle: Wikimedia, online: https://commons.wikimedia.org/wiki/File:Lisbet_Olof_Palme_V%C3%A4llingby_1956.jpg, CC0.

UdSSR stand Palme oft kritisch gegenüber und warb stattdessen für einen „Dritten Weg“ im Kalten Krieg.

Mehr als 30 Jahre nach Olof Palmes Tod sollte Ronald Reagan Recht behalten, der am Tag nach der Ermordung Palmes seinen unermüdlichen Einsatz für Frieden und Demokratie hervorgehoben hatte. Doch Olof Palme ist nicht nur aufgrund seiner politischen Gravitas und den mit seiner Ermordung verbundenen Verschwörungstheorien in die Geschichte eingegangen. Die jahrzehntelang erfolglosen Mordermittlungen, die von medienwirksamen Skandalen und gravierenden Ermittlungsfehlern durchzogen sind, haben Palme zum John F. Kennedy Nordeuropas gemacht.

Immerhin gab es in den turbulenten Tagen nach Palmes Ermordung rasch ein Schuldeingeständnis – beziehungsweise im Laufe der Zeit über einhundert davon. Alle entpuppten sich schnell als Prahlerei oder Wahnvorstellungen, der wahre Täter war nicht zu fassen. Die Tatsache, dass der Mord über 30 Jahre lang nicht aufgeklärt werden konnte, ist eine bis heute nicht verheilte Wunde im nationalen Selbstverständnis der Schweden. Wie konnte ein Unbekannter den Premierminister auf offener Straße erschießen, entkommen, und der geballten Macht von Polizei und Regierung so lange entgehen? Der Staat stellte den Ermittlern alle verfügbaren Ressourcen bereit, setzte eine Belohnung im Wert von über fünf Millionen Dollar aus und hob schließlich die 25-jährige Verjährungsfrist für Mord auf – 24 Jahre nach der Ermordung Palmes. Erfolglos, denn Spur um Spur der Ermittler erwies sich als falsche Fährte oder musste aufgrund mangelnder Beweise aufgegeben werden.

Im Gegenteil machte besonders die erste der insgesamt sechs Ermittlungskommissionen durch eine Reihe handfester Skandale sowie durch ihre schockierende Unfähigkeit auf sich aufmerksam. Das Vertrauen der Bevölkerung in die Ermittler war gebrochen, was zusammen mit der polarisierenden Politik Palmes der ideale Nährboden für Verschwörungstheorien war. Auch die Polizei selbst verfolgte im Laufe der Jahre eine ganze Reihe von Hypothesen und Theorien: Von feindlichen Geheimdiensten über terroristische Gruppierungen bis hin zu psychisch instabilen Einzeltätern.

Doch erst im Juni 2020, 34 Jahre nach Olof Palmes Tod, verkündete der zuständige Staatsanwalt, man habe den Täter ausfindig gemacht. Ausschlaggebend dafür war die Arbeit eines Journalisten, der 2017 seine Rechercheergebnisse an die Behörden weitergegeben hatte und so die festgefahrene Ermittlungskommission auf die richtige Fährte brachte. Die darauffolgende Polizeiarbeit ergab laut Staatsanwalt Petersson genug glaubhafte Beweise, um den Fall abzuschließen. Die vorangegangenen 34 Jahre Ermittlungsarbeit gingen als die weltweit größte Mordermittlung in die Geschichte ein: Im Lauf der Jahre befragte die Polizei über zehntausend Personen und legte mehr als 87.000 Dokumente zu Individuen an, die in den Fall verstrickt waren. Insgesamt füllen die Akten zum Mordfall Palme ganze 250 m Regalwand und stellen damit sogar die Untersuchung des Kennedy-Attentats in den Schatten.

Doch wieso wurde der Täter trotz dieses spektakulären Aufwands so lange nicht gefunden? Wo haben die Analysten und Analystinnen der Polizei Fehler gemacht, wichtige Hinweise übersehen oder sich blindlings in Hypothesen verrannt? Und hätte der Fall mit modernen Methoden des systematischen analytischen Arbeitens vielleicht viel früher gelöst werden können?

Es wird Zeit, den Mantelkragen hochzuschlagen, die Pfeife anzustecken und die Mütze aufzusetzen: Ein Mord wartet darauf, aufgeklärt zu werden. Testen wir also das Arsenal analytischer Werkzeuge am Fall Palme. Wagen wir den Vergleich mit den schwedischen Kollegen.

4.1 Die politischen Hintergründe zu Palmes Ermordung

Das Opfer war der wichtigste Politiker der Nation, der Tatort eine Kreuzung im Zentrum der schwedischen Hauptstadt – an Zeugen, Spuren und möglichen Motiven mangelte es nicht. Zunächst aber ist es sinnvoll, einen Überblick über die politischen Hintergründe zu Zeiten des Premiers Palme zu geben. Dieses Bewusstsein für das Zeitgeschehen – und damit auch für mögliche politische Motive der Tat – kann helfen, Hypothesen zu formulieren oder auszuschließen sowie keine wichtigen Hinweise zu übersehen. Eine solche proaktive Analyse der politischen Situation wurde von der damaligen Ermittlungskommission sträflich missachtet und hätte wohl einige ihrer Fehlschlüsse verhindern können.

Lernen wir also aus den Fehlern der Vergangenheit und betrachten wir das politische Zeitgeschehen zum Zeitpunkt von Palmes Ermordung. Dabei liegt es nahe, zwischen dem innenpolitischen Geschehen in Schweden und den Ereignissen der Weltpolitik zu unterscheiden; auch mit dem Hintergedanken, dass politische Gegner Palmes – und damit vielleicht auch seine Mörder – sowohl in Schweden als auch außerhalb des Landes zu finden waren.

In der internationalen Politik dominierte zum Zeitpunkt von Palmes Tod der Kalte Krieg. Schweden bezog eine strikt neutrale Position und kritisierte zwar beide Seiten für ihre Kriegstreiberei, machte sich aber ansonsten kaum Feinde in diesem Konflikt. Generell waren Olof Palme, und unter seiner Regie auch die schwedische Außenpolitik, stark pazifistisch geprägt.

Diese Reputation für Neutralität und Pazifismus führte sogar dazu, dass Palme zum UN-Sondervermittler im Iran-Irak-Krieg berufen wurde – dem zweiten großen Konflikt der 1980er. Auch hier scheint Palmes Position als Sondervermittler eher wenig kontrovers. Doch zum Zeitpunkt seiner Ermordung arbeitete er gerade an einem abschließenden Bericht, der, sollte eine der Kriegsparteien von ihm als eindeutiger Aggressor identifiziert werden, den iranischen oder irakischen Ruf stark hätte schädigen können. Grund genug, den schwedischen Premier zu beseitigen?

Doch nicht nur durch Palmes Vermittlerrolle war Schweden im Iran-Irak-Krieg der 1980er Jahre verwickelt. Trotz der pazifistischen Linie von Olof Palme und seiner Kritik an Waffenexporten war Schweden während des Kalten Krieges ein wesentlicher Exporteur von Kriegsgerät. Und, wie 1984 bekannt wurde, landete ein Teil davon in den Kriegsstaaten Iran und Irak. Über Zwischenkäufer in Westeuropa und Singapur hatte der schwedische Konzern Bofors Waffen und Sprengstoff in den Nahen Osten geschmuggelt. Die illegalen Waffenexporte von Bofors waren ein Skandal, der in den Medien als das „schwedische Irangate" bekannt wurde. Palme war seinem Image entsprechend schockiert und setzte 1985 eine Ermittlungskommission ein. Womöglich ist er mit seinem harten Vorgehen einem der Importländer oder dem mächtigen Konzern Bofors zu sehr auf die Füße getreten? Fakt ist, dass er sich noch am Vormittag seines Todestages mit dem irakischen Botschafter Muhammad Saeed al-Sahhaf, in westlichen Medien auch unter dem klangvollen Spitznamen „Bagdad Bob" bekannt, getroffen hatte.

Eine hingegen offen ausgetragene Auseinandersetzung hatte Schweden zu dieser Zeit mit Südafrika. Unter Premier Palme wurde Schweden zum wortstarken Kritiker faschistischer Regierungen wie dem Apartheid-Regime. Doch die Schweden provozierten die südafrikanischen Faschisten nicht nur verbal. In den Jahren vor Palmes Tod unterstützte Schweden Gegner des Regimes, allen voran den Afrikanischen Nationalkongress („African National Congress" [ANC]), mit geheimen Geldzahlungen über die Schweiz. Die Situation spitzte sich Anfang 1986 zu: Während das Apartheid-Regime zunehmend instabil wurde, hielt Palme eine Woche vor seinem Tod eine vernichtende Rede gegen das Regime, bei der hunderte von Apartheid-Unterstützern anwesend waren. Spielte also womöglich der für seine Auftragsmorde berüchtigte Geheimdienst Südafrikas eine Rolle in Palmes Ableben?

Der international bekannte Politiker Olof Palme hatte sich während seiner jahrzehntelangen Karriere also einige Feinde gemacht. Doch auch in Schweden selbst traf Palmes stark sozialdemokratisch geprägte Politik nicht nur auf Zustimmung. In konservativ-bürgerlichen Kreisen schlug dem Politiker Abneigung entgegen, in rechtsextremen Kreisen sogar blanker Hass.

Generell hatte Schweden in den 1980er Jahren ein massives Problem mit Extremismus und Terrorismus auf der ganzen Breite des politischen Spektrums.

Da war einmal ein zunehmender Rechtsextremismus in Kreisen der Polizei. Im Jahr 1982 hielt die skandalbehaftete „Baseball League" Schweden in Atem. Diese war eine von vier Spezialeinheiten der Stockholmer Polizei, die gegen Straßengewalt vorgehen sollten und Anfang 1982 ins Leben gerufen worden waren – ausgerechnet von Hans Holmér, dem späteren Leiter der Ermittlungen im Mordfall Palme. Eine der Spezialeinheiten entzog sich recht schnell der Aufsicht Holmérs und wurde für ihre brutalen Methoden sowie für Rechtsextremismus und Rassismus bekannt. Da die Mitglieder dieser Quasi-Miliz meist in zivil und mit Baseball-Caps bekleidet waren, bekam sie in den Medien schnell den Namen „Baseball-League". Nur ein Jahr später wurde die Skandaleinheit aufgelöst, doch tat dies dem Rechtsextremismus innerhalb der Polizei keinen Abbruch: Nach Palmes Ermordung machten Berichte die Runde, dass auf Partys der Polizei mit Champagner auf den Tod des verhassten linken Politikers angestoßen wurde.

Doch neben dem grassierenden Rechtsextremismus wurde Schweden auch von Anschlägen der Roten Armee Fraktion (RAF) erschüttert. Mitglieder der RAF stürmten 1975 die westdeutsche Botschaft in Stockholm und nahmen zahlreiche Geiseln. Die Geiselnahme scheiterte, als einer der Attentäter versehentlich eine Granate fallen ließ und dabei sich selbst und den Sprengstoffvorrat der Geiselnehmer hochjagte. Die überlebenden RAF-Mitglieder wurden von der damaligen Arbeitsministerin Anna-Greta Leijon nach Westdeutschland ausgeliefert. Aus Vergeltung versuchte die RAF daraufhin 1977 vergeblich, Leijon zu entführen. Die Ereignisse von 1975 und 1977 hatten sich zwar zweifellos ins kollektive schwedische Gedächtnis eingeprägt, eine zeitliche Darstellung der politischen Entwicklungen macht aber unübersehbar, wie groß der Abstand zu Olof Palmes Ermordung 1986 ist. Natürlich ist man dadurch reflexartig versucht, die RAF aus weiteren Analysen auszuklammern. Bei einer vollständigen Analyse dürfen jedoch – zumindest zu Beginn – auch eher unwahrscheinliche Akteure nicht übersehen werden. Behalten wir also die Frage im Hinterkopf, ob die RAF womöglich bei einem erneuten Angriff auf einen schwedischen Politiker erfolgreicher war.

Gleichzeitig sorgten die Aktivitäten der kurdischen Unabhängigkeitspartei PKK in Schweden für Aufsehen. Dies klingt zunächst abwegig, doch gab es im Schweden der 1980er Jahre eine beachtliche kurdische Minderheit. Im Rahmen ihrer Politik der Unterstützung von Befreiungsbewegungen hatte die schwedische Regierung in den 1960ern kurdische Asylsuchende nach Schweden eingeladen. Die heute fast 100.000 Kurden haben sich ausgezeichnet in die schwedische Gesellschaft integriert, doch sorgte in den Jahren 1984 und 1985 eine Reihe von Ermordungen ehemaliger Mitglieder durch die PKK für Unruhe. Die schwedische Regierung erklärte die PKK daraufhin offiziell zu einer terroristischen Organisation und deportierte einige ihrer Mitglieder. Auch der PKK-Anführer Abdullah

Abb. 4.3 PKK-Gründer Abdullah Öcalan[3]

Öcalan (Abb. 4.3), dem Schweden zudem 1983 ein Visum verweigerte, dürfte kein besonderer Schwedenfreund sein.

Es mangelt also offensichtlich nicht an Feinden – sowohl der schwedischen Regierung als auch von Olof Palme selbst. Da außer Palme jedoch kein anderer schwedischer Politiker Ziel eines Angriffs wurde, scheint die Person Palme mit dem Motiv der Angreifer unmittelbar in Verbindung zu stehen. Es gilt also, sich einen Überblick über die innen- und außenpolitischen Krisenherde rund um Olof Palme und seine Regierung zu verschaffen. Dafür bietet sich beispielsweise eine Darstellung als Zeitstrahl an. Der Faktor Zeit spielt besonders im Falle eines politischen Motivs eine wichtige Rolle bei der Ermittlung. Schließlich ist davon auszugehen, dass der oder die Täter den Zeitpunkt des Attentats nicht willkürlich gewählt haben, sondern als Reaktion auf aktuelle Entwicklungen oder mit der Absicht, Einfluss auf die aktuelle schwedische Politik zu nehmen.

[3] Quelle: Wikimedia, online: Halil Uysal, CC BY-SA 3.0, https://commons.wikimedia.org/wiki/File:Abdullah_%C3%96calan.png.

Chronologien und Timelines
Chronologien und Timelines sind eine einfache, aber effektive Art, um Informationen zu ordnen. Sie können helfen, zeitliche Zusammenhänge zu erkennen oder unerwartete Lücken im Ablauf der Ereignisse aufzudecken.

Bei einer Timeline werden die relevanten Ereignisse und Entwicklungen entlang eines Zeitstrahls aufgetragen. Die Trennung durch den Zeitstrahl in zwei Seiten lässt sich nutzen, um etwa zwischen verschiedenen Akteuren oder Schauplätzen (in diesem Fall z. B. Außen- und Innenpolitik) zu unterscheiden.

Diese Darstellung dient dann als Grundlage für die weitere Analyse: Welche Zusammenhänge zwischen Akteuren, Orten und Ereignissen lassen sich finden? Welche externen Ursachen können dem zeitlichen Ablauf zugrunde liegen? Und womit ließen sich unerwartete Lücken oder überraschende Ereignisse erklären?

Gewappnet mit diesem Hintergrundwissen können wir nun konkreten Hinweisen nachgehen, ohne den Blick für das große Ganze zu verlieren, und dabei fundiert abwägen, welchen Hinweisen es sich nachzugehen lohnt (Abb. 4.4).

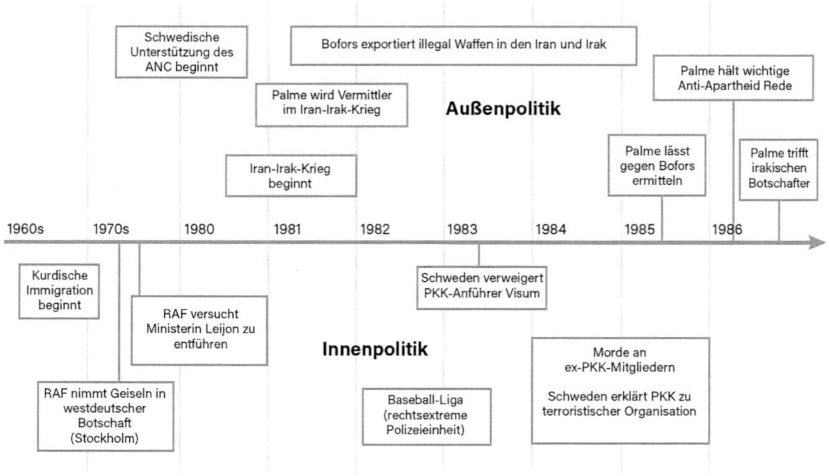

Abb. 4.4 Timeline. (Quelle: Copyright 2024 Gnad. All Rights Reserved)

4.2 Tathergang und Tatort im Detail

Starten wir die Ermittlungen mit dem genauen Tathergang. Der Premierminister beginnt den 28. Februar 1986 wie die meisten Freitage mit einem morgendlichen Tennisspiel gegen einen Freund. Daraufhin folgt das Treffen mit dem irakischen Botschafter Muhammad Saeed al-Sahhaf. Den Rest des Tages nehmen gewöhnliche Regierungsaufgaben ein, hier ein Treffen mit dem Botschafter Norwegens, dort etwas Büroarbeit. Am späten Nachmittag macht sich Palme auf den Heimweg und gibt seinen Bodyguards den Abend frei. Olofs Frau Lisbeth hat sich unterdessen mit ihrem Sohn Marten über den neuen Film „Die Brüder Mozart" unterhalten. Als Olof heimkommt, entscheidet das Paar spontan, sich Marten und dessen Freundin anzuschließen und den Film im Grand Cinema zu sehen.

Lisbeth und Olof Palme verlassen das Haus um 20.35 Uhr und gehen zur nächsten U-Bahn-Station, um die Bahn von der Alt- in die Innenstadt zu nehmen. Von dort gehen sie zu Fuß weiter zum Kino, wo sie gegen 21.00 Uhr ankommen, das jüngere Paar treffen, und Tickets für den Film kaufen. Dass der oder die Täter bereits am Kino auf sie gewartet haben, lässt sich ausschließen, schließlich war der Besuch des Kinos ungeplant und kriminaltechnische Untersuchungen haben ausgeschlossen, dass die Wohnungen oder Telefonate der Familie Palme abgehört wurden. Ob Olof und Lisbeth Palme jedoch auf dem Weg zum Kino verfolgt wurden, lässt sich nicht abschließend klären – einige Zeugenaussagen deuten darauf hin, sind jedoch zu vage oder gar widersprüchlich, um ein sicheres Urteil zu fällen.

Um kurz nach 23.00 Uhr ist der Film schließlich vorbei, die beiden Paare unterhalten sich noch vor dem Kino und verabschieden sich um 23.15 Uhr. Olof und Lisbeth Palme gehen die Sveavägen Straße entlang zur U-Bahn-Station, bis sich ihnen an der Ecke Sveavägen-Tunnelgatan eine männliche Gestalt von hinten nähert (siehe Abb. 4.5). Der Mann berührt Olof Palme – immer noch Arm in Arm mit Lisbeth – mit der ausgestreckten Hand an der Schulter, bevor er ihm aus nächster Nähe mit einem Revolver in den Rücken schießt. Der Durchschuss trifft Palme zwischen den Schulterblättern, er stürzt sofort zu Boden, ein zweiter Schuss streift der herumfahrenden Lisbeth über den Rücken. Der Täter verharrt kurz über dem getroffenen Paar, vielleicht aus Schock über die Tat, vielleicht um sich seines Erfolges zu vergewissern, bevor er in der Straße „Tunnelgatan" verschwindet (siehe Abb. 4.6).

Außer dem Ehepaar Palme und dem Täter sind noch vereinzelte Fußgänger und Autofahrer, vor allem Taxifahrer, auf der Hauptstraße Sveavägen unterwegs. Insgesamt behaupten 25 Personen, die Tat oder Teile davon gesehen zu haben.

Abb. 4.5 Künstlerische Interpretation des Tathergangs (anonym)[4]

Eine genaue Täterbeschreibung gibt es trotzdem nicht. Die schlechten Lichtverhältnisse (sowie in einem Fall die Trunkenheit des Zeugen) machen es unmöglich, das Gesicht des Täters zu erkennen. Lisbeth Palme selbst kann in einer ersten, nur zwanzigminütigen Befragung keine genaue Aussage zum Gesicht des Täters machen. Sie hat diesen nur aus dem Augenwinkel gesehen und ist verständlicherweise traumatisiert. Ob sie sich bei genauerem Nachhaken doch noch an Details erinnert hätte, werden wir nie erfahren. Die Polizei versäumt es lange Zeit – wohl aus Empathie –, Lisbeth erneut und ausführlicher zu befragen. Ein zwar wohlgemeinter, aber dennoch folgenschwerer Fehler der Ermittler. Denn so verfügt die Polizei nur über folgende spärliche Eckdaten zum Aussehen des Täters: Er war männlich, etwa 180 bis 185 cm groß, zwischen 30 und 50 Jahre alt und trug einen dunklen Mantel.

Nachdem die Schüsse des Täters und die Hilfeschreie Lisbeths die verschlafene Szenerie zerreißen, geht es schnell: Ein Taxifahrer informiert per Funk die Taxizentrale, die die Polizeileitstelle verständigt. Ein weiterer Taxifahrer alarmiert eine in der Nähe parkende Streife, die drei Minuten nach den Schüssen

[4] Quelle: Wikimedia, online: Windh, CC BY-SA 4.0, https://commons.wikimedia.org/wiki/File:The_assassination_(digital_painting).png.

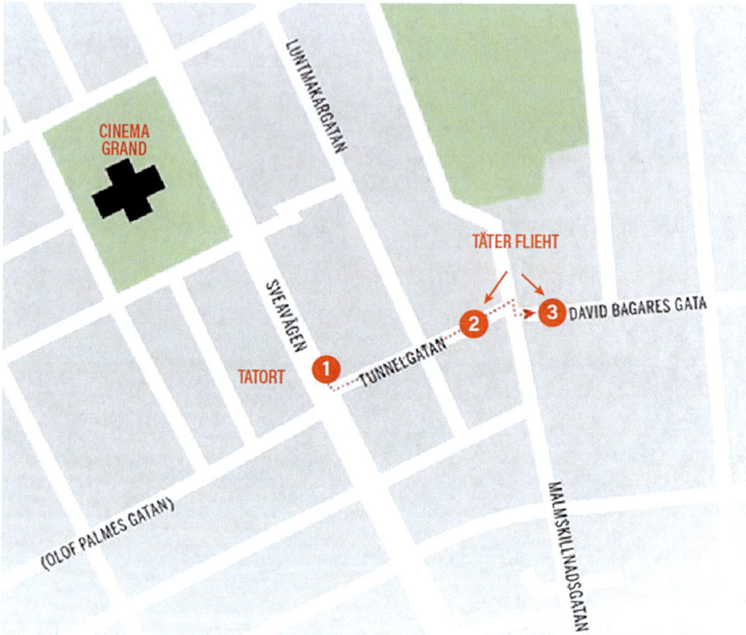

Abb. 4.6 Ausschnitt der Stockholmer Altstadt. Position 1 markiert den Tatort, 2 und 3 Orte, an denen der Täter auf der Flucht gesehen wurde. Das Cinema Grand liegt in der oberen, linken Ecke der Karte[5]

am Tatort eintrifft. Eine Minute später übernimmt die zweite am Tatort eintreffende Streife sofort die Verfolgung des Täters, währenddessen stoppen Passanten einen vorbeifahrenden Krankenwagen. Dieser verlässt nur sieben Minuten nach den Schüssen den Tatort mit Olof und Lisbeth Palme und erreicht drei Minuten später das nächste Krankenhaus – vergebens, der Schuss auf den Premierminister war sofort tödlich. Der Täter kann unterdessen entkommen: Während noch mehrere Zeugen seine Flucht in die Straße Tunnelgatan beobachten, wird er danach nur noch einmal in der David Bagares Straße identifiziert, bevor sich seine Spur verliert.

[5] Quelle: https://www.is.fi/ulkomaat/art-2000001123101.html.

Schweden im Chaos – Der Tag nach der Tat

Unmittelbar nach der Ermordung Palmes herrschte in der Leitstelle der Stockholmer Polizei Chaos und Verwirrung: War wirklich der Premierminister das Opfer? Handelte es sich um eine Einzeltat oder einen breit geplanten Anschlag auf die schwedische Regierung? Und wie sollte man den Täter in den Straßen und Gassen der Altstadt finden? Als Schwedens Regierung die Ermordung des Premierministers am nächsten Morgen bei einer Pressekonferenz verkündete und damit das Land ins Chaos stürzte, hatte die Polizei bereits eine Reihe fataler Fehler gemacht.

Die Suche nach dem Täter begann ebenso unverzüglich wie unkoordiniert: Eine Dienstanweisung zur Durchsuchung der Stockholmer Innenstadt wurde völlig vergessen. Von polizeilicher Führung keine Spur – denn es war „Sportwoche" in Schweden. Während dieser einwöchigen Schulferien hatte die Hälfte der Stockholmer Bevölkerung und Polizei, einschließlich Polizeichef Hans Holmér, die Stadt verlassen. So irrten die verfügbaren Polizeistreifen ohne System und ohne Täterbeschreibung durch die Stadt. Es dauerte Stunden bis Stockholms Brücken gesperrt wurden. Züge, Fähren und Flugzeuge verließen unbehelligt die Stadt. Als Holmér am nächsten Morgen in Stockholm ankam, war der Täter über alle Berge und die Verfolgung wurde aufgegeben. Holmér, der noch nie zuvor eine Mordermittlung geleitet hatte, übernahm in einem medienwirksamen Fernsehauftritt die Ermittlung und stilisierte sich zum Retter des traumatisierten Volkes.

Doch wegen der desolaten Polizeiarbeit in der Tatnacht begann er seine Ermittlungen bereits im Rückstand. Außer der missglückten Verfolgung wurde es auch versäumt, den Tatort für die Öffentlichkeit zu sperren; Trauernde legten Blumen nieder und zerstörten so am nächsten Tag die meisten Spuren (Abb. 4.7).

Spurensuche am Tatort

Nichtsdestotrotz ist der Tatort, Ecke Sveavägen-Tunnelgatan, der naheliegendste Ort, um mit den Mordermittlungen zu beginnen. Aufgrund der Versäumnisse der Streifen, die in der Tatnacht den Tatort nicht gesichert hatten, war die Spurenlage dürftig. Immerhin blieben die wichtigsten Hinweise erhalten: Die gut zwei Dutzend Personen, die entweder die Ermordung oder den vermeintlichen Täter beobachtet hatten und als Zeugen zur Verfügung standen. Neben der eher vagen Täterbeschreibung lieferten sie zumindest ein recht zuverlässiges Bild des Tatablaufs und damit über das Verhalten des Angreifers. Auch wenn die Zeugenaussagen keine konkreten Hinweise auf die Identität des Täters gaben, lieferten sie dennoch wichtige Informationen und konnten zudem helfen, einen Verdacht zu überprüfen, beispielsweise bei einer polizeilichen Gegenüberstellung.

Zudem ließ sich am Tatort noch eine weitere, sehr greifbare Spur finden: Die beiden Projektile, die der Täter auf Lisbeth und Olof Palme gefeuert hatte. Die

Abb. 4.7 Trauernde am Tatort am Tag nach Palmes Ermordung, 1986[6]

Polizei machte sich zunächst nicht die Mühe, die Projektile sicherzustellen – sie wurden in den Tagen nach der Tat zufällig von Passanten gefunden.

Aus dem Kaliber und den Verformungen der Kugeln konnten die Ballistiker die Art der Mordwaffe bestimmen: Ein Revolver mit langem Lauf und Kaliber .357 Magnum. Die mit Abstand häufigste Waffe dieser Art ist die Smith & Wesson .357 Magnum. Die Polizei begann die Suche nach der Mordwaffe damit, sämtliche Daten über die etwa 4000 in Schweden registrierten Revolver dieser Art zu sammeln. Dabei stellte sich auch heraus, dass zehn dieser Waffen zum Tatzeitpunkt als gestohlen gemeldet waren.

[6] Quelle: Wikimedia, online: Holger.Ellgaard, CC BY-SA 3.0, https://commons.wikimedia.org/wiki/File:Palme_Trauer_1986.jpg.

Ballistische Untersuchung
Ein gefundenes Projektil kann nicht nur zeigen, welchen Kalibers eine Waffe ist: Abgefeuerte Projektile weisen zudem Verformungen und Spuren auf, die vom Lauf der Waffe stammen und damit detaillierte Informationen über diesen liefern. Diese Spuren sind so spezifisch, dass Ballistiker häufig nachweisen können, aus welcher Waffe ein Projektil abgefeuert wurde – quasi wie ein Fingerabdruck.

Zunächst plante die Stockholmer Polizei also, alle der etwa 4000 registrierten Smith & Wessons einzusammeln und zu testen, um die abgefeuerten Projektile mit denen aus der Tatwaffe zu vergleichen. Nachdem westdeutsche Experten die schwedische Polizei freundlich darauf hingewiesen hatten, dass so ein Vorhaben schätzungsweise zehn Jahre dauern würde, wurde dieser Plan wieder aufgegeben. Stattdessen donnerten am 29. März einen ganzen Tag lang Kampfjets über Stockholm, um Luftaufnahmen der Umgebung des Tatorts zu machen und so die Tatwaffe zu finden. Die Stockholmer Bevölkerung war beeindruckt, Ermittlungschef Holmér der Held des Volkes – bis man die ganze Aktion am nächsten Tag wiederholen musste, da man am ersten Tag vergessen hatte, einen Film in die Kameras der Jets einzulegen.

Da die Tatwaffe trotz Luftunterstützung unauffindbar blieb, konzentrierte man sich lange darauf, die gestohlenen Exemplare ausfindig zu machen. Nachdem drei Jahre lang weder die Mordwaffe noch die als gestohlen gemeldeten Revolver gefunden worden waren, beschloss die Polizei 1989, alle in Stockholm registrieren .357 Magnum Revolver zu testen. Das Kalkül: Während in ganz Schweden nur zehn solcher Waffen als gestohlen gemeldet waren, waren in Stockholm 620 davon registriert. Die Wahrscheinlichkeit, dass eine der 620 legal erworbenen Revolver die Tatwaffe ist, war also deutlich höher. Zudem erhoffte man sich durch den Sammelaufruf hilfreiche Informationen, etwa weitere Waffen, die von ihren Besitzern als gestohlen gemeldet werden oder sogar ein Geständnis des in die Enge getriebenen Täters. Diese Hoffnung erfüllte sich leider nicht, die Tatwaffe war auch nicht unter den getesteten Revolvern. Stattdessen wurden von den 620 relevanten Waffen 183 aussortiert, 429 erfolglos getestet und zwei als gestohlen gemeldet. Die Projektile aus der Tatwaffe erwiesen sich schlussendlich als kalte Spur.

Mindmaps und Starbursting

Vor einem ungeklärten Verbrechen zu stehen, das so komplex und vielschichtig ist wie der Mord an Olof Palme, kann schnell überfordern: Unzählige Indizien und Spuren, viele mögliche Motive und Ermittlungsansätze – wo also anfangen?

Zum Glück gibt es zahllose Methoden, die einen geordneten Überblick über die Faktenlage und die zu beantwortenden Fragen verschaffen können. Dazu gehören Klassiker wie Mindmaps, ebenso speziellere Methoden wie das „Starbursting".

Eine Mindmap beginnt man am besten mit einer offenen Frage, die das zu lösende Problem definiert. Daraufhin listet man damit verwandte Konzepte auf und beginnt diese zu gruppieren. Dann beginnt das eigentliche „Mapping", indem Beziehungen zwischen den Konzepten erkannt, markiert und definiert werden.

Auch das „Starbursting" beginnt mit Fragen, genauer den Schlüsselfragen „Wer, Was, Wie, Wann, Wo, und Warum?" Diese kann man als die Spitzen eines Sterns darstellen, um im nächsten Schritt mithilfe dieser Ordnungsfragen darunterliegende Fragenkomplexe zu erstellen. Ziel beim „Starbursting" ist also nicht, die großen Kernfragen zu beantworten, sondern vielmehr die aufgeworfenen Fragen zu priorisieren sowie offene (Teil-)Fragen zu identifizieren.

Natürlich können diese Methoden je nach Bedarf angepasst und kombiniert werden. Beispielsweise ließen sich die sechs Fragen des „Starbursting" als Ausgangspunkte für eine Mindmap verwenden, um die offenen Fragen des Falls mit passenden Indizien und möglichen Antworten zu verknüpfen – nennen wir es „Starmapping". Auf diese Weise organisieren auch wir unsere Belege und unseren Fragenbedarf (siehe Abb. 4.8).

4.3 Das Profiling alias Operative Fallanalyse

Ob durch menschliches Versagen seitens der Polizei oder durch die Umstände der Tat, keines der Indizien vom Tatort – weder die Zeugenaussagen noch die Projektile der Tatwaffe – führten die schwedischen Ermittler zum Täter. Was blieb, war eine kaum überschaubare Flut an Hinweisen und Theorien, denen allen nachzugehen, utopisch gewesen wäre. Es galt also, Prioritäten zu setzen und die vielversprechenderen Hinweise als erste zu verfolgen.

Doch wie kann bei einer solchen Vorauswahl und Priorisierungen vorgegangen werden? Der Goldstandard bei modernen Polizeiermittlungen ist das sogenannte Profiling, in Deutschland offiziell als Operative Fallanalyse (OFA) bezeichnet. Dabei werden, unabhängig von den laufenden Ermittlungen, systematisch alle

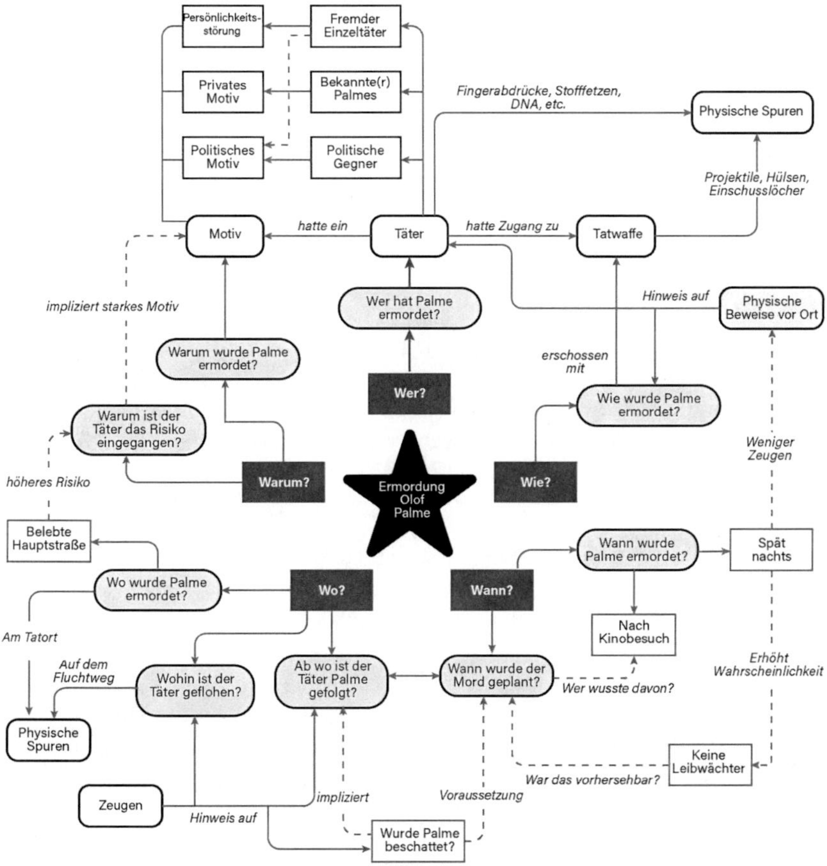

Abb. 4.8 Ein Beispiel für eine „Starmap" unseres Falls (nicht immer machen alle der sechs Teilfragen Sinn – „was" passiert ist, ist hier eindeutig). (Quelle: Copyright 2024 Gnad. All Rights Reserved)

verfügbaren Daten einer Straftat gesammelt und analysiert. Dadurch sollen Hypothesen über den Hintergrund und die Motive der Tat aufgestellt werden und im Idealfall auch ein psychologisches Profil der Täter entstehen. Ziel dabei ist, die Ermittlungen zu priorisieren und damit effizienter zu machen. Auch neu eintreffende Hinweise oder Zeugenaussagen können auf der Basis der gebildeten Hypothesen strukturiert und bewertet werden.

Profiling

Das aus Serien wie „Criminal Minds“ bekannte Profiling ist eine Methode der Kriminalistik. Dabei werden Hypothesen über den Hintergrund einer Tat aufgestellt, um so neue Ermittlungsansätze zu finden.

Erstmals in den 1880ern zur Lösung der „Jack the Ripper“-Morde eingesetzt, wurde das Profiling besonders durch die „Behavioral Analysis Unit“ des FBIs bekannt und kommt meist bei schweren Verbrechen wie Mord zum Einsatz.

Anders als in Medien häufig dargestellt, ist bei einer modernen OFA ein psychologisches Profil des Täters meist eher ein Nebenprodukt der Analyse. Das Profiling findet unabhängig von den laufenden Ermittlungen statt. Dabei gilt es zu beachten, dass die Analystinnen und Analysten kein Vorwissen über etwaige Verdächtige haben. Nur so kann sichergestellt werden, dass die Analyse unbefangen ist und nicht durch die Kenntnis der Verdächtigen verzerrt wird.

Der Wert eines solchen Profiling lässt sich erneut leicht am Negativbeispiel der schwedischen Ermittlungskommission erkennen: Anstelle einer strukturierten Fallanalyse ging diese anfangs den verschiedenen Fährten auf der Basis von Instinkten nach. Dabei wurden oft unverhältnismäßig viel Zeit und personelle Ressourcen investiert, um wenig vielversprechenden Spuren nachzugehen, während wiederum wichtige Hinweise unbeachtet blieben. Sogar Hinweise von offizieller Seite, etwa dem Außenministerium oder den Ermittlern in anderen, möglicherweise zusammenhängenden Fällen, wurden meist ignoriert. Natürlich muss man den Ermittlern zugutehalten, dass das Profiling Ende der 1980er Jahre außerhalb der USA noch wenig bekannt war. Aber selbst die wenige Analysearbeit, die Polizei und ihre Berater leisteten, wurde kaum dokumentiert und war daher für spätere Ermittler nicht mehr nachvollziehbar.

Erst 1993 wurde schließlich eine systematische Fallanalyse in Auftrag gegeben. Hauptverantwortlich dafür waren Kriminalkommissar Jan Olsson und der Psychiater Ulf Asgard. Die beiden gaben jedoch selbst an, ihre Analyse sei aufgrund ihrer Kenntnis der bisherigen Verdächtigen voreingenommen (zwischen 1986 und 1993 wurde bereits gegen einige Hauptverdächtige ermittelt, es kam sogar zu Anklagen vor Gericht). Sie baten daher um eine externe Überprüfung durch Experten des FBIs, dessen weltberühmte „Behavioral Science Unit“ als

Vorreiterin des Profiling gilt. Nachdem die schwedischen Analysten ihre Ergebnisse Anfang 1994 mit ihren Kollegen des FBI besprochen hatten, wurde das fertige „Profile“ schließlich im Mai 1994 den Ermittlern vorgelegt.

Hypothesen: Einzeltäter oder politisches Komplott?

Die schwedischen Analysten begannen ihre damalige Arbeit mit dem Aufstellen von vier Hypothesen, die sich in Anzahl und Vorgehensweise der Täter unterschieden. Drei dieser Hypothesen fassten sie daraufhin zusammen, da alle drei der Annahme folgten, dass eine Gruppe für den Mord verantwortlich sein könnte (auch wenn die Tat selbst möglicherweise von einer einzelnen Person ausgeführt wurde). Die Gegenhypothese ging hingegen von einem Einzeltäter aus. Diese beiden Hypothesen – nennen wir sie „Verschwörung“ und „Einzeltäter“ – implizierten auch unterschiedliche Motive, erstere insbesondere ein politisches Motiv. Einem Einzeltäter schrieben die Analysten hingegen eher ein persönliches Motiv zu, zum Beispiel eine Abneigung gegen Olof Palme (die durchaus auch politisch begründet sein konnte) oder einen pathologischen Geltungsdrang.

Übersicht

Die Multiple Hypothesen-Generierung (MHG) ist eine Technik, um mehrere Erklärungsansätze für ein Ereignis zu entwickeln, möglichst ohne dabei Opfer kognitiver „Biases“ zu werden. Die MHG ist insbesondere nützlich, um aus einer Vielzahl vorliegender Daten diverse Hypothesen zu formen, deren Plausibilität man in weiteren Schritten vergleichen kann. Damit weist die Methode einige Ähnlichkeiten zum Profiling der Kriminalistik auf und eignet sich ideal für unseren Mordfall.

Oft beginnt die MHG mit einer bestehenden Leithypothese, die hinterfragt werden soll. In unserem Fall könnte dies die von Holmér verfolgte Theorie sein: Olof Palme wurde von einer politisch motivierten Gruppe ermordet. Die MHG schlägt nun vor, Alternativen für das „wer“, „was“ und „warum“ dieser Hypothese zu finden; diese sollten sich möglichst gegenseitig ausschließen. In unserem Falle hinterfragen wir also, „wer“ den Mord beging, was das Motiv dahinter war und „was“ für eine Art von Mord stattfand (siehe Abb. 4.9). Zu den Arten von Morden und entsprechenden Motiven gibt es detaillierte Kategorisierungen in der Kriminalistik, etwa das „Crime Classification Manual“, das auch vom FBI genutzt wird.

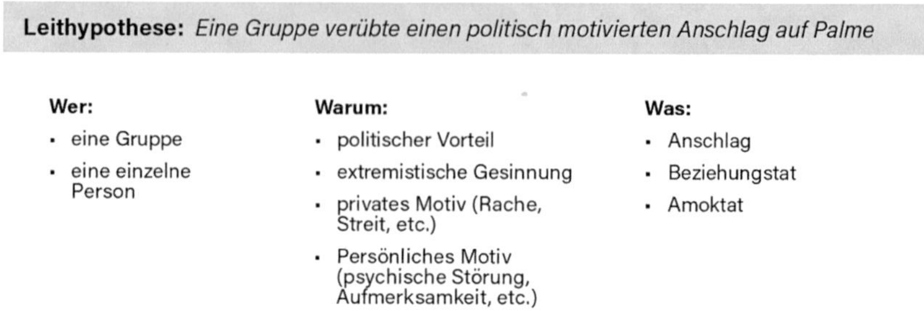

Abb. 4.9 Multiple Hypothesen-Generierung: Wer, warum und was. (Quelle: Copyright 2024 Gnad. All Rights Reserved)

Natürlich bedingen sich Motiv, Art des Mords und Zahl der Täter bzw. schließen sich in manchen Fällen aus. Im nächsten Schritt werden also alle möglichen Kombinationen der drei Variablen durchgespielt und unlogische bzw. unrealistische Kombinationen gestrichen. Aus den übrigen Kombinationen werden nun Hypothesen formuliert. Auch diese sollten sich möglichst gegenseitig ausschließen, weswegen manche im Zweifelsfall zusammengefasst werden (siehe Abb. 4.10). Die MHG beinhaltet auch Arbeitsschritte, um die Glaubwürdigkeit der Hypothesen zu vergleichen, diesen Schritt überlassen wir jedoch einer anderen Methode (siehe Analyse konkurrierender Hypothesen).

MHG: Wer, warum, und was?

Leithypothese: Eine Gruppe verübte einen politisch motivierten Anschlag auf Palme.

Wer: eine Gruppe oder eine einzelne Person

Warum: politischer Vorteil, extremistische Gesinnung, privates Motiv (Rache, Streit, etc.), persönliches Motiv (psychische Störung, Aufmerksamkeit, etc.)

Was: Anschlag, Beziehungstat, Amoktat

Beim „Warum" muss ein persönliches Motiv von einem privaten unterschieden werden: Persönlich meint hier jedes Motiv eines Individuums; ein privates Motiv setzt hingegen eine private Beziehung zwischen Täter und Opfer voraus und impliziert damit eine Beziehungstat. Die Hypothese eines privaten Motivs wurde jedoch während des Profiling schnell verworfen.

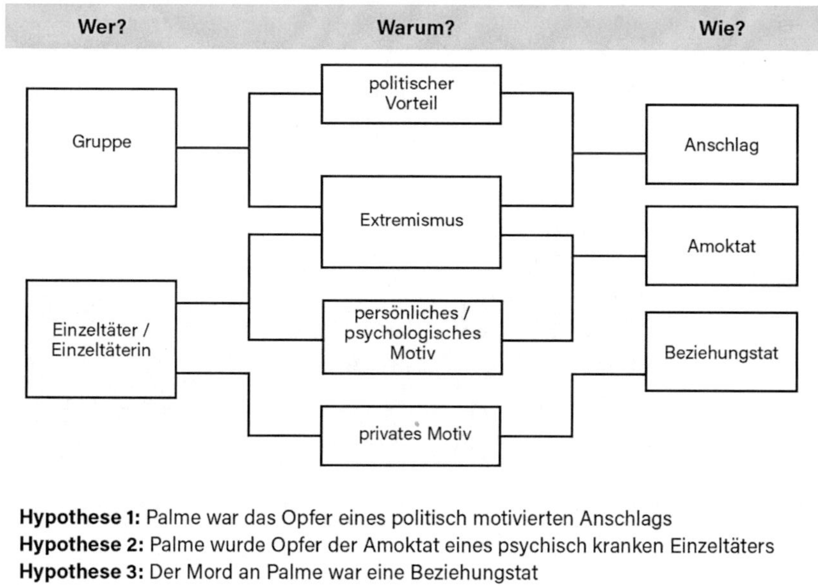

Abb. 4.10 Die Ermordung Palmes: Mögliche Hypothesen. (Quelle: Copyright 2024 Gnad. All Rights Reserved)

Olof Palme hatte privat nur wenige enge Kontakte, von denen noch weniger als „Feinde" gelten konnten, und keiner dieser Feinde verhielt sich verdächtig. Generell war Palmes Privatleben sehr beschaulich (Abb. 4.11) und skandalfrei (mit Ausnahme einer Scheinehe mit einer tschechischen Frau, um dieser 1984 die Einreise nach Schweden zu ermöglichen; diese blieb bis zu Olof Palmes Tod mit dem Ehepaar Palme befreundet).

Auch die finanzielle Situation des Ehepaars Palme war unauffällig. All dies spricht gegen ein privates Motiv, das auch die Ermittlungskommission schnell ausgeschlossen hatte – wenn auch weniger als Resultat einer systematischen Analyse, als aus dem Bauchgefühl der Ermittler heraus.

Schließen wir also ein privates Motiv aus, bleiben zwei breit gefasste Hypothesen übrig: Ein Einzeltäter mit einem persönlichen Motiv oder eine politisch motivierte Verschwörung. Um die Wahrscheinlichkeit dieser Hypothesen abzuwägen und damit den Pfad für die weiteren Ermittlungen festzulegen, verglichen die schwedischen „Profiler" die Ermordung Palmes mit anderen politischen Attentaten. Dabei stachen einige Merkmale heraus, die für politisch motivierte Anschläge

Abb. 4.11 Olof Palme mit seinen Söhnen Marten und Joakim. Das beschauliche Privatleben des Politikers spricht wohl gegen eine Beziehungstat[7]

untypisch sind: Olof und Lisbeth Palme hatten zum Zeitpunkt der Tat keinen Personenschutz, der Angriff erfolgte spät nachts und der Täter konnte entkommen. All dies konnte den spezifischen Umständen der Tat (und der miserablen Polizeiarbeit) geschuldet sein und spricht damit nicht zwangsläufig gegen eine Verschwörung. Darüber hinaus fielen den „Profilern" beim Vergleich mit anderen Attentaten jedoch weitere Unstimmigkeiten auf: Neben Olof Palme wurde mit Lisbeth auch die Frau des eigentlichen Ziels angegriffen. Zudem erfolgte der Angriff auf die Palmes aus unmittelbarer Nähe. Zwei ungewöhnliche Datenpunkte, die dementsprechend gegen die Hypothese einer politischen Verschwörung sprachen.

Die „Profiler" führten jedoch eine Reihe weiterer Argumente an, die ihrer Meinung nach eher für einen Einzeltäter als für eine Verschwörung sprachen.

Neben dem generell unprofessionellen Verhalten des Angreifers urteilten sie, dass ein Anschlag auf Palme unmöglich präzise geplant gewesen sein konnte, bevor dieser am Kino ankam – schließlich war der Kinobesuch ein spontaner Entschluss und es gab keine eindeutigen Hinweise, dass Olof und Lisbeth überwacht wurden.

[7] Quelle: Wikimedia, online: https://upload.wikimedia.org/wikipedia/commons/3/3a/Olof_Palme_with_his_children_early_1960s.jpg, CC0.

Eine professionelle und von langer Hand geplante Verschwörung ließ sich also ausschließen, doch auch eine „opportunistische" Verschwörung, bei der die eigentliche Tat spontan ausgeführt wurde, schien unwahrscheinlich.

Die „Profiler" gründeten diese Einschätzung unter anderem darauf, dass politische Verschwörungen für gewöhnlich einen gewissen „Overflow" haben. Damit sind Personen gemeint, die vom eigentlichen Ziel der Verschwörung nichts wissen; erfahren diese schließlich, dass sie unwissentlich an einem Mord beteiligt waren, wenden sich meist einzelne davon – oft auch anonym – an die Behörden. Dass trotz der gewaltigen Belohnung keine glaubhaften Geständnisse oder Hinweise eingingen, sprach den „Profilern" zufolge gegen eine groß angelegte Verschwörung.

Analyse konkurrierender Hypothesen (ACH)
Nachdem wir mithilfe der MHG eine Reihe möglicher Erklärungsansätze für den Mord an Palme gefunden haben, gilt es abzuwägen, welcher davon am wahrscheinlichsten ist. Ein hilfreiches Werkzeug dazu ist die Analyse konkurrierender Hypothesen („Analysis of Competing Hypotheses", ACH).

Diese nimmt die Form einer Matrix an, in der wir die Hypothesen gegen die vorhandenen Informationen eintragen, also Beweisstücke, Spuren (oder das Fehlen dieser) oder auch eigene Annahmen. Daraufhin beurteilen wir, wie gut ein Datenpunkt jeweils mit den Hypothesen vereinbar ist. Diese Bewertung wird nochmals überarbeitet, z. B. werden besonders kritische Annahmen hinterfragt oder Informationen gestrichen, die mit allen Hypothesen vereinbar sind (siehe Abb. 4.12).

Schließlich wird je Hypothese addiert, wie viele der vorliegenden Informationen ihr widersprechen. So können die Hypothesen nach ihrer Plausibilität geordnet werden. Natürlich sind die weniger wahrscheinlichen Hypothesen dadurch nicht widerlegt und müssen weiter im Hinterkopf behalten werden. Generell eignet sich die ACH auch gut zur Beobachtung laufender Entwicklungen: Neue Informationen werden einfach der Matrix hinzugefügt und die Hypothesen kontinuierlich gegeneinander abgewogen.

Auch ein öffentliches Schuldbekenntnis, das terroristischen Anschlägen meist folgt, blieb nach der Ermordung Palmes aus. Abschreckung und Publicity können also nicht das Ziel der Angreifer gewesen sein, doch auch sonst bewirkte der Tod

Informationen	Hypothese 1 Attentat (politisch)	Hypothese 2 Amoktat (persönlich)	Hypothese 3 Beziehungstat (privat)
Keine Überwachung Palmes	I	C	C
~~Kontroverse Politik Palmes~~	CC	C	NA
Keine privaten Feinde	NA	C	II
Kein "overflow" einer Verschwörung	I	C	C
~~Kein Personenschutz~~	C	C	C
Unauffälliges Privatleben (Skandale, Verschuldung, ...)	C	C	I
Amateurhaftes Vorgehen	I	C	C
~~Kein Schuldbekenntnis~~	C	C	C
Belebtes Umfeld (hohes Risiko)	C	CC	II
Mord nicht planbar (spontaner Kinobesuch)	I	C	I
Inkonsistenzen:	**4**	**0**	**6**

Eine Information ist mit einer Hypothese entweder konsistent („C") oder inkonsistent („I"). Spricht sie besonders stark für („CC") oder gegen („II") eine Hypothese, wird auch dies vermerkt und entsprechend verrechnet. Ist ein Fakt mit allen Hypothesen vereinbar, wird er mangels Aussagekraft und Trennschärfe verworfen. Existiert zwischen Fakt und Hypothese keine Schnittmenge, so ist der Fakt nicht anwendbar („NA").

Abb. 4.12 Die Ermordung Palmes: Analyse konkurrierender Hypothesen. (Quelle: Copyright 2024 Gnad. All Rights Reserved)

Palmes nichts, was den riskanten Anschlag gerechtfertigt hätte: An der schwedischen Außen- und Innenpolitik änderte die Ermordung des Premierministers augenscheinlich nichts.

Das Täterprofil: Eine gescheiterte Existenz sucht nach Aufmerksamkeit

Dies führte die schwedischen Analysten 1993 zu folgenden Schlüssen: Die Hypothese einer politisch motivierten Verschwörung galt als sehr unwahrscheinlich, der Fokus der Ermittlungen musste demnach auf einen Einzeltäter gelegt werden. Die Datenlage ließ darauf schließen, dass der Täter allein und spontan gehandelt hatte. Die Kollegen des FBIs klassifizieren ein solches Verbrechen als „chaotisch", im Gegensatz zu einem „organisierten" Verbrechen. Der Angreifer traf Palme vermutlich im oder vor dem Kino und handelte aus einem persönlichen Motiv heraus.

Abb. 4.13 Gedenktafel an Olof Palme[8]

Die schwedische Analyse beschrieb den Täter mit folgendem Profil: Dieser hatte wahrscheinlich eine Persönlichkeitsstörung und dadurch Schwierigkeiten, unter Druck seine Emotionen zu kontrollieren und logisch zu handeln. Der Täter hatte eine Reihe privater Rückschläge erlebt und litt unter einem moderaten Alkohol- oder Drogenproblem. Neben diesen Schicksalsschlägen und der emotionalen Instabilität gab wohl eine Kombination aus zwei Motiven den Ausschlag für die Tat: Ein krankhafter Drang nach Aufmerksamkeit und eine starke Abneigung gegen Palme und dessen Politik.

Zusammen mit diesem Täterprofil gaben die „Profiler" eine klare Handlungsempfehlung an die Kommission weiter. Entsprechend ihrer Hypothese eines psychisch labilen Einzeltäters schlugen sie vor, alle bisherigen Verdächtigen psychologisch zu untersuchen und ihr Privatleben genauer zu durchleuchten. Auch den zahllosen Drohbriefen und der sonstigen ungewöhnlichen Post, die Palme wie jeder Politiker seines Formats erhielt, sollte nachgegangen werden. Aus ihrem psychologischen Täterprofil schlossen die Profiler außerdem, dass dieser wahrscheinlich zu wichtigen Orten der Tat zurückkehren werde (Abb. 4.13); neben dem Tatort sollte die Polizei zudem Olof Palmes Grab sowie die verwitwete Lisbeth Palme überwachen. Auch aus den Motiven, die von den Analysten vermutet wurden, ließen sich wichtige Schlüsse für die weiteren Ermittlungen ziehen. Da vermutlich ein krankhafter Drang nach Geltung und Aufmerksamkeit eine Rolle bei der Tat spielte, sollte die Polizei nach Individuen Ausschau halten, die sich auffällig stark für die Ermittlungen interessierten.

---

[8] Quelle: Wikimedia, online: BKP, CC BY-SA 3.0, https://commons.wikimedia.org/wiki/File:Olof_Palme_Memorial_Plaque.jpg.

Nach der operativen Fallanalyse galt es also, Olof Palmes Umfeld nach Personen zu durchsuchen, die dem Täterprofil der Analytiker entsprachen. Die Ermittlungskommission befragte dazu das Büropersonal des verstorbenen Premierministers und – unverständlicherweise zum ersten Mal – auch dessen Bodyguards. Dies führte leider zu keinen konkreten Verdächtigen, die Analyse der „Profiler" wäre dennoch enorm wertvoll für die anfänglichen Ermittlungen gewesen. Schließlich können wir, anders als die damaligen Ermittler, auf dieser Grundlage entscheiden, zuerst den Spuren nachzugehen, die uns zu Einzeltätern mit einem persönlichen Motiv führen könnten.

Der erste Verdächtige: Viktor Gunnarsson oder „Der 33-Jährige"

Anders als die damaligen Ermittler haben wir den Vorteil, unsere Ermittlungen gleich von Beginn an auf eine systematische Analyse der Tat stützen zu können. Diese rät uns, den Fokus zunächst auf mögliche Einzeltäter zu richten – am besten auf solche, die in etwa dem erarbeiteten psychologischen Profil entsprechen. Wir werden im Folgenden also teilweise vom chronologischen Verlauf der tatsächlichen Ermittlungen abweichen, um uns ganz auf einzelne Verdächtige zu fokussieren.

Gleich am ersten Tag nach Palmes Tod meldete sich eine junge Frau bei der Stockholmer Polizei und berichtete, sie habe mit zwei Freundinnen in der Mordnacht einen Mann in einem Café unweit des Tatorts kennengelernt. Dieser habe ihnen gegenüber zuerst von seinem tiefen Hass auf Olof Palme berichtet und ihnen später eine Visitenkarte überreicht – der Name: Viktor Gunnarsson. In den nächsten Tagen ging eine Reihe weiterer Hinweise auf Gunnarsson ein: Er habe davon gesprochen Palme zu stürzen, sei Mitglied einer extremistischen Organisation, habe eine Waffe besessen und behauptet, er sei von CIA und FBI ausgebildet worden. Eine rote Linie zog sich konsequent durch alle Aussagen: Viktor Gunnarsson habe Olof Palme gehasst.

Der Staatsanwalt beschloss Anfang März, Gunnarsson, der in den Medien „der 33-Jährige" genannt wurde, zum Verhör zu laden und ordnete eine Hausdurchsuchung an.

Gunnarsson hatte Schwierigkeiten, detaillierte Angaben zu seinem Verhalten in der Tatnacht zu machen. Dazu kam die Aussage zweier Besucherinnen eines Kinos nahe dem Tatort: Sie gaben an, dass ein gehetzt wirkender Mann etwa um Mitternacht den Saal mitten während der Vorstellung betreten habe. Bei einer Gegenüberstellung konnte zumindest eine der Kinobesucherinnen Gunnarsson als diesen Mann identifizieren – wenn auch zögerlich. Währenddessen fand die Polizei bei ihrer Hausdurchsuchung eine Reihe Pamphlete der rechtsextremistischen EAP, der „Europäischen Arbeiterpartei", in der Gunnarsson hasserfüllte Passagen über Palme angestrichen hatte. „Der 33-Jährige" war bis kurz davor selbst Mitglied der EAP, des schwedischen Zweigs der internationalen „LaRouche-Bewegung“. Zwar fand die Polizei auch Schusspartikel auf Gunnarssons Mantel, konnte jedoch mit fast hundertprozentiger Sicherheit ausschließen, dass diese von der Mordwaffe stammten.

Dennoch verdichteten sich die Hinweise auf den „33-Jährigen“. Und dann kam die Aussage von Ibrahim D.: Der Zeuge D. sagte aus, ein Mann habe ihn kurz nach dem Mord und unweit des Tatorts angehalten und ihm Geld angeboten, um „irgendwohin“ gefahren zu werden. Bei einer Gegenüberstellung identifizierte er Gunnarsson als diesen Mann. Der leitende Staatsanwalt K.G. Svensson hatte genug gehört, tags darauf stellte er einen Haftbefehl für Viktor Gunnarsson aus.

Doch schon wenige Tage später begann die Beweislage zu bröckeln: Es stellte sich heraus, dass D. vor der Gegenüberstellung ein Foto des verdächtigten Gunnarsson gesehen hatte. Zudem hatte der französischsprachige D. bei der Befragung keinen Übersetzer und gab an, er habe das Gesicht der von ihm beschriebenen Person damals kaum erkennen können. Staatsanwalt Svensson entließ Gunnarsson aus der Untersuchungshaft, ließ ihn aber abhören und setzte die Untersuchungen fort. Eine genauere Untersuchung von Gunnarssons Mantel durch das westdeutsche Bundeskriminalamt bestätigte die Analyse der schwedischen Polizei: Die Rückstände auf dem Parka deuteten nicht darauf hin, dass der Träger der Mörder Palmes war – ausschließen ließ sich dies jedoch nicht. Neben der Aussage von Ibrahim D. wurde auch die Identifikation Gunnarssons durch die zwei Kinobesucherinnen im Nachhinein als nicht belastbar bewertet. Hinzu kam, dass keine der Zeugen am Tatort Gunnarsson identifizierten. Ein Zeuge schloss ihn sogar explizit als Täter aus und auch die Täterbeschreibung Lisbeths deckte sich nicht mit der Kleidung, die „der 33-Jährige“ in der Tatnacht trug.

Biases oder kognitive Verzerrungen

Die Gegenüberstellung mit Zeuge D., bei der dieser Gunnarsson identifizierte, war aufgrund eines gravierenden Fehlers aufseiten der Polizei unbrauchbar: Ibrahim D. waren vor der Gegenüberstellung Fotos des Tatverdächtigen Gunnarsson gezeigt worden. Grund dafür waren sogenannte „Biases“, oder kognitive Verzerrungen aufseiten der Polizei und der Staatsanwaltschaft.

Zum einen ist dies ein klassischer Fall des Bestätigungsfehlers („confirmation bias“) während der Polizeiarbeit. Damit ist die gezielte Suche nach Beweisen oder Daten gemeint, die die eigenen, oft vorschnellen Schlussfolgerungen oder Überzeugungen bestätigen.

In der Folge ließ sich bei der Staatsanwaltschaft zudem ein Kohärenzfehlschluss erkennen. Damit ist die Bereitschaft gemeint, Daten ohne Rücksicht auf ihre Glaubwürdigkeit zu akzeptieren, solange sie eine kohärente Geschichte erzählen. Zeuge D. wurde nicht nur vor der Gegenüberstellung beeinflusst, sondern gab ein paar Tage später bereitwillig zu, dass er das Gesicht des Verdächtigen nicht richtig erkennen konnte. Bei genauem Hinsehen hätte also klar sein müssen, dass dieser Beleg kaum belastbar war.

Mitte Mai schließlich gab Staatsanwalt Svensson das Ende des Ermittlungsverfahrens gegen Viktor Gunnarsson bekannt und trat im selben Zug vom Fall Palme zurück. Der Verdacht gegen den „33-Jährigen" habe sich laut Svensson nicht erhärtet, zudem seien die Ermittler teilweise rechtswidrig gegen Gunnarsson vorgegangen. Svensson gab an, er habe das Verfahren schon viel früher einstellen wollen, sei jedoch von der Polizei unter Druck gesetzt und in seiner Arbeit behindert worden. Svenssons Rücktritt war der Höhepunkt einer langen Auseinandersetzung zwischen ihm und Polizeichef Holmér. Auf Svenssons Rat setzte die Regierung eine Untersuchungskommission zu den Ermittlungen gegen Gunnarsson ein. Die Kommission kam zum gleichen Schluss wie Staatsanwalt Svensson: Der „33-Jährige" sei nicht mehr tatverdächtig und Holmérs Ermittlungsarbeit rechtlich fragwürdig.

Viktor Gunnarsson jedoch kam nicht zur Ruhe. In den darauffolgenden Jahren suchte die Polizei nach neuen Hinweisen und ermittelte immer wieder gegen ihn. Gunnarsson fühlte sich in seinem Heimatland zu Unrecht verachtet, denn in den Augen vieler Schweden blieb er weiterhin verdächtig. Als die Ermittlungen gegen ihn 1989 zum zweiten Mal eingestellt und sein Reiseverbot aufgehoben wurde, emigrierte er in die USA. Doch sein Exil war nur von kurzer Dauer: Anfang 1994 wurde Gunnarsson halbnackt und mit zwei Kopfschüssen in einem Waldstück in North Carolina gefunden. Der ehemalige Verlobte seiner Freundin, ein Ex-Polizist, hatte ihn aus Eifersucht Anfang Dezember 1993 erschossen.

Christer Pettersson, der bekannteste Verdächtige im Fall Palme

Als sich im Monat nach Palmes Ermordung kein schneller Ermittlungserfolg einstellte, entschloss sich die Polizei, ein Phantombild des Täters zu veröffentlichen. Diese Entscheidung wurde von vielen Seiten kritisiert, da keiner der Zeugen das

Gesicht des Angreifers hatte erkennen können. Das Phantombild war dementsprechend vage und sah wohl einer ganzen Reihe an Personen ähnlich: Innerhalb weniger Tage gingen über 7000 Hinweise bei der Polizei ein, die die Ermittler heillos überforderten.

Dennoch erhielt die Polizei Anfang April 1986 auch zwei vielversprechende Hinweise: Christer Pettersson, ein stadtbekannter Kleinkrimineller mit einem Alkohol- und Drogenproblem, schien gut zum Phantombild zu passen. Pettersson war schon im März als möglicher Tatverdächtiger notiert worden, als sein Name bei der Sichtung bisheriger Gewaltverbrechen in der Nähe des Tatorts auftauchte. Den beiden Hinweisen wurde die höchste Prioritätsstufe zugeteilt, trotzdem wurde Pettersson erst einen Monat später befragt. Seine Aussagen waren alarmierend: Er gab zu, sich in der Tatnacht in der Nähe des Tatorts aufgehalten zu haben; sein Alibi konnte von seinen Freunden nicht bestätigt werden.

Aber aus nicht nachvollziehbaren Gründen ging die Polizei der Spur Pettersson zunächst nicht nach. Ein folgenreicher Fehler – als sich der Verdacht zwei Jahre später erhärtete, war wertvolle Zeit verloren gegangen.

Erst im Herbst 1988 rückte Pettersson erneut ins Visier der Ermittlungskommission, nachdem diese beschlossen hatte, sich erneut mit dem näheren Umfeld des Tatorts zu beschäftigen. Zwei Personen bestätigten, Pettersson vor dem Grand Cinema gesehen zu haben – etwa zur gleichen Zeit, als die Vorstellung der Palmes endete. Als dann noch ein Foodtruck-Besitzer aussagte, ein Mann, der Pettersson sehr ähnlichgesehen habe, sei Olof und Lisbeth Palme auf dem Heimweg gefolgt, wurde Pettersson schließlich in Untersuchungshaft genommen. Dennoch wurde er immer noch als ein unwahrscheinlicher Täter gehandelt, und so war es eine dramatische Wendung, als Lisbeth Palme ihn kurz darauf bei einer Gegenüberstellung eindeutig als den Täter identifizierte. Pettersson wurde verhaftet, angeklagt, 1989 schließlich für schuldig erklärt und zu einer lebenslangen Freiheitsstrafe verurteilt.

Noch im selben Jahr wurde er im Revisionsprozess freigesprochen, die Argumentation der Anklage von der Jury zerrissen: Es sei weder ein Zugang zur Mordwaffe nachgewiesen worden, noch habe ein plausibles Motiv vorgelegen. Zwar galt als gesichert, dass sich Pettersson vor dem Kino aufgehalten hatte, doch dies beweise nichts. Hingegen wurden sämtliche Zeugenaussagen vom Tatort, die während des Prozesses aufgetaucht waren, als unzuverlässig erklärt: Diese Hinweise gingen erst mehr als zwei Jahre nach der Tat ein und waren somit kaum verlässlich.

Es blieb die Identifikation durch Lisbeth, doch auch diese hielt einer genaueren Betrachtung nicht stand: Es stellte sich heraus, dass Lisbeth bereits vor der Gegenüberstellung von Petterssons starkem Alkoholproblem gewusst hatte. Zudem war die Zusammenstellung der Personengruppe für die Gegenüberstellung kritisch: Abgesehen vom Verdächtigen bestand sie ausschließlich aus Polizisten und zivilen

Mitarbeitern der Polizei. Hier stach der suchtkranke Frührentner Pettersson heraus wie ein bunter Hund. Lisbeth Palmes erster Satz bei der Gegenüberstellung: „Ich sehe sofort, wer davon der Alkoholiker ist!“ Somit war ihre Identifikation Petterssons nichtig, und damit der einzige handfeste Beweis für dessen Schuld. Es blieben nur folgende Fakten: Pettersson war in der Tatnacht in der Nähe des Tatorts, hatte eine kriminelle und gewalttätige Vergangenheit und für die Tatzeit kein Alibi. Das machte ihn zwar verdächtig, doch nicht schuldig, da all das genauso mit der alternativen Hypothese – Petterssons Unschuld – vereinbar war.

Pettersson blieb auch nach seinem Freispruch noch verdächtig und unter Beobachtung, wurde aber erst im Jahr 1997 wieder das Zentrum der Aufmerksamkeit. Es waren eine Reihe neuer Hinweise eingegangen. Doch mehr als zehn Jahre nach der Tat waren sie kaum vertrauenswürdig, geschweige denn verlässlich. Nichts hatte sich an der konkreten Beweislage und am Verdacht gegen Pettersson geändert. Nichts war anders als zur Zeit seines Freispruchs im Jahr 1989. Dennoch wendete die Polizei erhebliche Ressourcen auf, um den Fall wieder aufzurollen – vergeblich, denn 1997 und 1998 lehnte der oberste Gerichtshof Schwedens die Wiederaufnahme des Verfahrens zwei Mal ab. Pettersson konnte seine Freiheit danach allerdings nicht lange genießen, sein Tod war jedoch weniger dramatisch als der Gunnarssons: Im Jahr 2004 verließ Pettersson das Krankenhaus, in das er nach einem Zusammenstoß mit der Polizei eingeliefert worden war, stolperte vor dem Krankenhauseingang und starb an den Folgen des Sturzes. Der damalige Premierminister Göran Persson konstatierte nüchtern: „Es war ein tragisches Leben, das jetzt zu Ende ist.“

Ein verdächtiger Zeuge: Der „Skandia-Mann“ Stig Engström

Einer der Tatortzeugen, der während Christer Petterssons Prozess zu dessen Verteidigung aussagte, war Stig Engström, der auch außerhalb der Akte Pettersson von besonderem Interesse für die Ermittlungskommission war. Engström war einer der ersten Zeugen, die sich direkt am Tag nach der Tat bei der Polizei meldeten – er betonte dabei, er sei als einer der ersten Lisbeth Palme und dem Opfer zur Hilfe gekommen und damit ein besonders wichtiger Zeuge. Bei einer Befragung am selben Tag gab er an, unmittelbar nach den Schüssen zum Tatort gerannt zu sein, kurz mit Lisbeth gesprochen zu haben, um dann einer Polizeistreife Details zu Kleidung und Aussehen des Täters zu geben. Bei zwei weiteren Befragungen Mitte März sagte er zudem, er habe anderen Zeugen bei dem Versuch geholfen, Palme wieder zu beleben. Seine Aussagen stimmten damit zwar teilweise nicht überein, dies war jedoch bei mehreren Zeugen der Fall und ist nach solch dramatischen Erlebnissen nicht unüblich. Was jedoch stutzig machen sollte: Keine der anderen Zeugen am Tatort konnten sich an Engström erinnern.

Die Polizei schien dies damals nicht zu interessieren, sie befragte Engström zwar insgesamt fünf Mal, wandte ihre Aufmerksamkeit aber schnell anderen Hinweisen zu. Engström war wütend: In einer Reihe von Interviews kritisierte er die Polizei heftig für ihre Indifferenz ihm gegenüber und stellte sich als essenziellen Hauptzeugen dar. Er gewann recht schnell an Bekanntheit und dabei auch den Spitznamen „Skandia-Mann", da Engström damals als Grafikdesigner für die Firma Skandia arbeitete. Sein Büro war vom Tatort nur 40 m entfernt, von dort kam er auch am Abend des Mordes. Auf die Ermittlungen hatte Engströms neue Bekanntheit jedoch keinen Einfluss, so durfte er nicht einmal bei einer Rekonstruktion der Tat mit Zeugen vom Tatort teilnehmen. Stattdessen inszenierte er im April eine eigene Rekonstruktion, die sogar im Fernsehen übertragen wurde, auch dies ohne eine Reaktion seitens der Polizei. Engströms aufdringliches Verhalten und sein offensichtlicher Wunsch nach medialer Aufmerksamkeit hätte die Ermittler jedoch stutzig machen sollen – selbst, wenn diese noch nicht auf die Ergebnisse des „Profilings" bauen konnten, in dem ausdrücklich vor solchen Individuen gewarnt wurde.

Anfang Juni erhielt die Ermittlungskommission schließlich ein Memorandum eines ehemaligen Polizisten, der im Sicherheitsdienst von Skandia arbeitete. Darin nannte er Engström als sehr wahrscheinlichen Täter: Dessen Kleidung habe genau zur Täterbeschreibung gepasst, außerdem hatte Engström seine Kollegen belogen, als diese ihn fragten, was er am Abend der Tat getan habe. Die Polizei begann halbherzig gegen den Skandia-Mann zu ermitteln und fand bald heraus, dass Engström bewusst falsche Angaben darüber gemacht hatte, wann genau er das Skandia-Gebäude in der Tatnacht verlassen hatte. Dem Zeitstempel an der Pforte zufolge hatte Engström seine Firma in der Tat früh genug verlassen, um Olof Palme erschießen zu können.

Trotzdem enttäuschte die Polizei schlussendlich sowohl den Sicherheitsmitarbeiter, der Engström verdächtigte, als auch den Skandia-Mann selbst: Sie nahm Engström weder als Verdächtigen noch als Zeugen ernst. Die widersprüchlichen Aussagen wurden seinem Drang nach Aufmerksamkeit und seinen verschwommenen Erinnerungen zugeschrieben. Auch seine aufdringliche Selbstdarstellung als wichtiger Zeuge wurde eher einer schrulligen Persönlichkeit zugeschrieben und nicht als verdächtiges Verhalten gewertet. Und schlussendlich ging die spärliche Ermittlung gegen Engström in einer anderen, für Polizeichef Holmér viel wichtigeren Ermittlung unter – der gegen die PKK, die Arbeiterpartei Kurdistans.

4.4 Politische Verschwörungen und Motive

Der bisherige Verlauf unserer Ermittlungen war auf vorbildliche Art und Weise systematisch und proaktiv: Nach einer Analyse der möglichen politischen Hintergründe der Tat haben wir auf Basis der Faktenlage (Tathergang, Tatort, etc.) im Rahmen einer Fallanalyse Hypothesen zu Täter und Motiv aufgestellt. Daraufhin sind wir (auf den Spuren der schwedischen Ermittler) den Fährten nachgegangen, die unserer Analyse zufolge der vielversprechendsten Hypothese entsprechen: Der eines psychisch labilen Einzeltäters. Bisher waren unsere Ermittlungen dennoch erfolglos. Lagen wir also mit unseren Analysen falsch? Oder haben die schwedischen Ermittler bei ihrer Arbeit einen wichtigen Hinweis übersehen oder eine Spur zu früh aufgegeben?

Hans Holmér, der Leiter der ersten Ermittlungskommission, schien sich nämlich recht wenig für etwaige Einzeltäter zu interessieren. Vielmehr witterte er eine politische Verschwörung als Motiv; insbesondere hatte er dabei die kurdische Arbeiterpartei PKK im Verdacht. Auch uns bleibt vorerst nichts anderes übrig, als verschiedene politische Akteure als Täter in Betracht zu ziehen. Wie aber soll man bei der schier unüberschaubaren Zahl und Vielfalt relevanter Akteure – feindliche Geheimdienste und extremistische Splittergruppen, terroristische Gruppierungen und mächtige Großkonzerne – am besten vorgehen?

Es gilt, eine grobe und breite Vorauswahl möglicher Tätergruppen zu sammeln und diese anhand einiger grundlegender Fragen zu ordnen. Dazu gehören Fragen wie: Wer profitiert von dem Mord an Palme? Und wer hatte überhaupt die Mittel und Gelegenheit zu einem solchen Angriff? Zu welchem Akteur passt das Vorgehen des Täters? Und bei welchen Akteuren wäre ein derartiger Plan schon längst bekannt geworden? Zur Beantwortung dieser Fragen (und natürlich bereits bei der Vorauswahl der zu evaluierenden Akteure) ist es hilfreich, sich politische Expertise einzuholen.

Genau das tat zunächst auch Hans Holmér – mehr oder weniger vorbildlich. Im Außenministerium wurde eine Verbindungsperson benannt, die Hinweise auf ein politisch motiviertes Attentat sammeln, einordnen, und an die Ermittlungskommission weiterleiten sollte. Zudem rekrutierte Holmér einen alten Bekannten als außenpolitischen Berater, den ehemaligen Botschafter Sverker Aström. Zwar hielt Aström sein ehemaliges Ministerium über seine Beratungstätigkeit auf dem Laufenden, eine formelle Zusammenarbeit zwischen Ermittlungskommission und Außenministerium gab es jedoch nie.

„Cui bono?"

Cui bono – Wer profitiert davon? Diese Kernfrage sollte bei jeder kriminalistischen Ermittlung gestellt werden. Die Maxime geht auf Cicero und den berühmten römischen Richter Lucius Cassius zurück und nimmt auch in unseren Ermittlungen eine zentrale Rolle ein.

Abgesehen von der Beratungstätigkeit Aströms zeigte sich Holmérs Ermittlungskommission jedoch gänzlich taub gegenüber Hinweisen, die anstelle der PKK auf andere politische Gegner hinwiesen – selbst, wenn diese Hinweise von vertrauenswürdigen und bestens informierten Quellen kamen. Dazu gehörten etwa Beamte des Außenministeriums oder Ermittler von anderen, politisch relevanten Verbrechen; doch darauf werden wir stoßen, sobald wir einzelne Akteure genauer unter die Lupe nehmen. Die Quintessenz ist jedoch, dass Holmérs Ermittler die Memoranden und Unterstützungsangebote ihrer Kollegen meist unverhohlen ignorierten. Und selbst wenn sie sich dazu entschlossen, einem Hinweis schließlich doch nachzugehen, war es oft zu spät: Die Zeugen waren abgesprungen oder verschwunden, die Spur war kalt und kaum mehr weiter verfolgbar.

Trotzdem war Aströms proaktiver Ansatz vielversprechend: Er begann damit, systematisch alle wichtigen Regierungen, politischen Organisationen und terroristischen Gruppierungen aufzulisten und beurteilte, inwiefern sie für den Mord infrage kamen. Dabei orientierte auch er sich größtenteils an den Fragen, die wir bei unserer Akteursanalyse stellen; also beispielsweise Fragen nach Motiven, Mitteln und Verhaltensmustern. Seine Ergebnisse legte er der Polizei in einer Reihe von Memoranda vor, in denen sich nach und nach einige wichtige Gruppierungen herauskristallisierten. Dabei nannte er unter anderem auch jene Akteure, die wir in unserem einleitenden Überblick zur politischen Situation hervorgehoben haben.

Akteure aus der Analyse des politischen Zeitgeschehens

- Apartheid-Regime
- Bofors (Waffenproduzent)
- Iran und Irak
- PKK
- RAF
- Rechtsextreme Polizisten* (wurde als einziger Akteur nicht auch von Aström genannt)

Akteursanalyse

Lenken wir unsere Aufmerksamkeit von Einzeltätern zu Gruppen und Organisationen, werden wir mit einem Vor- und einem Nachteil konfrontiert. Einerseits besteht eine große Vielfalt an potenziellen Angreifern: Feindlich gesinnte Regierungen, terroristische Organisationen, korrupte Großkonzerne und dergleichen mehr. Andererseits sind diese Akteure zumindest bekannt, ebenso (bis zu einem gewissen Maß) ihre Absichten, Möglichkeiten und Verhaltensmuster.

Dies sollten wir uns zunutze machen und systematisch eruieren, welche Organisationen am ehesten als Angreifer infrage kommen. Für eine solche Akteursanalyse gibt es jedoch kein allgemeingültiges „Rezept", je nach Anwendungsfall sind die Kriterien, die Akteure als eher relevant oder eher irrelevant klassifizieren, zu unterschiedlich. Zum Glück können wir hierzu auf Vorarbeiten zurückgreifen: Die reichhaltige Literatur zur Kriminalistik und zur Terrorismusbekämpfung bietet viele Kriterien, derer wir uns bedienen können.

Die Antiterror-Forschung modelliert die Wahrscheinlichkeit eines Angriffs mithilfe der Kriterien „Intent" (Motiv) und „Capability" (Möglichkeiten) der Akteure. Die erste Dimension wird oft unterteilt in „Will" (die Intensität des Motivs und die Bereitschaft, dafür Risiken einzugehen) sowie „Gain" (Vorteil, in unserem Fall ein konkreter politischer Vorteil). Bedenkt man das unspektakuläre Vorgehen in diesem Mordfall, sind für die Dimension „Capabilities" vor allem zwei Kriterien relevant: Die Möglichkeit, auf schwedischem Boden zu operieren und dabei unerkannt zu bleiben.

Die Kriminalistik schlägt noch eine dritte Dimension vor: den „Modus Operandi" eines Täters bzw. Verdächtigen. Wie typisch der Angriff auf Palme für einen Akteur ist, lässt sich anhand von zwei Fragen beantworten: Gibt es eine Vorgeschichte zu politischen Attentaten, insbesondere in westlichen Ländern? Und: Würde dieser Akteur dabei ebenso amateurhaft vorgehen wie der Mörder Palmes?

Somit ergeben sich drei Dimensionen mit jeweils zwei bis drei Kriterien, mit denen wir einschätzen können, ob eine Organisation als Täter infrage kommt (siehe Abb. 4.14).

Darüber hinaus hielt Aström jedoch auch einige Regierungen bzw. Gruppierungen für relevant, die in unserem politischen Backgroundcheck noch nicht vorkamen. Dies liegt daran, dass deren Motive nicht mit konkreten politischen Ereignissen oder Prozessen zusammenhingen und deshalb in der chronologischen Analyse keine Rolle spielten; Motive also, die eher mit Olof Palmes genereller politischen Linie zusammenhängen. Dazu gehörten etwa faschistische Regime oder Gruppierungen in Lateinamerika, von denen Aström besonders die Contras in Nicaragua und das Pinochet Regime in Chile hervorhob. Grund war hier neben Palmes sozialistischer Gesinnung vor allem seine enge freundschaftliche Beziehung zum kubanischen Kommunisten Fidel Castro, für dessen Interessen er häufig auch bei den USA eintrat.

Auch eine schwedische Gruppierung fand Aström beachtenswert: Die „Europäische Arbeiterpartei" (EAP), eine rechtsextreme Partei, die zugleich der schwedische

	Motive				Fähigkeiten			Modus Operandi			
Akteur	**Stärke / Intensität**	**Risiko-bereitschaft**	**Politischer Vorteil**	**Total (0-6)**	**Zugang zu Palme**	**Geheimes Vorgehen**	**Total (0-4)**	**Vorgeschichte**	**Taktik / Vorgehen**	**Total (0-4)**	**Final**
RAF	niedrig	hoch	nein	2	normal	leicht	**3**	ausgeprägt	unpassend	2	**7**
Rechtsextreme Polizisten	mittel	mittel	nein	2	leicht	normal	**3**	keine	unpassend	0	**5**
EAP (rechtsextreme Partei)	hoch	hoch	nein	**4**	leicht	schwer	2	keine	unpassend	0	**6**
Pinochet-Regime (Chile)	gering	gering	ja	2	schwer	leicht	2	kaum	passend	**3**	**7**
Contras (Nicaragua)	gering	gering	ja	2	schwer	normal	1	kaum	passend	**3**	**6**
Apartheid-regime	mittel	mittel	ja	**4**	normal	leicht	**3**	ausgeprägt	sehr passend	**4**	**11**
Iran / Irak	gering	gering	möglich	2	schwer	leicht	2	ausgeprägt	passend	**3**	**7**
Bofors (Waffenhersteller)	hoch	gering	ja	**4**	leicht	normal	**3**	keine	passend	2	**9**
PKK	mittel	gering	nein	1	leicht	normal	**3**	ausgeprägt	unpassend	2	**6**

Bei den bisherigen Ermittlungen haben sich neun Organisationen herauskristallisiert, die hinter dem Angriff auf Palme stecken könnten. Hier werden deren Motive, Möglichkeiten und Verhaltensweisen anhand von zuvor festgelegten Kriterien skizziert; wobei wir je Kriterium zwischen 0 und 2 Punkten vergeben.

Es fällt auf, dass die Dimension „Motiv" etwas stärker gewichtet wird. Das leuchtet ein, denkt man an die Extremfälle: Nur weil ein Akteur die Möglichkeit hat und bekannt dafür ist, Attentate zu begehen, wird er kaum grundlos einen schwedischen Politiker auf offener Straße erschießen. Ein starkes Motiv allerdings könnte einen verzweifelten Akteur zu einem eigentlich für ihn atypischen und nahezu unmöglichen Mordanschlag verleiten.

Abb. 4.14 Akteursanalyse. (Quelle: Copyright 2024 Gnad. All Rights Reserved)

Zweig der internationalen LaRouche-Bewegung war. Der Verdächtige Victor Gunnarsson war ehemals Mitglied dieser militaristischen Splitterpartei. In seinem ersten Memorandum hielt Aström auch noch ein Attentat der PKK für möglich. Gegen beide Organisationen, die jeweils einen beachtlichen Teil des Spektrums zwischen Partei und Miliz abdecken, hatte Aström einen wichtigen Vorbehalt: Wären die EAP oder die PKK für die Tat verantwortlich, hätte die schwedische Sicherheitspolizei SAPÖ über entsprechende Pläne Bescheid wissen müssen.

Die SAPÖ, zugleich Schwedens Inlandsnachrichtendienst und Personenschutz für Staatsdiener wie Olof Palme, wusste zwar nichts dergleichen, gab der Polizei jedoch eine eigene Einschätzung zu möglichen politischen Attentätern. Die SAPÖ ging von der Grundannahme aus, klassische terroristische Gruppierungen würden sich zur Tat bekennen. Da dies nicht der Fall war, schloss die SAPÖ europäische, arabische und lateinamerikanische Terrororganisationen aus. Stattdessen kam für sie nur die PKK infrage: Diese hätte als einzige ein Motiv für den Mord an Palme, ohne ihre Täterschaft zuzugeben, um die in Schweden lebenden Kurden nicht zu gefährden.

Aström teilte die Grundannahme, zog daraus aber andere Schlüsse: Da sich keine Gruppe zur Tat bekannte, müsse es das Ziel des Attentats gewesen sein, eine bestimmte Politik Olof Palmes zu stoppen. Für Aström waren daher rechtsextreme Gruppen wie die Contras, die Pinochet Regierung oder das Apartheid-Regime am relevantesten. Eine Beteiligung der PKK hingegen hielt er in seinen späteren Memoranda für sehr unwahrscheinlich. Doch die Revision seiner Einschätzung kam zu spät: Ermittlungschef Hans Holmér hatte sich bereits festgelegt und war von Ermittlungen gegen die PKK nicht mehr abzubringen.

Die Spur der Arbeiterpartei Kurdistans

Doch was machte die PKK so verdächtig? Eigentlich war das schwedische Verhältnis zur kurdischen Bevölkerung sehr positiv. Schweden unterstützte ganz offiziell diverse Befreiungsbewegungen und als Teil davon waren politisch verfolgte Kurden willkommen, Asyl zu beantragen. Die ersten Asylbewerber kamen schon im Laufe der 1960er nach Schweden, also noch vor Olof Palmes erstem Amtsantritt 1969. In den darauffolgenden Jahrzehnten kam ein steter Strom verfolgter und unzufriedener Kurden nach Schweden. Besonders in Stockholm entstand eine beträchtliche kurdische Gemeinschaft. Außenpolitisch zeigte man großes Verständnis für das kurdische Streben nach Selbstbestimmung und nach einer eigenen Nation. Welches Motiv hätte die PKK also gehabt, den Premier eines solchen Landes zu ermorden?

Während sich die schwedische Politik der kurdischen Bevölkerung gegenüber weiterhin wohlwollend zeigte, begann sich die Beziehung zur PKK als Partei und politische Organisation im Laufe der 1980er Jahre zu verschlechtern. Innenpolitisch begann man, härter gegen die PKK durchzugreifen: Zwei in Schweden lebende Mitglieder wurden für die Ermordung ehemaliger PKK-Mitglieder dort zu lebenslanger Haft verurteilt. Und während man Kurden weiter bereitwillig Asyl gewährte, wurde dem Anführer der Organisation, Abdullah Öcalan, 1983 ein Visum für Schweden verweigert. Im Jahre 1985 wurde die PKK dann offiziell als terroristische Organisation eingestuft.

Ein Motiv für die Ermordung ist also denkbar, und auch der außenpolitische Berater der Polizei, Sverker Akström, schloss die PKK als Täter zunächst nicht aus. Der Verdacht gegen die PKK basierte dabei jedoch nur auf Motiven, konkrete Hinweise auf eine Verbindung zur Tat gab es keine. In abgehörten Telefongesprächen hatten Mitglieder der Organisation jedoch immer wieder von einer geplanten „Hochzeit" gesprochen – vielleicht ein Code-Wort für ein Attentat? Geplante Attentate als Hochzeit zu bezeichnen, war in der Szene nicht unüblich, sicher sein konnte man sich dessen aber nicht. Für Chefermittler Hans Holmér war dies jedoch Verdacht genug, um die PKK schon in den ersten Wochen nach dem Mord zur Hauptverdächtigen zu machen.

Also begann die Polizeikommission den Löwenanteil ihrer Ressourcen in die Ermittlungen gegen die PKK zu investieren. Die Telefonüberwachung der Organisation wurde intensiviert, teils auch ohne rechtliche Grundlage und ohne Zustimmung der Staatsanwaltschaft. Eindeutige Hinweise, die den Verdacht erhärtet oder gar bewiesen hätten, wurden dabei nicht gefunden, was Holmér aber nicht weniger entschlossen machte. Dennoch verkündete die Polizei zeitweise, der Täter sei ihnen bekannt, eine Verbindung zwischen PKK und der Tatwaffe eindeutig bewiesen. Holmérs Ermittlungsarbeit gipfelte schließlich im Januar 1987 in der „Operation Alpha". Über Nacht nahm die Polizei 22 mutmaßliche Mitglieder der PKK fest, um damit die Organisation aus dem Gleichgewicht zu bringen und bestenfalls durch Einschüchterung ein Geständnis zu erzwingen.

Doch Holmér hatte sich verrechnet. Weder wurden durch „Operation Alpha" Hinweise auf die Ermordung Palmes aufgedeckt noch Geständnisse gewonnen. Zudem war die Operation rechtwidrig und schon tags darauf wurden alle 22 festgenommenen Kurden wieder freigelassen. Der verantwortliche Staatsanwalt, Claes Zeime, hatte die Ermittlungen gegen die PKK schon länger auf das Schärfste verurteilt; die Nachricht, man habe Beweise für Täter und Tatwaffe, bezeichnete Zeime gar als „polizeiliche Desinformation". Nach dem Debakel „Operation Alpha" hatte man auch in Regierungskreisen genug von Holmérs Obsession mit der PKK: Die Ermittlungskommission wurde komplett neu organisiert und Holmér gefeuert.

Auch im Rückblick blieb Holmérs Vorgehen zweifelhaft: Zwar sei es zu Beginn gerechtfertigt gewesen, gegen die Organisation zu ermitteln, so das Urteil, die Ressourcen dafür seien jedoch unverhältnismäßig gewesen. Schlimmer noch, durch die Fixierung auf die PKK seien andere wichtige Hinweise und Spuren unbeachtet geblieben. Auch wurden bei der Analyse politischer Motive eindeutige Widersprüche übersehen: Eine Ermordung Palmes versprach den Kurden keinen Vorteil, da ein potenzieller Nachfolger an dieser Politik nichts geändert hätte. Eine Täterschaft der PKK hätte außerdem die Stellung der in Schweden lebenden Kurden gefährdet. Noch dazu hatten Attentate der PKK außerhalb der Türkei und Kurdistans bisher ausschließlich Kurden zum Ziel.

Während Holmérs Nachfolger und Schweden die PKK-Fährte ad acta legten, ließ Holmér selbst auch nach seiner Absetzung nicht locker. Im Juni 1988 wurde bekannt, dass dieser zusammen mit Ebbe Carlsson, einem befreundeten Journalisten, privat weiter gegen die PKK ermittelt hatte. Bei ihrem unautorisierten Vorgehen erhielt das Duo weiter Einsichten in vertrauliche Polizeiakten sowie politische Rückendeckung von höchsten Stellen: Als die sogenannte „Ebbe-Carlsson-Affäre" 1988 aufgedeckt wurde, musste Justizministerin Anna-Greta Leijon (ein ehemaliges Anschlagsziel

Abb. 4.15 Ein Waffensystem der Firma Bofors[9]

der Roten Armee Fraktion) zurücktreten. Holmér selbst begrub seine Karriere damit endgültig und widmete sich fortan dem Verfassen von Kriminalromanen.

Illegale Waffendeals und Korruption – der schwedische Konzern Bofors
Ein hervorragendes Beispiel für wichtige Hinweise, die von Hans Holmérs Ermittlungsteam ignoriert worden waren, kam sogar von den eigenen Kollegen. Gleichzeitig mit der Palme-Kommission arbeitete noch eine andere Ermittlungskommission, und zwar an der Aufklärung des größten Waffenexport-Skandals der schwedischen Geschichte. Im Zentrum davon stand: Olof Palme. Im Jahr vor Palmes Ermordung war bekannt geworden, dass der schwedische Waffenhersteller Bofors beide Seiten des Iran-Irak Kriegs mit Waffen belieferte (Abb. 4.15).

Offiziell vertrat Schweden bei fast allen bewaffneten Konflikten jener Jahre eine Position der „bewaffneten Neutralität". Während es also keine Kriegspartei aktiv

[9] Quelle: Wikimedia, online: Johan Fredriksson, CC BY-SA 3.0, https://commons.wikimedia.org/wiki/File:Nuoli_40_mm_Bofors.jpg.

unterstützte und für friedliche Lösungen warb, wurden in Schweden zugleich hochklassige Waffen produziert. Exportiert werden durften sie allerdings nur in Länder, die außerhalb von Konfliktregionen waren und die Menschenrechte achteten, meist in Westeuropa – der Mittlere Osten stand schon lange außer Frage.

Bofors, ein Teil von Alfred Nobels Firmenimperium, war nicht nur eine der ältesten Firmen Schwedens, sondern auch der größte Waffenproduzent des Landes mit hervorragenden Kontakten in die Politik. So gelang es dem Konzern, über Umwege Waffen in den Iran und den Irak zu schmuggeln. Diese illegalen Geschäfte hatten bereits 1980 begonnen, dauerten aber noch an, als Olof Palme in dem Konflikt vermittelte. Der Skandal flog schließlich 1985 auf, nur ein Jahr vor Palmes Tod. Es stellte sich heraus, dass Bofors Genehmigungen des Außenministeriums für Waffenexporte in konfliktfreie Länder nutzte, um das Kriegsmaterial auf Umwegen in den Nahen Osten zu schaffen. Dafür nutzte man Länder wie Westdeutschland oder Singapur als Zwischenstaaten. Dort änderten die Lieferungen dann plötzlich ihre Route, verschwanden und tauchten später in den Golfstaaten wieder auf. Ähnlich wie bei der bekannteren Iran-Contra-Affäre in den USA, war auch hier nicht klar, welche Kreise der Regierung über die illegalen Machenschaften von Bofors informiert waren. Olof Palme reagierte schnell und entschlossen, als die Machenschaften 1985 aufflogen: Er blockierte alle Exporte Bofors, die im Verdacht standen, auf Abwege zu geraten und setzte eine Untersuchungskommission ein. Die Affäre lieferte der schwedischen Öffentlichkeit und der Polizei eine ganze Auswahl an Motiven für den Mord an Palme: Hatte der Iran, Empfänger eines Großteils der Waffenlieferungen, den Premier umgebracht, da dieser den Nachschub an Waffen gestoppt hatte? Oder war der Irak dafür verantwortlich, entrüstet über Schwedens Unterstützung der Gegenseite? Oder war Palme gar Opfer eines Komplotts von Bofors und den Verantwortlichen in der Politik geworden, die Angst vor den Enthüllungen von Palmes Untersuchungskommission hatten?

Besonders diese letzte Theorie bekam etwa ein Jahr nach dem Mord neues Futter. Im Januar 1987 sagte Calf-Frederik Algernon, schwedischer Marineoffizier zuständig für die Inspektion von Waffenexporten, vor der Untersuchungskommission zu Bofors aus. Algernon habe selbst unwissentlich Exportgenehmigungen nach Singapur ausgestellt, durch die Bofors Waffen in den Mittleren Osten schmuggelte. Später wurde Algernon zum Sonderermittler in der Bofors-Affäre ernannt. Eine Woche vor seiner Aussage vor der Untersuchungskommission traf Algernon den Vorsitzenden von Bofors Mutterkonzern. Dreißig Minuten später stürzte Algernon in Stockholm vor eine einfahrende U-Bahn und starb. Offizielle Todesursache: Selbstmord. Doch es gab Zeugen, die behaupteten, Algernon sei gestoßen worden. Der mysteriöse Tod Algernons eine Woche vor dessen Aussage heizte den Verdacht weiter an, Palme sei Opfer eines Attentats geworden. Sogar in Regierungskreisen wurden beide Todesfälle mit Bofors und dem Waffenschmuggel im Nahen Osten in Verbindung gebracht.

Damit war die Bofors-Affäre allerdings nicht zu Ende: Noch im selben Jahr, 1987, wurden weitere illegale Waffengeschäfte des Unternehmens bekannt. Dieses Mal spielte Olof Palme nicht nur eine Nebenrolle. Ihn verband nämlich eine private Freundschaft mit dem damaligen Premierminister Indiens, Rajiv Gandhi. Dessen Regierung hatte 1986 einen Vertrag über die Versorgung der Armee mit Artilleriegeschützen ausgeschrieben – im Wert von heute etwa 2,3 Mrd. US-Dollar. Der bekennende Pazifist Palme übte dabei hinter den Kulissen starken Druck auf Rajiv Gandhi aus, um dem schwedischen Bewerber Bofors den Vertrag zu sichern. Wohl mit Erfolg, denn zum Zeitpunkt seiner Ermordung waren Indien und Bofors gerade in der Schlussphase der Verhandlungen.

Es sollte sich jedoch herausstellen, dass Palmes Einsatz nicht genügte, um den Waffendeal an Land zu ziehen. Ein Jahr später wurde bekannt, dass Bofors Schmiergelder an hochrangige indische Politiker, Offiziere und Beamte gezahlt hatte. Ihr Wert wird in heutigen US-Dollar auf einen zweistelligen Millionenbetrag geschätzt und übertraf damit bei weitem alle vorherigen Korruptionsskandale in Indien und Schweden. Auf indischer Seite führte die Enthüllung zum Rücktritt des Verteidigungsministers und war wohl mitverantwortlich für die Wahlschlappe, die Rajiv Gandhi 1989 erlitt.

In Schweden hingegen lieferte der Skandal der Theorie, Bofors sei in die Ermordung Palmes verwickelt gewesen, neue Nahrung. Doch obwohl sich Palme in Indien für Bofors eingesetzt hatte, war er bezüglich der Schmiergelder ahnungslos. Und nach dem Iran/Irak-Debakel konnte sich Bofors sicher sein, dass Palme diese nicht gutheißen würde. Sollte der Premierminister also von der Sache Wind bekommen haben, hätte Bofors ein klares Motiv, ihn zu beseitigen: Neben dem geplatzten Großauftrag wäre die Reputation der Firma und der beteiligten Politiker ruiniert, von drohenden Strafverfahren ganz zu schweigen.

Nicht wenige glaubten daher, Bofors sei darauf vorbereitet gewesen, eine Aufdeckung ihrer kriminellen Geschäfte zu verhindern – notfalls auch durch einen Mord. Dass Palme als einer der ersten davon erfahren würde, schien nicht abwegig. Daher wurde unter anderem vermutet, der Plan zu Palmes Ermordung sei von langer Hand geplant gewesen und in dem Moment in Gang gesetzt worden, als Palme von der Korruptionsaffäre erfahren habe. So vermutete etwa der Historiker Jan Bondeson, Palme habe beim Treffen mit dem irakischen Botschafter in Schweden, Mohammed Saeed al-Sahhaf, am Vormittag davon erfahren. Daraufhin habe Bofors schnell gehandelt und den Premier noch am selben Abend ermordet.

Trotz dieser beiden Motive samt aller Theorien und Hinweisen wurde eine Verwicklung Bofors in den Mordfall Palme lange nicht untersucht. Dabei wäre diese

Spur unter allen politisch motivierten Taten am leichtesten zu verfolgen gewesen – schließlich handelte es sich um eine schwedische Firma, die ihren Sitz im Inland hatte, und keine Untergrundorganisation oder ein gegnerisches Regime. Richtig ermittelt wurde gegen Bofors jedoch erst 1992 und, nachdem neue Hinweise aufgetaucht waren, wieder 1998. Auch wenn sich der Verdacht gegen Bofors dabei nicht erhärtete, ist im Nachhinein doch verwunderlich, dass diese Spur nicht schon früher verfolgt worden war.

Ein Feind am anderen Ende der Welt: Apartheid und Olof Palme

Ähnliches gilt für eine weitere hochbrisante Spur; eine Spur, die bis nach Südafrika reicht. Nur eine Woche vor seiner Ermordung hielt Olof Palme zusammen mit Oliver Tambo, dem Exil-Präsidenten des oppositionellen Afrikanischen Nationalkongresses (ANC), eine Rede vor dem schwedischen Parlament. Darin griffen die beiden das südafrikanische Apartheid-Regime aufs Heftigste an. Seit vielen Jahren war Palme immer wieder als wortstarker Kritiker der faschistischen Regierung in Südafrika aufgetreten.

Seine Unterstützung für die innenpolitischen Gegner des Regimes, allen voran den ANC, beschränkte sich dabei nicht nur auf Worte. Über Jahre hinweg erhielten Widerstandsgruppen geheime Geldtransfers von der schwedischen Regierung, die meist über die Schweiz abgewickelt wurden. Es gab also zahlreiche Gründe für das Apartheid-Regime und dessen Unterstützer, Palme zu beseitigen. Auffällig war der enge zeitliche Zusammenhang zwischen Palmes Anti-Apartheid Rede und seiner Ermordung.

Bei seiner Analyse der politischen Motive aus dem Ausland hob Akström die südafrikanische Regierung als möglichen Täter ausdrücklich hervor. Zu einem ähnlichen Schluss kamen auch der schwedische Botschafter bei den Vereinten Nationen, Jan Eliasson, und ein bekannter schwedischer Südafrika-Experte. Die Autoren des Täterprofils von 1993 bemerkten hingegen, der recht unprofessionelle Tathergang spreche eher gegen die südafrikanische Regierung als Auftraggeber des Attentats. Andererseits habe das Regime in der Vergangenheit wiederholt vor Ort Kriminelle für politische Morde angeheuert. Die „Profiling"-Studie empfahl daher, den Palme-Mord systematisch mit früheren Apartheid-Morden in Europa zu vergleichen und darauf aufbauend weiter zu ermitteln. Trotzdem unterließ es die Polizeikommission in den Jahren unmittelbar nach Palmes Ermordung, der Spur nach Südafrika nachzugehen. Zugutehalten kann man der Polizei hier höchstens, dass Südafrika zu dieser Zeit politisch isoliert war, entsprechend schwierig hätten sich die Ermittlungen gestaltet.

Erst als sich die politische Lage in Südafrika Anfang der 1990er änderte, eröffneten sich neue Möglichkeiten für die schwedische Polizei; die Ermittlungen in der

Apartheid-Spur nahmen schließlich Fahrt auf. Die neue südafrikanische Regierung unter Nelson Mandela zeigte sich überaus hilfsbereit bei den schwedischen Ermittlungen. Schwedische Ermittler reisten mehrfach nach Südafrika, um Verdächtige und Informanten zu befragen. Dazu gehörte allen voran Colonel Eugene de Kock, ein ehemaliger Sicherheitsoffizier des Apartheid-Regimes. Dieser bezeugte vor dem Obersten Gerichtshof Südafrikas, dass ein Agent des Apartheid-Regimes Palme ermordet habe. Er benannte sogar einen ehemaligen Kollegen, Craig Williamson, als Täter. Dem widersprachen jedoch andere ehemalige Kollegen und Mitagenten von Williamson, die wiederum einen rhodesischen Selous-Scout und einen schwedischen Söldner beschuldigten, Palme im Auftrag des Apartheid-Regimes ermordet zu haben.

Letztendlich konnten keine konkreten Beweise für Südafrikas Regierung als Auftraggeber der Tat gefunden werden. Gut möglich, dass dies auch mit der späten Reaktion der schwedischen Ermittler zu tun hatte – ungeachtet der politischen Lage im Land und den denkbaren Schwierigkeiten bei einer Ermittlung vor Ort. Dennoch verlor die Theorie, das Apartheid-Regime habe Palme ermorden lassen, mit den Jahren kaum an Attraktivität in der Öffentlichkeit. Selbst schwedische Kriminalexperten hingen dieser Theorie an. Auch der weltbekannte schwedische Krimiautor Stieg Larsson verfolgte in den Jahren vor seinem Tod extensiv die Spur nach Südafrika und sandte schließlich ganze Kisten voll mit Material an die Polizei.

34 Jahre später: Fall gelöst. Oder…?

Ob Stieg Larsson und andere Hobbyermittler da etwas ganz Großem auf der Spur waren, werden wir wohl nie erfahren. Während das öffentliche Interesse an dem spektakulären Fall im 21. Jahrhundert nur noch periodisch aufflammte, arbeiteten diverse Ermittlungskommissionen und eine lange Reihe an Staatsanwälten weiter am Fall Palme, jedoch ohne einen Durchbruch zu erzielen. Bis schließlich am 10. Juni 2020, mehr als drei Jahrzehnte nach Palmes Ermordung, der leitende Staatsanwalt Krister Petersson vor die Presse trat und verkündete, man habe den Mörder gefunden: Stig Engström, der „Skandia-Mann", der anfänglich als verdächtiger Zeuge, später als aufmerksamkeitsheischender Exzentriker gehandelt worden war, soll Palme erschossen haben.

Laut der Ermittlungskommission passten Engströms Erscheinungsbild und seine Kleidung zu Zeugenbeschreibungen des Täters. Zudem habe er Erfahrung im Umgang mit Waffen und enge Kontakte zu Palme-feindlichen, politischen Kreisen gehabt. Besonders verdächtig sei jedoch, dass Engström, der sich selbst als omnipräsenten, wichtigen Zeugen des Attentats darstellte, weder von anderen Zeugen noch von der Polizei direkt nach der Tat am Tatort bewusst wahrgenommen worden war. Und umgekehrt konnte sich Engström nur an die Zeugen erinnern, die zum Tatzeitpunkt anwesend waren, aber nicht an diejenigen, die kurz nach der Tat hinzukamen – damit hatte er genau dieselben Kenntnisse wie der Täter.

Engström stand Palme sehr kritisch gegenüber und hatte zudem seit Jahren finanzielle Probleme, war alkoholabhängig und geltungssüchtig und passte somit perfekt ins psycho-soziale Bild der „Profiler". Ein klares Motiv hatte er jedoch nicht. Die Polizei geht davon aus, dass er am Tatabend zufällig auf dem Heimweg von der Arbeit auf Palme traf und diesen im Affekt erschoss. Verglichen mit der Vielzahl an skandalösen und an Politikthriller erinnernde Verschwörungen, die über die Jahrzehnte in den Fokus der Öffentlichkeit gerieten, also ein eher ernüchternder Tathergang.

Staatsanwalt Petersson verkündete, dass die Ermittlungen hiermit abgeschlossen seien, die Kommission aufgelöst werde. „Fall abgeschlossen" also? Viele in Schwedens Öffentlichkeit und der Ermittlerszene sind entschieden anderer Meinung und kritisieren die Schlussfolgerungen Peterssons. Direkte Beweise konnte dieser für seinen Verdacht nicht vorlegen. Die Mordwaffe wurde nie identifiziert, geschweige denn gefunden. Und Stig Engström selbst wird hierzu keine Aussage mehr machen: Er beging im Jahr 2000 in seinem Apartment Selbstmord. Der Mordfall Olof Palme wird somit wohl nie endgültig aufgeklärt werden können. Ein unbefriedigendes Ergebnis einer am Ende ebenso unbefriedigenden Ermittlungs- und Analysearbeit. Und idealer Nährboden für die Vielzahl an teils mehr, teils weniger plausiblen Theorien: Über internationale Verschwörungen und Rechtsterrorismus, bis hin zum Apartheid-Südafrika und Waffenlobbyismus.

5 Blackout in Berlin!

Zusammenfassung

Bei dieser Fallstudie sind Sie, die Leser, Beobachter einer Task Force. Der Bundeskanzler hat diese Arbeitsgruppe eingesetzt, um zu klären, wie es zu einem schweren Blackout mit erheblichen Folgen für Deutschland gekommen ist – und Empfehlungen auszusprechen, damit sich der Fall nicht wiederholt. Die Fallstudie zeigt beispielhaft, wie Strukturierte Analysetechniken („Key Assumptions Check", „Starbursting", „Mind Mapping", „Cluster Brainstorming" und der „Inconsistencies Finder") zur Lösung des Problems hätten eingesetzt werden können. Daten, Orte und (Firmen-)Namen wurden geändert. Die Fallstudie basiert jedoch auf einer wahren Begebenheit, die sich in den USA so ähnlich zugetragen hat.

An einem typischen, feucht-heißen Donnerstagabend im August kam es in der britischen Hauptstadt London zu einem unerklärlichen mehrstündigen Blackout. Der Stromausfall ereignete sich kurz vor 18:30 Uhr und führte dazu, dass sich Geschäfte leerten und U-Bahnen anhielten. Aufzüge blieben stehen und Verkehrsampeln verdunkelten sich. Krankenhäuser und Pflegeheime liefen mit Generatoren, Restaurant-Besucher aßen und tranken im Licht ihrer Smartphones. In Süd-London waren 500.000 Menschen betroffen. Der Strom kehrte erst gegen 22 Uhr allmählich zurück und war bis Mitternacht komplett wiederhergestellt.

Nur wenige Wochen später verdunkelte ein mächtiger Blackout weite Teile Berlins (Abb. 5.1) und entzog fast vier Millionen Menschen den Strom – einigen bis zu einer Dauer von vier Tagen. Die Ausfälle begannen im Norden der Stadt und zogen sich kaskadenartig durch den Rest Berlins. Einige vermuteten, dass der Londoner Stromausfall ein Testlauf gewesen sein könnte, um Schwachstellen im europäischen Stromnetz zu identifizieren.

O. Donner et al., *Klarheit im Denken*, Sicherheit, Strategie & Innovation,
https://doi.org/10.1007/978-3-031-62117-8_5

Abb. 5.1 Berlin im Sommer[1]

Der Blackout traf die Wirtschaft in Berlin und im Berliner Umland hart. Das Mobilfunknetz wurde gestört, der Internet-Zugang war eingeschränkt. In einigen Gebieten fiel der Wasserdruck, was die Wasserversorgung beeinträchtigte. In manchen Stadtteilen mussten Tausende Menschen mehrere Tage lang Wasser abkochen. Alle Güter- und Personenzüge von und nach Berlin standen still, bis der Betrieb mit dem Einsatz von Diesel-Lokomotiven eingeschränkt wieder aufgenommen werden konnte. Flugzeuge blieben am Boden, weil die Passagiere nicht kontrolliert werden konnten. Tankstellen konnten kein Benzin pumpen. Aus mindestens zwei Bezirken wurden Plünderungen gemeldet.

Aus Studien über vergangene Ausfälle ergaben sich als denkbare Ursachen des Blackouts Cyberangriffe, überlastete Systeme, Wetter und Vegetation, Bedienungsfehler und Computerpannen. Auch zeigte sich dabei, dass physische Sabotage, Terrorismus und Cyberangriffe in den vergangenen Jahren zugenommen hatten. China, Iran, Nordkorea und Russland sollen die Infrastruktur der USA und Europas ins Visier genommen haben, um Stromversorger, Staudämme

[1] Online: https://pixabay.com/de/photos/bundestag-politik-europa-berlin-5084155/, CC0.

und Standorte der Rüstungsindustrie zu gefährden. Alter und Dichte des Stromnetzes, einst ein Zeichen für Effizienz, zeigte inzwischen Schwächen. Die Frage für das Blackout-Team lautet: Was hat dazu geführt, dass weite Teile Berlins verdunkelt wurden?

5.1 Blackout in der deutschen Hauptstadt

Erste Untersuchungen des Teams zeigen, dass es sich um einen typischen Sommertag im Osten Deutschlands handelte. Es war heiß – die Temperatur stieg in einigen Gebieten auf mehr als 35 Grad Celsius –, aber es gab keine schwere Trockenperiode oder andere Wetter-Extreme. Der Tag begann ruhig und entspannt, da sich viele Berliner eine Auszeit nahmen, um das Ende des Sommers zu genießen. Der Bundestag hatte Sitzungspause, die Abgeordneten befanden sich in ihren Wahlkreisen.

Wegen der Hitze – es wehte keine Lüftchen – hatten viele Firmen, aber auch private Haushalte ihre Klimaanlagen an; das trieb die Stromnachfrage sprunghaft in die Höhe. Ronny Kuschnik, beim Stromkonzern Vattenfall zuständig für Betriebssicherheit, sprach von einem typischen Donnerstag im August. Kuschnik erzählte der Task Force, er habe an diesem Morgen direkt nach Eintreffen bei der Arbeit, mit dem Mitarbeiter der Bundesnetzagentur Farzad Tehrani telefoniert. Dabei tauschten sie sich auch über die kommende Bundesliga-Saison aus.

> „Die Bundesnetzagentur (BNetzA) für Elektrizität, Gas, Telekommunikation, Post und Eisenbahnen fördert den effektiven Wettbewerb innerhalb der regulierten Bereiche und sorgt für den diskriminierungsfreien Zugang zu den Netzwerken. Sie schützt wichtige Verbraucherrechte und ist auch die zentrale Zertifizierungs-Behörde nach dem Gesetz über elektronische Signaturen. Darüber hinaus ist die Bundesnetzagentur für die Umsetzung des Netzausbaubeschleunigungs-Gesetzes zuständig."[2]

Ansonsten konzentrierte sich Kuschnik auf das kommende Wochenende – mit seiner Familie hatte er einen Ausflug in ihr Ferienhaus an einem Brandenburger

[2] Angepasst an die Bundesnetzagentur, 30. Dezember 2020, https://www.bundesnetzagentur.de/EN/General/Bundesnetzagentur/Bundesnetzagentur-node.html. Die ursprüngliche Fallstudie spielt in den USA, weshalb sich einige Begebenheiten nur näherungsweise an das deutsche Stromnetz anpassen lassen.

See geplant. Um 15:46 Uhr wurde ihm jedoch bewusst, dass etwas furchtbar schieflief und das Vattenfall-Stromnetz zusammenzubrechen drohte. Das erinnerte ihn an den mehrstündigen Blackout in London Anfang des Monats.

Geschehnisse vor dem Blackout

Am Morgen hatte Kuschnik die Notizen auf dem Clipboard über den Stromverbrauch gelesen, die ihm der Kollege für die Betriebssicherheit aus der Nachtschicht hinterlassen hatte. Es schien alles normal zu laufen, das Stromsystem wirkte stabil. Doch die hohen Temperaturen bedeuteten, dass die Strom-Nachfrage wegen der Klimaanlagen hoch sein würde. Nach dem Blackout erinnerte er sich an zwei wichtige Punkte aus den nächtlichen Notizen.

- Es wurde erwartet, dass die Spitzenlast an diesem Tag die höchste des Jahres sein würde. Zwei 500-MW-Blöcke in umliegenden Kraftwerken würden wartungsbedingt ausfallen, aber die nächtliche Vorhersage des heutigen Strombedarfs deutete auf eine ausreichende Strom-Leistung hin.
- Das Bundesinnenministerium hatte ein Bulletin herausgegeben. Darin erinnerte es die Betreiber an eine Meldung der Nachrichtendienste von Ende Juli, nach der mehrere Gruppen im Sommer einen Angriff ausführen könnten. Die Angriffe könnten u. a. Explosionen im ölproduzierenden Gewerbe, in Kraftwerken oder Atomanlagen in Westeuropa umfassen. Das Management des Konzerns war zudem besorgt wegen des Risikos eines Cyberangriffs.[3]

Doch das Unerwartete kommt oft, und darauf bereiten sich die Energieversorger vor. Gegen Mittag fielen bei E.ON, einem anderen Stromversorger, im Südosten Berlins mehrere Übertragungsleitungen aus. E.ON hatte gerade Spannungs- und Lastprobleme und erhöhte daraufhin die Strom-Produktion. Etwa zur gleichen Zeit machte sich Kuschnik Sorgen, weil die Spannung im Vattenfall-Netz absackte, wahrscheinlich aufgrund der hohen Nachfrage.

Währenddessen informierte Tehrani von der Bundesnetzagentur das Team um 12:15 Uhr, dass er die automatische Aktualisierungsfunktion des Evaluationsprogramms „Estimator", das den aktuellen Zustand des Netzes einschätzt, absichtlich ausgeschaltet habe. Seinem Chef teilte er mit, das Programm funktioniere nicht richtig. Mehrere Stromsysteme hätten in der Hauptstadt mit Schwierigkeiten zu kämpfen, aber er versuche, das Problem zu finden.

---

[3] Brian Krebs, „Hackers Did Not Cause Blackout", *Washington Post*, 19. November 2003, www.washingtonpost.com.

Der Blackout breitet sich aus

Bevor Kuschnik sich versah, hatten sich große Teile der Stadt im größten Blackout aller Zeiten verdunkelt und fast vier Millionen Menschen bis zu einer Dauer von vier Tagen ohne Strom gelassen. Er kam zu dem Schluss, dass er wohl nicht mehr zu seinem Ferienhaus am See fahren würde.

Der Berichterstattung in der Presse zufolge gingen durch den Stromausfall kurz nach 16 Uhr nicht nur die Lichter aus, sondern auch Flughäfen, U-Bahnen, Züge und Tunnel wurden lahmgelegt. Der Stromausfall setzte den Betrieb von automatischen Türen, Aufzügen und Teilen der Trinkwasser-Versorgung außer Kraft. Krankenhäuser mussten mit der begrenzten Leistung von Notstrom-Generatoren auskommen, Mobilfunktürme, Registrierkassen und Geldautomaten fielen aus.

Pendler, die in Berlin festsaßen, mussten zu Fuß nach Hause gehen, weil der öffentliche Nahverkehr zum Erliegen gekommen war.[4] Die Berliner Behörden sagten voraus, dass es selbst nach der Wiederherstellung der Stromversorgung bis zu sechs Stunden dauern könnte, bis der öffentliche Nahverkehr wieder in Betrieb sei. Überall in der Stadt waren die Auswirkungen deutlich zu spüren. Der Bürgermeister sprach von Wucher, weil Geschäfte lebenswichtige Güter wie Wasser und Batterien zu überhöhten Preisen verkauften.[5]

Reaktion und Antwort

Während der Kanzler in seiner Wohnung in Potsdam zu Mittag aß, wurde er über den massiven Stromausfall in Berlin informiert. Angesichts der Lage, inklusive der Befürchtung, es könne sich um einen terroristischen Akt handeln, wurde seine Wohnung kurzerhand in ein Lage-Zentrum verwandelt. Von dort aus machte sich der Kanzler – samt einer Gruppe schnell ausgewählter Mitarbeiterinnen und Mitarbeitern aus verschiedenen Ministerien und Behörden – an die Aufgabe, auf den massiven Blackout zu reagieren.

Eine der ersten Anweisungen der Leiterin des Blackout-Teams bestand darin, einen „Key Assumptions Check“ durchzuführen. Dies diente drei Zielen:

- alle Mitglieder des Teams auf den gleichen Stand zu bringen, indem sie ihre Daten und Erkenntnisse miteinander teilten,
- solide Annahmen zu identifizieren, auf die sie ihre Analyse stützen konnten, und
- Annahmen aufzudecken, die nicht durch Fakten oder Logik gestützt waren und daher weitere Untersuchungen und Analysen vom Team erforderten.

---

[4] „Major Power Outage Hits New York, Other Large Cities“, *CNN*, 14. August 2003, http://www.cnn.com/2003/US/08/14/power.outage/.

[5] „Biggest Blackout in U.S. History“, *CBS News*, 15. August 2003, http://www.cbsnews.com/2100-201_162- 568422.html.

Elektrizität: Ein Balanceakt auf dem Hochseil[6]

Elektrizität ist ein lebenswichtiges Gut, dessen einzigartige Eigenschaften ein empfindliches und konstantes Gleichgewicht von Angebot und Nachfrage erfordern. Im Gegensatz zu anderen Gütern muss Strom bald nach der Erzeugung verbraucht und kann nicht ohne weiteres gespeichert werden. Er wird mit verschiedenen Energieträgern erzeugt, dann über teils weite Strecken mit sehr hohen Spannungen übertragen und anschließend mit niedrigeren Spannungen an die Kunden (Abnehmer) verteilt.

Von den späten 1800er Jahren bis Mitte der 1930er Jahre war das Stromnetz lediglich ein Flickenteppich aus unabhängig voneinander betriebenen Versorgungsunternehmen. Diese Versorgungsunternehmen stellten die Erzeugung, Übertragung und Verteilung bereit und arbeiteten in der Regel als vertikal integrierte Monopole innerhalb ihres Versorgungsgebiets. Als die Erzeugungs- und Übertragungskapazitäten in den folgenden Jahrzehnten zunahmen und immer mehr Nicht-Versorgungsunternehmen zu Energie-Erzeugern wurden, wuchs das Netz und umfasste zunehmend mehr Energieanlagen und Ressourcen. In diesen frühen Jahren wurde Strom hauptsächlich durch die Verbrennung von Kohle erzeugt. Doch bis Ende der 1970er Jahre hatten sich neue Technologien wie die Kernkraft durchgesetzt, auch alternative Energiequellen wie Wasserkraft, Wind- und Sonnenenergie wurden genutzt, um den wachsenden Energiebedarf Europas zu decken.

Zum Zeitpunkt des Blackouts war das gesamte Netz auf mehrere regionale Netze, so genannte Interkonnektoren, angewachsen. Die Stromerzeugung hatte sich um eine Reihe von Energiearten erweitert, obwohl Kohle weiterhin die größte Energiequelle blieb. Um die Hauptfunktionen der Erzeugung, Übertragung und Verteilung zu erfüllen, war der Elektrizitäts-Sektor zu diesem Zeitpunkt „ein integriertes System von Erzeugungs-Anlagen, Hochspannungs-Leitungen, lokalen Verteilungs-Einrichtungen [und] industriellen Steuerungs-Systemen“ geworden.

[6] Leserinnen und Leser, die sich mit dem deutschen bzw. europäischen Stromnetz auskennen, werden in den hier gemachten Schilderungen sicher Unterschiede zur tatsächlichen Genese und zum Zustand des deutschen Stromnetzes ausmachen. Zur Erinnerung: Diese Fallstudie basiert auf einem US-Amerikanischen Beispiel und wurde lediglich angepasst, um die Anwendung Strukturierter Analysetechniken zu illustrieren.

Diese verschiedenen Akteure mussten „als gleichzeitiges Netzwerk in Echtzeit oder auf synchrone Weise arbeiten, um die Verbraucher stabil und zuverlässig mit Strom zu versorgen". Und alle beteiligten sich an der Sicherung und Verbesserung der Resilienz des Energiesektors – d. h. der Fähigkeit, Naturkatastrophen, von Menschen verursachten Unfällen oder Angriffen zu trotzen. Dazu gehörten Tausende von Kraftwerken mit einer installierten Leistung von über 1.000 Gigawatt, die aus Kohle, Kernkraftwerken, Erdgas, Öl und erneuerbaren Energiequellen stammten.

Die Leiterin des Backout-Teams richtete ihre Aufmerksamkeit auf zwei spezifische Fragen:

- Welche soliden Annahmen über den Blackout gibt es, die sich als Grundlage auch für schnelle Entscheidungen eignen?
- Welche Annahmen sind nicht belegt und bedürfen daher weiterer Überprüfung durch das Team?

Die Teammitglieder beschlossen, dass die zentrale Frage für den „Key Assumptions Check" lauten sollte: Welche Annahmen treffen wir über die Ursache des Stromausfalls? Die Übung ergab vier solide Annahmen, sieben nicht belegte Annahmen und eine Annahme mit Vorbehalt (siehe Abb. 5.2).

Die vier soliden Annahmen, die das Team identifizierte, lauteten:

- Europas Anfälligkeit für einen Angriff auf seine Strom-Infrastruktur hat zugenommen.
- Ein größerer Blackout hätte erhebliche wirtschaftliche Folgen.
- Die Ursache kann von internen Problemen bis zu einem externen Angriff reichen.
- Das expandierende Netz hat mit immer mehr internen Systemproblemen zu kämpfen.

Die dritte solide Annahme offenbart die eigentliche Sorge. Das Team erkannte, dass es einer Menge Arbeit bedurfte, um herauszufinden, was passiert war, wie man das Geschehene korrigieren und die Stromversorgung wiederherstellen konnte. Dieser Sachverhalt wurde durch einige jener Annahmen beleuchtet, die das Team als nicht belegt einstufte. Das führte zu folgenden Schlussfolgerungen:

	Schlüsselannahme	Begründung	Bewertung s = solide c = mit Ausnahme(n) u = nicht belegt
1	Die Anfälligkeit Europas für einen Cyberangriff auf die Energie-Infrastruktur hat zugenommen.	Die Systeme werden immer komplexer, die Hacker immer geschickter und die Bedrohungen, die von in- und ausländischen Akteuren ausgehen, immer diffuser.	s
2	Schlechtes Wetter war die Ursache des Ausfalls.	Schlechtes Wetter ist eine bekannte und häufige Ursache für Stromausfälle.	u
3	Ein großflächiger Stromausfall hätte erhebliche wirtschaftliche Folgen.	Dies ist durch frühere Stromausfälle in den USA und Europa gut dokumentiert.	s
4	Der Stromausfall wurde durch den Cyberangriff eines staatlichen Akteurs verursacht.	Vor allem Russland und der Iran hätten ein Motiv für einen Angriff.	u
5	Die Ursache für den Blackout kann entweder extern oder intern sein.	In diesem Stadium wäre es am besten, alle möglichen Szenarien in Betracht zu ziehen.	s
6	Es ist bekannt, dass ausländische Angreifer es auf die europäische Energie-Infrastruktur abgesehen haben.	Es wird berichtet, dass China, Russland und der Iran die Energie-Infrastruktur der USA und von Teilen Europas ins Visier genommen haben, aber es ist nicht bekannt, für welche Länder Europas dies gilt.	c
7	Der erste Blackout war ein Probelauf.	Oft versuchen Angreifer zunächst einen kleineren Angriff, um die Verteidigung zu testen und Schwachstellen aufzudecken, aber es ist nicht bekannt, ob dieser Blackout ein Probelauf war.	u
8	Der Stromausfall war das Ergebnis eines kinetischen Terroranschlags.	Ein großer Stromausfall in Europa wäre ein würdiger ikonischer Anschlag.	u
9	Der Blackout wurde von einem Insider durchgeführt oder unterstützt.	Angestellte von Versorgungsunternehmen werden teilweise schlecht bezahlt und könnten angeworben oder eingeschleust werden.	u
10	Die expandierenden, zusammengeschalteten Stromnetze werden immer anfälliger für Systemprobleme.	Je komplexer die Systeme werden, desto anfälliger sind sie auch für Ausfälle.	s
11	Die Systembetreiber waren fähige und kompetente Fachleute.	Die Mitarbeiter kritischer Infrastrukturen sollten sorgfältig überprüft werden.	u
12	Die Computersysteme verfügten über angemessene Sicherheits- und Sicherungssysteme, um einen größeren Stromausfall zu verhindern.	Die elektrische Infrastruktur verfügt über Ausweichsysteme, die auf unvorhergesehene Überspannungen und Systemfehler reagieren können.	u

Abb. 5.2 Blackout Key Assumptions Check. (Quelle: Copyright 2024 Pherson. All Rights Reserved)

- Zu diesem Zeitpunkt war die Ursache des Stromausfalls schlichtweg unbekannt; es hätte das Wetter, ein ausländischer Gegner, ein Systemproblem oder sogar ein Terroranschlag gewesen sein können.
- Den Computer-Systemen fehlten offenbar ausreichende Sicherheitsvorkehrungen, um den Stromausfall zu erkennen und zu verhindern.
- Es sollte mehr auf menschliche Faktoren als Ursache geachtet werden, entweder auf eine Insider-Bedrohung oder auf eine eventuelle Inkompetenz des Betreibers.

Am Ende der „Key Assumptions Check"-Übung hatten die Teammitglieder ein besseres Verständnis des Problems und nützliche Erkenntnisse darüber gewonnen, worauf sie in den kommenden Tagen und Stunden besonders achten sollten.

Wie kann die Stromversorgung wiederhergestellt werden?
Die Verantwortlichen der Elektrizitätswerke wussten, dass ihre erste Aufgabe darin bestand, die Stromversorgung wiederherzustellen. Sie versuchten die Ursache zu ermitteln, hatten aber Schwierigkeiten, eine bestimmte auszumachen. Der Leiter Kommunikation des Berliner Senats fasste die Situation wie folgt zusammen: „Es gibt viele verschiedene Theorien und wir sollten sicherstellen, dass wir der Sache auf den Grund gehen."[7] Während die Verantwortlichen noch damit beschäftigt waren, die Krise in den Griff zu bekommen, wurde bereits klar: Der Energiesektor hatte einen gewaltigen Schlag erlitten, dessen Folgen das gesamte deutsche Stromnetz betrafen.[8]

Dieses Problem führte zur zweiten Aufgabe für das Blackout-Team: Eine „Mind Map" mit allen potenziellen Ursachen des Blackouts zu erstellen. Mit einem ergebnisoffenen Brainstorming hoffte das Team, unwahrscheinliche, aber dennoch glaubwürdige Erklärungen für den Blackout nicht zu übersehen. Außerdem konnte diese Technik neue Fragen aufwerfen und einige verborgene Zusammenhänge, Schwachstellen und Beziehungen aufdecken. Ziel war es, mit einem breiten Set möglicher Hypothesen in den folgenden Analyseprozess zu starten.

---

[7] Elisabeth Bumiller, „Der Stromausfall von 2003: The President: Bush Doesn't Let Blackout Upset Lunch With Troops," *New York Times*, August 15, 2003, https://www.nytimes.com/2003/08/15/us/blackout-2003-president-bush-doesn-t-let-blackout-upset-lunch-with-troops.html.

[8] In Anlehnung an „Kraftwerke und Verbundnetzwerke in Deutschland", Stand August 2020, *Umweltbundesamt*, 30.12.2020, https://www.umweltbundesamt.de/bild/kraftwerke-verbundnetze-in-deutschland.

Da die Zeit drängte, arbeitete das Team mit Haftnotizen an einer großen weißen Tafel. Die Ergebnisse der Mind-Map-Sitzung wurden später in der folgenden Grafik festgehalten (siehe Abb. 5.3).

Die „Mind Map" des Teams identifizierte fünf Bereiche für die weitere Untersuchung:

- Cyber-Angriff
- Überlastete oder defekte Systeme
- Wetter und Vegetation
- Anwenderfehler
- Kinetischer Angriff

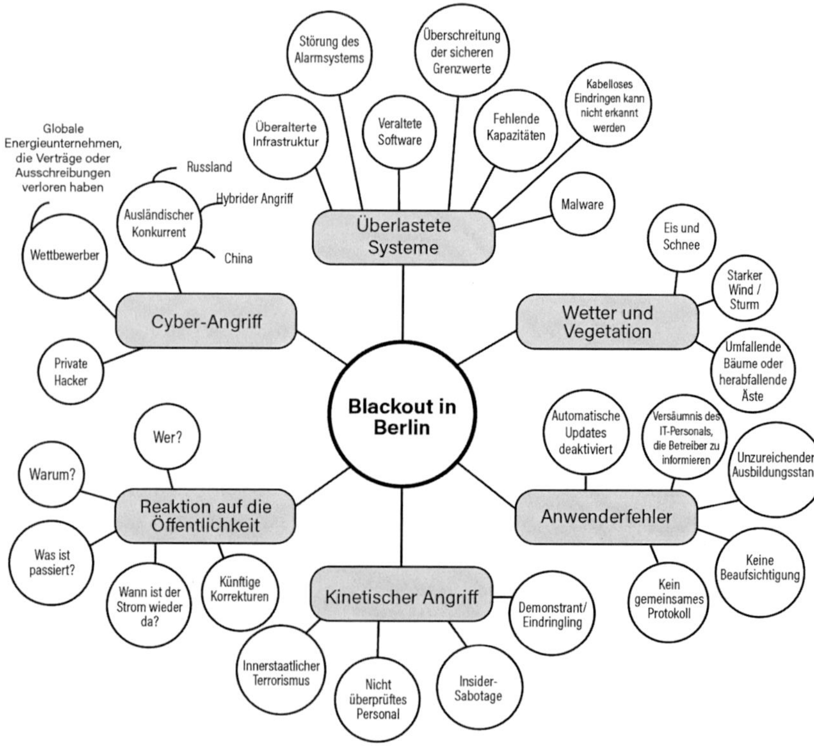

Abb. 5.3 Blackout Mind Map. (Quelle: Copyright 2024 Pherson. All Rights Reserved)

In jedem der fünf Untersuchungsbereiche identifizierte das Team mehrere potenzielle Gründe für den Systemausfall. Darüber hinaus beschloss das Team, der „Mind Map" einen weiteren Kreis hinzuzufügen, um die Bedeutung einer schnellen und transparenten Kommunikation mit der Öffentlichkeit zu betonen.

Während das Blackout-Team an der „Mind Map" arbeitete, bemühten sich Industrie- und Regierungsvertreter darum, die betroffenen Gebiete wieder mit Strom zu versorgen und die Ursache für den Blackout herauszufinden. In Berlin waren die Folgen für Mensch und Material groß. Es dauerte 30 Stunden, bis der Strom in einem Großteil der Stadt wiederhergestellt war.[9] Der gesamtwirtschaftliche Schaden wurde für die Region auf dreieinhalb bis fünf Milliarden Euro geschätzt.[10] Dem Rechnungsprüfer der Stadt zufolge lag der Anteil Berlins bei ungefähr einer Milliarde Euro – oder 30 Mio. € pro Stunde. Über 680 Mio. € entfielen auf den Produktivitätsverlust durch geschlossene Betriebe, weitere 212 Mio. € gingen bei verderblichen Waren verloren.

Kosten fielen auch dafür an, die Sicherheit aufrechtzuerhalten. Doch das gelang, Plünderungen blieben weitgehend aus. Der Regierende Bürgermeister schätzte, dass sich bei der Polizei und anderen städtischen Mitarbeitern Überstunden von umgerechnet 8,5 Mio. € ansammelten.[11]

Viereinhalb Stunden nach Beginn des Stromausfalls wurde die Öffentlichkeit über den Stand der Erkenntnisse und die Folgen des Stromausfalls informiert. Der Bundeskanzler sprach von einer „ernsten Situation" und versicherte, es handele sich nicht um den Angriff einer terroristischen Gruppierung. Nachdem ein Terroranschlag als Ursache ausgeschlossen werden konnte, richtete sich die allgemeine Aufmerksamkeit auf die Bewertung des Stromausfalls und die Bewältigung seiner Folgen.

Während die Menschen auf das Angehen der Lichter warteten, wurde heftig spekuliert. Die Vermutungen reichten von Cyber-Angriffen bis zu veralteter Infrastruktur. Sorge bereitete auch die Frage, ob ein derart weitreichender Vorfall das Vertrauen der Bevölkerung in Politik und Energiewirtschaft schmälern könne. Der Bundeskanzler gab bekannt, er habe ein spezielles Blackout-Team mit der Untersuchung des Ausfalls beauftragt. Die Arbeitsgruppe werde sowohl „die Ursachen

---

[9] Ken Belson und Matthew L. Wald, „'03 Blackout Is Recalled, Amid Lessons Learned," *New York Times*, 14. August 2008, https://www.nytimes.com/2008/08/14/nyregion/14blackout.html.

[10] JR Minkel, „The 2003 Northeast Blackout-Five Years Later", *Scientific American*, 13. August 2008, https://www.scientificamerican.com/article/2003-blackout-five-years-later/.

[11] David Teather, „Blackout Costs New York 36m an Hour", *The Guardian*, 19. August 2003, https://www.guardian.co.uk/business/2003/aug/20/usnews.internationalnews.

des jüngsten Stromausfalls identifizieren“ als auch „nach Lösungen suchen, um künftige Ausfälle zu verhindern.“[12]

Herausforderungen für kritische Infrastruktur

Zu Beginn der Untersuchung vergegenwärtigte sich das Blackout-Team, dass großflächige Stromausfälle vorkommen – wenn auch selten – und dass sie fast immer eine Überprüfung nach sich ziehen, um die Ursache zu ermitteln und einen Wiederholungsfall zu vermeiden (siehe Abb. 5.4). Zudem riefen sich die Team-Mitglieder in Erinnerung, welche zentrale Rolle die Stromversorgung auch für andere kritische Infrastrukturen spielte (siehe Abb. 5.5).

Einige zentrale Erkenntnisse, die das Team aus der Auswertung vorheriger Blackouts gewonnen hat, waren:

- Die Dichte des Stromnetzes und das Tempo des Zusammenbruchs erschweren oft eine präzise Ursachenermittlung.
- Die Netz-Elemente sind nicht zeitsynchronisiert; das macht es schwierig, die Ereignisse chronologisch zu rekonstruieren.

Die gesichteten Studien kamen zu ähnlichen Ergebnissen, wie das Blackout-Team im Rahmen von „Key Assumptions Check“ und „Mind Map“. Den Studien zufolge kommen überlastete Systeme, Schäden durch Wetter und Vegetation, Betreiberfehler und/oder Computerpannen als interne Ursachen für Blackouts in Frage:

- Möglicherweise überschätzen Versorgungsunternehmen die Kapazität ihrer Blindleistung im Vergleich zum Bedarf – was einen starken Spannungsabfall verursachen kann.
- Möglich wäre auch, dass das System seine Belastungsgrenzen (sicheren Grenzwerte) ohne Wissen der Betreiber überschreitet.
- Das Wetter spielt oft eine wichtige Rolle. In einigen Ländern verursachen Tornados oder Dürre- und Hitzeperioden im Frühjahr und Sommer oder Eis und Schnee im Winter Stromausfälle. Das Wachstum von Bäumen im Frühjahr und Sommer kann dazu führen, dass sie Stromleitungen berühren und diese ohne Wissen des Betreibers kurzschließen. Windstille Tage im Sommer sind ein besonderes Problem, weil die zusätzliche Nachfrage die Leitungen heiß werden lässt. Das

[12] „Power Returns to Most Areas Hit by Blackout,“ *CNN*, August 15, 2003, http://www.cnn.com/2003/US/08/15/power.outage/.

Große Stromausfälle in Europa in den letzten 20 Jahren	
09.05.2000	Südliche Hälfte von Portugal
24.09.2003	Schweden
28.09.2003	Italien
12.07.2004	Südgriechenland
22.06.2005	Schweiz
25.-28.11.2005	Münsterland, Deutschland
04.11.2006	Teile von Deutschland, Frankreich, Belgien, Italien, Österreich und Spanien
23.07.2007	Barcelona, Spanien
12.12.2007	Zentral und Ost-Niederlande
08.04.2008	Stettin (Szczecin), Polen
23.01.2009	Frankreich
30.03.2009	Westschottland
20.07.2009	Südosten Londons und North Kent, Vereinigtes Königreich
30.03.2010	Nordirland
27.06.2010	Portsmouth, England
01.-21.09.2010	Island
11.-13.07.2011	Zypern
04.04.2012	Zypern
01.04.2013	Polen
12.08.2014	Malta
09.-19.08.2019	England und Wales
29.09.2019	Teneriffa, Spanien
03.11.2019	Südwest-Frankreich

Quelle: In Anlehnung an "List of major power outages"; Wikipedia.org, 30. Dezember 2020, *https://en.wikipedia.org/wiki/List_of_major_power_outages#2000-2009*

Abb. 5.4 Schwere Blackouts in Europa. (Quelle: Copyright 2024 Pherson. All Rights Reserved)

Der Energiesektor umfasst ein vielfältiges Konglomerat von Energieressourcen und -anlagen. Aufgrund der Größe des Sektors und der essenziellen Rolle, die er im täglichen Leben spielt, ist sein Schutz sowohl kritisch als auch schwierig. Der Energiesektor ist eine Voraussetzung für alle fünfzehn anderen kritischen Infrastrukturen und macht sie somit abhängig vom Energiesektor.

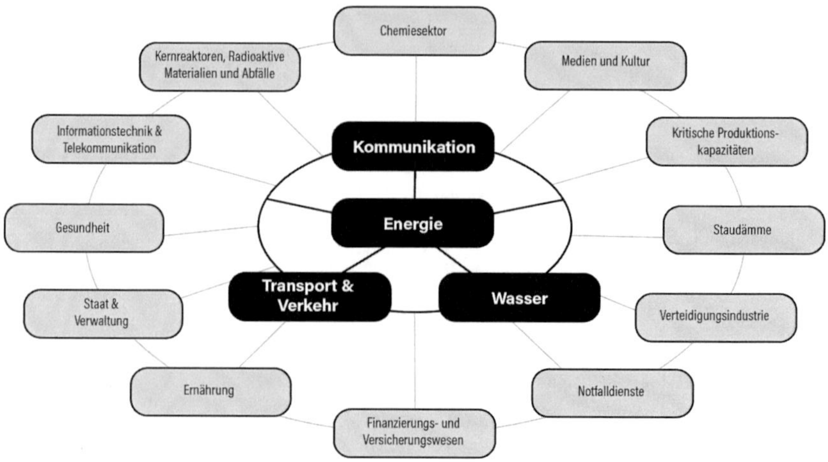

Quelle: Angepasst von "Energy Sector-Specific Plan: 2015. US Department of Homeland Security, 2015, 19"; *https://www.cisa.gov/publication/nipp-ssp-energy-2015.*

Abb. 5.5 Interdependenzen des Energiesektors. (Quelle: Copyright 2024 Pherson. All Rights Reserved)

Material der Leitungen dehnt sich dann, was dazu führen kann, dass Leitungen durchhängen. In der Folge kann es zum Kontakt mit Bäumen oder anderen Hindernissen und zu einem Kurzschluss kommen.

- Das komplexe Stromnetz mit kurzen Reaktionszeiten lässt darüber hinaus wenig Spielraum für Betreiber- oder Computerfehler.
- Ferner bestand eine erhöhte Gefahr durch einen Angriff ausländischer Akteure auf das Stromnetz. Ein US-Geheimdienst warnte Anfang 2018 davor, dass andere Staaten und terroristische Gruppen die Fähigkeit entwickelten, Teile der westlichen Infrastruktur gezielt anzugreifen.
- Verfügbarkeitsprobleme bei Strom können zudem tiefgreifende Auswirkungen auf die öffentliche Sicherheit haben. Insbesondere Kernkraftwerke wurden als Ziele genannt, wobei hier immer zu befürchten steht, dass ein solcher Angriff eine Kernschmelze wie in Tschernobyl verursachen könnte. Sicherheitsexperten

beschreiben das Stromnetz als anfällig für Cyberangriffe, für einen physischen Angriff und für Sabotage durch Mitarbeiter.

Viele der vom Team durchgesehenen Studien wiesen auf eine potenzielle Beeinträchtigung von Energiemanagement-Systemen und IT-Infrastrukturen durch ausländische Gegner oder unzufriedene Mitarbeiter hin. Zu den identifizierten Schwachstellen gehörten die Fähigkeit, das System mit unwesentlichen Programmen zu belasten, mangelhafte Kontrolle des Systemzugangs, ein inkonsistentes Patch- und Konfigurations-Management sowie die mangelnde Dokumentation der Systemsicherheit.

Ausländische Akteure greifen zudem seit langem Computersysteme in Europa und den USA an (siehe Abb. 5.6). Dabei zeigen sie jeweils typische Verhaltensweisen, wie eine Computersicherheitsfirma 2016 herausfand: Chinesische Hacker stahlen „alles, was nach neuen technischen Informationen aussah". Russische Hacker drangen in Systeme ein, „kartierten sie und implantierten schwer zu findende Hintertüren für eine mögliche zukünftige Nutzung". Im Gegensatz dazu versuchten iranische Hacker, „so viel Schaden wie möglich anzurichten".[13]

Russlands Cyberstrategie konzentriert sich darauf, die kritischen Infrastruktur-Systeme in den USA und in Großbritannien zu infiltrieren. Sowohl Washington als auch London warnten 2018, Moskau arbeite an der Fähigkeit Blackouts zu verursachen, indem es über Lieferketten sowie private und geschäftliche Router auf kritische Infrastruktur-Einrichtungen zugreift. Zu den Zielobjekten gehörten auch Energie-, Atom-, Wasser-, Luftfahrt- und Produktionsanlagen.

- Russland war in der Lage, das deutsche Stromverteilungssystem zu infiltrieren und zu stören, wie es 2015 und 2016 in der Ukraine der Fall war.[14]
- US-Behörden enthüllten 2018, eine Kampagne des russischen Geheimdienstes habe im Vorjahr die Netzwerke mehrerer US-amerikanischer Stromversorger beeinträchtigt und potenzielle Angreifer in die Lage versetzt, Blackouts zu verursachen.
- In den vergangenen Jahren hat Russland damit begonnen, Zwietracht in der europäischen und US-amerikanischen Bevölkerung durch Desinformation und „Fake News" zu säen, die hauptsächlich auf Social-Media-Plattformen verbreitet

---

[13] Annie Fixler und Frank Cilluffo, *Evolving Menace: Iran's Use of Cyber-Enabled Economic Warfare* (Washington, DC: Foundation for the Defense of Democracies, November 2018), https://www.fdd.org/wp-content/uploads/2018/11/REPORT_IranCEEW.pdf.

[14] Daniel R. Coats, Director of National Intelligence, Statement for the Record: Worldwide Threat Assessment of the US Intelligence Community, January 29, 2019, 5–6, https://www.dni.gov/files/ODNI/documents/2019-ATA-SFR---SSCI.pdf.

Politische Konkurrenten werden zunehmend Cyber-Fähigkeiten einsetzen, um politische, wirtschaftliche und militärische Vorteile zu erlangen – darunter Cyber-Spionage, -Angriffe und -Einflussnahme. China und Russland nutzen Cyber-Operationen zunehmend, um Menschen zu bedrohen, um an vertrauliche Informationen zu gelangen, Bürgerinnen und Bürger zu beeinflussen oder kritische Infrastrukturen zu attackieren.

Im letzten Jahrzehnt haben politische Konkurrenten Fähigkeiten entwickelt und erprobt, um Informationen und Systeme, auf die vernetzte Gesellschaften angewiesen sind, zu korrumpieren. Jahrelang haben sie Cyberspionage betrieben, um Informationen über kritische Infrastruktur zu sammeln. Politische Konkurrenten sind immer geschickter geworden, soziale Medien auszunutzen, um unser Denken, Verhalten und unsere Entscheidungen zu beeinflussen.

Vor allem China stellt eine wachsende Bedrohung für unsere militärischen und kritischen Infrastrukturen dar.

- China ist in der Lage, Cyberangriffe zu starten, die lokal begrenzte, vorübergehende Störeffekte auf kritische Infrastrukturen verursachen.
- Es ist davon auszugehen, dass Peking Cyberspionage gegen wichtige Technologiesektoren immer dann genehmigen wird, wenn damit ein nationales Sicherheits- oder Wirtschaftsziel verfolgt werden kann, das mit anderen Mitteln nicht zu erreichen ist.

Auch Moskau ist nach wie vor ein äußerst fähiger und effektiver Gegner, der Cyberspionage, Angriffe und Einflussnahmen vornimmt, um seine politischen und militärischen Ziele zu erreichen. Das russische Regime setzt Cyber-Angriffe ein, um zivile und militärische Infrastruktur während einer Krise zu stören.

- Russische Geheim- und Sicherheitsdienste werden weiterhin Informations-Systeme ins Visier nehmen, um technische Informationen, militärische Pläne und Einblicke in die Politik unserer Regierungen zu erhalten.
- Russland kann Cyberangriffe durchführen, die lokal begrenzte, vorübergehende Unterbrechungen kritischer Infrastrukturen bewirken – wie z.B. die Unterbrechung eines Stromverteilungsnetzes, ähnlich wie in den Jahren 2015 und 2016 in der Ukraine.
- Moskau kartiert die kritische Infrastruktur in Europa mit dem langfristigen Ziel, erheblichen Schaden anrichten zu können.

Abb. 5.6 Erklärung eines europäischen Beauftragten für Cyber-Infrastruktur *(Auszug)*. (Quelle: Copyright 2024 Pherson. All Rights Reserved)

werden. Der Plan besteht darin, Zweifel an der Sicherheit des Wahlsystems samt Infrastruktur zu wecken und damit das Herz der liberalen Demokratie zu treffen.

- Moskaus Versuche, vor den Urnengängen 2016 und 2018 das Wahlsystem zu stören, sind mittlerweile bekannt, obwohl es aufgrund der digitalen Desinformation schwierig ist, Wahrheit und Fiktion voneinander zu trennen.

Pekings Cyberstrategie konzentrierte sich in der Vergangenheit hauptsächlich auf den Diebstahl von Unternehmens- und Regierungsgeheimnissen. Ab 2012 tauchten

Hinweise auf, China nehme kritische Infrastruktur ins Visier, um die Stromversorgung zu stören bzw. zu deaktivieren oder um Malware für einen künftigen Angriff in Stellung zu bringen.[15] Seit 2018 zielen chinesische Cyberangriffe auf geistiges Eigentum und militärische Pläne, auf Staatsgeheimnisse, persönliche Informationen und auf den Zugang zu IT-Systemen von Europäern und ihren Verbündeten. Dabei konzentrieren sich chinesische Hacker, oft von der Regierung bezahlt, meist auf die Beschaffung von Geschäfts-, Industrie- und Militärgeheimnissen, um geistiges Eigentum, Geschäftsgeheimnisse oder militärische Pläne zu stehlen. Sie zielen oft auf staatliche Auftragnehmer aus dem privaten Sektor.

Auch Privatpersonen sind interessante Angriffsziele für China. Im Zentrum steht persönlich identifizierbare Informationen (PII) abzugreifen, wie z. B. Sozialversicherungs-Nummern, E-Mails, Telefonnummern oder Adressen. Zu den gestohlenen Informationen gehörten etwa PII-Massendaten einer US-Hotelkette, persönliche und IT-Informationen eines großen europäischen Industrie-Unternehmens oder Informationen zur Identität von potenziellen Peking-Kritikern. Ende 2018 verstärkte Peking seine digitalen Angriffe auf den US-Energie-, Finanz-, Transport- und Gesundheitssektor. US-Geheimdienstmitarbeiter äußerten die Befürchtung, mit den Übergriffen könnte China auch Malware in Stellung bringen, um den Betrieb in diesen Sektoren künftig zu stören. Das deutet auf eine mögliche Änderung der Taktik Pekings hin.[16]

5.2 Untersuchung: Was ist passiert?

Die Leiterin des Blackout-Teams legte fest, dass vor der Ursachenanalyse zunächst ein Brainstorming durchgeführt werden sollte, um alle relevanten Probleme zu identifizieren und zu priorisieren. Das Team einigte sich anschließend darauf, dass die Analysetechnik „Starbursting“ dafür den passenden Rahmen bot. Denn der „Key Assumptions Check“ hatte bereits mehrere Schlüsselbereiche aufgedeckt, die für die Untersuchung vorrangig zu beachten waren. Mithilfe des „Starbursting“ erstellte das Team eine umfassende Liste von Fragen, um den relevanten Fragenraum zu erschließen. Auf dieser Grundlage konnte

[15] Jim Finkle und Christopher Bing, „China's Hacking Against U.S. on the Rise: U.S. Intelligence Official,“ *Reuters*, December 11, 2018, https://www.reuters.com/article/us-usa-cyber-china-idUSKBN1OA1TB.

[16] Finkle und Bing, „China's Hacking Against U.S. on the Rise“.

dann entschieden werden, welche der aufgeworfenen Fragen die besondere Aufmerksamkeit des Teams verdienten.

Das „Starbursting“ stützte sich auf die gängigen journalistischen W-Fragen, um das Ganze zu strukturieren: Wer? Was? Wann? Wo? Warum? Wie?

Die Ergebnisse des „Starbursting“ sind in Abb. 5.7 dargestellt. Diese Technik half dem Team bei der Priorisierung weiterer Aufklärungs- und Rechercheaktivitäten. Es gab ihm auch mehr Sicherheit, keinen kritischen Teil des Puzzles übersehen zu haben.

In den folgenden Wochen begannen eigens bereitgestellte Ermittler des Blackout-Teams das Betreiberpersonal der Stromkonzerne zu befragen. Unerwartete Ereignisse sind in der Energie-Branche üblich, aber Blackouts kommen normalerweise nicht vor. Aus diesem Grund verfügen Versorgungs-Unternehmen

Abb. 5.7 Priorisierung der Ermittlungen mit Starbursting. (Quelle: Copyright 2024 Pherson. All Rights Reserved)

Unabhängig davon, ob Strom mit fossilen Brennstoffen (Kohle, Erdöl und Erdgas), erneuerbaren Energien (Wind, Sonne, Erdwärme, Solarthermie, Wasserkraft) oder Kernenergie erzeugt wird, spielen mehrere wichtige physikalische, Cyber- und menschliche Elemente eine Rolle bei der Gewährleistung eines funktionierenden Netzes. Da Strom fast sofort nach seiner Erzeugung verbraucht wird, verwenden die Betreiber industrielle Kontrollsysteme (ICS), wie z. B. SCADA-Systeme (Supervisory Control and Data Acquisition), um Angebot und Nachfrage vorherzusagen, zu überwachen und auszugleichen. Eventuelle Veränderungen bei einer der überwachten Aktivitäten werden vom System erkannt und die Betreiber auf die Änderung aufmerksam gemacht.

Diese SCADA-Systeme sind wesentlich für die frühzeitige Erkennung und Entschärfung einer Vielzahl potenzieller Probleme, die an jedem beliebigen Tag auftreten können und sich auf Angebot und Nachfrage auswirken. Neue „intelligente" Technologien wie Sensoren zur Überwachung von (Strom-) Lasten, Kommunikationsnetzwerke zur Sicherstellung von Echtzeit-Überwachung und Informationsaustausch sowie automatisierte Steuergeräte für das System-Management waren im hier beschriebenen Szenario zwar auf dem Markt erhältlich und hätten eine bessere Echtzeit-Überwachung und -Steuerung ermöglicht, waren aber noch nicht in Betrieb.

Um diesen empfindlichen Balance-Akt besser zu koordinieren, setzen viele Regionen gemeinnützige unabhängige Systembetreiber (ISOs) ein, um die Übertragung von Elektrizität in verschiedenen Gebieten über industrielle Kontrollsysteme zu steuern. In Zusammenarbeit mit den Energie-Technikern der Versorgungsunternehmen helfen die ISOs bei der Überwachung und beim Ausgleich von (Strom-)Lasten und stellen sicher, dass diese innerhalb freiwilliger Grenzwerte betrieben werden. Sie stimmen sich ihrerseits mit der Electric Reliability Corporation (ERC) ab, deren Aufgabe als internationale, unabhängige, selbstregulierende und gemeinnützige Organisation darin besteht, die Zuverlässigkeit des Bulk-Power-Systems / BPS (System zur Stromerzeugung, Hochspannungs-Übertragung und Kontrolle) sicherzustellen.

Abb. 5.8 Vorschriften und Kontrollen für elektrische Infrastruktur[17]

über „Defense-in-Depth", ein Sicherheitskonzept, bei dem mehrere aufeinander aufbauende Schichten von Sicherheitsmaßnahmen das IT-System schützen sollen (siehe Abb. 5.8). Die analytische Herausforderung bestand darin, nun das unerwartete Ereignis zu identifizieren, das die eigentliche Ursache des Blackouts war.

Die Ermittler konnten keine Anzeichen für eine vorsätzliche physische Beschädigung von Strom-Generatoren oder Leitungen am Tag des Stromausfalls finden. Ein Beamter gab zu Protokoll, er habe keine Beweise dafür gefunden,

[17] Quelle: https://www.nerc.com/AboutNERC/keyplayers/PublishingImages/New Regions map no FRCC.jpg.

dass der Stromausfall das Ergebnis krimineller Aktivitäten gewesen sei. Und doch lagen nachrichtendienstliche Bewertungen vor, denen zufolge es böswillige Akteure gebe, die in der Lage seien, die Energie-Infrastruktur mit einem Cyber-Angriff zu stören.

Zudem führten Ingenieure eine Simulation des Stromsystems am Tag des Blackouts durch und kamen zu dem Schluss, dass das System zumindest bis zur (Notfall-)Auslösung einer wichtigen Übertragungsleitung um 15:05 Uhr sicher genug war, um jedem der mehr als 800 simulierten Eventualitäten standzuhalten. Die Modellierung ergab auch, dass der Ausfall der E.ON-Leitungen keinen Einfluss auf den Blackout hatte. Nach ihrer Einschätzung bedeutete dies, die Ursache(n) des Unfalls lagen in der Zeit nach 15:05 Uhr.

Systemfehler?

Auch Computer-Pannen als mögliche Ursachen des Blackouts beschäftigten das Blackout-Team. Besonders verdächtig war, dass das Alarmsystem zum entscheidenden Zeitpunkt ausgefallen war. Die Betreiber wussten also nichts von einem Problem und unternahmen entsprechend auch nichts, um die Katastrophe abzuwenden.

Anlass zur Sorge bereitete auch die Tatsache, dass einige Tage zuvor ein neuer Internet-Virus aufgetaucht war. Nach dem Blackout trafen sich Vattenfall und dessen Software-Anbieter Senfal, um das Problem zu diskutieren. Dabei schlossen einige Ingenieure den neuartigen Virus aus, weil die Systeme Vattenfalls nicht das Betriebssystem Windows nutzten, auf das der Virus ausgelegt war. Andere waren sich nicht sicher, ob der Virus die Betreiber-Software nicht vielleicht auch auf andere Weise infiziert haben könnte.

Ein Systemadministrator von Vattenfall sagte aus, er habe sich zu Beginn seiner Schicht im Kontrollraum gemeldet und dabei bemerkt, dass einige Fernsensoren des Energiemanagement-Systems ausgefallen waren. Er sei verwundert gewesen, so seine Aussage, dass kein Mitarbeiter der Vorgängerschicht dieses Problem gemeldet hatte. Eine mögliche Erklärung war, dass der Verlust von zwei Servern das Computersystem so stark verlangsamte, dass sich die Bildwiederholfrequenzen/Bildschirmaktualisierungsraten von einer bis drei Sekunden auf fast eine Minute verlangsamt hatten – ein Umstand, der es den System-Betreibern schwer machte, den Zustand des Systems zu verfolgen. Ein IT-Mitarbeiter sagte, dass sein Team von dem Problem gewusst, aber in der Hitze des Gefechts Niemanden darüber informiert habe.

IT-Experten des Blackout Teams entdeckten außerdem, dass Vattenfall nicht das neueste Senfal Software-Update aufgespielt hatte, als es zum Blackout kam. Vattenfall hatte beschlossen, demnächst zu einem anderen Software-Anbieter zu wechseln und sich nicht die Mühe gemacht, den aktuellen Patch zu installieren.

Wetter und Vegetation?
Die Ermittler versuchten auch herauszufinden, ob das Wetter den Stromausfall verursacht haben könnte. An einem warmen Tag Ende August können die Freileitungen zur Stromübertragung bis zu 100°C erreichen und durchhängen. Die Daten der Stromrelais zeigten klassische Anzeichen eines Kurzschlusses durch Baum-Kontakt; also inspizierten die Ermittler die Standorte von drei ausgefallenen Freileitungen. Bei einer davon hatte ein Arbeiter einen Baumkontakt beobachtet. An den anderen Standorten fanden sie Baumfragmente und Verbrennungen, die darauf hinwiesen, dass es einen anderen Baum-Kontakt gegeben haben musste, aber sie konnten nicht feststellen, ob einer davon an jenem Tag im August passiert war. Allerdings waren bei diesen Leitungen in den drei Jahren davor Ausfälle aufgrund von Baum-Kontakten gemeldet worden. Auch Vattenfall ist sich dieser Gefahr bewusst und überfliegt deshalb seine Leitungen zweimal im Jahr, um die Stromtrassen zu überprüfen. Bei der letzten Fluginspektion gab es nur wenige Anzeichen dafür, dass Bäume Leitungen beschädigen könnten.

Menschliches Versagen und unzureichende Verfahrensweisen?
Das Ermittlerteam besuchte auch den Kontrollbereich von Vattenfall und äußerte Bedenken über die Verfahren und Abläufe. Es stellte fest, dass sich der zuständige Mitarbeiter für die Zuverlässigkeit des Systems in einem anderen Raum befand als die zuständigen Mitarbeiter für das Leitungsnetz. Einige Mitarbeiter nutzten außerdem nur handgeschriebene Protokolle, sodass es kein Ereignis-Protokoll gab, das für alle einsehbar gewesen wäre. Die Übergabe an die jeweils nächste Schicht mit Informationen zur aktuellen Lage erfolgte planlos.

Menschliches Handeln (wie im Fall der Deaktivierung des automatischen Auswertungssystems „Estimator“), gepaart mit Untätigkeit (wie das Versäumnis, das System wieder einzuschalten) ließen ebenfalls jede Kontrolle vermissen. Überwachungsprozesse fehlten völlig. So war es nicht möglich zu kontrollieren, ob Betriebsmitarbeiter Teile des Stromnetzes ausschalteten, oder eine Bestätigung zu erhalten, dass diese Teile wieder ans Netz gegangen waren. Diese fehlende Überwachung machte das System anfällig für absichtliches oder unabsichtliches menschliches Versagen. Bedenken wurden auch hinsichtlich der Möglichkeit geäußert, das Betriebspersonal könne eigenmächtig Software installieren oder verändern, ohne dass dies entdeckt würde. Darüber hinaus waren die Verfahren zur Aktualisierung und Wartung von Software nicht definiert. Einige der IT-Support-Mitarbeiter wussten nicht, wie Diagnose- und Forensik-Routinen für diverse Programme durchgeführt werden. Die Ermittler erfuhren auch, dass Vattenfall und andere Firmen nur unzureichend in der Lage waren, ein drahtloses Eindringen und (unerwünschte) Überwachungssysteme zu erkennen.

Die Ermittler befragten Farzad Tehrani über die Deaktivierung des Evaluationsprogramms „Estimator". Er berichtete, ihm sei aufgefallen, dass der Ausfall der E.ON-Leitung nicht automatisch – wie bei vielen anderen (Strom-) Leitungen – im Evaluationssystem aktualisiert worden war. Deshalb musste er diese Information manuell eingeben. Um die Ursache für diesen Fehler zu finden, musste er das automatische System ganz abschalten. Tehrani gab an, er habe das Programm erneut manuell gestartet, um 13:00 Uhr ein valides Ergebnis und um 13:15 Uhr eine Risikoeinschätzung vom System erhalten. Auf die Frage, warum er die automatische Aktualisierungs-Funktion nicht wieder eingeschaltet habe, gab Tehrani zu, dass er in Eile gewesen sei, weil er rechtzeitig zu einem Mittagessen kommen wollte. Deshalb habe er vergessen, vor dem Verlassen des Arbeitsplatzes die automatische Aktualisierungs-Funktion zu reaktivieren.

Die Ermittler stellten überdies fest, dass nicht sicherheitsüberprüfte Personen gelegentlich in sensible Bereiche gelassen wurden, manchmal sogar ohne Begleitung, obwohl es anders lautende Vorschriften gab. Außerdem entdeckten sie, dass Mitarbeiterinnen und Mitarbeiter externer Dienstleister nicht so strenge Sicherheitsüberprüfungen durchlaufen mussten, wie fest angestelltes Personal.

Externes Eindringen?

Es konnte nicht ausgeschlossen werden, dass Terroristen oder andere feindliche Kräfte in das System eingedrungen waren – entweder direkt oder durch einen Cyberangriff. Erst Anfang des Jahres hatte ein Internet-Wurm einige Kontrollsysteme im Vattenfall-Kernkraftwerk Krümmel zum Absturz gebracht. Der Wurmbefall blockierte Befehle, die andere Energie-Versorger steuern. Das Kontrollsystem wurde für den internetbasierten Betrieb in ländlichen Gebieten entwickelt, um die Funktionalität und Interoperabilität zu maximieren, wobei der Cybersicherheit wenig Aufmerksamkeit geschenkt wurde.

Es dauerte außerdem nicht lange, da übernahmen verschiedene Gruppen die Verantwortung für den Stromausfall.

- So bekannte sich einige Tage nach dem Angriff eine große internationale Terrorgruppe über ein ägyptisches Medien-Unternehmen zu dem Anschlag. Demnach hätten Terroristen mehrere Kraftwerke getroffen, welche die deutsche Hauptstadt versorgen.
- Zwei Wochen nach dem Blackout behauptete ein Teilnehmer in einem dschihadistischen Chatroom, terroristische Schläfer-Zellen hätten den Stromausfall genutzt, um Deutschland zu infiltrieren.

Grundsätzlich stellten Staats-Terrorismus, einschließlich Cyber-Terrorismus, eine wachsende und alarmierende Bedrohung für die kritische Infrastruktur des Westens dar – besonders für den Energiesektor, wie das Blackout-Team festhielt. Demnach seien China und Russland eine fortwährende Gefahr für Kritische Infrastruktur. Sie bauten ihre Fähigkeiten strategisch aus und positionierten sie so, dass zukünftige Störungen bereits vorbereitet seien und nur noch auf Knopfdruck ausgelöst werden müssten.[18] Russland sei grundsätzlich in der Lage, das deutsche Stromverteilungs-System zu infiltrieren und zu stören, so wie 2015 und 2016 in der Ukraine.[19]

Die Ermittlungen neigten sich dem Ende entgegen und doch hatte die Arbeit des Blackout-Teams gerade erst begonnen. Die nächste Aufgabe bestand darin, eine Reihe von Hypothesen zu entwickeln, wie der Blackout am besten zu erklären war. Das Team beschloss, dafür zwei strukturierte Techniken zu kombinieren. Zunächst wurde ein „Cluster Brainstorming" durchgeführt, um alle Einflüsse, Faktoren, Geschehnisse und Akteure zu identifizieren, die den Blackout verursacht haben könnten.

Wesentlich für diese Technik ist, dass alle Teilnehmerinnen und Teilnehmer nicht sprechen dürfen, während sie ihre Ideen entwickeln. Nur die Moderatoren dürfen reden; sie lesen in Intervallen vor, was die Teilnehmerinnen und Teilnehmer auf Haftnotizen festhalten. Die Technik des stillen „Brainstormings" stellt sicher, dass auch zurückhaltende Personen ihre Ideen einbringen können.

Diese Aufgabe erwies sich für das Blackout-Team als einfach, da die Team-Mitglieder auf die bereits vorhandenen Ergebnisse der „Mind Map" und des „Starbursting" aufbauen konnten. Die Ideen wurden auf Haftnotizen geschrieben und auf einer großen Tafel angebracht. Abb. 5.9 zeigt die Ergebnisse des Cluster Brainstormings.

Nachdem alle Einflüsse, Faktoren, Geschehnisse und Akteure, die den Blackout verursacht haben könnten, ausgemacht waren, bestand die nächste Aufgabe des Teams darin, sie in Affinitäts-Gruppen zu bündeln. In diesem Fall identifizierten die Team-Mitglieder fünf verschiedene Cluster (siehe Abb. 5.10):

- Ausländische Akteure
- Inländische Akteure
- Wetter
- Computer-Probleme
- Menschliches Versagen

[18] Finkle und Bing, „China's Hacking Against U.S. on the Rise".

[19] Daniel R. Coats, Director of National Intelligence, *Statement for the Record: Worldwide Threat Assessment of the US Intelligence Community*, 29. Januar 2019, 5–6, https://www.dni.gov/files/ODNI/documents/2019-ATA-SFR-SSCI.pdf.

Abb. 5.9 Cluster Brainstorming zur Identifikation möglicher Ursachen. (Quelle: Copyright 2024 Pherson. All Rights Reserved)

Die nächste Aufgabe des Blackout-Teams bestand darin, diese Affinitäts-Gruppen in eine Reihe von alternativen Hypothesen umzuwandeln, um zu erklären, wie es zu dem Blackout kommen konnte. Die Gruppe entschied, dass die folgenden Hypothesen ein solides Set sich gegenseitig ausschließender, aber in ihrer Gesamtheit umfassender Erklärungen für die Ursache des Blackouts darstellten:

- **Hypothese 1:** Die wachsende Komplexität der Computersysteme verursachte Defizite und Systemfehler, die zum Ausfall des Systems führten.

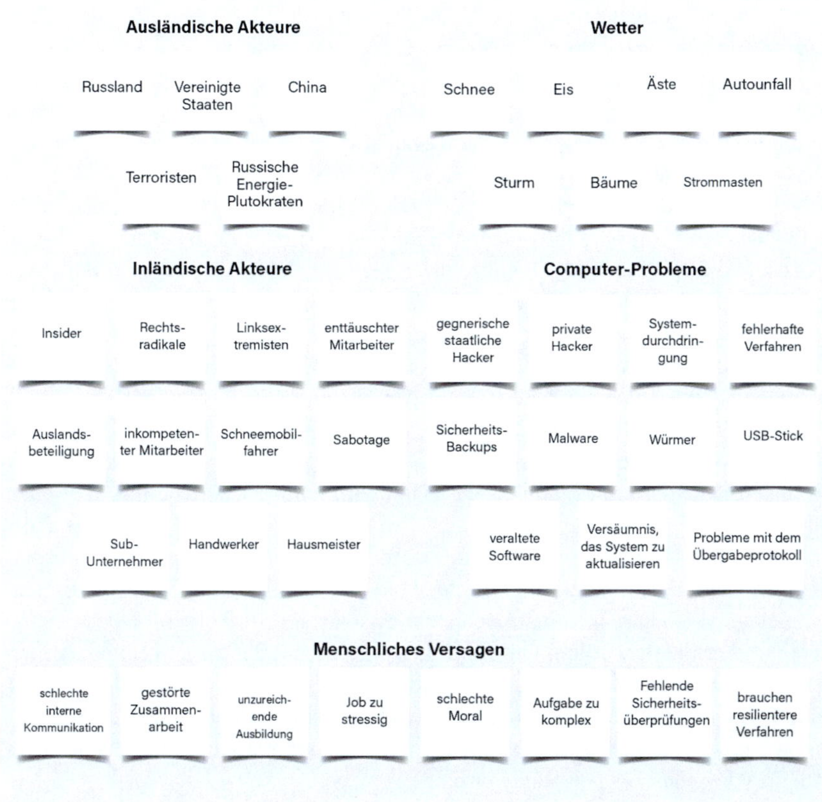

Abb. 5.10 Gruppierung von Blackout-Ursachen mit Cluster Brainstorming. (Quelle: Copyright 2024 Pherson. All Rights Reserved)

- **Hypothese 2:** Ein ausländischer Angreifer hatte sich in die Strom-Infrastruktur gehackt und einen Systemausfall verursacht.
- **Hypothese 3:** Ein Mitarbeiter der Organisation hat das System sabotiert.
- **Hypothese 4:** Extreme Wetterbedingungen haben dazu geführt, dass Stromleitungen beschädigt wurden oder Äste auf Leitungen fielen und dadurch Kurzschlüsse verursachten.

Danach stand das Blackout-Team vor seiner nächsten Aufgabe: die wahrscheinlichste Hypothese zu bestimmen. Oftmals werden in einem solchen Fall alle Belege zusammengetragen, die für die jeweiligen Hypothesen sprechen und dann wird entschieden, welche Hypothese am überzeugendsten ist. Das Blackout-Team wählte jedoch ein anderes Verfahren und konzentrierte sich auf die Frage, welche Belege die jeweilige Hypothese falsifizierten. Die Team-Mitglieder hatten über die Technik der Analyse konkurrierender Hypothesen („Analysis of Competing Hypotheses", ACH) gelesen und daraufhin beschlossen, dass dieses Verfahren effektiver sei und ihnen helfen werde, sich auf die Informationen mit dem höchsten diagnostischen Wert zu fokussieren. Die ACH-Technik konzentriert sich auf Belege, die sich zur Falsifikation einer Hypothese eignen, sodass die Hypothese mit der geringsten Menge an Informationen, die sie widerlegen können, die glaubwürdigste Erklärung darstellt. Weil eine komplette ACH viel Zeit gekostet hätte, entschied sich das Blackout-Team für eine einfachere Version der ACH: für den „Inconsistencies Finder".

Beim „Inconsistencies Finder" werden die unterschiedlichen Hypothesen im oberen Teil einer Matrix angeordnet, die relevanten Informationen oder Belege auf der linken Seite der Matrix aufgelistet. Dann wird ermittelt, welche Informationen mit welcher Hypothese unvereinbar sind. Im Wesentlichen lautet die Frage: Falls die betreffende Hypothese richtig wäre, würde man dann erwarten, diese Information zu sehen? Sobald alle Zellen in der Matrix ausgefüllt sind, gilt es zu zählen, wie viele unvereinbare Informationen (Inkonsistenzen [I oder II]) für jede einzelne Hypothese ermittelt wurden. Die Hypothesen mit den meisten Unvereinbarkeiten sind höchstwahrscheinlich falsch, und die Hypothese(n) mit den wenigsten (oder keinen) Unvereinbarkeiten ist/sind höchstwahrscheinlich richtig. Bei der Auswertung der unvereinbaren (inkonsistenten) Informationen musste das Blackout-Team zwei grundlegende Fragen beantworten:

1. Ist die jeweilige Information unvereinbar mit einer bestimmten Hypothese, aber auch unvereinbar mit mehreren oder allen anderen Hypothesen? Das würde die diagnostische Aussagekraft der Information abschwächen oder aufheben.[20]
2. Ist die jeweilige Information unvereinbar mit einer bestimmten Hypothese, aber vereinbar mit einigen oder allen anderen Hypothesen? In diesem Fall hat die Information eine diagnostische Aussagekraft und kann verwendet werden, um andere Hypothesen auszuschließen.

---

[20] Zwar hätte eine solche Informationen keinen diagnostischen Wert, um zwischen unterschiedlichen Hypothesen eine Auswahl zu treffen, doch wäre sie ein deutliches Zeichen dafür, dass im Hypothesenset noch eine oder mehrere Hypothesen fehlen, mit denen die Information nicht inkonsistent wäre.

Das Blackout-Team sammelte alle relevanten Informationen und übertrug sie in die Matrix. Dann wurde jede Information mit Blick auf jede Hypothese evaluiert, um festzustellen, ob die betreffende Information mit der betreffenden Hypothese unvereinbar war. Sobald die Matrix ausgefüllt war, wurde die Zahl der unvereinbaren Informationen mit Blick auf jede Hypothese addiert.

Das Ergebnis der Analyse: Die Matrix zeigte, dass die Wetter-Hypothese die wenigsten unvereinbaren Elemente relevanter Informationen aufwies: nämlich nur drei gegenüber sieben bei den anderen Hypothesen (siehe Abb. 5.11).

Mit den Ergebnissen der „Inconsistencies Finder"-Analyse konnte das Blackout-Team dem Bundeskanzler Bericht erstatten: die wahrscheinlichste Ursache für den Blackout sei das Wetter gewesen, das dazu geführt habe, dass ein Ast eine Stromleitung berührt und damit einen Kurzschluss ausgelöst habe. Darüber hinaus sei es möglich, dass Unregelmäßigkeiten in der Systemsoftware das Problem verschlimmert hätten.

5.3 Wesentliche Erkenntnisse und die wahre Geschichte

Der mehrstündige Blackout in London, mit dem diese Fallstudie begann, hat tatsächlich stattgefunden. Er geschah am 28. August 2003. Untersuchungen ergaben, dass ein Wartungs-Defizit die wesentliche Ursache des Blackouts war.[21]

Der fiktive Blackout an einem „heißen Sommertag im August" begann als eine Reihe relativ kleiner Störungen am frühen Nachmittag des 14. August 2003 in den USA. Als einige Kraftwerke und Übertragungsleitungen ausfielen bemühten sich die beiden zuständigen „Independent System Operators" (ISOs) – „Midwest Independent System Operator" (MISO) und „PJM Interconnection" (PJM) – sowie die Stromversorgungs-Unternehmen, deren Gebiete von diesen ISOs beaufsichtigt werden – insbesondere „FirstEnergy" und „American Electric Power" (AEP) – zu verstehen, was passiert war. Die ISOs erhielten im Laufe des Nachmittags Anrufe aus der gesamten Region, als Übertragungsleitungen ausfielen und Kraftwerke automatisch abgeschaltet wurden. Die kritische Schwelle wurde um kurz nach 16:00 Uhr erreicht, als zahlreiche Fehler-Häufungen im physischen Infrastrukturnetz, bei den entsprechenden Überwachungs-Computern

[21] „Oil leak ‚caused London blackout'„, *BBC News*, 30. Dezember 2020, https://news.bbc.co.uk/2/hi/uk_news/england/london/3199594.stm.

	Relevante Informationen	H1: Systemfehler	H2: Ausländischer Widersacher	H3: Interne Sabotage	H4: Wetter
1	Ausfälle begannen in den nördlichen Bezirken Berlins				
2	Vorheriger Stromausfall in London wurde durch unbekannte Faktoren verursacht				
3	Angreifer haben es auf die US-Infrastruktur abgesehen und kompromittieren elektrische Anlagen				
4	Veraltetes, komplexes Stromnetz				
5	Das Wetter an diesem Tag war heiß, die Temperaturen stiegen auf über 35°C.				
6	Übergabeprotokoll besagt, dass das System stabil lief	II			
7	Prognosen deuten auf ausreichende Stromkapazitäten auch bei Ausfall von zwei 500-MW-Kraftwerksblöcken hin	I			I
8	Bulletin des Bundesinnenministeriums, das vor möglichen Anschlägen auf Kraftwerke in Westeuropa warnt				
9	Das Management war besorgt wegen des Risikos eines Cyberangriffs				
10	Automatische Aktualisierungsfunktion im Programm „Estimator" von Farzad Tehrani ausgeschaltet				
11	Ein Großteil Berlins hat um kurz nach 16:00 Uhr keinen Strom mehr				
12	Elemente des Stromnetzes nicht zeitsynchronisiert				
13	Das System kann ohne Wissen des Bedienpersonals sichere Grenzwerte überschreiten (fehlende Warnmeldung)				
14	Aus unterschiedlichen Gründen gibt es wenig systemische Toleranz gegenüber Bedienfehlern				
15	Experten beschreiben das Netz als anfällig für Cyber- und kinetische Angriffe oder Sabotage durch Mitarbeiter				
16	Gegner könnten Cyberangriffe als hybride Waffen oder als Verhandlungsmasse einsetzen				
17	Keine Anzeichen einer vorsätzlichen physischen Beschädigung			II	
18	Geheimdienstanalysten sahen keine konkreten Hinweise auf terroristische Absichten oder Anschlagspläne		II	I	
19	Nachrichtendienstanalysten zufolge sind feindliche Akteure in der Lage, einen solchen Angriff durchzuführen				
20	Simulationen zeigen, dass das System sicher genug war, um 800 simulierte Eventualitäten vor 15 Uhr zu überstehen	I	I	I	I
21	Untersuchung zeigt, dass Schwierigkeiten im benachbarten Stromnetz im Südosten Berlins nicht die Ursache für den Stromausfall waren				

Abb. 5.11 Inconsistencies Finder™ zur Identifikation der Leithypothese. (Quelle: Copyright 2024 Pherson. All Rights Reserved)

	Relevante Informationen	H1: Systemfehler	H2: Ausländischer Widersacher	H3: Interne Sabotage	H4: Wetter
22	Terroristische Gruppe bekennt sich zur Verantwortung	I	II	I	I
23	Dschihadistische Gruppe sagt, sie habe den Stromausfall genutzt, um Deutschland mit Schläferzellen zu infiltrieren				
24	China positioniert strategisch seine Fähigkeiten, um den Betrieb von Energieversorgungsunternehmen zu stören				
25	Experte warnt 2018 vor einem Angriff Nordkoreas auf Infrastruktur mit dem Ziel der Abschreckung von Angriffen auf seine Kernkraftwerke				
26	Russland könnte das Stromnetz unterbrechen, wie es 2015-16 in der Ukraine der Fall war				
27	Iranische Hacker haben US-Öl- und Gas-Infrastruktur ins Visier genommen				
28	Computeralarm fällt im entscheidenden Moment aus				
29	Besorgnis über Virus (Schadsoftware) als Ursache				
30	Modellierung durch Elektroingenieur zeigt, dass das System nicht stabil ist				
31	Einige Fernsensoren des Energiemanagementsystems sind ausgefallen				
32	Der Ausfall von zwei Servern verlangsamte die Reaktionszeit von Sekunden auf fast eine Minute				
33	Das IT-Personal hat die Betreiber nicht über die längeren Reaktionszeiten des Computers informiert				
34	Das aktuelle Software-Update wurde nicht aufgespielt				
35	Elektrische Relaisdaten zeigen Anzeichen eines Kurzschlusses auf Grund von Baumkontakt	I	I	I	
36	Die Ermittler fanden drei Beispiele, in denen es Kontakt von Leitungen mit Bäumen gab	I	I	I	
37	Verantwortliche für die Zuverlässigkeit des Systems saßen in anderen Räumen als Verantwortliche für das Leitungsnetz				
38	Handgeschriebene Protokolle werden nicht allgemein geteilt, sondern nur von der nächsten Schicht gelesen				
39	Keine Beaufsichtigung der Operateure				
40	Operateure unzureichend ausgebildet				
41	Die automatische Software-Aktualisierung wurde nicht wieder aktiviert				
	Inkonsistenzen insgesamt	**7**	**7**	**7**	**3**

Abb. 5.11 (Fortsetzung)

und bei den Operateuren zu einem Desaster führten. Eine massive Kaskade von Strom-Ausfällen im gesamten Nordosten der USA und in Kanada war die Folge.

Eine Task Force wurde gegründet, um den Blackout zu untersuchen. Sie veröffentlichte ihre Studie sechs Monate später und gab sechsundvierzig weitreichende Empfehlungen ab. Die „US-Canada Power System Outage Task Force“ (US-Kanada Arbeitsgruppe „Stromausfälle“) stellte fest, dass sowohl menschliches Versagen als auch Geräteausfälle den Blackout verursacht hatten:

„Ein Ausfall des Alarmprozessors im Kontrollsystem von ‚FirstEnergy‘, einem in Ohio ansässigen Stromversorger, verhinderte, dass die Betreiber im Kontrollraum ein angemessenes Lagebild für kritische Veränderungen im Betriebsablauf des Stromnetzes entwickeln konnten. Als mehrere wichtige Übertragungsleitungen im Norden von Ohio durch Baum-Kontakte ausfielen, lösten sie einen kaskadenartigen Ausfall von 508 Stromerzeugungseinheiten in 265 Kraftwerken in acht US-Bundesstaaten und in Kanada aus.“

Abgesehen vom mangelhaften Management des Baumbestands wurden menschliche, Cyber- und physische Probleme des Netzes festgestellt, darunter:

- Das Versäumnis, den Betrieb innerhalb sicherer Grenzen zu gewährleisten.
- Das Versäumnis, Krisenumstände zu erkennen und sie an benachbarte Systeme zu kommunizieren.
- Mangelhafte Schulung der Operateure.
- Mangelhafte regionale System-Übersicht.
- Mangelhafte Koordination von Relais und anderen Schutzgeräten oder Systemen.
- Mangelhafte interregionale System-Übersicht.
- Störung des SCADA-Systems eines Kontrollbereichs.
- Mangelhafte Backup-Fähigkeit des Systems.[22]

Mit einem klaren Verständnis für die Ursache des Blackouts lenkten US-Regierungs- und Industrievertreter ihre Aufmerksamkeit auf die Entwicklung von Strategien, die helfen könnten, großflächige Blackouts dieser Art künftig zu verhindern.

---

[22] „Final Report on the August 14, 2003 Blackout in the United States and Canada: Causes and Recommendations,“ U.S.-Canada Power System Outage Task Force, April 2004, https://reports.energy.gov/BlackoutFinal-Web.pdf, Seite 110.

6 Die Arktis im Umbruch

Zusammenfassung

Sie sind Mitglied einer strategischen Analyseeinheit. Ihr Team wurde gebeten zu analysieren, wie sich die arktische Region in den nächsten zehn Jahren entwickeln wird. Ein Schwerpunkt soll auf der Frage liegen, inwieweit Russland eine Vorherrschaft in der Region ausüben könnte. Auf Grundlage dieser Bewertung soll ihr Team Empfehlungen aussprechen. Diese Fallstudie zeigt, wie Strukturierte Analysetechniken im Bereich „Foresight“ zur Bearbeitung des Auftrags eingesetzt werden können. Die Fallstudie basiert auf realen Daten, Entwicklungen und Informationen (OSINF), doch Ihr Team ist reine Fiktion.

Die Crew des US-amerikanischen Fischerboots „Blue North“ hievt gerade einen vielversprechenden Fang aus den eisigen Gewässern der Beringsee, als ein schwerer russischer Akzent das Rauschen des Funkgeräts durchbricht. Russische Militärmanöver finden in der Nähe statt, das Schiff sei in Gefahr und müsse die Gegend unverzüglich verlassen, warnt die Besatzung eines kreisenden Militärflugzeugs. Kapitän David Anderson ist perplex: Er weiß, dass er sich zwar in internationalen Gewässern, aber eindeutig im amerikanischen Fischfanggebiet befindet. Anderson will die lukrativen Fischgründe vor der Küste Alaskas ungern verlassen, sorgt sich jedoch um die Sicherheit seiner 27-köpfigen Crew und wendet sich hilfesuchend an die US-amerikanische Küstenwache. Deren Antwort lautet: Den russischen Befehlen unbedingt Folge leisten!

O. Donner et al., *Klarheit im Denken*, Sicherheit, Strategie & Innovation,
https://doi.org/10.1007/978-3-031-62117-8_6

Diese bedrohliche Erfahrung teilt die Crew der „Blue North" mit einer ganzen Reihe amerikanischer Fischerboote[1]; sie alle sind im August 2020 im Zielgebiet der Militärübung „Ocean Shield", an der mehr als 50 Kriegsschiffe und 40 Flugzeuge teilnehmen – das größte arktische Seemanöver Russlands seit dem Untergang der Sowjetunion.[2] Die Vorfälle reihen sich ein in einen langfristigen Trend: Immer häufiger führt das russische Militär in arktischen Gewässern Manöver durch, bedroht amerikanische Schiffe vor der Küste Alaskas und dringt bei Patrouillen in den Luftraum der USA, Kanadas, Norwegens und Grönlands ein. Doch auch westliche Staaten, die an die Arktis angrenzen, widmen dieser geostrategisch immer wichtiger werdenden Region zunehmend Aufmerksamkeit und Ressourcen. Woher kommt dieses neue Interesse? Wie wirken sich globale Trends wie Klimawandel, (De-)Globalisierung, geostrategischer Wettbewerb und der Aufstieg des sogenannten „Globalen Südens" auf die Arktis aus? Und: Werden die Spannungen im hohen Norden weiter zunehmen oder gar eskalieren?

6.1 Welche Treiber prägen die Zukunft der Arktis?

Welche Techniken können helfen, uns etwas Klarheit über die möglichen Entwicklungen in der Arktis zu verschaffen? Ein wichtiger erster Schritt ist, sich über die wesentlichen Dynamiken klar zu werden, die die Zukunft der Region maßgeblich prägen werden – die sogenannten „Key Drivers" oder „Schlüsseltreiber", die die Entwicklungen der nächsten Jahrzehnte befeuern werden. Als „Key Drivers" bezeichnet man im Kontext der strategischen Vorausschau diejenigen (unabhängigen) Veränderungstreiber, die einen starken Einfluss auf die Entwicklung einer Region oder eines Sektors haben und wiederum andere, abhängige Dynamiken beeinflussen. Globale Megatrends (wie z. B. der Klimawandel), die alle Gesellschaften gleichermaßen betreffen und sich über Jahrzehnte entfalten und stabil bleiben, sind starke unabhängige Schlüsseltreiber. Der Wandel von einer unipolaren Weltordnung nach dem Ende des Kalten Krieges und die sich nun immer klarer manifestierende multipolare Weltordnung mit unterschiedlichen Machtzentren und Ordnungsvorstellungen, ist auch ein solch prägender Schlüsseltreiber.

Solche Schlüsseltreiber zu identifizieren, verhilft nicht nur ein systemisches Verständnis über heraufziehende Entwicklungen in der Arktis zu entwickeln. Es

[1] https://www.nytimes.com/2020/11/12/us/russia-military-alaska-arctic-fishing.html

[2] https://apnews.com/article/ap-top-news-international-news-europe-ak-state-wire-1f6c6dceba65e893aeeee9dfa814ef8f

ist auch unerlässlich, um vorausschauend denken, wichtige Entwicklungen frühzeitig erkennen, unerwartete Pfadwechsel ausmachen und sich frühzeitig auf all diese Veränderungen vorbereiten zu können.

Zwei gängige Analysetechniken, um Schlüsseltreiber langfristigen Wandels zu bestimmen, sind die Methoden Schlüsseltreiberentwicklung und „Key Uncertainties Finder“. Die Schlüsseltreiberentwicklung bedient sich des „Cluster Brainstorming“, um aus der Vielfalt beobachtbarerer Einzelphänomene sinnhafte Cluster (oder „Affinitätsgruppen“) von Schlüsselfaktoren zu erstellen. Der „Key Uncertainties Finder“ baut auf dem „Key Assumptions Check“ auf, um Grundannahmen zu überprüfen, von denen – häufig unbewusst und unausgesprochen – unsere Analysen ihren Ausgangspunkt nehmen. Überprüft man nicht von Zeit zu Zeit diese vermeintlichen Gewissheiten, können sie zu analytischen Schwarzen Löchern werden, die unsere Zukunftsanalysen auf falsche Fährten locken. Überprüft man aber seine Grundannahmen gelegentlich und geht ihnen auf den Grund, dann können daraus auch Erkenntnisse über die eigentlichen Schlüsseltreiber zukünftiger Entwicklungen gezogen werden. Aus einer solch kritischen Überprüfung überkommener Wahrheiten können sogenannte „Key Uncertainties“/wesentliche Unsicherheiten formuliert werden – also Wissenslücken über zukünftige Entwicklungen, die man durch Szenario-Arbeit und eine gute Trendbeobachtung analytisch in den Griff bekommen kann.

Zunächst gilt es, eine geeignete Fragestellung zu entwickeln und sich auf die analytische Flughöhe zu einigen. Geht es um einen ganzheitlichen Blick auf die Arktis und ihren Wandel als Weltregion aus sozialer, technologischer, wirtschaftlicher, ökologischer und politischer Großperspektive – das wäre eine interessenfreie, deskriptive Perspektive. Oder geht es um eine analytisch zugespitzte Perspektive, die zugleich eine Arbeitshypothese einschließt – z. B. wie globale Megatrends die Arktis als geostrategische Region verändern. Ihr Team einigt sich auf drei analytische Perspektiven:

- Politische Veränderungen und Machtverschiebungen
- Sicherheitspolitische Auswirkungen
- Wirtschaftliche Folgen

Ihr Analyseteam entscheidet sich dafür, beide Techniken zur Identifizierung von Schlüsseltreibern anzuwenden, um so eine möglichst vollständige Liste zu erhalten. Ausgangspunkt Ihrer Bemühungen ist also die Durchführung eines „Cluster Brainstorming“. Die Leitfrage, zu der das Brainstorming durchgeführt wird, lautet:

„Welche (globalen) Megatrends, welche regionalen, sektoralen oder zeitlich begrenzteren Trends und welche Schlüsselakteure werden die Entwicklung der Arktis in den nächsten zehn Jahren maßgeblich beeinflussen?"

Aus dem rund 60-minütigen „Cluster Brainstorming" identifiziert Ihr Team folgende Affinitätsgruppen, die sich als potenzielle Kandidaten für Schlüsseltreiber anbieten:

- Zugang zu natürlichen Ressourcen/Fähigkeiten zur Gewinnung von Rohstoffen
- Geostrategische Ambitionen großer Mächte/militärische Machtprojektion
- Entwicklung des Öl- und Gaspreises
- Wirtschaftliche Entwicklungen (global, regional)
- Governance-Regime und internationale Vereinbarungen über die Arktis
- Stabilität der Ökosysteme in der Arktis
- Rolle einheimischer Bevölkerungsgruppen
- Innovationstempo und Dynamik technologischen Wandels

Im Anschluss an die Schlüsseltreiber-Generierung starten Sie direkt in die Übung „Key Uncertainties Finder". Der erste Schritt besteht in der Durchführung eines „Key Assumptions Check" – also einer Überprüfung der oftmals unausgesprochenen Grundannahmen, die unserem Meinungsbildungsprozess unterliegen. Die Ergebnisse sind in Abb. 6.1 dargestellt.

Die Erkenntnisfrage lautet: „Welche grundlegenden Annahmen können wir darüber treffen, wie sich die Arktis in den nächsten zehn Jahren entwickeln wird?"

Ihr Analyseteam überprüft die Grundannahmen entlang der Prüffragen des „Key Assumptions Check":

- Halten die Grundannahmen einem Robustheitstest ob ihrer Gültigkeit in der Zukunft stand (gesichert/solide);
- Sind diese grundsätzlich zutreffend, es existieren jedoch klar benennbare Ausnahmen (Zutreffende Annahme unter Voraussetzung);
- oder muss die Grundannahme grundsätzlich in Zweifel gezogen und letztlich verworfen werden (nicht abgesichert/fragwürdig).

Grundsätzlich abgesichert oder solide: Diese Art von Annahmen wird durch Belege aus vergangenen Ereignissen und wissenschaftlichen Analysen untermauert. Prüfkriterium ist, ob es Analystinnen und Analysten nicht möglich ist, eine glaubwürdige Argumentation zu finden, die erklärt, wie sich die Annahme als unwahr herausstellen könnte (Falsifizierung).

Schlüsselannahme	Kommentar	solide	mit Ausnahme(n)	nicht belegt
Das Eis wird mindestens so schnell schmelzen wie bisher	Alle wissenschaftlichen Beweise deuten auf eine anhaltende Eisschmelze hin, aber wie schnell das Eis schmelzen wird, ist noch umstritten	✓		
In der Arktis werden neue Siedlungen entstehen	Die Zuwanderung in arktische Gebiete wird stark von der Geschwindigkeit der Eisschmelze abhängen	✓		
Die Ausbeutung natürlicher Ressourcen wird sich negativ auf die Umwelt auswirken	Die Geschichte zeigt, dass Ressourcenausbeutung fast immer auf Kosten des Umweltschutzes geht	✓		
Einheimische Bevölkerungsgruppen werden zurückgedrängt	Die Selbstbestimmung und traditionelle Lebensweise indigener Bevölkerungsgruppen ist bedroht; diejenigen, die die Arktis ausbeuten, werden wahrscheinlich wenig Rücksicht auf ihre Rechte und Bedürfnisse nehmen.	✓		
Die Nachfrage nach in arktischen Gewässern gefangenem Fisch wird steigen	Die globale Erwärmung wird zu einem Rückgang der Fangmengen in den Weltmeeren führen; die Erwärmung der Ozeane zwingt Fischpopulationen, nach Norden zu wandern.	✓		
Die Arktis wird zu einer neuen Domäne für illegale Aktivitäten, wie z.B. Schmuggel	Es sei denn, eine Internationale Organisation oder Anrainerstaaten beginnen, die Schifffahrtswege zu patrouillieren und illiegale Aktivitäten einzuschränken.		✓	
Die weltweite Nachfrage nach Öl und Gas wird stark bleiben	Vieles wird davon abhängen, wie schnell Fortschritte bei der Entwicklung nicht-fossiler Energieträger gemacht werden		✓	
Die Eisschmelze wird dazu führen, dass kostengünstigere Schifffahrtswege durch die Arktis geöffnet werden	Vieles wird von den Treibstoffkosten für Schiffe und der Verfügbarkeit von alternativen Passagen durch den Suez- oder Panamakanal abhängen		✓	
Der Ökotourismus in der Arktis wird zunehmen	Es sei denn, Sicherheit und Rechtsstaatlichkeit brechen zusammen oder Russland beschließt, solche Aktivitäten einzuschränken			✓
In der Arktis wird die Rechtsstaatlichkeit gewährleistet, indem der Arktische Rat kooperative Prozesse einführt, die denen in der Antarktis ähneln	Die Vereinigten Staaten müssen UNCLOS beitreten und Russland könnte zukünftig weniger kooperativ sein, wenn die Ressourcen der Arktis aufgrund der Eisschmelze leichter zugänglich werden			✓
Es wird in der Arktis keinen militärischen Konflikt geben	Die steigende Nachfrage nach arktischen Ressourcen, die Erwartung erheblich reduzierter Transportkosten und Gebietsansprüche könnten einige arktksche Anrainer veranlassen, militärische Maßnahmen zu ergreifen, um freien Transit zu gewährleisten oder ihr Gebiet zu schützen.			✓

Abb. 6.1 Die Zukunft der Arktis: Schlüsselannahmen. (Quelle: Copyright 2024 Pherson. All Rights Reserved)

Beispielsweise ist die Annahme, dass das arktische Eis weiter schmelzen wird, auf Grundlage aller wissenschaftlichen Erkenntnisse solide und nicht widerlegbar. Aber eine Ungewissheit („Key Uncertainty“) ist das Tempo, in dem das Eis in Zukunft schmelzen wird: Handelt es sich hierbei um einen linearen, gleichbleibenden Prozess oder unterliegt er einer beschleunigenden Dynamik? Ist die Eisschmelze zu stoppen oder irreversibel und erreicht einen sogenannten Kipppunkt („tipping point“)?

Zutreffende Annahme unter Voraussetzungen (caveated): Eine zutreffende Annahme unter bestimmten Voraussetzungen ist eine Annahme, die in der Regel zutreffend ist, die jedoch gewissen Konditionalitäten unterliegt – im Volksmund: „Ausnahmen bestätigen die Regel“. Diese Ausnahmebedingungen müssen benennbar und klar definiert sein. Ist sich das Analysepersonal unsicher, ob eine Annahme zutrifft oder nicht, sollte es die Hypothese eher verwerfen („nicht zutreffend“), als sie für die weitere Arbeit ungeprüft zuzulassen.

Diese Kategorie macht deutlich, wie wichtig es ist, Annahmen kritisch zu prüfen, um alle Nuancen zu erfassen. Beispielsweise die Annahme, dass die weltweite Nachfrage nach Öl und Gas stark bleiben wird. Der Anteil der Energie aus erneuerbaren und nuklearen Quellen hat in den letzten zehn Jahren stetig zugenommen. Durchbrüche in erneuerbaren Energietechnologien könnten die Nachfrage nach fossilen Brennstoffen weiter senken. Damit ist diese Annahme zwar grundsätzlich zutreffend, aber die unvorhersehbare Innovationsrate stellt eine klar benennbare Ausnahme dar, unter der die Annahme kollabieren könnte.

Gleiches gilt für klimapolitisch motivierte globale Vereinbarungen, die dazu führen könnten, dass selbst leicht förderbare Öl- und Gasvorkommen aus Klimaschutzerwägungen unangetastet bleiben („stranded assets“).

Und historische Trends untermauern die Annahme, dass die Arktis zu einer neuen Route für illegale Aktivitäten wie Schmuggel und Menschenhandel werden könnte. So wurden beispielsweise nach dem Abzug der europäischen Flotten aus der Region des Horns von Afrika nach dem Zweiten Weltkrieg diese Gewässer zu einer Drehscheibe für Schmuggler, Piraten und Sklavenhändler. Wenn die Arktis zugänglich wird, sehen Kriminelle, die über geeignete Mittel verfügen, in der Region Piraterie zu betreiben, eine neue Chance. Eine wirksame Überwachung und Durchsetzung von Maßnahmen zur Bekämpfung von Schmuggel und Piraterie, sei es durch einzelne Staaten oder eine kooperative internationale Institution, würde jedoch wahrscheinlich einen Großteil dieser illegalen Aktivitäten eindämmen. Solche Maßnahmen würden folglich eine klar benennbare Einschränkung zur ansonsten soliden Annahme darstellen.

Die Annahme, dass die durch die Eisschmelze zugänglichen Schifffahrtsrouten in der Arktis im Vergleich zu anderen Routen kosteneffizient sein werden, hängt in hohem Maße von unvorhersehbaren Faktoren wie der Geschwindigkeit der Eisschmelze, den Treibstoffkosten und der Verfügbarkeit anderer Routen ab. Der Suez- und der Panamakanal haben in der Vergangenheit Zeiten der Instabilität und des Wohlstands durchlaufen; Schwankungen auf diesen traditionellen Seefahrtsrouten werden sich auch auf den Transit durch die arktischen Gewässer auswirken. Umgekehrt gilt: Ist die Arktis ganzjährig eisfrei (wohl zur Mitte des 21. Jahrhunderts), verkürzt sich der Frachtweg für große Handelspartner erheblich – zwischen Shanghai und Rotterdam um ganze zwei Wochen.

Nicht abgesichert oder fragwürdig: Die Annahme, dass der Ökotourismus in der Arktis zunehmen wird, hängt stark von der Einstellung der arktischen Staaten zum Tourismus und ihrer Fähigkeit ab, für angemessene Sicherheit zu sorgen. Russland zum Beispiel ist dafür bekannt, den Zugang von Touristen zu Regionen mit der Begründung einzuschränken, die empfindliche Umwelt zu schützen, und hat die Erlaubnis für Kreuzfahrtschiffe, in seinen Gewässern zu fahren, in Zeiten interner Krisen zurückgenommen.

Die Reaktion der russischen Regierung auf einen großen Zustrom westlicher Touristen ist nicht vorhersehbar. Wenn die Rechtsstaatlichkeit in der arktischen Region zusammenbricht, werden Touristen weniger geneigt sein, ihre persönliche Sicherheit zu riskieren und dorthin zu reisen.

Die Annahme, dass der Arktische Rat ein Forum zur gemeinsamen Verwaltung der Region durch Anrainer und weitere Anspruchsgruppen bleiben wird, lässt mehrere relevante Faktoren außer Acht. Zum Beispiel haben die USA das UN-Seerechtsübereinkommen, ein internationales Abkommen, aus dem der Arktische Rat einen Großteil seiner Autorität bezieht, weder unterzeichnet noch ratifiziert. Wann Russland wieder in den Arktischen Rat aufgenommen wird, hängt nicht bloß vom Ausgang seines Angriffskriegs gegen die Ukraine ab, sondern auch von der Entwicklung globaler und regionaler Ordnungen im Zeitalter der Systemrivalitäten.

Die Annahme, dass es in der Arktis nicht zu militärischen Konflikten kommen wird, lässt viele Faktoren unberücksichtigt, die zu einer Eskalation der Lage führen könnten, wie z. B. unklare Grenzen, ungeklärte Gebietsansprüche und die fehlende Einigung über Transitprotokolle. Die Einstufung als „nicht abgesichert oder fragwürdig“ bedeutet zwar nicht, dass es in der Arktis zu Konflikten kommen wird, weist aber darauf hin, dass diese Annahme für eine Bewertung nicht zu gebrauchen ist.

Im nächsten Abschnitt des „Key Uncertainties Finder“ konzentriert sich das Team auf jene Annahmen, die im Zuge des „Key Assumptions Check“ als „nicht abgesichert oder fragwürdig“ eingestuft worden sind; sie gelten als wesentliche Ungewissheiten, über die mehr Klarheit erlangt werden soll. Zwei Annahmen aus dem „Key Assumptions Check“ sind als Ungewissheiten besonders aufgefallen: Zum einen die Frage nach den russischen Absichten in der Arktis; zum anderen die Frage nach der Geschwindigkeit der Eisschmelze dort.

Durch die Anwendung beider Analysetechniken hat Ihr Team eine Reihe möglicher Schlüsseltreiber identifiziert. Als nächstes folgt das Zusammenführen der Ergebnisse beider Techniken zu einer einzigen Liste. Ihr Team findet sechs mögliche Schlüsseltreiber:

1. Die Geschwindigkeit der Eisschmelze.
2. Die weltweite Nachfrage nach fossilen Brennstoffen, Fisch und anderen natürlichen Ressourcen in der Arktis.
3. Die Fähigkeit, Recht und Ordnung in der Region aufrechtzuerhalten.
4. Vertrauen auf bestehende Institutionen, Konflikte friedlich zu lösen.
5. Die Einstellung der Menschen gegenüber der Arktis und die Notwendigkeit, die Umwelt zu schützen.
6. Die Entwicklung und Auswirkung von Innovationen und bahnbrechenden Technologien.

Nach kritischer Durchsicht der Liste ist Ihr Team zu dem Schluss gekommen, dass zwei der möglichen Schlüsseltreiber aussortiert werden können. So hätte beispielsweise ein mangelndes Interesse, die Arktis zu besuchen oder dorthin auszuwandern, wenig Einfluss auf die Entwicklung der Region. Aus diesem Grund macht es wenig Sinn, diesen Teil des Spektrums von Treiber 5 zu berücksichtigen. Auch der Mangel an Innovation (Treiber 6) bietet wenig Anlass, diesen in einer „Foresight“-Analyse zu berücksichtigen.

Zum besseren Verständnis: Normalerweise werden Treiber stets als Dynamiken mit jeweils entgegengesetzten Extrem-Ausprägungen beschrieben; beispielsweise hoch/niedrig, viel/wenig oder schnell/langsam. Damit lässt sich ein Treiber üblicherweise auf einem Kontinuum abtragen.

Manchmal jedoch weist ein Treiber eine solche Polarität entlang zweier Extremausprägungen nicht auf, sondern kennt nur einen Verlauf. Zum Beispiel der Klimawandel: Seine Ursache, der Ausstoß von Treibhausgasen, kennt nur eine Richtung – die Zunahme von klimaschädlichen Gasen in der Atmosphäre (denn einmal ausgestoßene Gase verbleiben viele Jahrzehnte in der Atmosphäre, ehe die CO_2-Konzentration wieder abnimmt). Ein solch eindimensionaler

Schlüsseltreiber kann dann nicht entlang von zwei Extremausprägungen in die Szenario-Entwicklung eingebracht werden, sondern eher als zusätzlicher Störfaktor, Disruptor oder Katalysator. Ein solcher Disruptor kann in die Szenario-Arbeit aber dennoch als Kontinuum aufgenommen werden, indem man den Status quo (oder: Business as usual, BAU) als die eine Ausprägung aufträgt und eine potenzielle Disruption (also einen Pfadwechsel) auf die andere Seite des Spektrums (im Falle des Klimawandels zum Beispiel der Kollaps des Golfstromes).

In dem hier vorliegenden Set an Schlüsseltreibern bewertet Ihr Team die beiden Disruptoren („bahnbrechende Innovation" und „hohe touristische Nachfrage") als relevant genug, um als disruptive Schlüsselfaktoren in die Analyse aufgenommen zu werden:

Abschließend wurden drei Schlüsselfaktoren und zwei potenzielle Störfaktoren visualisiert, wie in den Abb. 6.2, 6.3, 6.4 und 6.5 dargestellt.

- Schlüsselfaktor 1: Geschwindigkeit der Eisschmelze
- Schlüsselfaktor 2: Nachfrage nach Ressourcen (Öl, Gas, Fisch, seltene Mineralien)
- Schlüsselfaktor 3: Sicherheit und rechtliche Organisation (Governance)

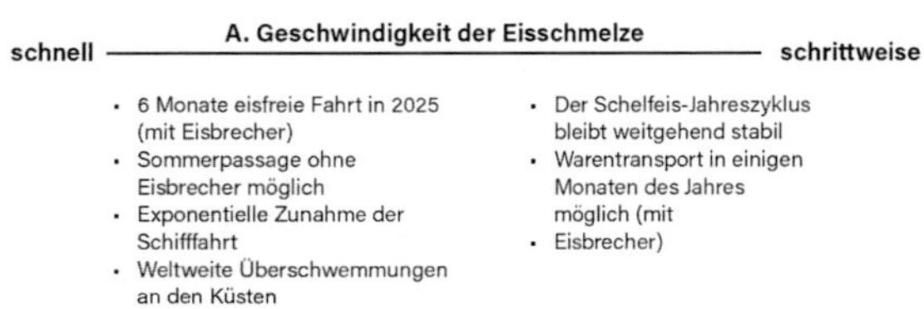

Abb. 6.2 Geschwindigkeit der Eisschmelze. (Quelle: Copyright 2024 Pherson. All Rights Reserved)

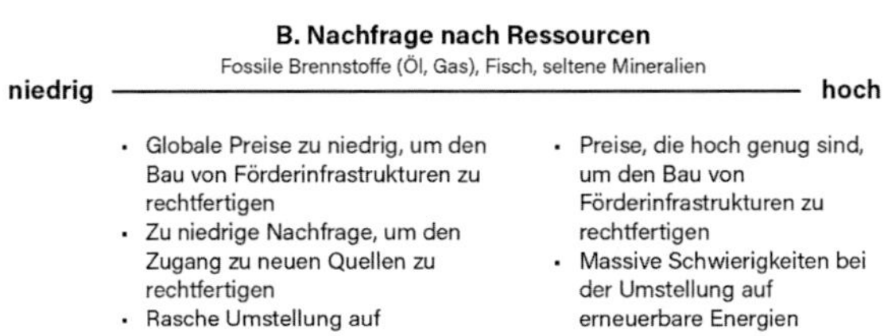

Abb. 6.3 Nachfrage nach Ressourcen. (Quelle: Copyright 2024 Pherson. All Rights Reserved)

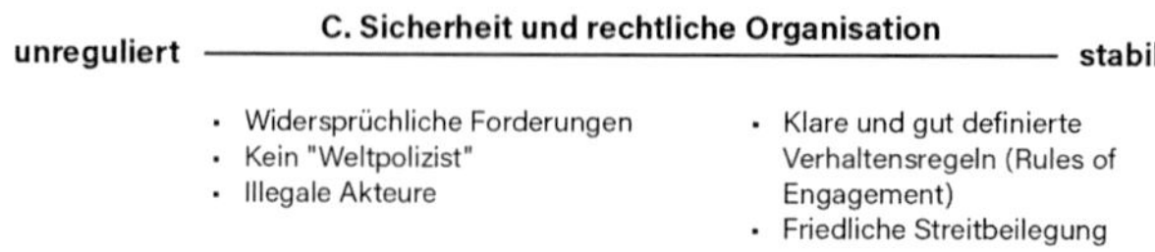

Abb. 6.4 Sicherheit und rechtliche Organisation. (Quelle: Copyright 2024 Pherson. All Rights Reserved)

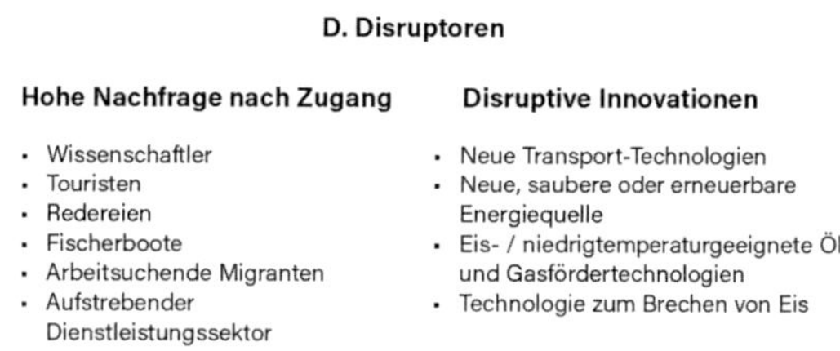

Abb. 6.5 Disruptoren. (Quelle: Copyright 2024 Pherson. All Rights Reserved)

- Störfaktor 1: disruptive technologische Innovationen
- Störfaktor 2: hohe Nachfrage nach Zugang

Megatrends und andere Schlüsseltreiber

In den vergangenen Jahren hat sich bereits eine ganze Reihe von Think Tanks und Institutionen damit auseinandergesetzt, welche Treiber für die Zukunft der Arktis relevant sind. Der Arktische Rat selbst rief 2014 das Projekt „Adaption Action for a Changing Arctic“ (AACA) ins Leben, um lokale Entscheidungsträger dabei zu unterstützen, Strategien für den Umgang mit dem Klimawandel zu entwickeln. Im Abschlussbericht des Projekts wurden zwei Arten von Schlüsseltreibern vorgestellt:

Globale Treiber (Global Trends oder Mega Trends), die den großen Kontext betreffen, in dem sich die Arktis wandelt: Wie wird sich die Weltwirtschaft in den nächsten Jahrzehnten verändern? Wie groß wird die Weltbevölkerung im Jahr 2050 sein? Und wie wird sich der weltweite Bedarf an Energie und natürlichen Ressourcen verändern? Diese globalen Faktoren sind mit großen Ungewissheiten behaftet, bestimmen jedoch den Rahmen, in dem sich die Arktis in den kommenden Jahrzehnten entwickelt.

Arktische Treiber sind unter anderem die Bevölkerungsentwicklung in der Region selbst, die Handelsrouten durch die arktischen Meere sowie wirtschaftliche Aktivitäten, wie z. B. die Förderung von Erdöl, Erdgas und seltenen Erden, dazu Fischerei und Tourismus.[3]

Nichtsdestotrotz wird wohl jedes Analyseteam ein unterschiedliches Set an Treibern für besonders wichtig halten, abhängig von individuellen Erfahrungen, Hintergründen und Fragestellungen. Eine Völkerrechtlerin würde auf die komplexe Rechtsordnung in der Arktis als wichtigen Faktor hinweisen, eine Diplomatin geopolitische Großmachtkonflikte als „Key Driver" identifizieren, und eine Spezialistin für Rohstoffförderung würde auf die technischen Fortschritte hinweisen, die bestimmen werden, wie rentabel die Förderung arktischer Ressourcen sein wird. Kurz gesagt: Jedes Analyseobjekt – egal ob eine Region, ein Produkt, oder eine Technologie – kann aus verschiedenen Blickwinkeln betrachtet werden. Ein beliebtes Hilfsmittel, das verhindern soll, eine dieser Perspektiven zu vernachlässigen, ist das „STEMPLE+"-Analyseraster,[4] das Faktoren in den folgenden Kategorien abfragt: Gesellschaftliche („**s**ocial"), **t**echnologische, wirtschaftliche („**e**conomic"), **mi**litärische, **p**olitische, rechtliche („**l**egal"), ökologische („**e**cological") und kulturelle, weiche Faktoren (**+**).

Ganz gleich, welcher der Perspektiven oder „STEMPLE+"-Kategorien sie zuzuordnen sind, viele der Dynamiken beeinflussen sich gegenseitig: Sie verstärken oder schwächen sich ab, sie schließen einander aus oder bedingen einander. Das Ausmaß, in dem in der Arktis Erdöl und -gas gefördert werden, ist ohne Frage ein wichtiger Faktor dafür, wie sich die Region entwickeln wird. Er hängt aber auch maßgeblich von anderen Faktoren ab, etwa der globalen Nachfrage nach fossilen Brennstoffen oder dem technischen Fortschritt in der Förderung von Offshore-Rohstoffen.

Man kann also unterscheiden zwischen „abhängigen" Treibern, die selbst stark von anderen Faktoren beeinflusst werden, und „unabhängigen" Treibern, die als Pulsgeber die anderen Zahnräder im System in Bewegung bringen – letztere sind unsere eigentlichen „Key Drivers". Ob und wie sich zwei Treiber gegenseitig beeinflussen, kann etwa in Form einer „Cross-Impact-Matrix" (siehe beispielhaft Abb. 6.6) dargestellt werden und hilft nicht nur, die wichtigeren „Key Drivers" zu identifizieren, sondern auch die Systemdynamiken und Zusammenhänge besser zu verstehen.

Auch die eigentlichen „Key Drivers" weisen wiederum verschiedene Qualitäten auf, sie unterscheiden sich etwa in der Stärke ihres Einflusses auf das System

[3] Andrew, R. 2014. Socio-Economic Drivers of Change in the Arctic. AMAP Technical Report No. 9, Oslo, Norway. Arctic Monitoring and Assessment Programme (AMAP).

[4] Auch bekannt als PMESII, STEEP- oder PESTLE-Analyse.

	A	B	C	D	E	F	G	H
A		++	++	+	++	++	+	+
B	++		++	+	++	+	++	+
C	++	+		++	++	++	++	+
D	++	X	+		++	+	X	+
E	+	++	++	+		++	+	++
F	+	+	+	++	+		++	++
G	+	++	++	+	++	+		+
H	+	+	+	+	++	++	++	

++ = direkte Wirkung (A > D)
\+ = indirekte Wirkung (A ≈ D)
++ = hoch wirkungsvolle Rückkopplungsschleifen (A<>D)
X ≠ keine kausale Verbindung

A: Treiber 1
B: Treiber 2
C: Treiber 3
D: Treiber 4
E: Treiber 5
F: Treiber 6
G: Treiber 7
H: Treiber 8

Abb. 6.6 Cross-Impact-Matrix. (Quelle: Copyright 2024 Gnad. All Rights Reserved)

„Arktis“ oder darin, wie vorhersehbar ihre zukünftige Entwicklung ist. So wird die Geschwindigkeit, in der das arktische Eis schmilzt und dadurch Handelsrouten und Rohstoffe freilegt, wohl einen stärkeren Einfluss auf die Entwicklung der Region haben als das Ausmaß des öffentlichen Interesses daran, das Ökosystem Arktis zu schützen. Gleichzeitig ist der Faktor Klimawandel mit eher geringen Unsicherheiten behaftet: Das arktische Eis mag im Vergleich zur aktuellen Rate schneller oder langsamer schmelzen, wird sich in den nächsten Jahrzehnten jedoch nicht wieder ausdehnen. Die Stimmung in der Geopolitik – Konfrontation vs. Kooperation – ist zwar auch ein wichtiger Faktor für die Entwicklung der Arktis; unsicher ist jedoch, in welche Richtung sich dieser in den nächsten Jahrzehnten entwickeln wird.

Viele der für die Arktis wichtigen Treiber, die wir hier ausgemacht haben, dürften Beobachtern des Zeitgeschehens bekannt sein – etwa der Klimawandel, die geopolitischen Großmachtkonflikte, die Veränderungen in der globalen Energieversorgung und der Nachfrage nach mineralischen Ressourcen. Andere Treiber sind spezifischer für die Arktis, dazu gehört die vielschichtige Rechtsordnung im arktischen Norden, das dortige Potenzial für Fischfang und der Abbau von Rohstoffen sowie die möglichen Handelsrouten durch arktische Gewässer. Um zu verstehen, wie diese „arktischen“ Treiber die Zukunft der Region prägen können, folgt ein kurzer Überblick über ihren Status quo und die potenziellen Entwicklungen.

Neue Zugänge zu Rohstoffvorkommen

Das schmelzende Packeis und technologische Fortschritte rücken die enormen Rohstoffvorräte unter der Arktis in greifbare Nähe. Besonders umkämpft sind dabei

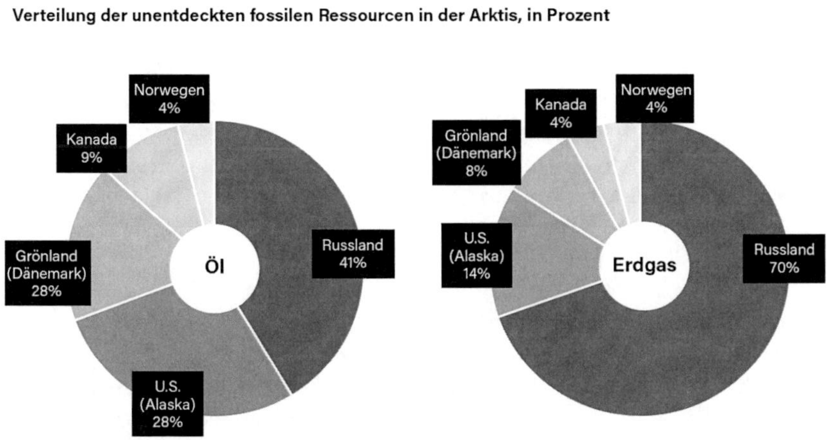

Abb. 6.7 Verteilung der unentdeckten fossilen Ressourcen in der Arktis, in Prozent[7]. (Quelle: Copyright 2024 Pherson. All Rights Reserved)

fossile Brennstoffe: Rund 90 Mrd. Tonnen Erdöl sollen unter der Arktis versteckt liegen, dazu 1,67 Billiarden Kubikmeter Erdgas.[5] Damit werden in der Region 13 % der weltweit noch unentdeckten Erdölvorräte vermutet und fast ein Drittel der noch unbekannten Erdgasvorkommen.[6] Der überwiegende Teil der arktischen Energieressourcen befindet sich Offshore, insbesondere in der ausschließlichen Wirtschaftszone (AWZ) von Russland. Abb. 6.7 gibt einen Überblick über die Vorkommen fossiler Brennstoffe in der Arktis. Abb. 6.9 illustriert die wichtigsten Transportwege in der Region.

Auch Metalle, Minerale und seltene Erden werden seit jeher in der Arktis abgebaut. Durch den Rückgang des Permafrosts sowie die Entwicklung neuer Technologien ist der Abbau solcher Rohstoffe in immer größerem Ausmaß möglich. Die Ressourcen zu erforschen und abzubauen, böte neben potenziellen Konflikten auch große wirtschaftliche Chancen für die Region und ihre Bewohner, würde allerdings auch deren Lebensweise und das Ökosystem nachhaltig verändern.[8]

Inwiefern die Nutzung natürlicher Ressourcen die Zukunft der Arktis prägen wird, hängt wiederum von einer Reihe anderer Treiber, Trends und Variablen ab.

---

[5] https://nordregio.org/maps/resources-in-the-arctic-2019/#_ftn1

[6] https://pubs.usgs.gov/fs/2008/3049/fs2008-3049.pdf

[7] https://www.uscg.mil/seniorleadership/docs/cg_arctic_strategy.pdf

[8] https://www.uscg.mil/Portals/0/Images/arctic/Arctic_Strategy_Book_APR_2019.pdf

Noch ist der Abbau der meisten Ressourcendepots unrentabel.[9] Wie schnell also können technologische Fortschritte diese Kosten senken? Ähnliche Probleme stellen die Logistik des Abtransports, die regionale Infrastruktur und Kapazitäten für „Search-and-Rescue"-Missionen dar.[10] Und wie wird sich die globale Nachfrage nach fossilen Brennstoffen entwickeln – angesichts der Energiewende, die viele Staaten derzeit vorantreiben, zu der aber auch immense Mengen an Rohstoffen (u. a. seltene Erden) benötigt werden? Auch die völkerrechtlichen Rahmenbedingungen und die weltweite Aufmerksamkeit auf den Erhalt der arktischen Ökosysteme werden eine Rolle beim Abbau der Ressourcen spielen.

Potenzial für kommerziellen Fischfang

Die tatsächlichen Auswirkungen des Klimawandels auf den Fischfang in der Arktis sind noch unklar – sicher ist nur, dass sich die Fischerei in dem Gebiet drastisch verändern wird. Kommerzieller Fischfang ist im arktischen Ozean nur in den AWZs der jeweiligen Küstenstaaten erlaubt. Die Lage der vielversprechenden Fischgründe wird sich in den nächsten Jahren immer wieder verändern: Steigende Temperaturen führen zu einer Migration von Fischschwärmen in kältere Gewässer im Norden. Um unkontrollierten Fischfang innerhalb und illegalen Fischfang außerhalb der AWZs zu verhindern, haben sich die „Arctic Five" 2015 auf die „Declaration to Prevent Unregulated Fishing in the Central Arctic Ocean" geeinigt.[11] Bereits damals erkannten die arktischen Küstennationen an, dass der Rückgang des Packeises und steigende Meerestemperaturen in Kombination mit mangelnden wissenschaftlichen Erkenntnissen über das arktische Ökosystem vorausschauendes Handeln erfordern.[12]

Der Klimawandel, die Übersäuerung der Ozeane und die damit einhergehende Veränderung des maritimen Ökosystems wird aber nicht nur die Fischerei in der Arktis beeinflussen. Wenn eine Migration der Fischbestände lukrativere Fänge und höhere Gewinne ermöglicht, steigen auch die Kosten des Fischfangs, die Löhne der Fischer und letztendlich auch das durchschnittliche Einkommen der Haushalte in der Region. Eine Zunahme der potenziellen Einnahmen aus Fischerei von 71 %,

[9] https://nordregio.org/maps/resources-in-the-arctic-2019/#_ftn1

[10] https://www.uscg.mil/Portals/0/Images/arctic/Arctic_Strategy_Book_APR_2019.pdf

[11] „Arctic Nations Sign Declaration to Prevent Unregulated Fishing in the Central Arctic Ocean." U.S. Department of State. Accessed December 28, 2016. http://www.state.gov/r/pa/prs/ps/2015/07/244969.html.

[12] ebd.

wie eine Studie für das Jahr 2050 vorhersagt,[13] wird drastische Folgen für die gesamte Wirtschaft der Arktis haben. Gegen diese sehr positive Prognose spricht hingegen, dass die Übersäuerung der Ozeane durch CO_2-Emissionen Fischbestände möglicherweise dezimiert.[14] Wägt man beide Effekte gegeneinander ab, stehen die Volkswirtschaften der arktischen Anrainerstaaten – anders als viele Länder in den Tropen – dennoch als ökonomische Gewinner des Klimawandels da.[15]

Neue Handelsrouten

Bereits in den letzten 30 Jahren ist das Meereis, das den Nordpol bedeckt, um 15 bis 20 % zurückgegangen.[16] Dieser Trend wird sich fortsetzen (siehe Abb. 6.8) oder sogar beschleunigen. Das gilt als sicher. Schließlich heizt sich die Arktis vier Mal so schnell auf wie im globalen Durchschnitt.[17] Die ersten komplett eisfreien Sommer könnte es am Nordpol schon im Jahr 2030 geben.

Der Rückgang des Eises bedroht zwar das lokale Ökosystem und Küstenbewohner weltweit, öffnet jedoch auch neue Schifffahrtsrouten für den Welthandel. Zwischen 2030 und 2050 werden beispielsweise zwei der berühmtesten noch gefrorenen Handelsrouten passierbar: der Nördliche Seeweg, ein Teil der Nordostpassage, auch als „Northern Sea Route" (NSR) bezeichnet, und die Nordwestpassage (NWP) entlang der Küste Nordamerikas (Abb. 6.9). Das Interesse an beiden potenziellen Handelswegen ist enorm: Sollten tatsächlich beide Routen schiffbar werden, könnte Fracht etwa 40 % schneller vom Atlantik in den Pazifik transportiert werden als durch den Suezkanal.[18]

Ein Blick auf den Verlauf der beiden neuen Handelswege zeigt sofort die möglichen Profiteure: Die Häfen Islands und Grönlands würden zu wichtigen

---

[13] Potenzielle maximale Einnahmen der AWZs im arktischen Ozean im Vergleich zu 2000, siehe: Lam, V., Cheung, W., Reygondeau, G. et al. Projected change in global fisheries revenues under climate change. Sci Rep 6, 32607 (2016). https://doi.org/10.1038/srep32607.

[14] https://www.fisheries.noaa.gov/insight/understanding-ocean-acidification

[15] Weatherdon, Lauren V., Yoshitaka Ota, Miranda C. Jones, David A. Close, and William W. L. Cheung. „Projected Scenarios for Coastal First Nations' Fisheries Catch Potential under Climate Change: Management Challenges and Opportunities." PLOS ONE 11, no. 1 (January 13, 2016). https://doi.org/10.1371/journal.pone.0145285.

[16] Lu, D., Park, G.-K., Choi, K., & Oh, S. 2014. An Economic Analysis of Container Shipping Through Canadian Northwest Passage1. International Journal of E-Navigation and Maritime Economy, 1: 60–72.

[17] „The Thawing Arctic: Risks and Opportunities." Council on Foreign Relations. Accessed December 25, 2016. http://www.cfr.org/arctic/thawing-arctic-risksopportunities/p32082.

[18] Halvor Schøyen, and Svein Bråthen. „Bulk Shipping via NSR vs via the Suez Canal." Accessed December 25, 2016. http://www.wctrs.leeds.ac.uk/wp/wp-content/uploads/abstracts/lisbon/general/01720.pdf.

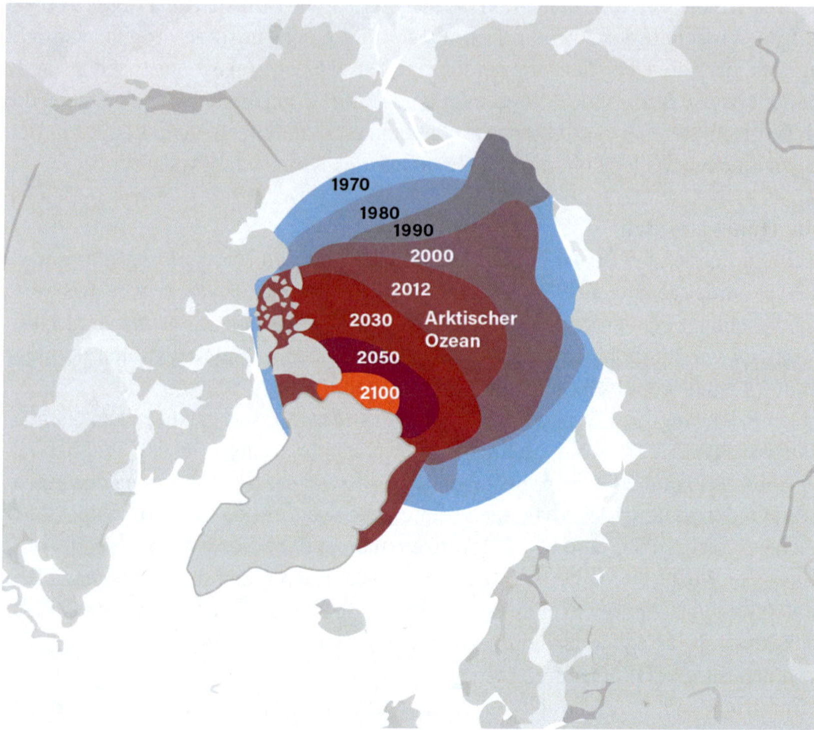

Abb. 6.8 Voraussichtliche Geschwindigkeit der Eisschmelze in der Arktis[19]. (Quelle: Copyright 2024 Pherson. All Rights Reserved)

Umschlagsplätzen und Versorgungsstationen. Die Aussicht auf neue Handelsrouten in der Arktis hat die Anrainerstaaten bereits dazu motiviert, ihre Infrastruktur für Frachtschiffe auszubauen.[20] Zudem verläuft der Nördliche Seeweg entlang Russlands Küste; die arktische Großmacht arbeitet seit Jahren daran, die Route für die kommerzielle Schifffahrt vorzubereiten.[21] Selbst arktisfernere Staaten bringen sich

[19] „Climate Change". The Arctic Institute. Accessed December 29, 2016. http://www.thearcticinstitute.org/projects/climate-change/.

[20] Marc Lanteigne. „China's Emerging Arctic Strategies: Economics and Institutions." (aufgerufen am 25. Dezember 2016). http://ams.hi.is/wpcontent/uploads/2014/11/ChinasEmergingArcticStrategiesPDF_FIX2.pdf.

[21] https://www.thearcticinstitute.org/russias-arctic-strategy-maritime-shipping-part-iv/

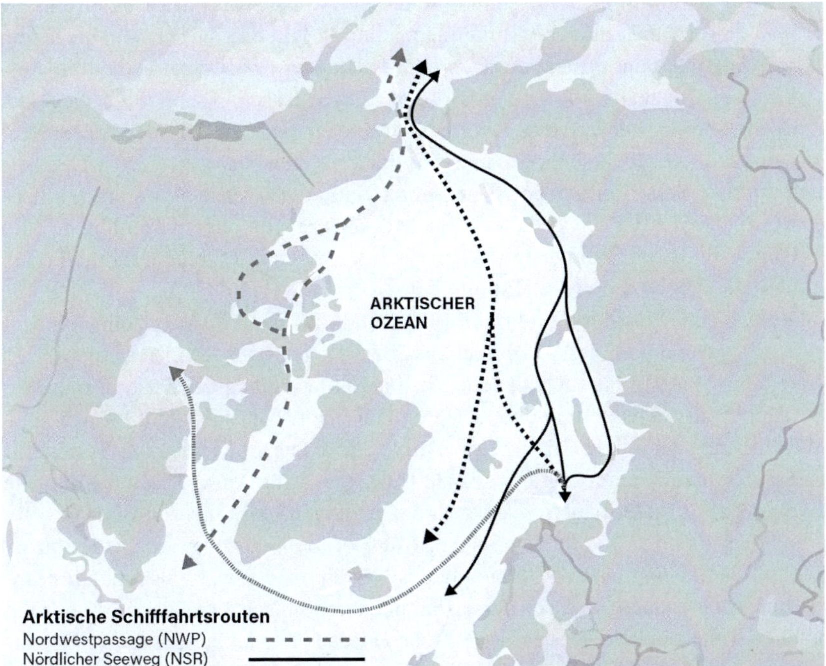

Abb. 6.9 Arktische Schifffahrtsrouten[22]. (Quelle: Copyright 2024 Pherson. All Rights Reserved)

in Position, um von den neuen Handelswegen zu profitieren: China machte bereits 2017 deutlich, dass auch der Nördliche Seeweg Teil der „Belt and Road Initiative" werden solle und arbeitet dazu mit arktischen Partnern – allen voran Russland – an der Entwicklung der Route.[23]

Die meisten Experten und politischen Entscheidungsträger messen dem Nördlichen Seeweg – besonders als Alternative zum Suezkanal – das größte ökonomische Potenzial bei, auch im Vergleich zur Nordwestpassage. Bereits im Kalten Krieg

[22] „Climate Change". The Arctic Institute. Zugriff am 29. Dezember 2016. http://www.thearcticinstitute. org/projects/climate-change/.

[23] https://www.sipri.org/commentary/expert-comment/2018/shipping-along-arctics-northern-sea-route-will-be-determined-russia-china-cooperation-region

begann Russland mit der Erforschung und dem Aufbau von Infrastruktur entlang der Route. Russlands Interesse (und finanziellen Möglichkeiten) begann nach dem Fall der Sowjetunion abzuebben. Doch der Rückgang des Meereises hat die Aufmerksamkeit Moskaus wieder gen Norden richten lassen – schließlich liegt der Nördliche Seeweg in Russlands AWZ. Zwar pochen die USA darauf, dass der Seeweg gemäß des Seerechtsübereinkommens der Vereinten Nationen (UNCLOS) eine internationale Schifffahrtstraße ist und allen Nationen offensteht, dennoch wurde der Nördliche Seeweg seit 1965 nie ohne Moskaus Zustimmung durchfahren.[24] Im Übrigen wäre das ohne die Unterstützung durch Russlands Eisbrecherflotte für den Großteil des Jahres auch gar nicht möglich.

Der russische Präsident Vladimir Putin plant für 2024 mit 80 Mio. Tonnen Fracht auf der Route und will dieses Volumen bis 2030 auf 150 Mio. Tonnen steigern.[25] In Vorbereitung hierauf baut Russland die Infrastruktur entlang der Küste weiter aus: Dazu gehört die Erweiterung der 15 Häfen zwischen Murmansk und Prowidenija, die Aufrüstung der nuklearen Eisbrecherflotte und ein neues Monitoring-System für den Schiffsverkehr. Gleichzeitig versucht Russland, seine Ansprüche auf Kontrolle des Seewegs zu untermauern – etwa durch Auflagen, dass nur russische Schiffe Öl und Gas über den Nördlichen Seeweg transportieren dürfen.[26] Nichtsdestotrotz bleibt unklar, ob und wann die Nutzung des Nördlichen Seewegs als reguläre Handelsroute für Russland praktisch umsetzbar und ökonomisch rentabel wird. Dagegen sprechen weiterhin hohe Kosten, logistische Hürden eine unklare Zukunft hinsichtlich der globalen Nachfrage nach fossilen Brennstoffen und die Möglichkeit neuer Sanktionen durch den Westen als Resultat des russischen Angriffskrieges gegen die Ukraine.[27] Ohnehin dürfte eine weitere Zuspitzung geopolitischer Konflikte und die weitere Erosion globaler Ordnung und völkerrechtlicher Vereinbarungen die Arktis zusehends zur Konfliktregion werden lassen.

Die sogenannte Arktische Brückenroute ist eine Seeroute, die als Brücke zwischen Nördlichem Seeweg und Nordwestpassage gesehen werden kann: Sie soll von der Hafenstadt Murmansk, dem westlichen Ende des russischen Nördlichen Seewegs, südlich um Grönland herum zur kanadischen Hafenstadt Churchill in der „Hudson Bay" führen. Von Churchill, das auch als Ausgangsbasis für Expeditionen

---

[24] https://www.thearcticinstitute.org/russias-arctic-strategy-maritime-shipping-part-iv/

[25] https://thebarentsobserver.com/en/arctic/2021/07/moscows-big-plan-trans-arctic-shipping-2000-percent-growth-10-years

[26] https://www.thearcticinstitute.org/russias-arctic-strategy-maritime-shipping-part-iv/

[27] https://carnegieendowment.org/2021/03/29/russia-in-arctic-critical-examination-pub-84181

in die Arktis genutzt wird, sorgen Schienen- und Flugverbindungen für eine Anbindung an das restliche Kanada. Noch ist diese Strecke nur für etwa vier Monate im Sommer befahrbar. Russland hofft jedoch, dass Russland und Kanada aufgrund des Klimawandels bald ganzjährig über die Arktische Brückenroute verbunden werden können. Dafür müsste zwar vor allem der Hafen in Churchill deutlich ausgebaut und modernisiert werden. Neben kürzeren Handelswegen wäre eine kommerziell genutzte Arktische Brückenroute auch eine mögliche Grundlage für eine engere wirtschaftliche Zusammenarbeit und eine politische Annäherung zwischen Russland und Kanada[28] – angesichts der gegenwärtigen Spannungen schwer vorstellbar, aber in einer Zeit nach Putin durchaus denkbar und vor allem auch wünschenswert.

Der Transpolare Seeweg (TSR) wäre der direkteste Schifffahrtsweg zwischen Russland und Kanada, mehr oder weniger in gerader Linie über den Nordpol. Zwar liegt ein langfristig eisfreier Nordpol noch in weiter Ferne; somit ist auch das wirtschaftliche Interesse an der transpolaren Route niedrig.[29] Staaten wie China und Russland bringen sich dennoch bereits jetzt in Position, um die Transpolare Route in den eisfreien Sommern Mitte des 21. Jahrhunderts als signifikante Abkürzung nach Nordamerika zu nutzen.[30]

Komplexe Rechtsordnung

Eine Reihe internationaler Organisationen haben sich der Aufgabe angenommen, die politisch umstrittene Region zu verwalten. Außer im Arktischen Rat sind die „Arctic Eight" auch Mitglieder in anderen Gremien, die Abkommen über die Arktis verhandelt und ratifiziert haben, beziehungsweise daran arbeiten. Neben internationalen Organisationen wie den Vereinten Nationen, der NATO, der EU und der Internationalen Seeschifffahrts-Organisation (IMO) gehört dazu auch eine Reihe regionaler Organisationen: Der Rat der europäisch-arktischen Barentssee-Region („Barents Euro-Arctic Council" [BEAC]), das Seerechtsübereinkommen der Vereinten Nationen („United Nations Convention on the Law of the Sea", UNCLOS) und die Festlandsockelgrenzkommission („Commission on the Limits of the Continental Shelf", CLCS). (Abb. 6.10).

Die „Arctic Five" sind diejenigen Staaten unter den „Arctic Eight", die direkt an den arktischen Ozean angrenzen: Russland, die USA, Norwegen, Kanada und Dänemark (via Grönland). Diese informelle Gruppe trifft sich sporadisch zu

[28] https://intpolicydigest.org/arctic-trade-route-presents-opportunity-for-russia-west-cooperation/

[29] Malte Humpert and, and Andreas Raspotnik. „The Future of Arctic Shipping Along the Transpolar Sea Route." Accessed December 28, 2016. http://www.arcticyearbook.com/images/Arcticles_2012/Humpert_and_Raspotnik.pdf.

[30] https://doi.org/10.1016/j.marpol.2020.104178

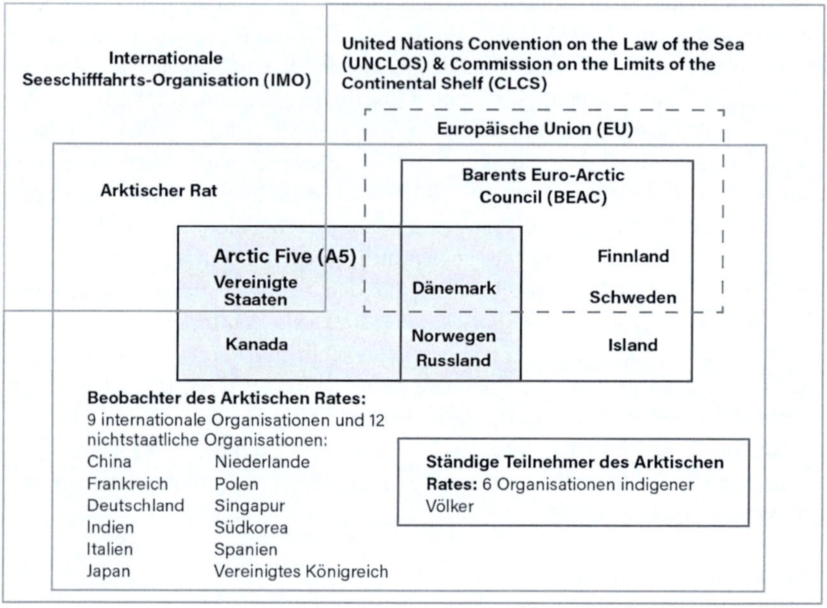

Abb. 6.10 „Arctic Eight" (Arktischer Rat) und internationale Mitgliedschaften[31]. (Quelle: Copyright 2024 Pherson. All Rights Reserved)

Gipfeln – etwa 2015 in Oslo, wo sie eine rechtlich nicht bindende Resolution verabschiedete, um gemeinsam unkontrollierte Hochseefischerei in arktischen Gewässern einzudämmen.[32] Seit dem Austritt Russlands aus dem Arktischen Rat sowie aus dem BEAC im Zuge der Verschlechterung der Beziehungen als Folge des russischen Angriffskriegs gegen die Ukraine sind die beiden Institutionen faktisch handlungsunfähig. Bis dahin hatten sich die Außenminister der sechs Mitgliedsstaaten im Rat der europäisch-arktischen Barentssee-Region (BEAC) – Russland, Norwegen, Schweden, Finnland, Island und Dänemark (Grönland) – jährlich getroffen. Gegründet wurde der BEAC 1993 als Forum für regionale Kooperation und um Sicherheit, Stabilität und wirtschaftliche Entwicklung in der Barentssee zu fördern.[33]

[31] https://www.iss.europa.eu/sites/default/files/EUISSFiles/Report%2024.pdf p37.

[32] Nielsson, Egill Thor and Dr Bjarni Mar Magnusson, „The Arctic Five strike again," July 30, 2015, http://arcticjournal.com/opinion/1732/arctic-five-strike-again.

[33] Barents Euro-Arctic Council (BEAC), http://www.beac.st/en.

Alle an die Arktis grenzenden Nationen sind Mitglied der Internationalen Seeschifffahrts-Organisation IMO, einer Sonderorganisation der Vereinten Nationen, die zur Sicherheit in der Seefahrt beiträgt und die Meeresverschmutzung durch Schiffe eindämmen möchte.[34]

Mit Ausnahme von Russland sind zudem alle Länder, von denen zumindest Teile in die Arktis angrenzen, auch Mitglied der NATO – eine Konstellation, durch die erfolgreiche Konfliktbewältigung in der Region kaum erleichtern wird.[35]

Abb. 6.10 zeigt, wie sich die Mitgliedskonstellationen dieser Organisationen überlappen. Hier wird deutlich: Man kann das Prinzip der verschiedenen Perspektiven auf eine Region durchaus wörtlich verstehen. Während Abb. 6.11 die Arktis aus demografischer Sicht zeigt (und damit dem „S" in STEMPLE + entspricht), sehen wir die Region hier aus rechtlich-regulatorischer Sicht (dem „L", für „legal-regulatory").

In der Praxis ist der rechtliche Rahmen für die wirtschaftliche Nutzung der Arktis durch das Seerechtsübereinkommen der Vereinten Nationen, kurz UNCLOS, geregelt. UNCLOS ist ein Grundpfeiler des Seevölkerrechts und regelt die Nutzungsarten aller Meere weltweit. Die Konvention verpflichtet Staaten zudem dazu, Probleme im Zusammenhang mit der wirtschaftlichen Nutzung gemeinschaftlich zu lösen.[36] Auf eine definitive Grenzziehung in der Arktis konnten sich die Anrainer-Staaten zwar noch nicht einigen, sie respektieren jedoch gegenseitig eine ausschließliche Wirtschaftszone (AWZ), die sich von der Küstenlinie bis zu 200 Seemeilen (370,4 km) aufs offene Meer erstreckt. In dieser Zone hat eine Nation die (begrenzten) Hoheitsbefugnisse und das alleinige Recht, Wasser und Meeresboden zur Rohstoffausbeutung zu nutzen. Es wird vermutet, dass sich Ressourcen wie Erdöl, Metalle und seltene Erden überwiegend in diesen Zonen befinden, wie in Abb. 6.12 dargestellt.

[34] International Maritime Organization (IMO), http://www.imo.org/en/Pages/Default.aspx.

[35] Juha Jokela. „Arctic Security Matters," June 2015. http://www.iss.europa.eu/uploads/media/Report_24_Arctic_matters.pdf.

[36] Stokke, O. 2013. Political Stability and Multi-level Governance in the Arctic. In: P. A. Berkman & A. N. Vylegzhanin (Eds.), Environmental Security in the Arctic Ocean: 297–311. Springer Netherlands.

Abb. 6.11 Bevölkerung in der Arktis[37]. (Quelle: Copyright 2024 Pherson. All Rights Reserved)

Bevölkerung in der arktischen Region:
(in Tausend Menschen)

Nordamerikanische Arktis	**769**
Vereinigte Staaten	649
Kanada	120
Europäische Arktis	**1.339**
Dänemark (Grönland/Färöer Inseln)	107
Island	313
UK (Orkney-Inseln)	20
Norwegen	465
Schweden	250
Finnland	184
Russische Arktis	**2.058**
Region Murmansk	842
Autonome Gebiete der Jamal-Nenzen	588
Region Archangelsk	3
Bezirke Workuta/Norilsk/Taimyr	355
Jakutien	37
Region Magadan	163
Autonome Gebiete Koryak/Tschukotka	70

Auch über diese 200 Seemeilen hinaus kann ein Staat das alleinige Recht auf die Erforschung und Ausbeutung der natürlichen Ressourcen im Meeresboden beanspruchen, solange das Gebiet Teil des Festlandsockels des Küstenstaats ist. Die Festlandsockelgrenzkommission (CLCS) ermittelt die Grenze dieses Festlandsockels auf Basis geologischer Daten; keine leichte Aufgabe im auch geopolitisch eisigen Klima in der Region. So beanspruchen etwa Russland, Dänemark und Kanada den Lomonossow-Rücken als Teil ihres jeweiligen Festlandsockels[38] für sich – und damit auch das Recht auf die Ausbeutung der fünf Milliarden Tonnen Öl

---

[37] Charles K. Ebinger, und Evie Zamavet Takis. „The Geopolitics of Arctic Melt". Zugriff am 7. Dezember 2016. https://www.brookings.edu/wp-content/uploads/2016/06/11_arctic_melt_ebinger_zambetakis.pdf.

[38] https://www.bbc.com/future/article/20200722-the-rush-to-claim-an-undersea-mountain-range

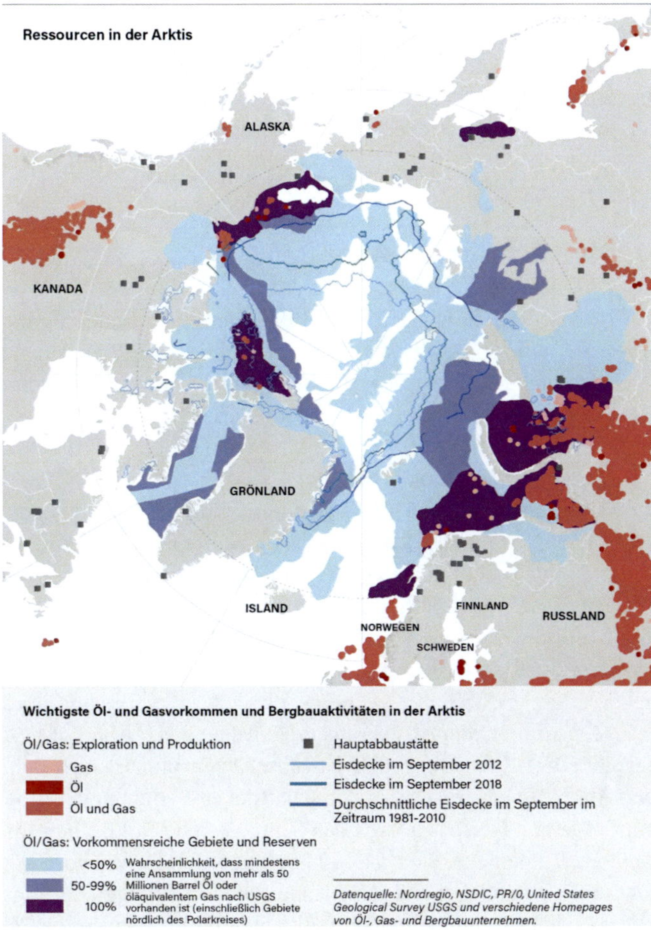

Abb. 6.12 Ressourcen in der Arktis[39]. (Quelle: Copyright 2024 Pherson. All Rights Reserved)

[39] https://nordregio.org/maps/resources-in-the-arctic-2019/#_ftn1 (freie Verwendung).

und Erdgas, die unter dem Unterwassergebirge vermutet werden.[40] Der territoriale Disput machte 2007 Schlagzeilen, als russische Forscher auf dem Meeresboden unter dem Nordpol als Symbol ihres Anspruchs eine Landesflagge verankerten.[41] Die aufsehenerregende Aktion zeigt, dass das Interesse an der wirtschaftlichen Nutzung der Arktis zunimmt (siehe Abb. 6.13).

6.2 B. Die wichtigsten Akteure

Ihr Team hat inzwischen die wichtigsten Treiber identifiziert und damit die möglichen Rahmenbedingungen abgesteckt, die die Arktis in den kommenden zehn Jahren prägen könnten. Auf diesem Spielfeld müssen sich die Akteure in der Region positionieren, ihnen gilt nun Ihre volle Aufmerksamkeit.

Russland: Regionaler Hegemon

Wie unsere Analyse der möglichen neuen Handelsrouten zeigt, zieht Russland ohne Zweifel den größten Nutzen aus den klimawandelbedingten Veränderungen in der Arktis. Das Land macht nicht nur mehr als die Hälfte der Küstenlinie entlang des arktischen Ozeans aus,[42] es stellt auch den größten Anteil der Bevölkerung in der Region: Zwei Millionen Russen leben im hohen Norden des Landes, die Bevölkerungszentren Murmansk, Norilsk und Workuta sind drei der vier größten Siedlungen nördlich des Polarkreises.[43] Selbst wenn die russische Bevölkerung nördlich des Polarkreises in den kommenden 10 Jahren zurückgehen wird (Abb. 6.14), hat Russland bei Bevölkerung, Küstenlinie und Bodenschätzen immer noch den größten Anteil in der Arktis. Doch trotz aller wirtschaftlicher Verheißungen blickt Moskau auch mit Sorge gen Norden: Durch das Schmelzen des arktischen Eises muss Russland dann auch eine neue, über 24.000 km lange Grenze verteidigen.[44]

Kein Wunder also, dass Russland seine Kapazitäten in der Region stetig ausbaut. Gerne erhebt Präsident Putin auch einen regionalen Führungsanspruch Russlands

---

[40] https://www.telegraph.co.uk/news/worldnews/europe/russia/11782413/Russia-claims-resource-rich-swathe-of-Arctic-territory.html

[41] http://news.bbc.co.uk/2/hi/europe/6927395.stm

[42] https://www.thearcticinstitute.org/countries/russia/

[43] „Population/Arctic." Accessed December 26, 2016. http://arctic.ru/population/.

[44] https://www.swp-berlin.org/10.18449/2020C57/

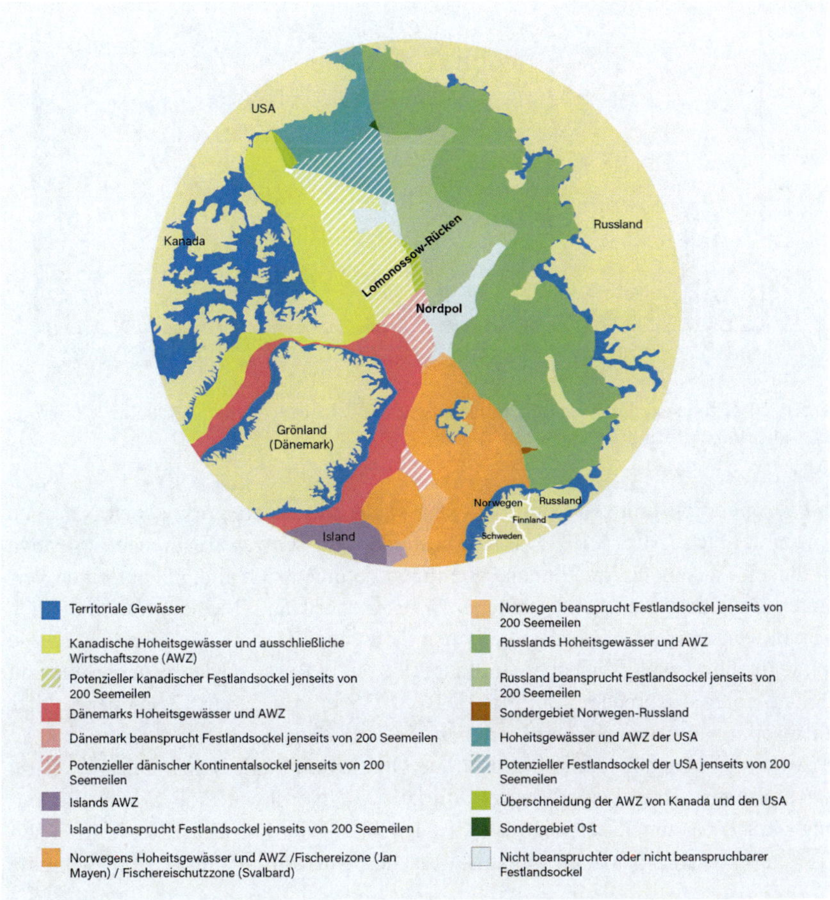

Abb. 6.13 Arktische Territorialgrenzen und Ansprüche[45]. (Quelle: Copyright 2024 Pherson. All Rights Reserved)

dort.[46] Herzstück Moskaus maritimer Überlegenheit ist die russische Eisbrecherflotte. Zu ihr gehören 40 Schiffe, der Großteil davon befindet sich in staatlicher Hand

[45] https://www.amap.no/documents/doc/marine-jurisdiction-in-the-arctic-disputes-and/972

[46] Lassi Heininen, Alexander Sergunin, and Gleb Yarovoy. „RUSSIAN STRATEGIES IN THE ARCTIC: AVOIDING A NEW COLD WAR." Accessed December 26, 2016. http://www.uarctic.org/media/857300/arctic_eng.pdf.

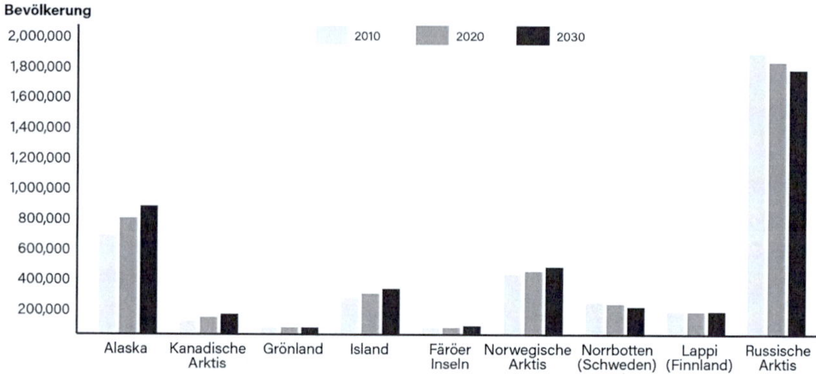

Abb. 6.14 Prognostizierte Bevölkerungsentwicklung in der Arktis[47]. (Quelle: Copyright 2024 Pherson. All Rights Reserved)

und ist operationsfähig.[48] Damit lässt Russland alle anderen arktischen Nationen weit hinter sich (Abb. 6.15). Das gilt besonders für schwere Eisbrecher, die auch im dicken Packeis fahren können. Von ihnen befinden sich alle, bis auf einen veralteten US-amerikanischen Eisbrecher in russischer Hand. Moskau unterhält auch die weltweit einzigen nuklear-getriebenen Eisbrecher. Und der Kreml möchte diese Spitzenposition weiter ausbauen: Im Jahr 2020 lief in Russland der bisher größte und stärkste polare Eisbrecher vom Stapel. Bis 2035 soll die Flotte 13 solcher Schiffe umfassen, neun davon nuklear-betrieben.[49]

Auch sonst hat Moskau militärisch die Oberhand im arktischen Ozean.[50] Kern der russischen „Hard Power" in der Arktis ist die Nördliche Flotte, deren Bedeutung – auch das unterstreicht Moskaus Absichten – in der russischen Marine seit 2014 stetig wächst.[51] Mit der organisatorischen Aufwertung einher geht auch eine

---

[47] https://www.eea.europa.eu/data-and-maps/daviz/projected-population-trends-in-the-arctic#tab-chart_1

[48] https://www.heritage.org/global-politics/commentary/us-needs-icebreakers-keep-china-and-russia-arctic

[49] https://www.theguardian.com/world/2019/may/26/russia-launches-new-nuclear-powered-icebreaker-in-bid-to-open-up-arctic

[50] https://carnegieendowment.org/2021/03/29/russia-in-arctic-critical-examination-pub-84181

[51] Andrew Radin, et al., The Future of the Russian Military Russia's Ground Combat Capabilities and Implications for U.S.-Russia Competition (Santa Monica, CA: RAND Corporation, 2019); International Institute for Strategic Studies, „Chapter Five: Russia and Eurasia."

Abb. 6.15 Arktische Eisbrecher[52]. (Quelle: Copyright 2024 Pherson. All Rights Reserved)

[52] https://www.dco.uscg.mil/Portals/9/DCO%20Documents/Office%20of%20Waterways%20and%20Ocean%20Policy/20170501%20major%20icebreaker%20chart.pdf?ver=2017-06-08-091723-907

Abb. 6.16 Russlands Militarisierung der Arktis[55]. (Quelle: Copyright 2024 Pherson. All Rights Reserved)

technische und personelle Aufrüstung der Nördlichen Flotte: Dazu gehören neue Kriegsschiffe und Landfahrzeuge, Raketen- und Luftabwehrsysteme sowie bessere Kommunikations- und Überwachungstechnologien.[53] Die Nördliche Flotte nimmt zudem an den Militärübungen „Ocean Shield" in der Ostsee teil, 2019 etwa mit 70 Kriegsschiffen. Im Jahr 2020 fiel die Übung etwas kleiner aus.[54] Dazu kommt der Aus- und Neubau von Militärbasen in Russlands Norden; die Karte in Abb. 6.16 zeigt die wichtigsten dieser Basen und damit die Arktis aus militärischer bzw. sicherheitspolitischer Sicht.

[53] ebd.

[54] Naval News: Russian Naval Forces Start Ocean Shield 2020 Drills In Baltic Sea, online: Russian naval forces start Ocean Shield 2020 drills in Baltic Sea – Naval News.

[55] https://www.eea.europa.eu/data-and-maps/daviz/projected-population-trends-in-the-arctic#tab-chart_1.

Damit möchte Russland die NATO-Streitkräfte in der Arktis erklärtermaßen Stück für Stück in die Bedeutungslosigkeit treiben.[56] Gemessen an Flottengröße und Personal mag das gelungen sein, trotzdem hat die russische Marine Grund zur Sorge: Russlands Kriegsschiffe sind durch immer präzisere Langstreckenwaffen der NATO zunehmend verwundbar.[57] Die massive militärische Aufrüstung, die Moskau in der Arktis betreibt, soll einerseits eine wichtige Einkommensquelle schützen – schon jetzt stammen ein Drittel des Fischfangs und 20 % der gesamten Exporte des Landes aus Gebieten nördlich des Polarkreises.[58] Andererseits spielen auch sicherheitspolitische Bedenken eine große Rolle: Russland möchte seine U-Boot Flotte schützen, die vor der arktischen Halbinsel Kola ankert und ein essenzieller Teil der nuklearen Abschreckung des Landes darstellt.[59]

Die Bedeutung, die Moskau der Arktis zumisst, ist anderen Großmächten nicht verborgen geblieben. Eine Studie des US-amerikanischen „Congressional Research Service" stellte 2019 fest, dass der Kreml seine Position in der Arktis rhetorisch und militärisch stärke. Die amerikanischen Teilstreitkräfte „Navy" und „Coast Guard" versuchen, mit den Entwicklungen Schritt zu halten. Der Bericht merkt auch an, dass die Region neben allen potenziellen Konflikten auch die Chance auf mehr internationale Zusammenarbeit mit sich bringe –zumindest war das die Sicht vor dem russischen Angriffskrieg auf die Ukraine.[60] Tatsächlich hatte Moskau bis dahin auch auf diplomatischen Wegen versucht, seinen Interessen in der Region Geltung zu verschaffen. Dazu gehörten etwa die Anträge Russlands an die Festlandsockelgrenzkommission (CLCS), den Lomonossow-Rücken zu einem Teil des russischen Festlands zu erklären, um alleinigen Zugang zu den darunter liegenden Bodenschätzen zu erhalten. Russland würde damit seinen Handlungsspielraum in der Arktis deutlich ausweiten; etwa ein Drittel des Lomonossow-Rückens liegt in Gebieten, die eher Kanada und Dänemark zugestanden werden (Abb. 6.13).

Auch kann Moskau den Abbau der Ressourcen als machtpolitisches Mittel nutzen: Westliche Firmen sollen sich mit Kapital und Know-how an dem aufwendigen Unterfangen beteiligen und dann westliche Regierungen als Interessenvertreter zu einer pro-russischen Haltung bewegen.[61] Offiziell spricht Moskau das natürlich

---

[56] https://www.businessinsider.com/russias-northern-fleet-beefs-up-its-nuclear-capabilities-phase-nato-out-arctic-2017-6

[57] https://carnegieendowment.org/2021/03/29/russia-in-arctic-critical-examination-pub-84181

[58] Ebd.

[59] https://www.chathamhouse.org/2019/06/russias-military-posture-arctic

[60] https://crsreports.congress.gov/product/pdf/R/R41153/144

[61] https://carnegieendowment.org/2021/03/29/russia-in-arctic-critical-examination-pub-84181

nicht aus. Als Russland im Mai 2021 den Vorsitz des Arktischen Rates für zwei Jahre antrat, lauteten die erklärten Ziele: mehr internationale Kooperation in der Region, weniger Treibhausgasemissionen, gute Investitionsbedingungen und bessere Lebensumstände für die indigene Bevölkerung.[62] Insgesamt bleibt abzuwarten, wie sich der Angriffskrieg in der Ukraine auf die Position Russlands in der Arktis auswirken wird; aber mit Aussetzen der Treffen des Arktischen Rates im März 2022 hat sich die geopolitische Lage in der Region deutlich verschlechtert.

Seitdem stellen sich ganz neue Fragen: Werden die westlichen Sanktionen Russlands Bemühungen um eine Aufrüstung und Modernisierung seiner Eisbrecherflotte und des Militärs nachhaltig schwächen? Werden kooperative Formate Russland weiterhin offenstehen? Und wie realistisch sind in den kommenden zehn Jahren westliche Investitionen in russische Firmen, die Ressourcen in der Arktis abbauen?

Die Vereinigten Staaten: Später Start in eine geopolitische Aufholjagd

Verlassen wir Russland gen Osten; wir finden uns jenseits der Beringstraße in Alaska wieder. Die Weltmacht USA, deren Aufmerksamkeit in den letzten Jahrzehnten meist auf Asien und dem Mittleren Osten lag, scheint die Arktis vor einigen Jahren wieder entdeckt zu haben. Das amerikanische Verteidigungsministerium bekräftigte seine Vision dazu 2019 in einem Bericht an den Kongress: Eine sichere und politisch stabile Region, in der Land und Interessen der USA verteidigt werden können und Staaten gemeinschaftlich Probleme lösen.[63] Der Report räumt jedoch ein, dass diese Vision in weiter Ferne liege, Moskau und Peking auch in der Arktis Konkurrenten seien und vor allem Russland dort militärisch und wirtschaftlich eindeutig die Oberhand habe.[64] Es gibt viel zu tun, um – wie die Regierung Präsident Joe Bidens 2021 (also vor dem Beginn der russischen Aggression gegen die Ukraine) ankündigte – auf die wirtschaftlichen und klimatischen Umbrüche in der Arktis zu reagieren und gleichermaßen die indigene Bevölkerung, das fragile Ökosystem und die sicherheitspolitischen Interessen der USA zu schützen und zu wahren.[65]

Essenziell für die Vereinigten Staaten ist dabei die Zusammenarbeit mit NATO-Partnern, allen voran Kanada. Beide Staaten arbeiten seit dem Kalten Krieg auch in der Arktis eng zusammen, insbesondere bei der gemeinsamen Luftraumverteidigung

---

[62] https://arctic.ru/international/20201125/988468.html

[63] https://media.defense.gov/2019/Jun/06/2002141657/-1/-1/1/2019-DOD-ARCTIC-STRATEGY.PDF

[64] ebd.

[65] https://www.whitehouse.gov/ostp/news-updates/2021/09/24/biden-harris-administration-brings-arctic-policy-to-the-forefront-with-reactivated-steering-committee-new-slate-of-research-commissioners/

und Raketenabwehr NORAD. Deren Befehlshaber steht zugleich dem amerikanischen Regionalkommando für Nordamerika (NORTHCOM) vor und warnte bereits 2019 vor den sicherheitspolitischen Herausforderungen, die eine auftauende Arktis mit sich bringe.[66] Auch im europäischen Arktisraum werden die USA zunehmend aktiv, etwa bei Militärübungen mit britischen[67] und skandinavischen NATO-Partnern.[68]

Nichtsdestotrotz bleiben die Vereinigten Staaten in der Region militärisch unterrepräsentiert. Die „US Navy" und die „US Coast Guard" unterhalten beispielsweise nur neun Militärbasen in Alaska und auf Grönland. In Alaska sind dem lokalen Kommando ALCOM rund 20.000 Soldatinnen und Soldaten unterstellt,[69] auf Grönland haben die USA mit der „Thule Air Base" den weltweit nördlichsten Tiefwasserhafen und einen wichtigen NORAD-Standort zur Luft- und Weltraumüberwachung.[70] Generell fehlt es US-Streitkräften in der Arktis jedoch an Infrastruktur, Ausrüstung, Technologie und Fahrzeugen. Entsprechend haben sich die verschiedenen Teilstreitkräfte das Ziel gesetzt, Stützpunkte in der Region auszubauen, Truppen besser auszurüsten, auf arktische Bedingungen vorzubereiten und ihre Überwachungssysteme zu modernisieren.[71]

Am meisten aufzuholen haben die USA bei der sogenannten „Icebreaker Gap"; hier ist der Rückstand insbesondere zu Russland enorm (Abb. 6.15). Der einzige schwere Eisbrecher der USA ist 45 Jahre alt und hat damit seine geplante Lebenszeit schon lange überschritten; die „Polar Star" fällt laut Aussage ihres Kapitäns sprichwörtlich auseinander, einige Ersatzteile konnte die Crew mittlerweile nur noch über eBay auftreiben.[72] Auch der einzige andere Eisbrecher in staatlicher amerikanischer Hand, die „Healy", musste 2020 für ein ganzes Jahr in Reparatur gehen.[73] Um zu

---

[66] https://www.defense.gov/News/News-Stories/Article/Article/1913989/northcom-commander-cites-arctic-as-area-of-concern/

[67] https://www.defense.gov/News/News-Stories/Article/Article/2180254/us-british-arctic-exercise-shows-us-concern-for-region/

[68] https://thebarentsobserver.com/en/security/2021/04/norway-host-biggest-exercise-inside-arctic-circle-cold-war.

[69] Siemon T. Wezeman. „Military Capabilities in the Arctic." SIPRI, March 2012. http://books.sipri.org/product_info?c_product_id=442.

[70] „821st Air Base Group." Accessed December 29, 2016. http://www.peterson.af.mil/Units/821st-Air-Base-Group.

[71] https://warontherocks.com/2021/05/a-U-S-security-strategy-for-the-arctic/

[72] https://www.businessinsider.com/coast-guard-icebreaker-polar-star-running-out-of-spare-parts-2021-3

[73] https://www.heritage.org/global-politics/commentary/us-needs-icebreakers-keep-china-and-russia-arctic

Russland aufzuschließen, hat die Biden-Administration 170 Mio. US-Dollar für die Eisbrecherflotte der „Coast Guard“ beantragt.[74] Allerdings lässt sich das Problem kurzfristig nicht beheben – der Bau sechs neuer Eisbrecher, davon drei schwere, kostet Zeit. Obwohl sie bereits genehmigt wurden, wird der erste voraussichtlich nicht vor 2027 vom Stapel laufen.[75]

Zwar darf die sicherheitspolitische Funktion solcher Schiffe nicht überbewertet werden. Dennoch sind sich Expertinnen und Experten einig, dass Eisbrechern eine wichtige, auch symbolische Rolle zukommt – etwa, um auf ein Eindringen in die amerikanische AWZ zu reagieren oder bei russischen Militärübungen Präsenz zu zeigen.[76] Dass Washington deswegen sogar mit dem Gedanken spielt, zusätzliche Schiffe von privaten Firmen zu leasen,[77] unterstreicht die Entschlossenheit der USA, sich in der Arktis stärker zu positionieren.

Kanada: Langfristiges Aufrüsten im dünnbesiedelten Norden

Den Rest der nordamerikanischen Arktisküste nimmt Kanada ein, das trotz enormer Landmasse nur einen kleinen Teil der arktischen Bevölkerung stellt (Abb. 6.17), nur etwa 100.000 Menschen leben nördlich des Polarkreises. Dennoch verfolgt das Land verschiedene Interessen in der Region. Dazu gehört als wichtigster Punkt der Schutz der indigenen Bevölkerung, aber auch eine bessere lokale Infrastruktur und Energieversorgung sind in diesem Zusammenhang von Belang. Ebenfalls als wichtig erachtet die Regierung wirtschaftliche Fortschritte und damit auch neue Arbeitsplätze sowie den Erhalt der arktischen Ökosysteme.[78] Kanada macht dabei klar, dass es in der Region eine Führungsrolle beansprucht.

Um Kanadas Interessen zu wahren, haben die kanadischen Streitkräfte ihre Präsenz in der Region in den letzten beiden Jahrzehnten stetig ausgebaut,[79] auch als Reaktion auf Russlands expansive Politik. Dazu gehört beispielsweise die Anschaf-

---

[74] https://www.heritage.org/global-politics/commentary/us-needs-icebreakers-keep-china-and-russia-arctic

[75] https://www.highnorthnews.com/en/new-us-icebreaker-delayed-until-2027-russia-orders-6th-and-7th-nuclear-icebreaker

[76] https://www.nbcnews.com/news/us-news/u-S-urgently-needs-new-icebreaker-ships-patrol-arctic-will-n942236

[77] https://crsreports.congress.gov/product/pdf/R/R41153

[78] https://www.rcaanc-cirnac.gc.ca/eng/1560523306861/1560523330587

[79] Adam, Lajeunesse. „The Canadian Armed Forces in the Arctic: Purpose, Capabilities, and Requirements.“ Canadian Global Affairs Institute. Accessed December 26, 2016. http://www.cgai.ca/canadian_armed_forces_in_the_arctic.

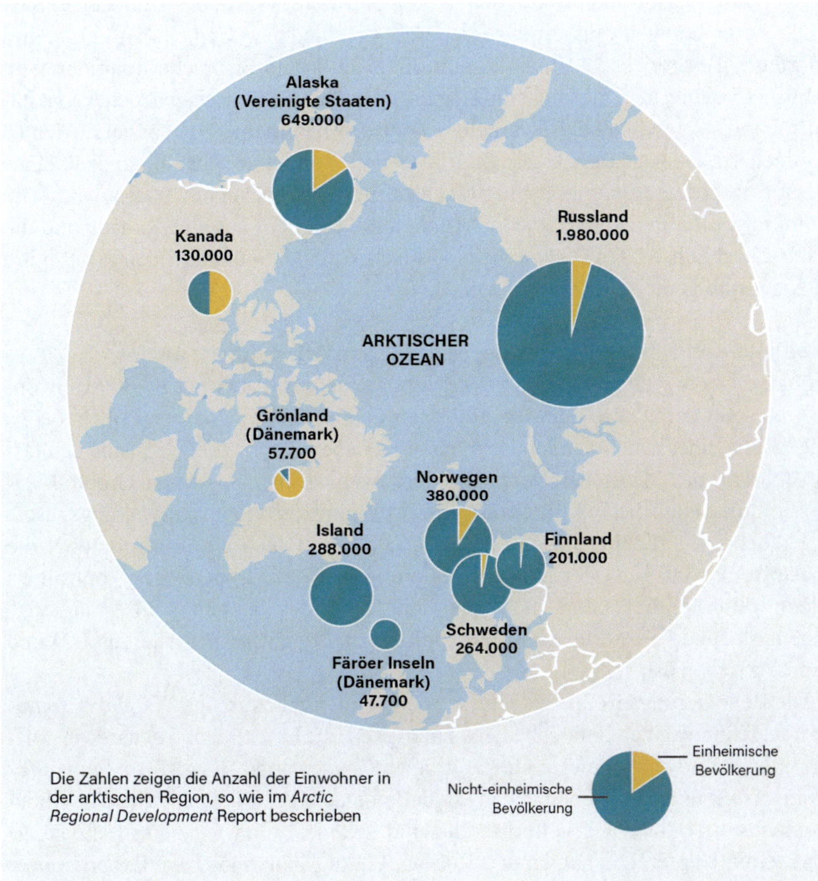

Abb. 6.17 Indigene und nicht-indigene arktische Bevölkerungsgruppen[80]. (Quelle: Copyright 2024 Pherson. All Rights Reserved)

fung neuer Jets und Transportflugzeuge; die kanadische Luftwaffe führt täglich Manöver in der Arktis durch.[81] Am Boden übernehmen die „Canadian Rangers"

[80] https://www.eea.europa.eu/data-and-maps/daviz/projected-population-trends-in-the-arctic#tab-chart_1

[81] „Department of Defense2013_Arctic_Strategy.pdf." Accessed December 26, 2016. https://www.defense.gov/Portals/1/Documents/pubs/2013_Arctic_Strategy.pdf.

die Verteidigung der dünn besiedelten Region; die etwa 5000 Mitglieder umfassende Reserveeinheit operiert aus über 200 verschiedenen Gemeinden in den drei „Northern Territories".[82] Hinzu kommt die zweitgrößte Eisbrecherflotte der Welt (Abb. 6.15). Und auch hier sieht die Regierung in Ottawa Bedarf an neuen Kapazitäten, um mit steigendem Schiffsverkehr in der Region mithalten zu können: Zu den 18 Eisbrechern, die Kanadas „Coast Guard" (Stand 2021) unterhält, sollen dank eines Investitionspakets aus dem Jahr 2019 sechs weitere Eisbrecher hinzukommen.[83] Die Streitkräfte sind in der Arktis jedoch nicht auf sich allein gestellt: Kanada und die USA sind durch NORAD sicherheitspolitisch verbunden und würden die Region im Kriegsfall gemeinsam verteidigen.

Grönland und Dänemark: Strategisch positioniert, politisch uneins

Grönland ist die weltweit zwölftgrößte Landmasse, zählt aber nur 58.000 Einwohner und stellt damit den kleinsten Teil unter den arktischen Nationen (Abb. 6.17). Ungeachtet einer zunehmenden Unabhängigkeitsbewegung steht Grönland seit fast 300 Jahren unter dänischer Kontrolle; auch wenn Dänemark einen Großteil seines Einflusses auf die Politik Grönlands 2009 durch ein Selbstverwaltungsgesetz abgegeben hat.[84] Seither liegen die Innenpolitik und auch die Kontrolle über die Rohstoffe der Insel bei der lokalen Regierung in Nuuk. Kopenhagen kontrolliert jedoch weiterhin die Außen- und Sicherheitspolitik des „autonomen Bestandteils" Dänemarks und vertritt diesen in internationalen Organisationen wie den UN und dem Arktischen Rat.[85]

Die Bevölkerung Grönlands befindet sich in einem drastischen Wandel: Urbanisierung, Klimawandel, politische Unabhängigkeit, die Erschließung neuer Rohstoffvorkommen und das schmelzende Eis bringen Chancen und Herausforderungen für das Inselvolk mit sich. Neben neuen Ölquellen macht der Rückgang der Eisschicht Grönlands vor allem wertvolle Metalle und seltene Erden ganzjährig abbaubar: Gold, Zink, Kupfer, Diamanten und Rubine, Platin, Titan und Uran. Experten prognostizieren, dass diese Bodenschätze zu einem „Goldrausch" im Wert von 742 bis

[82] http://www.army-armee.forces.gc.ca/en/canadian-rangers/index.page

[83] https://www.canada.ca/en/canadian-coast-guard/news/2021/05/government-of-canada-announces-polar-icebreakers-to-enhance-canadas-arctic-presence-and-provide-critical-services-to-canadians.html

[84] „Politics in Greenland – Naalakkersuisut." Accessed December 11, 2016. http://naalakkersuisut.gl/en/Aboutgovernment-of-greenland/About-Greenland/Politics-in-Greenland.

[85] „International Security Advisory Board: Report on Arctic Policy." U.S. Department of State. Accessed December 11, 2016. http://www.state.gov/t/avc/isab/262342.html.

sogar 1643 Mrd. US-Dollar führen könnten.[86] Sie bergen jedoch auch die Gefahr innen- und außenpolitischer Spannungen.

Ein zentraler Punkt ist die Rolle ausländischer Unternehmen im logistisch aufwendigen Abbau und Abtransport: Nachdem man ihnen 2012 erst freie Hand – auch beim Einsatz billiger Arbeitskräfte aus dem Ausland – gelassen hatte,[87] änderte die Regierung in Nuuk nach scharfer Kritik ihre Haltung und verpflichtete internationale Unternehmen, mit einheimischen Kräften und Firmen zu arbeiten.[88] Besonders die Rolle chinesischer Unternehmen und Investoren wird kritisch betrachtet; auch von Dänemarks NATO-Partnern. Chinesische, oft staatsnahe Firmen, sind im großen Stil an vielen Abbau- und Infrastrukturprojekten beteiligt. Zahlreiche grönländische und auch dänische Politiker fürchten, dass Grönland in eine Schuldenfalle geraten und China sich so Einfluss auf die geostrategisch günstig gelegene Insel verschaffen könnte. Deshalb schloss Kopenhagen beispielsweise eine chinesische Firma aus einem großen Flughafenprojekt mit Investitionen in Höhe von mehr als 100 Mio. US-Dollar aus. Das wiederum löste Ärger in Grönlands Unabhängigkeitsbewegung aus.[89] Wer also von dem erwarteten Wirtschaftsboom am meisten profitiert, bleibt abzuwarten.

Neben verheißungsvollen Ressourcenvorkommen macht Grönland auch die geostrategische Insellage bedeutsam. Und zwar so sehr, dass der ehemalige US-Präsident Trump 2019 bei Dänemark nachfragte, ob Grönland zu verkaufen sei (die grönländische Bevölkerung reagierte erwartungsgemäß wenig begeistert) – übrigens ein Ansinnen, das die USA schon einmal 1946 verfolgt hatten.[90] Denn Grönland bildet die Brücke zwischen Nordamerika und Europa und ragt in die geostrategisch immer bedeutendere Arktis.[91] Die USA nutzen Grönland seit dem Kalten Krieg als Stützpunkt der enorm wichtigen „Thule Air Base". Im Jahr 2018 kündigten sie an, ihre Präsenz vor Ort deutlich auszubauen, was sowohl in Kopenhagen als auch in

---

[86] „Natural Resources and Economic Power: The Development-Security Nexus of Greenland – Viewcontent.cgi." http://scholar.dickinson.edu/cgi/viewcontent.cgi?Arcticle=1045&context=student_work.

[87] Hans Peder Kirkegaard, Md. Mehedi, and Maywand Asif. „Mining and Education in Greenland." Roskilde University. http://rudar.ruc.dk/bitstream/1800/9581/1/Group%2018,%20House%2021.%20%20.pdf.

[88] „Greenland.pdf." http://rudar.ruc.dk/bitstream/1800/16015/1/Greenland.pdf.

[89] https://isdp.eu/danish-concerns-chinese-investment-greenland/

[90] Nelson, W. Dale (2. Mai 1991), „Wanna Buy Greenland? The United States Once Did", Associated Press, Zugriff am 16. November 2023.

[91] https://www.europarl.europa.eu/RegData/etudes/briefing_note/join/2014/522332/EXPO-AFET_SP(2014)522332_EN.pdf

Nuuk begrüßt wurde.[92] Dänemark, zuständig für die Verteidigung der Insel, ist sich der strategischen Bedeutung Grönlands natürlich ebenfalls bewusst. Der NATO-Mitgliedsstaat hat 2021 zusätzliche 645 Mio. US-Dollar für die Überwachung der Arktis und des Nordatlantiks freigegeben; davon sind allein 245 Mio. US-Dollar für Überwachungsdrohnen auf Grönland eingeplant.[93]

Welche Rolle Grönland in der Arktis künftig spielen wird, hängt nicht zuletzt davon ab, ob die Insel ein autonomer Bestandteil Dänemarks bleibt oder ob das Streben nach Unabhängigkeit dort wächst. In einer Umfrage der Universität Kopenhagen aus dem Jahr 2019 wünschte sich 68 % der erwachsenen Bevölkerung Grönlands die Unabhängigkeit – innerhalb der nächsten Jahrzehnte.[94] Würde jedoch bereits morgen ein Referendum abgehalten, stimmten nur 38 % der Befragten für die Unabhängigkeit. Das mag damit zusammenhängen, dass derselben Umfrage zufolge nur 32 % der Bevölkerung überzeugt ist, eine Abspaltung wirke sich positiv auf die Wirtschaft Grönlands und die Lebensbedingungen der Menschen aus. Schließlich ist das Land stark von wirtschaftlichen Hilfen aus Dänemark abhängig; sie machen etwa die Hälfte der Staatseinnahmen und ein Viertel des Bruttoinlandprodukts aus.[95] Sollte sich an dieser Konstellation durch neu zugängliche Bodenschätze oder wachsenden Tourismus etwas ändern, dürfte das Pendel in Richtung baldiger Unabhängigkeit schwingen.

Island: Knotenpunkt für Handel, Tourismus und Fischerei

Island mit seinen 354.000 Einwohnern hat nicht nur atemberaubende Natur zu bieten, sondern auch eine strategisch günstige Lage zwischen Europa und Grönland.[96] Mit mehr als zwei Dutzend Häfen kann Island eine Schlüsselrolle bei der Erschließung arktischer Handelsrouten wie dem Nördlichen Seeweg oder der Nordwestpassage spielen. Neben der Bekämpfung des Klimawandels, der Erschließung natürlicher Ressourcen und vertiefter Kooperation spielt der Schiffsverkehr daher

---

92 https://www.arctictoday.com/china-us-strategic-designs-greenland/

93 https://www.reuters.com/article/us-denmark-defence-arctic/denmark-to-spend-more-on-arctic-defence-as-melting-sea-ice-prompts-jostle-for-control-idUSKBN2AB1VR

94 https://www.altinget.dk/arktis/artikel/martin-breum-her-er-den-egentlige-forskel-paa-dansk-og-groenlandsk-syn-paa-fremtiden

95 https://www.cia.gov/the-world-factbook/countries/greenland/#economy

96 https://www.cia.gov/the-world-factbook/countries/iceland/

eine zentrale Rolle in Islands Arktisstrategie.[97] Auch der Tourismus wird mit zunehmend milderem Wetter immer wichtiger für Island; die Zahl der Touristen auf der Insel nahm von 2010 bis 2017 um ganze 400 % zu.[98]

Mögliche Profite aus Handel und Tourismus könnten für Island überaus wichtig werden; die Regierung sorgt sich wegen des Klimawandels, weil er der wirtschaftlich essenziellen Fischindustrie schaden könnte.[99] Island exportiert jährlich Fisch und andere Meeresprodukte im Wert von 1,7 Mrd. €, sie machen etwa 40 % der gesamten Exporte aus.[100] Steigende Wassertemperaturen könnten die Fischgründe zu Ungunsten Islands verschieben, so die Befürchtung, auch wenn es dazu noch keine genauen wissenschaftlichen Erkenntnisse gibt. Die Regierung in Reykjavik bereitet sich dennoch auf neue wirtschaftliche Realitäten vor, auch in Zusammenarbeit mit Russland: Zwar tauschten sich isländische Diplomaten 2016 in Murmansk mit russischen Offiziellen über neue Fischereibedingungen und potenzielle Tourismusangebote in der Region aus[101], aber der russische Angriffskrieg gegen die Ukraine hat diesen Kooperationsbemühungen vorerst ein Ende gesetzt.

Gleichzeitig ist man in Reykjavik wegen Russlands offensiver Arktispolitik zunehmend besorgt. Umso mehr, weil in den letzten Jahren wiederholt russische Bomber in den isländischen Luftraum eingedrungen sind.[102] Island hat als Reaktion hierauf seine Zusammenarbeit mit den NATO-Partnern verstärkt. Als eines von zwölf Gründungsmitgliedern der Organisation ist Island in besonderer Weise auf die NATO angewiesen: Das Land hat kein eigenes Militär, die NATO ist verantwortlich für die Verteidigung Islands und die Kontrolle des isländischen Luftraums.[103] Um Russlands Provokationen entgegenzutreten, vertieft Island insbesondere die Zusammenarbeit mit den USA. Ein Verteidigungsabkommen aus dem Jahr 2016 erlaubt amerikanischen Kräften weiterhin die Nutzung isländischer Infrastruktur.

---

[97] „A Parliamentary Resolution – A-Parliamentary-Resolution-on-ICE-Arctic-Policy-Approved-by-Althingi.pdf." https://library.arcticportal.org/1889/1/A-Parliamentary-Resolution-on-ICE-Arctic-Policy-approved-by-Althingi.pdf.

[98] https://www.cia.gov/the-world-factbook/countries/iceland/

[99] „Icelandic-Fisheries-Press-Kit-Enska-30-Sept-2013.pdf." https://www.iceland.is/files/icelandic-fisheries-press-kitenska-30-sept-2013.pdf.

[100] https://www.responsiblefisheries.is/seafood-industry/export-statistics

[101] „Visit to Murmansk." http://www.iceland.is/iceland-abroad/ru/english/newsand-events/visit-to-murmansk/8951/.

[102] https://www.icelandreview.com/news/russian-bombers-enter-nato-airspace-near-iceland/

[103] https://www.cia.gov/the-world-factbook/countries/iceland/#economy

Im Gegenzug haben sich die USA verpflichtet, einen robusten Verteidigungsplan für die Insel aufrechtzuerhalten.[104]

Engere Beziehung pflegt Island mittlerweile auch mit der VR China – nicht militärisch, aber im Bereich Handel, Forschung und Ölförderung. Bereits 2013 trafen sich chinesische und isländische Vertreter, um über die Zukunft des Nördlichen Seewegs zu sprechen; China prognostizierte damals, dass bis zu 10 % des Handelsvolumens mit Europa und damit jährlich 37 Mrd. US-Dollar über diese arktische Handelsroute fließen könnte.[105] Im selben Jahr schloss Island als erstes westeuropäisches Land ein Freihandelsabkommen mit China ab.[106] Bei der Ölförderung vor Islands Küsten spielen chinesische Firmen ebenfalls eine wichtige Rolle – zumal, da Island nach der Finanzkrise 2008 und dem Zusammenbruch seiner Wirtschaft auf ausländische Geldgeber angewiesen war.[107] Angesichts seiner exponierten geostrategischen Lage muss sich Island in den nächsten Jahren politisch klug zwischen Russland, den USA und China positionieren.

Norwegen: Vorausschauende Vorbereitungen

Durchquert man von Island aus das Europäische Nordmeer, erreicht man die zerklüftete, 2650 km lange Küste Norwegens. Diese Küstenlinie bietet dem skandinavischen Land idealen Zugang zum Arktischen Ozean und zur Barentssee. Doch auch sonst hat Norwegen engen Bezug zur Arktis: Knapp eine halbe Million seiner 5,37 Mio. Einwohner leben dort; das entspricht fast einem Zehntel der Landesbevölkerung. Norwegerinnen und Norweger in der Polarregion stellen – nach Russland und Alaska – den drittgrößten Teil der arktischen Bevölkerung (Abb. 6.17). Auch deshalb genießt die Arktis dem ehemaligen Außenminister Børge Brende zufolge Norwegens höchste außenpolitische Priorität.

Das Potenzial, das Norwegen in der Arktis der Zukunft sieht, zeigt Abb. 6.18. Dort befinden sich – neben einem beachtlichen Teil der norwegischen Bevölkerung – auch ein Großteil der norwegischen Ressourcen: Der Norden generiert ein Drittel der Einnahmen des Landes aus dem Abbau mineralischer Bodenschätze. Etwa 43 % der noch unentdeckten Energierohstoffe Norwegens werden unter der Barentssee vermutet.[108]

---

[104] https://www.defense.gov/News/News-Stories/Article/Article/820904/us-iceland-sign-security-cooperation-agreement/

[105] https://foreignpolicyblogs.com/2013/03/19/the-northern-sea-route-an-iceland-china-link/

[106] https://www.europarl.europa.eu/RegData/bibliotheque/briefing/2013/130631/LDM_BRI(2013)130631_REV1_EN.pdf

[107] ebd.

[108] https://www.regjeringen.no/en/dokumenter/nordkloden/id2076193/

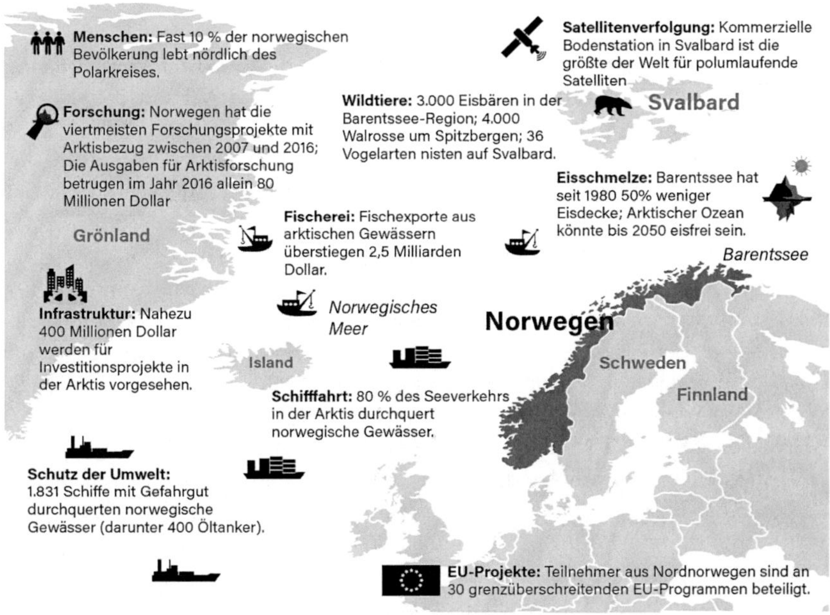

Abb. 6.18 Norwegens Arktis-Politik[109]. (Quelle: Copyright 2024 Pherson. All Rights Reserved)

Wirtschaftliches Potenzial für die Arktis sieht die Regierung in Oslo jedoch auch in der Fischerei, dem Tourismus und besonders der Schifffahrt, da 80 % des arktischen Schiffverkehrs auch norwegische Hoheitsgewässer durchqueren.[110] Sollte die Nordostpassage Jahr für Jahr länger eisfrei bleiben und dadurch immer mehr Handelsverkehr anziehen, profitieren davon auch Norwegen und potenzielle Hafenstädte wie Narvik, die dank des Golfstroms ganzjährig eisfrei sind. Wie wichtig die Ressourcen der Arktis für die Wirtschaft des Landes sind, zeigt auch ein Blick auf seine wichtigsten Exportgüter: Die Top-Vier der Exportliste sind Rohöl, Erdgas, frischer Fisch und raffiniertes Erdöl; sie machen mit gut 65 Mrd. US-Dollar etwa 18 % des BIP aus.[111]

[109] „Nordkloden_de.pdf." Zugriff am 18. Dezember 2016. https://www.regjeringen.no/globalassets/departementene/ud/vedlegg/nord/nordkloden_en.pdf.

[110] ebd.

[111] https://oec.world/en/profile/country/nor

Die norwegische Regierung möchte diese ökonomischen Interessen schützen und arbeitet dazu eng mit NATO-Partnern zusammen. Russlands immer selbstbewusstere Arktispolitik bereitet Oslo Sorgen.[112] Eine Antwort darauf ist die Militärübung „Cold Response". Sie wird von Norwegen organisiert und war mit 30.000 Einsatzkräften das größte Manöver seit dem Ende des Kalten Krieges,[113] bis 2024 die Übung „Steadfast Defender" mit 90.000 Einsatzkräften durchgeführt wurde.[114] Eine Schlüsselrolle nimmt die Region Ofoten im Norden des Landes ein – sowohl bei der Übung „Cold Response" als auch in der allgemeinen Arktis-Strategie der NATO. Hier verläuft nicht nur die Grenze zu Russland, dort sind auch eine moderne Flotte von „P8 Poseidon"-Flugzeugen zur Seeüberwachung sowie Kampfjets der NATO stationiert.[115] Zudem rüstet Norwegen bei Kampf- und Überwachungsflugzeugen sowie U-Booten auf.[116] Zuletzt kündigte das Land an, gemeinsam mit Schweden, Finnland und Dänemark seine Luftstreitkräfte in einen gemeinsamen Organisationsverbund zu überführen.[117]

Neben diesen militärischen Aspekten baut Norwegen in seiner Polarregion auch immer stärker Forschung und wirtschaftliche Zusammenarbeit aus. Um bisher unerreichbare Ölreserven in der Barentssee und im arktischen Ozean zu erschließen, haben sich Oslo und Moskau 2010 auf ein Kooperationsabkommen geeinigt.[118] Norwegens Forschungsinstitute belegen ferner den dritten Rang bei englischen Publikationen zur Arktis und arbeiten dabei insbesondere eng mit amerikanischen Partnern zusammen. Das alles entspricht den Prioritäten aus dem „Arktis 2030"-Plan des norwegischen Außenministeriums: Internationale Zusammenarbeit, Forschung, wirtschaftliche Innovation, Infrastruktur und Umweltschutz.[119]

---

[112] https://www.regjeringen.no/en/dokumenter/arctic_policy/id2830120/#tocNode_16

[113] NATO: Exercise Cold Response 2022 – NATO and partner forces face the freeze in Norway, online: NATO – News: Exercise Cold Response 2022 – NATO and partner forces face the freeze in Norway, 07-Mar.-2022.

[114] https://www.nato.int/cps/en/natohq/222847.htm

[115] ebd.

[116] https://www.regjeringen.no/en/dokumenter/arctic_policy/id2830120/#tocNode_16

[117] Reuters: Nordic countries plan joint air defence to counter Russian threat, online: https://www.reuters.com/world/europe/nordic-countries-plan-joint-air-defence-counter-russian-threat-2023-03-24/.

[118] „Avtale_engelsk.pdf." https://www.regjeringen.no/globalassets/upload/UD/Vedlegg/Folkerett/avtale_engelsk.pdf.

[119] „Nordkloden_en.pdf." https://www.regjeringen.no/globalassets/departementene/ud/vedlegg/nord/nordkloden_en.pdf.

Schweden: Totale Verteidigung

Zwar hat Schweden keinen eigenen Zugang zum arktischen Ozean, doch eine Viertel Million Menschen leben im arktischen Norden des Landes – umringt von Norwegen im Westen und Finnland im Osten. Mit Norwegen teilt sich Schweden nicht nur Europas wohl längste, älteste und friedlichste Grenze, sondern auch die indigenen Sámi. Die etwa 70.000 bis 100.000 Sámi sind Nomaden und ziehen seit Jahrtausenden zwischen Schweden, Finnland, Norwegen und dem Nordwesten Russlands umher.[120] Entsprechend formuliert Schweden auch die Ziele seiner Arktispolitik: Die indigene Bevölkerung und das arktische Ökosystem schützen, durch internationale Zusammenarbeit und ein starkes Völkerrecht in der Region.[121]

Schweden ist dazu gut aufgestellt. Ohne eigenen Zugang zum arktischen Ozean ist es zwar auf Norwegens Häfen angewiesen, hat mit sieben Schiffen dennoch eine beachtliche Eisbrecherflotte. Durch Eskorte in der Arktis und der Ostsee bringt diese Eisbrecherflotte Schwedens Regierung jährlich 20 bis 40 Mio. € ein.[122] Schweden verleiht seine Eisbrecher auch immer wieder an Verbündete, wie die USA oder Kanada. Mit Schwedens Beitritt zur NATO wird dieses Verhältnis noch enger werden.[123]

Dass sich Regierung und Bevölkerung Schwedens angesichts Russlands expansiver Politik sorgen, ist offensichtlich – besonders nach Moskaus Annektierung der Krim, dem Eindringen russischer Schiffe in schwedische Gewässer und dem Angriffskrieg gegen die Ukraine. Angesichts dieser neuen Bedrohung fand sich ein breiter politischer Konsens, die Verteidigungsausgaben bis 2025 um 40 % zu erhöhen und die Zahl der ins Militär Einberufenen zu verdoppeln.[124] Als ein starkes Zeichen militärischer Präsenz hat Schweden auf seiner größten und weit vorgelagerten Ostseeinsel einen Militärstützpunkt errichtet und multilaterale Übungen mit NATO-Ländern abgehalten.[125] Auch abseits der NATO vertieft

---

120 „A Brief Saami History – Synopsis of Sami-UN Relations PDF.pdf." http://www.thearctic.is/PDF/Synopsis%20of%20Sami-UN%20Relations%20PDF.pdf.

121 https://www.government.se/4ab869/contentassets/c197945c0be646a482733275d8b702cd/swedens-strategy-for-the-arctic-region-2020.pdf

122 „BIM Report 15-16.pdf." https://www.baltice.org/app/static/pdf/BIM%20Report%2015-16.pdf.

123 https://www.nzz.ch/international/nach-dem-entscheid-zum-nato-beitritt-von-finnland-folgt-jetzt-schweden-ld.1683660

124 https://www.theguardian.com/world/2020/oct/15/sweden-to-increase-military-spending-by-40-as-tension-with-russia-grows

125 https://www.politico.eu/article/finland-russia-nato-wary-finns-take-another-look/

Stockholm seine Allianzen mit dem Westen – so z. B. 2018 durch ein trilaterales Verteidigungsabkommen mit Finnland und den USA.[126]

Schweden, dessen Außen- und Verteidigungspolitik durch die offizielle „Total Defense"-Doktrin geprägt ist, sorgt jedoch auch unilateral für ein solides Maß an militärischer Abschreckung. Zu Schwedens Militär, das von aktuell 55.000 Einsatzkräften bis 2030 auf 90.000 anwachsen soll,[127] gehört auch eine Spezialeinheit für Einsätze in der Arktis – das „Lappland Ranger Regiment". Es ist für Einsätze in arktischen Bedingungen hervorragend ausgerüstet und ausgebildet.[128] Mit ihrer Ausbildung für Einsätze im polaren Norden Schwedens sind diese Truppen nicht allein: US-amerikanische Spezialeinheiten sowie die nordischen Partnerländer Norwegen und Finnland trainieren zusammen mit schwedischen Kräften.

Finnland: Zwischen den Fronten

Wie Schweden, so hat auch Finnland keinen direkten Zugang zum arktischen Ozean. Stattdessen grenzt es an die skandinavischen Nachbarn Schweden und Norwegen sowie mit seiner längsten Grenze an den alten Rivalen Russland. Da sich aber ein Drittel der Fläche und mehr als 180.000 der 5,5 Mio. Einwohnern Finnlands nördlich des Polarkreises befinden, sieht sich das Land dennoch als arktische Nation.[129] In ihrer regelmäßig erneuerten Arktisstrategie legt die Regierung in Helsinki dabei einen besonderen Fokus auf die Folgen des Klimawandels und den Schutz der indigenen Bevölkerung.[130] Gut 10.000 Sámi leben in Lappland, Finnlands nördlichster und größter Provinz, die als einzige jenseits des Polarkreises liegt.[131]

Mangels eigenen Zugangs zum arktischen Ozean scheinen die ökonomischen Interessen Finnlands, die das Auftauen der Arktis auf den ersten Blick eröffnen, gering zu sein. Doch der Anschein trügt: Als nördlichstes Land der EU sieht sich Finnland als Tor zum arktischen Ozean und via dem Nördlichen Seeweg als zukünftiger Handelsknotenpunkt gen Asien. Dazu plant Helsinki zusammen mit Norwegen

---

[126] https://www.defensenews.com/training-sim/2018/05/09/finland-sweden-and-us-sign-trilateral-agreement-with-eye-on-increased-exercises/

[127] https://thehill.com/opinion/international/530651-russia-prompts-sweden-to-revive-its-defense

[128] „Unofficial Arctic Ranger Page." http://arcticranger.tripod.com/.

[129] https://arctic-council.org/about/states/finland/

[130] https://valtioneuvosto.fi/en/-/10616/finland-revised-its-arctic-policy-strategy

[131] https://arctic-council.org/about/states/finland/

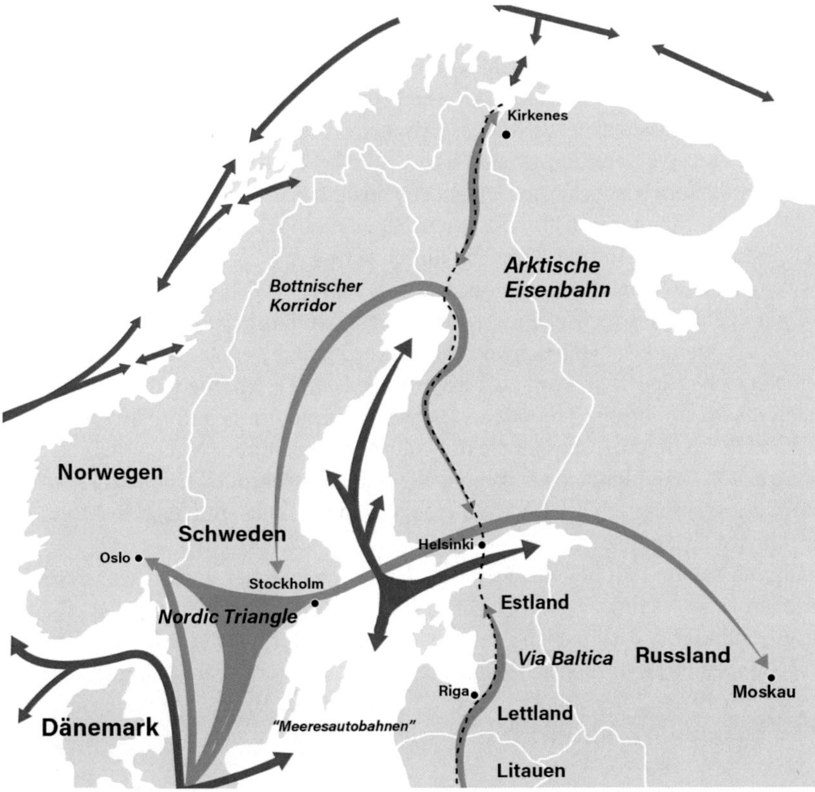

Abb. 6.19 Finnland als Tor zur Arktis[133]. (Quelle: Copyright 2024 Pherson. All Rights Reserved)

eine Zugstrecke von der finnischen Hafenstadt Oulu am nördlichsten Ende der Ostsee nach Kirkenes, ein norwegischer Hafen an der Nordostpassage (Abb. 6.19); der Bau dieser Zugverbindung wird jedoch vermutlich erst 2030 beginnen.[132]

Doch schon jetzt profitiert Finnland indirekt vom Auftauen der Arktis: Mit zunehmendem Schiffsverkehr im arktischen Ozean steigt der weltweite Bedarf an

[132] https://euobserver.com/nordic/141142

[133] https://euobserver.com/nordic/141142

Eisbrechern, in deren Fertigung Finnland weltweit führend ist.[134] Auf den ersten Blick unterhält Finnland mit neun Schiffen selbst eine beachtliche Flotte an Eisbrechern;[135] diese sind jedoch größtenteils veraltet und teilweise nur für den Gebrauch in der Ostsee ausgerüstet.[136] Helsinki hat den Bedarf an neuen Schiffen zwar erkannt, musste aber feststellen, dass seine Werften bereits mit Bestellungen aus der ganzen Welt ausgelastet sind – u. a. aus den USA und Südafrika.

Wie in skandinavischen Nachbarstaaten und dem Baltikum ist man auch in Finnland ob der Aufrüstung und Provokationen Russlands höchst alarmiert. Als Reaktion auf Russlands Annexion der Krim und militärische Provokationen hat Helsinki, das seit seiner Unabhängigkeit von Russland im Jahre 1917 bereits in zwei blutige Kriege mit Russland verwickelt war, erst seine Militärausgaben erhöht[137] und sich schließlich – gemeinsam mit Schweden – für eine Aufgabe seiner traditionellen Neutralität entschlossen: Seit April 2023 ist Finnland der 31. Mitgliedsstaat der NATO. Ohnehin hatten finnische Truppen seit Jahren an gemeinsamen Militärübungen der NATO teilgenommen, insbesondere mit baltischen und nordischen Partnern. Unabhängig davon kann Finnland, dank einer allgemeinen Wehrpflicht, auf etwa 300.000 Reservisten zurückgreifen,[138] was für eine Nation mit nicht einmal sechs Millionen Einwohnern beachtlich ist.

Summa summarum befindet sich das Land zwar in einer ungünstigen geostrategischen Lage – eingezwängt zwischen Russland und Europa und ohne eigenen Zugang zur Arktis –, hat jedoch das Potenzial, die Zukunft der Arktis mitzubestimmen. Nicht zuletzt aufgrund zahlreicher renommierter Forschungsinstitute, die sich mit der Arktis und ihrer Zukunft beschäftigen – wie z. B. das „Arctic Centre" an der Universität von Lappland.[139]

China: Die Wildcard

Das Stichwort „Arktis" ruft in den wenigsten Köpfen Assoziationen mit China hervor; dennoch darf die Volksrepublik in keiner Analyse der Region fehlen. Eine arktische Nation ist China beim besten Willen nicht und hat dementsprechend auch nur eine Beobachterrolle im Arktischen Rat inne. In Peking hat man aber schon lange

[134] https://www.politico.eu/article/finland-icebreakers-arctic-meltin-ice-industry-global-warming/

[135] https://www.highnorthnews.com/en/finland-wants-break-ice-everyone-everywhere

[136] https://www.rcinet.ca/eye-on-the-arctic/2019/10/18/finland-icebreakers-modernization-fleet-ships/

[137] https://www.politico.eu/article/finland-russia-nato-wary-finns-take-another-look/

[138] https://us.boell.org/en/2018/07/12/finlands-reluctance-join-nato

[139] https://arctic-council.org/about/states/finland/

das immense Potenzial einer tauenden Arktis bemerkt und bereitet sich strategisch darauf vor. Als Beobachterstaat hat China im Arktischen Rat zwar kein Stimmrecht, kann jedoch an Treffen teilnehmen, Anträge einreichen und Diskussionen beeinflussen. Neben der Teilnahme in diplomatischen Foren verfolgt China dabei vor allem einen wirtschaftlichen Ansatz, indem sich der chinesische Staat sowie staatsnahe Firmen in arktisrelevante Projekte einkaufen.[140]

Prominente Ziele dieser Art, sich neben Gewinnpotenzial auch Einfluss zu erkaufen, sind Grönland und Island. Dieses Vorgehen ruft nicht nur in den USA Bedenken hervor, wo man im Außenministerium besorgt feststellte, dass Chinas großzügige Investitionspolitik den amerikanischen Einfluss in Grönland zurückdrängt.[141] Das chinesische Vorgehen ist Teil der weitreichenden „One Belt One Road"-Initiative, in der Grönland und Island nicht nur angesichts ihrer Lage am anderen Ende der arktischen Handelsrouten eine wichtige Rolle spielen, sondern auch wegen der dortigen Vorkommen an Metallen und seltenen Erden.

So haben sich Peking und Kopenhagen, als außenpolitische Vertretung Grönlands, 2014 auf ein Memorandum geeinigt, das die Erschließung der Lagerstätte Kvanefjeld ermöglicht – eines der weltweit größten Vorkommen an Uran und seltenen Erden.[142] Nachdem jedoch 2021 die umweltbewusste Partei der Inuit (Inuit Ataqatigiit) die Parlamentswahlen auf Grönland gewann, ist die Zukunft des Kvanefjeld-Projekts ungewiss.[143] Die Wahlen auf der bevölkerungsarmen Insel wurden dabei nicht nur von China aufmerksam beobachtet, auch die USA und große europäische Volkswirtschaften würden ihre Versorgung mit seltenen Erden gerne diversifizieren.[144] Für Peking bedeutet der Ausgang der Wahl zwar einen Rückschlag; der Einfluss auf Grönland fußt jedoch nicht nur auf diesem Projekt: Chinesische Firmen investieren im großen Stil in grönländische Infrastruktur- und Forschungsprojekte.[145]

---

[140] Wright, Timothy. 2014. China's Race towards the Arctic: Interests, Legitimacy, and Canadian Security Implications. University of Calgary, Graduate Studies, Military and Strategic Studies, http://hdl.handle.net/11023/1889.

[141] Peng, Jingchao, and Njord Wegge. „China's Bilateral Diplomacy in the Arctic." Polar Geography 38, no. 3 (July 3, 2015): 233–49. https://doi.org/10.1080/1088937X.2015.1086445.

[142] „GMEL – NFC MoU Announcement – GMELNFC_MoU_Announcement.pdf." http://www.ggg.gl/docs/ASX-announcements/GMELNFC_MoU_Announcement.pdf.

[143] https://asia.nikkei.com/Business/Markets/Commodities/Greenland-says-no-to-China-backed-rare-earth-mine-in-election

[144] https://www.clingendael.org/pub/2020/presence-before-power/4-greenland-what-is-china-doing-there-and-why/

[145] ebd.

	Bevölkerung	BIP (in Mrd. US$)	BIP pro Kopf der Bevölkerung	Anzahl der Transaktionen	Durchschnittlicher Transaktions-Umfang (in US$)	Gesamtwert (in Mrd. US$)	Anteil am BIP (in %)
Kanada	35.362.905	1.530,0	46.400	107	442,10	47,30	2,4
Grönland	57.728	1,1	37.600	6	33,40	2,00	11,6
Island	335.878	20,1	49.200	5	30,80	1,20	5,7
Norwegen	5.265.158	370,6	69.400	17	147,90	2,50	0,9
Russland	142.355.415	1.280,0	26.900	281	691,70	194,40	2,8
USA	323.995.528	18.620,0	57.600	557	340,60	189,70	1,2
Insgesamt	-	-	-	884	508,66	449,66	-

Abb. 6.20 Vergleich des BIP der arktischen Anrainerstaaten[147]. (Quelle: Copyright 2024 Pherson. All Rights Reserved)

Der Einfluss chinesischer Investitionen auf die Wirtschaft mancher arktischen Nationen – und damit der potenzielle Einfluss Chinas auf die Zukunft der Arktis – lässt sich leicht daran erkennen, dass chinesische Investitionen zwischen 2012 und 2017 11,6 % des grönländischen sowie 5,7 % des isländischen BIPs entsprachen (Abb. 6.20). Bedenken lösen dabei aber nicht nur die potenzielle finanzielle Abhängigkeit aus, sondern auch die chinesischen Arbeitskräfte, die von Firmen aus China bevorzugt für Projekte in der Arktis genutzt werden und dabei die spärliche einheimische Bevölkerung zu verdrängen drohen.[146]

Neben Grönland und Island ist Russland ein wichtiger Ansatzpunkt für Chinas Arktisstrategie – besonders, da China das größte Interesse an der Nordostpassage als potenzielle Handelsroute haben dürfte. Dazu haben Peking und Moskau 2017 einen milliardenschweren gemeinsamen Finanzierungsmechanismus für Projekte zum Ausbau der Route eingerichtet.[148] Konkrete Projekte lassen noch auf sich warten – auch, weil man sich in Peking durchaus der immer noch großen Hürden für die kommerzielle Nutzung des Nördlichen Seeweges bewusst ist.

[146] https://www.cna.org/cna_files/pdf/COP-2017-U-015944-1Rev.pdf

[147] https://www.cna.org/cna_files/pdf/COP-2017-U-015944-1Rev.pdf

[148] https://www.thearcticinstitute.org/emergence-sino-russian-economic-partnership-arctic/

6.3 Szenarien erstellen

Nach der Entwicklung einer Reihe von Schlüsseltreibern und der Überprüfung der Fähigkeiten, Mittel und möglicher Absichten der wichtigsten Akteure, besteht die nächste Aufgabe Ihres Analyse-Teams darin, die Treiber in einer Reihe von 2 × 2-Matrizen zusammenzufassen. Dazu werden alle Schlüsseltreiber, die aus der Cross-Impact-Matrix als hoch wirksam hervorgegangen sind, miteinander „über Kreuz" gelegt. Durch Auszeichnung der Enden eines jeden Treiber-Spektrums mit den möglichen Extremausprägungen entstehen in den vier Quadranten unterschiedliche Narrative. Die von Ihnen erstellten Matrizen sind in den Abb. 6.21, 6.22, 6.23, 6.24, 6.25 und 6.26 dargestellt.

Für jeden Quadranten erstellt ihr Team nun jeweils ein kurzes Szenario. Eine kurze Zusammenfassung der einzelnen Szenarien ist in jeder Grafik enthalten.

Ihr Team hat nun alle 24 Szenarien überprüft und diskutiert. Im Anschluss entwickeln Sie drei neue, eigenständige Szenarien zu den überzeugendsten und herausforderndsten Zukunftsszenarien. Hierzu haben Sie nach Themen gesucht, die in mehreren Szenarien enthalten sind oder nach Geschichten, die zu einem einzigen kohärenten Szenario zusammengefasst werden können. Bei den neuen Szenarien sollte ein besonderes Augenmerk auf der Erstellung einer Gesamtschau zu folgenden Fällen liegen:

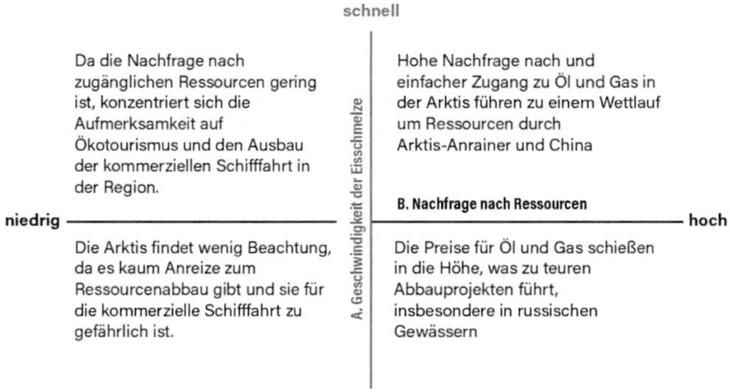

Abb. 6.21 Geschwindigkeit der Eisschmelze/Nachfrage nach Ressourcen. (Quelle: Copyright 2024 Pherson. All Rights Reserved)

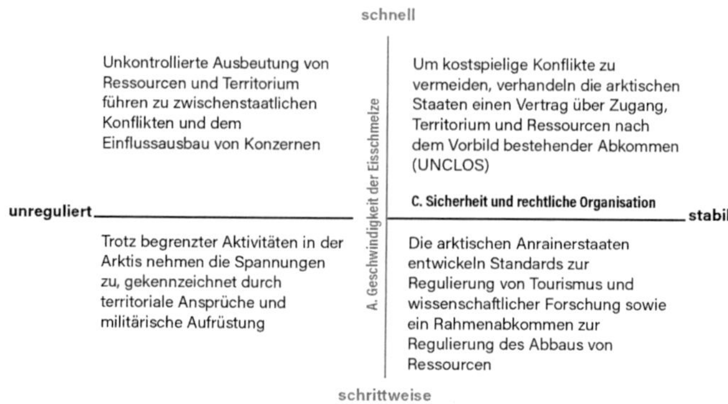

Abb. 6.22 Geschwindigkeit der Eisschmelze/Sicherheit und rechtliche Organisation. (Quelle: Copyright 2024 Pherson. All Rights Reserved)

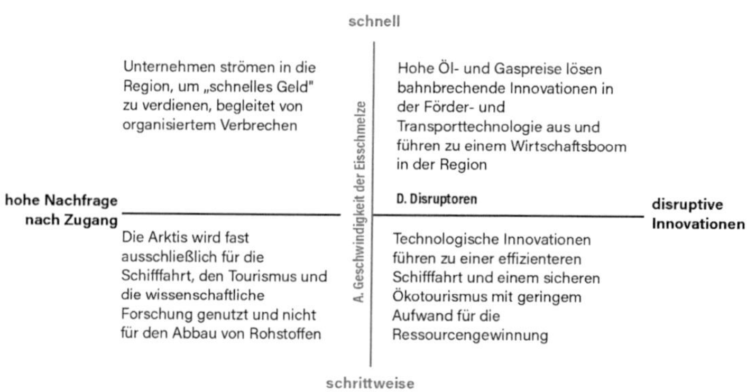

Abb. 6.23 Geschwindigkeit der Eisschmelze/Zwei Disruptoren Matrix. (Quelle: Copyright 2024 Pherson. All Rights Reserved)

- wie eine Konsens- oder Baseline-Bewertung aussehen würde („mainline“ oder „baseline“)
- wie das glaubwürdigste Risiko aussehen würde („worst case“)
- wie eine sich entwickelnde Chance aussehen würde („best case“)

Abb. 6.24 Nachfrage nach Ressourcen/Sicherheit und rechtliche Organisation. (Quelle: Copyright 2024 Pherson. All Rights Reserved)

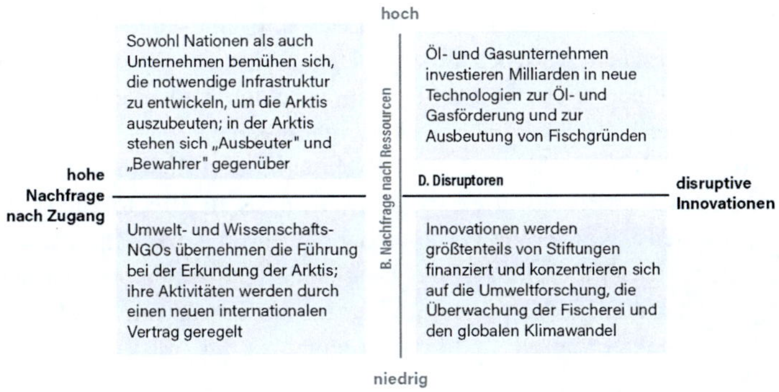

Abb. 6.25 Nachfrage nach Ressourcen/Zwei Disruptoren Matrix. (Quelle: Copyright 2024 Pherson. All Rights Reserved)

- wie eine neue Entwicklung, ein bisher nicht untersuchter Trend, eine neue Dynamik oder ein unvorhergesehenes Szenario aussehen würde („wildcard“).

Für die Zwecke dieser Übung haben Sie drei überzeugende Szenarien erstellt, in denen alle wesentlichen Erkenntnisse der vorhergehenden Entwicklung eingeflossen sind (Multiple Szenario-Generierung):

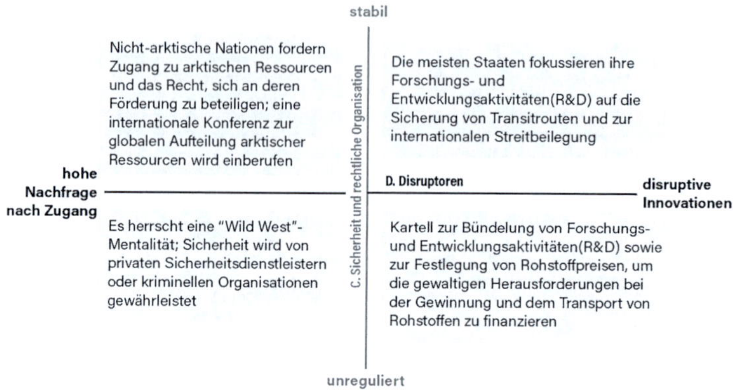

Abb. 6.26 Sicherheit und rechtliches Regime/Zwei Disruptoren Matrix. (Quelle: Copyright 2024 Pherson. All Rights Reserved)

- **„Red Ice“:** Rasches Abschmelzen des Eises und eine hohe Nachfrage nach Ressourcen veranlassen Russland, seine Hegemonie über die gesamte Region auszudehnen, einen Sicherheitsschirm zu errichten und alle kommerziellen Aktivitäten innerhalb des Polarkreises zu regulieren.
- **„Corporate Coldbox“:** Die rasche Eisschmelze und die andauernde Nachfrage nach fossilen Brennstoffen veranlassen russische Kleptokraten, sich mit großen globalen Ölkonzernen zusammenzutun, um die arktischen Ressourcen auszubeuten. Sie ignorieren Fragen der nationalen Souveränität, schaffen einen Sicherheitsschirm durch Verträge mit einer russischen maritimen Miliz, die als privater Gewaltakteur agiert, und beschleunigen so die Ausbeutung mit neuen Technologien.
- **„Wild, Wild North“:** Die rasche Eisschmelze, die mit zunehmender Schifffahrt und einer starken weltweiten Nachfrage nach natürlichen Rohstoffen einhergeht, veranlasst globale Konzerne, Unternehmer und kriminelle Gruppen, ihr Glück in der Arktis zu suchen. Recht und Ordnung sind ein ernstes Problem, und organisierte Kriminalität nutzt das Sicherheitsvakuum aus, indem sie die Schifffahrtsrouten zum Schmuggeln von Drogen, Waffen und Menschen nutzt.

Im Detail beschreibt Ihr Team die Szenarien folgendermaßen:

RED ICE
Treiber

- Schnell voranschreitende Eisschmelze
- Hohe Nachfrage nach Ressourcen
- Starker rechtlicher und sicherheitstechnischer Ordnungsrahmen

Merkmale

- Große Anstrengungen zur Ausbeutung von Öl- und Gasvorkommen sowie seltenen Erden
- Russland ist führend und hofft, dass die neuen Einnahmequellen die sich verschlechternde wirtschaftliche Situation im eigenen Land abmildern werden.
- Russland dehnt seinen „Sicherheitsschirm" auf die gesamte Region aus und verlangt von anderen Unternehmen/Ländern, die in der Arktis tätig sind, Zahlungen für erbrachte Dienstleistungen (Eisbrecher-Eskorte für kommerzielle Schiffspassagen, physische Sicherheit von Lagern und Einrichtungen, Such- und Rettungsdienste usw.).
- Russland kontrolliert weitgehend den Zugang zu beiden Passagen.
- Andere Länder protestieren lautstark, sind aber nicht in der Lage, Russland herauszufordern.

Auswirkungen

- Russland hält seine Wirtschaft über Wasser, indem es die Arktis kontrolliert und Einnahmen aus der Extraktion von Bodenschätzen sowie der Erhebung von Steuern erzielt

CORPORATE COLDBOX
Treiber

- Hohe Nachfrage nach Ressourcen
- Bahnbrechende technologische Innovationen
- Geringe Nachfrage nach Zugang zur Region
- Schwacher rechtlicher Ordnungsrahmen; fehlendes Sicherheitsregime

Merkmale

- Die starke weltweite Nachfrage nach Öl und Gas finanziert technologische Innovationen zur Förderung und Transport von Öl und Gas aus der Arktis.
- Innovationen senken die Kosten für den Bau von Eisbrechern.
- Großkonzerne (dominiert von russischen Kleptokraten) bilden ein Arktis-Kartell nach dem Vorbild der OPEC (aber ohne Beteiligung von Nationalstaaten).
- Unternehmensvertreter schreiben die Regeln für die Gewinnung und Aufteilung extraktiver Ressourcen.
- Vertreter von Konzernen etablieren ein Sicherheitssystem und lagern diese Funktion an eine russische maritime Miliz aus, die als privater Gewaltakteur agiert.

Implikationen

- Effiziente Förderung und Bereitstellung der arktischen Öl- und Gasressourcen, wobei der Großteil der Einnahmen in die Kassen vornehmlich russischer Unternehmen fließt.
- Potenzieller Konflikt mit Golfstaaten über Ölpreise und andere Fragen
- Folge des historischen Versagens von Nationalstaaten zur Etablierung eines anerkannten Governance-Systems in der Arktis und der Gewährleistung von Sicherheit in der Region.

WILD, WILD NORTH
Treiber

- Schnell voranschreitende Eisschmelze
- Fehlende Rechtsstaatlichkeit
- Hohe Nachfrage nach Zugang zur Region
- Hohe Nachfrage nach Ressourcen

Merkmale

- Eine große Anzahl neuer Akteure orientiert sich gen Norden.
- Neue „Goldrausch“-Siedlungen
- Unbewachtes Gebiet; private Sicherheitskräfte sorgen für Ordnung und Sicherheit.
- Arktische Staaten sind nicht in der Lage, ein Rechts- und Governance-System zu etablieren.

- Starke Beeinträchtigung der Umwelt
- Erhebliche Aktivitäten organisierter Kriminalität (Schmuggel, Geldwäsche, Prostitution, Glücksspiel)

Implikationen

- Eine Kultur des „Survival of the fittest" (Realpolitik)
- Erhebliche russische Präsenz und organisierte Kriminalität
- Begrenzte Möglichkeiten zur internationalen Zusammenarbeit

6.4 Indikatoren generieren und validieren

Nachdem Sie und Ihr Team Szenarien entwickelt haben, besteht der nächste Schritt darin, eine Reihe von Indikatoren für jedes Szenario zu suchen.

Indikatoren sind beobachtbare oder deduktiv abgeleitete Phänomene, die in regelmäßigen Abständen überprüft werden können, um sich abzeichnende Trends zu erkennen, Ereignisse zu verfolgen, vor unvorhergesehenen Veränderungen zu warnen und zwischen konkurrierenden Hypothesen zu unterscheiden. Eine Indikatorenliste ist eine im Voraus festgelegte Sammlung von Handlungen, Bedingungen, Fakten oder Ereignissen, deren gleichzeitiges Auftreten anzeigt, ob eine Hypothese richtig ist bzw. ob sich ein zuvor erstelltes Szenario entwickelt.

Die Identifizierung und Überwachung von Indikatoren sind grundlegende Aufgaben von Analystinnen und Analysten. Kernziel ist es, unvorhergesehene Entwicklungen frühzeitig zu erkennen und so Überraschungen vorzubeugen. Die Erstellung von Indikatorenlisten kann aber auch nützlich für den Wissensaustausch zwischen Analysten unterschiedlicher Organisationen sein – etwa, wenn sie gleichzeitig an taktischen, operativen und strategischen Analysen arbeiten.

Der nächste Schritt für Ihr Team besteht darin, detaillierte Indikatorenlisten für jedes einzelne der drei Leit-Szenarien zu erstellen (siehe Abb. 6.27). Denn Indikatoren sind für die Aufklärungsarbeit nur dann von Nutzen, wenn sie trennscharf sind. Indikatoren, die in allen drei Leit-Szenarien gleichermaßen vorkommen können, sind keine trennscharfen Hinweisgeber, sondern „Allerweltsindikatoren". Es geht also darum, ein Frühwarnsystem aufzubauen, das uns erlaubt, das Heraufziehen einer bestimmten Zukunft zu antizipieren, damit wir Ressourcen aktivieren können, um Risiken rechtzeitig zu begegnen und sich entwickelnde Chancen als solche zu erkennen und ihnen den Weg zu bereiten.

Indikator	Validierungsmerkmal				
	Beobachtbar / Aufklärbar	Valide	Zuverlässig	Stabil	Einzigartig
Red Ice					
1. Sechs Monate eisfreie Durchfahrt in 1-2 Jahren erwartet	x	x	x	x	
2. Das russische Militär baut Marine-, Boden- und Luftpräsenz an den Zufahrten zur nordwestlichen und nördlichen Seepassage auf	x	x	x	x	x
3. Das russische Staatsfernsehen betont die Unentschlossenheit bei den Beratungen des Arktischen Rates und seine Unfähigkeit, die Governance der Arktis sicherzustellen	x	x	x	x	
4. Russland verlangt von allen Schiffen, die die Arktis durchqueren wollen, eine Registrierung und die Zahlung einer Passage-Begleitgebühr	x	x	x	x	x
5. Der Arktische Rat protestiert gegen das aggressive Verhalten Russlands	x	x		x	
Corporate Coldbox					
1. Die starke Nachfrage nach fossilen Brennstoffen fördert die Entwicklung neuer Technologien zur Gewinnung und zum Transport von Öl und Gas	x	x		x	
2. Großkonzerne und russische Kleptokraten bilden ein Kartell ähnlich der OPEC für die Arktis	x	x	x	x	x
3. Die in der Arktis aktiven Unternehmen lagern die Bereitstellung von Sicherheit an die russische Marine aus	x	x	x	x	x
4. Arktischer Rat kann sich nicht darauf einigen, wie Unternehmensaktivitäten reguliert und Rechtsstaatlichkeit in der Arktis durchgesetzt werden sollen	x	x		x	
5. Regeln für die Ausbeutung der arktischen Ressourcen werden vom Konglomerat aus Unternehmen und Kartellen ohne Beteiligung der Nationalstaaten festgelegt	x	x	x	x	x
Wild, Wild North					
1. Sechs Monate eisfreie Passage in 1-2 Jahren erwartet	x	x	x	x	
2. Globale Sicherheitsfirmen kündigen Auftragskapazitäten für die Sicherheitsbereitstellung jener an, die in der Arktis operieren wollen	x	x	x		
3. Zunahme des Flugverkehrs in die Arktis	x	x	x	x	
4. Erhöhung der Bankkredite für Investitionen in arktische Projekte	x	x	x	x	x
5. Großunternehmen und Kartelle ignorieren Bemühungen des Arktischen Rates, ihre Aktivitäten zu regulieren	x	x	x	x	x

Abb. 6.27 Validierte Indikatoren für drei Arktis-Szenarien. (Quelle: Copyright 2024 Pherson. All Rights Reserved)

Ein Beispiel: Sowohl im „Red Ice"-Szenario als auch in den beiden anderen Leit-Szenarien („Corporate Coldbox", „Wild, Wild North") würde ein erhöhtes Aufkommen russischer Kriegsschiffe im Nordmeer festgestellt werden können – allerdings aus ganz unterschiedlichen Gründen. Während im „Red Ice"-Szenario ein erhöhtes Aufkommen russischer Kriegsschiffe vor allem einem staatlichen Hegemoniestreben geschuldet wäre, deutete dieselbe Beobachtung im „Corporate

Coldbox"-Szenario auf die Tatsache hin, dass staatliche Ressourcen aus korrupten Motiven missbraucht und für eigennützige Zwecke eingesetzt würden. Auch im „Wild-Wild North"-Szenario wäre ein erhöhtes Aufkommen russischer Marine-Einheiten denkbar – denn nur so könnte Schmugglern und Gruppen organisierter Kriminalität, die in arktischen Gewässern ihr Unwesen treiben, überhaupt Einhalt geboten werden. Kurzum: Eine erhöhte Aktivität russischer Kriegsschiffe allein ist kein trennscharfer Indikator, hilft also nicht bei der Frage, in welcher der drei Zukunftszenarien wir uns bewegen. Dieser Indikator ist daher nicht diagnostisch, wertlos und muss verworfen werden.

Trennscharf hingegen wäre ein Indikator, der auf den Neubau atomar betriebener Angriffs-U-Boote und deren Stationierung in der Nähe strategisch wichtiger NATO-Stützpunkte abhebt. Denn eine solche Ressource würde weder von Unternehmen noch von Piraten aufgebaut und eingesetzt, sondern ausschließlich von staatlichen Akteuren, deren Ziel es ist, strategische Rivalen zu bedrohen und einen umfassenden geografischen Hegemonialanspruch durchzusetzen. Piraten und organisierte Banden operieren hingegen im Verborgenen, entlang einer „Hit-and-Run"-Logik und unter Zuhilfenahme leichter, agiler Infrastrukturen (z. B. Schnellboote). Und Unternehmen, die es auf die Ausbeutung natürlicher Ressourcen abgesehen haben, errichten eher Bohrtürme als U-Boot- oder Schnellboot-Arsenale.

Derart zugespitzt kann eine Liste von Indikatoren die Grundlage für Frühaufklärung bilden. Denn Anzeichen, dass sich die Gegenwart in Richtung einer negativen Zukunft entwickelt, sind schwer zu erkennen, wenn diese nicht zuvor als Indikatoren identifiziert und fortfolgend überwacht wurden. Das menschliche Gehirn erkennt Phänomene der Veränderung nur dann als Risiko oder Chance, wenn sie in einen Gesamtzusammenhang – ein Narrativ – eingebettet sind. Einzelphänomene ohne den sinngebenden Erzählkontext bleiben Blitzlichter, ohne dass sie zur Erhellung eines Szenario-Raumes beitragen könnten.

Für jedes Alternativszenario hat Ihr Team also einen eigenen Satz qualitativ hochwertiger Indikatoren erstellt. Hochwertigsind Indikatoren, wenn sie alle der nachfolgenden Kriterien erfüllen:

- **Beobachtbar:** Indikatoren müssen zunächst einmal überhaupt beobachtbar und messbar sein (ein aufkommendes Gerücht muss zum Beispiel durch reale Indikatoren überprüfbar gemacht werden). Wenn ein Indikator über einen längeren Zeitraum beobachtet werden soll, muss er auch über einen längeren Zeitraum messbar sein.

- **Valide:** Indikatoren müssen eindeutig auf das jeweilige Phänomen hinweisen, das aufgeklärt werden soll. Je nach Komplexität kann hierfür mehr als ein Indikator erforderlich sein. Ziel sollte es aber sein, möglichst wenige Indikatoren zu haben, um Ressourcen für das Monitoring zu schonen.
- **Zuverlässig/konsistent:** Die Aufklärung muss methodisch gleichbleibend (konsistent) sein; Auswerter müssen zudem stets dieselben Phänomene beobachten (Zuverlässigkeit). Dies erfordert eine genaue Definition jedes einzelnen Indikators.
- **Stabil:** Idealerweise sind Indikatoren über einen längeren Zeitraum stabil, um langfristige Trendanalysen anfertigen zu können. Indikatoren sollten in einem frühen Stadium der Entwicklung von Szenarien beobachtbar sein, damit Analysepersonal und Entscheidungsträgerinnen und Entscheidungsträger Zeit haben, Handlungsoptionen zu entwickeln.
- **Einzigartig/exklusiv:** Indikatoren sollten nur ein einziges Phänomen messen. Besonders hilfreiche Indikatoren sind solche, die nur mit einem einzigen Szenario konsistent, zugleich aber mit allen anderen Szenarien inkonsistent sind.

Chancen-Inkubator

Nach der Entwicklung der Indikatoren besteht der letzte Schritt Ihres Analyseprozesses in der Untersuchung, wie mit den Auswirkungen zunehmenden russischen Einflusses in der Region umgegangen werden kann. Für die Analyse wählen Sie die Strukturierte Analysetechnik Chancen Inkubator.

Der Chancen Inkubator ist eine zweistufige „Framing"-Technik, die Entscheidungsträgerinnen und Entscheidungsträgern ein Gefühl für sich entwickelnde Trends und Szenarien vermittelt. Mit ihrer Hilfe kann untersucht werden, welche Strategien am effektivsten wären, um positive Entwicklungen zu nutzen und negative abzumildern. Die Technik hat sich bei der Verknüpfung von „Foresight"-Analysen mit der Entscheidungsfindung bewährt, indem theoretische Szenarien in umsetzbare Pläne für Entscheidungsträgerinnen und Entscheidungsträger umgewandelt werden.

Ihr Team beschäftigt sich zunächst mit der Frage, ob das Eintreten der jeweiligen Szenarien eher ein Risiko oder eine Opportunität für Ihren Auftraggeber oder Ihre Auftraggeberin darstellen würde. Hierfür verwenden Sie eine fünfstufige Skala – sie reicht von „äußerst positiv" (große Chance) bis zu „äußerst negativ" (hohes Risiko):

- Äußerst positiv
- Positiv
- neutral

- Negativ
- Äußerst negativ

Bei einer negativen Bewertung der Szenarien würden die nicht-russischen Mitglieder der „Arctic Eight" zweifellos Maßnahmen zur Eindämmung russischen Einflusses ergreifen:

- **„Red Ice":** Die nicht-russischen Mitglieder der Arktischen Acht würden eine militärisch unterstützte russische Dominanz über die Region stark ablehnen.
- **„Corporate Coldbox":** Die nicht-russischen Mitglieder der Arktischen Acht (und viele andere Staaten der internationalen Gemeinschaft) würden solch eklatante Verletzungen des Völkerrechts und Einschränkungen der nationalen Souveränität entschieden zurückdrängen.
- **„Wild, Wild North":** Die Instabilität dieses Szenarios würde die Mitglieder der Arktischen Acht vor große Herausforderungen bei der Herstellung von Rechtsstaatlichkeit und gerechten Zugangs zu arktischen Ressourcen stellen.

Bei der Anwendung dieser Technik besteht nun der nächste Schritt für Ihr Team darin, die Hauptakteure zu identifizieren – in diesem Fall:

- Nationalstaaten (Mitglieder der „Arctic Eight", aber auch China)
- Internationale Organisationen und Konventionen
- Arktischer Rat
- NATO
- EU
- Global operierende Konzerne (z. B. Banken, Versicherungen oder Ölkonzerne)
- Russische Kleptokraten
- Einzelpersonen, die bereit sind, mit russischen Kleptokraten zusammenzuarbeiten.

Anschließend bewertet Ihr Team, wie sehr sich jeder Akteur für die voraussichtlichen Auswirkungen der jeweiligen Szenarien interessieren würde (Betroffenheit). Der Bewertung liegt auch die Einschätzung zugrunde, wie motiviert ein Akteur zum Handeln wäre, nicht jedoch, wie wahrscheinlich ein entsprechendes Handeln tatsächlich ist. Ihr Team vergibt für jeden Akteur eine Bewertung anhand folgender Skala:

- Sehr wünschenswert (WW)
- Wünschenswert (W)
- Neutral (N)
- Unerwünscht (U)
- Sehr unerwünscht (UU)

Im Anschluss führt Ihr Team die folgenden Schritte durch:

1. Bewertung der Fähigkeiten (oder Ressourcen) jedes Akteurs, auf das jeweilige Szenario zu reagieren; die Bewertungsskala ist dreistufig – hoch (H), mittel (M) oder niedrig (N).
2. Bewertung der Absicht der einzelnen Akteure, auf die Szenarien zu reagieren; wieder ist die Bewertungsskala dreistufig – hoch (H), mittel (M) oder niedrig (N).

Auf Grundlage der zugewiesenen Bewertungen für die Kriterien „Ausprägung des Interesses", „Fähigkeit" und „Absicht" weist Ihr Team nun jedem Akteur eine Priorität zu. Hierbei gibt es die folgenden Prioritätsstufen:

- Akteur mit Prioritätsstufe 1: Sehr hohe Bewertung des Akteurs („WW"/„UU") hinsichtlich des Interesses bzw. der Betroffenheit des Akteurs im jeweiligen Szenario; ferner eine hohe Bewertung seiner Fähigkeiten wie auch seiner Absichten.
- Akteur mit Prioritätsstufe 2: Hohe Bewertung des Akteurs hinsichtlich der Kriterien Fähigkeiten und Absichten („H").
- Akteur mit Prioritätsstufe 3: Sehr hohe Bewertung des Akteurs („WW"/„UU") hinsichtlich seiner Interessen sowie eine hohe Bewertung entweder hinsichtlich seiner Fähigkeiten oder seiner Absichten.
- Akteur mit Prioritätsstufe 4: Hohe Bewertung des Akteurs entweder für seine Fähigkeiten oder seine Absichten.
- Alle anderen Akteure: Prioritätsstufe 5.

Nach Abschluss des Bewertungsprozesses sind nur noch drei weitere Schritte im Prozess zu erledigen:

1. Sortieren der Zeilen innerhalb der Matrix entsprechend der Prioritätsstufen von Stufe 1 bis Stufe 5.
2. Notieren Sie die zwei bis drei wichtigsten Faktoren, die jeden Akteur oder seine Reaktion am ehesten beeinflussen oder beeinträchtigen würden.
3. Entwickeln Sie Ideen, wie der Adressat die Entwicklung der einzelnen Szenarien am ehesten verhindern könnte (siehe beispielhaft Abb. 6.28, 6.29 und 6.30 für eine Reihe ausgesuchter Akteure).

Im Anschluss präsentieren Sie und Ihr Team die wichtigsten Ergebnisse Ihren Vorgesetzten (siehe hierzu auch das folgende Kapitel „Analyseprodukte optimieren"). Sie fordern das Team auf, die generierten Indikatoren regelmäßig zu überwachen und monatlich darüber zu berichten, welche der Leit-Szenarien wahrscheinlicher werden und damit auch, zu welchem Zeitpunkt politische Entscheidungsträgerinnen und Entscheidungsträger über Veränderungen informiert werden sollten.

Akteursbewertung						
Hauptakteure	Ausprägung des Interesses	Fähigkeit H/M/N	Absicht H/M/N	Prioritätsstufe 1-5	Schlüsseltreiber	Mögliche Strategie
Russland	WW	H	H	1	Hohe Nachfrage nach Ressourcen	Verstärkte Sicherheitspräsenz in der Region; Abbau von Ressourcen
USA	UU	M	H	2	Wunsch nach Aufrechterhaltung des Machtgleichgewichts in der Region	Bau von Eisbrechern zur Verbesserung der militärischen Fähigkeiten
Bankwesen	UU	N	H	3	Wirtschaftliche Chancen	Finanzierung von Projekten in der Arktis
Versicherungswirtschaft	U	M	H	5	Fehlende regionale Governance	Engagement für den Arktischen Rat vorantreiben
EU	U	M	M	5	Wunsch nach Aufrechterhaltung des Machtgleichgewichts in der Region	Auf eine stärkere Rolle der Arktischen Acht und unterstützender Staaten drängen, um ein Gegengewicht zum russischen Einfluss in der Region zu etablieren

Interessenausprägungen: äußerst wünschenswert (WW), wünschenswert (W), neutral (N), unerwünscht (U), äußerst unerwünscht (UU).

Abb. 6.28 Szenario: „Red Ice"; Handlungsempfehlung: Begrenzung der russischen Hegemonie in der Arktis. (Quelle: Copyright 2024 Pherson. All Rights Reserved)

Akteursbewertung						
Hauptakteure	Ausprägung des Interesses	Fähigkeit H/M/N	Absicht H/M/N	Prioritätsstufe 1-5	Schlüsseltreiber	Mögliche Strategie
EU	UU	M	H	3	Notwendigkeit zur Verteidigung der Souveränität von Verbündeten; Gewährleistung von Rechtsstaatlichkeit	Verhängung von Sanktionen; Beseitigung der Abhängigkeit von fossilen Brennstoffen
Bankwesen	W	H	M	3	Der Wunsch, neue Märkte zu erschließen	Günstige Angebote für Investoren
Versicherungswirtschaft	W	H	M	3	Möglichkeit, neue Kunden zu gewinnen	Öffentlich auf die Wichtigkeit des Schutzes von Investitionen in volatilen Umgebungen hinweisen
USA	UU	M	M	5	Notwendigkeit zur Verteidigung der Souveränität von Verbündeten; Gewährleistung von Rechtsstaatlichkeit	Verhängung von Sanktionen; Mobilisierung der Arktischen Acht (minus Russland) zur Durchsetzung von Rechtsstaatlichkeit
China	N	M	N	5	Wunsch nach einer Ausweitung der Neuen Seidenstraße auf die Region	Suche nach Möglichkeiten zur Zusammenarbeit mit wichtigen Akteuren

Interessenausprägungen: äußerst wünschenswert (WW), wünschenswert (W), neutral (N), unerwünscht (U), äußerst unerwünscht (UU).

Abb. 6.29 Szenario: „Corporate Coldbox"; Handlungsempfehlung: Widerstand gegen eklatante Verletzungen des Völkerrechts und der nationalen Souveränität und Ausschluss anderer Akteure aus der Region. (Quelle: Copyright 2024 Pherson. All Rights Reserved)

Akteursbewertung						
Hauptakteure	Ausprägung des Interesses	Fähigkeit H/M/N	Absicht H/M/N	Prioritätsstufe 1-5	Schlüsseltreiber	Mögliche Strategie
Russland	WW	H	H	1	Wunsch, die Ausbeutung von Öl- und Gasressourcen zu optimieren	Verstärkung der Sicherheitspräsenz in der Region; Förderung ausländischer Investitionen
USA	UU	M	H	2	Wunsch, eine Umgebung zu schaffen, die einen freien und sicheren Zugang zur Region ermöglicht	Mobilisierung der Arktischen Acht, um die Sicherheitspräsenz zu erhöhen, Standards festzulegen und Rechtsstaatlichkeit durchzusetzen
Bankwesen	UU	N	H	3	Wunsch, neue Märkte zu erschließen	Starten einer umfangreichen Internet-/Social-Media-Werbekampagne
Versicherungswirtschaft	U	M	H	5	Fehlende regionale Governance	Auf mehr Engagement des Arktischen Rates drängen
EU	U	M	M	5	Wunsch, eine Umgebung zu schaffen, die einen freien und sicheren Zugang zur Region ermöglicht	Organisation einer Arbeitsgruppe, die sich mit der Frage befasst, wie die Sicherheitspräsenz am besten erhöht, Standards etabliert und Rechtsstaatlichkeit durchgesetzt werden kann.
China	U	N	H	5	Wunsch nach einer Ausweitung der Neuen Seidenstraße auf die Region	Verträge zum Aufbau einer Präsenz (Häfen, Infrastruktur, Arbeitskräfte) an den Zugängen zum Arktischen Ozean anstreben

Interessenausprägungen: äußerst wünschenswert (WW), wünschenswert (W), neutral (N), unerwünscht (U), äußerst unerwünscht (UU).

Abb. 6.30 Szenario: „Wild, wild North"; Handlungsempfehlung: Beibehaltung des Status quo. (Quelle: Copyright 2024 Pherson. All Rights Reserved)

7 Analyseprodukte optimieren

Zusammenfassung

Das Organisieren und Erstellen eines Analyseproduktes ist eine Fähigkeit, die erlernt werden muss. Sie braucht Zeit, um sich zu entwickeln; sie erfordert harte Arbeit und gezielte Aufmerksamkeit. Die Investition von Zeit und Energie wird sich jedoch in Ihrem gesamten beruflichen und privaten Leben auszahlen. Starke Kommunikations- und Schreibfähigkeiten werden Ihnen stets gute Dienste leisten.

The „Analyst's Roadmap" (Abb. 7.1) gibt einen Überblick über den Prozess der Erstellung und Vermittlung eines hochwertigen Analyseprodukts. Die Roadmap ist ein Hilfsmittel für Analysten, weil sie Orientierung bietet: Auf einen Blick erschließt sich, welche Prozessschritte notwendig sind und nacheinander folgen und welche Strukturierten Analysetechniken bei der Entwicklung eines Analyseprodukts hilfreich sein könnten. Die Roadmap wurde von Katja Petzold, Kriminalitätsanalystin beim Landeskriminalamt Hamburg, konzipiert und im Rahmen bundesweiter Gremienarbeit als idealtypischer Prozess anerkannt. Sie wird im Rahmen der Ausbildung zum Kriminalitätsanalysten an der Deutschen Hochschule der Polizei als Veranschaulichung des Analyseprozesses genutzt. Wenn Sie die Roadmap mit all ihren flexibel einzusetzenden Elementen als Orientierungsrahmen nutzen, können Sie Ihre Ideen effektiver und effizienter zu Papier bringen. Das Ergebnis: Der Adressat oder die Adressatin wird ein auf die jeweiligen Bedürfnisse zugeschnittenes Produkt erhalten. Damit kommunizieren Analystinnen und Analysten das Wesentliche reflektiert und verantwortungsvoll und schaffen damit einen Mehrwert sowie eine solide Basis für die Entscheidungsfindung.

O. Donner et al., *Klarheit im Denken*, Sicherheit, Strategie & Innovation,
https://doi.org/10.1007/978-3-031-62117-8_7

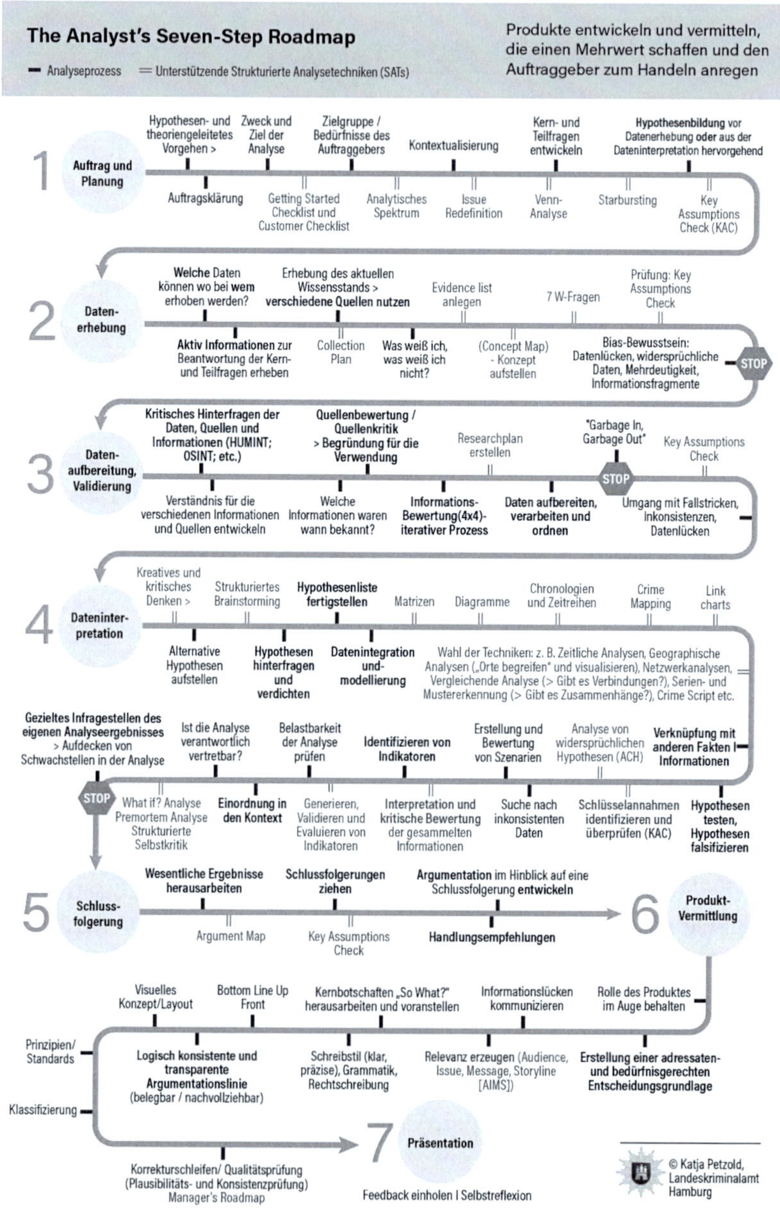

Abb. 7.1 The Analyst's Roadmap. (Quelle: Katja Petzold, Landeskriminalamt Hamburg)

7.1 Die richtige Herangehensweise

Die Grundprinzipien effektiver Produkte sind leicht zu verstehen (siehe Abb. 7.2). Den Ausgangspunkt sollte stets der Kontext liefern, in dem Sie das Produkt für Ihre Adressatin oder Ihren Adressaten anfertigen.

Ausgehend vom Gesamtkontext müssen Sie sich dann klar machen, welchen Notwendigkeiten und Zwängen Ihre Adressatin oder Ihr Adressat ausgesetzt sind. Ferner ist relevant, welche Motivationen und Ziele er oder sie vor diesem Hintergrund verfolgt. Denn aus diesen Faktoren ergibt sich der tatsächliche Bedarf. Deshalb ist es zwingend notwendig, diesen zu verstehen, bevor der Rahmen eines Analyseproduktes abgestimmt wird. Die beste Vorgehensweise, um zu erkennen, was Adressatinnen und Adressaten brauchen, ist: sich in ihre Lage zu versetzen. Je mehr Sie versuchen, ihre Prioritäten, Belastungen und Ziele zu verstehen, desto

Abb. 7.2 Neun Prinzipien für effektives Schreiben. (Quelle: Copyright 2024 Pherson. All Rights Reserved)

besser können Sie abschätzen, was sie von Ihnen brauchen und sich entsprechend darauf einstellen. Folgende Fragen können als Orientierungsrahmen dienen:

Welche Rolle nehmen Ihre Adressaten ein? Entscheidend sind die Verantwortlichkeiten der Adressaten. Die Frage lautet dabei, welche Analyseprodukte sie für ihren Job benötigen. Eher eine Faktensammlung, eine Bewertung bestimmter Entwicklungen oder Prognosen zu künftigen Trends? Wichtig ist auch zu wissen, wem sie unterstellt sind und welche Entscheidungen sie treffen müssen.

Welche Interessen haben Ihre Adressatinnen? Achten Sie auf die wichtigsten Anliegen Ihrer Adressatinnen. Sind sie auf der Suche nach bestimmten Daten, um zum Beispiel eine aktuelle Politik zu untermauern? Oder sollen eher Probleme und Herausforderungen beschrieben werden? Sobald Sie das Anliegen kennen, können Sie entscheiden, ob ein Sachverhalt eine Chance oder eine Bedrohung ist oder zur Entscheidung anliegt und wie Sie Ihr Analyseprodukt am besten gestalten.

Über welches Fachwissen verfügen Ihre Adressaten? Für jedes Produkt ist es entscheidend zu verstehen, wie gut Ihre Adressaten über das Thema Bescheid wissen. Der Wissensstand bestimmt, ob Begriffe definiert werden müssen, wie viele Belege erforderlich sind, ob historische Details einbezogen werden sollten und wie viel Kontext notwendig ist. Wichtig ist auch zu ergründen, wo Entscheidungsträger Unbekannte, Ungewissheiten oder widersprüchliche Informationen sehen.

Wie nehmen Ihre Adressatinnen Informationen auf? Bevorzugen sie schriftliche Formate oder hätten sie Informationen lieber mündlich, als Printprodukt, auf dem Computer, eher textlastig oder grafisch aufbereitet? Soll das Produkt kurz oder lang sein, in Absätzen oder Aufzählungen?

Wie ist die Zusammenarbeit mit Ihrer Organisation? Hat der Adressat eine Frage gestellt? Versuchen Sie zu informieren, zu überzeugen oder zu warnen? Ist eine Maßnahme zu ergreifen oder sind Optionen zu erwägen? Möchte die Anfragende mehr über eine Situation erfahren oder ist sie bereits gut informiert und möchte sich nur vergewissern, dass sie für eine Entscheidung über die neuesten Fakten und Analysen verfügt? Wenn Sie befürchten, dass eine Frage schlecht formuliert oder schlichtweg falsch ist, sollten Sie sich vor der Antwort um Klärung bemühen (siehe Kap. 3).

Welche anderen Informationsquellen nutzen Ihre Adressatinnen? Lesen sie bestimmte Publikationen, schauen sie bestimmte Nachrichtensendungen? Welche

Blogs oder Newsfeeds haben sie abonniert? Haben sie Expertinnen in ihren Reihen, die Ihre Analyse für sie filtern oder erklären?

Was wird Ihr Adressat mit Ihren Informationen und Erkenntnissen anfangen? Versetzen Sie sich so gut es geht in den Adressaten hinein. Überlegen Sie, in welcher Lage er sich befindet, welchen Kontext es gibt, und wählen Sie Ihre Maßnahmen auf dieser Basis. Je besser Sie das Umfeld und den größeren Zusammenhang für Ihre Analyse kennen, desto besser können Sie auf den Bedarf des Adressaten eingehen.

Können Sie das Problem eingrenzen? Analysten übersehen oft, wie bedeutsam es ist, ihren Adressaten mitzuteilen, was nicht wichtig ist. Doch gerade vielbeschäftigte Menschen sind dankbar, wenn sie erfahren, worum sie sich nicht kümmern müssen. Einige der positivsten Rückmeldungen gibt es von Entscheidungsträgern, wenn sie erfahren, dass sich eine Situation höchstwahrscheinlich nicht zu einer Krise ausweitet.

Abb. 7.3 zeigt eine einfache Adressaten-Checkliste, mit der Analystinnen und Analysten sicherstellen können, dass sie den Bedarf eines Adressaten umfassend berücksichtigt haben. Die Checkliste hilft auch, sich auf das Wesentliche zu konzentrieren.

Sobald der Bedarf verstanden wurde, kann die richtige Kernfrage erarbeitet werden. Entweder als Variation der Ausgangsfrage von Adressatin oder Adressat oder als proaktive Maßnahme des Analyseteams. Wie das am besten funktioniert, können Sie in Kap. 3 nachlesen. Nach dem Durchlaufen des eigentlichen Analyseprozesses, geht es dann an das Organisieren Ihres Produktes.

Wenn Sie mit Ihrem Projekt beginnen, sollten Sie sich außerdem die Frage stellen: „Muss ich jenseits meines eigenen Computers das Wissen von Kolleginnen und Fachleuten nutzen?" Oft kann ein kurzes Treffen oder ein Telefonat unzählige Stunden an Recherchen ersparen, weil der kontaktierte Experte schnell die nötigen Informationen liefern oder die besten Quellen vorschlagen kann.

Legen Sie zu Beginn eines Projekts nach der Operationalisierung der Fragestellung(en) auch fest, welche Strukturierten Analysetechniken eingesetzt und wann diese durchgeführt werden sollen. Techniken wie „Circleboarding", „Mind Maps" und „Cluster Brainstorming" helfen Analystinnen und Analysten, Daten schnell und umfassend zu erfassen und die wichtigsten Informationslücken zu identifizieren. Bei umfangreicheren Analyseprojekten sollte zu Beginn fast immer eine Überprüfung der Schlüsselannahmen („Key Assumptions Check") eingeplant werden. Eine „Premortem Analyse" und eine Strukturierte Selbstkritik sollten etwa nach zwei Dritteln der Projektlaufzeit durchgeführt werden, wenn die Recherchen abgeschlossen sind,

Adressaten-Checkliste

Die folgenden Fragen helfen dabei herauszufinden, wie Sie den größten Mehrwert für Ihre Adressatin oder Ihren Adressaten generieren können.

1. Für welche Adressatin oder welchen Adressaten wird dieses Produkt hauptsächlich erstellt? (Key-Customer)
2. Wird das Produkt die gestellte Frage beantworten? Wurde die richtige Frage gestellt, oder müssen Sie Ihre Antwort in einen breiteren Kontext einbetten, um von dort aus auf die gestellte Frage einzugehen?
3. Welche Kernbotschaft müssen Sie vermitteln? Welchen Mehrwert liefern Sie mit Ihrer Antwort?
4. Wie wird die Adressatin oder der Adressat diese Information vermutlich nutzen?
5. Wie viel Zeit hat Ihre Adressatin oder Ihr Adressat, um sich mit Ihrem Produkt zu beschäftigen?
6. Welches Format würde die Informationen am effektivsten vermitteln?
7. Ist es möglich, die Kernbotschaft in einer oder wenigen Grafiken zu vermitteln?
8. Wie hoch ist die Toleranz der Adressatin oder des Adressaten gegenüber Fachtermini und Details? Können Sie Details, Hintergrundinformationen oder Grafiken in Anhängen bereitstellen?
9. Muss die Verteilung dieses Dokuments eingeschränkt werden? Welche Einstufung ist am besten geeignet? Sollten Sie verschiedene Produkte mit unterschiedlichen Einstufungen erstellen?
10. Würde Ihre Adressatin oder ihr Adressat erwarten, dass Sie sich an andere Expertinnen und Experten wenden, um deren Fachwissen bei der Erstellung des Produktes zu nutzen? Falls ja, wie würden Sie deren Beitrag im Produkt kennzeichnen?

Abb. 7.3 Adressatencheckliste. (Quelle: Copyright 2024 Pherson. All Rights Reserved)

das Ergebnis feststeht und die eigentliche Arbeit an der schriftlichen Erstellung des Produkts beginnt.[1]

7.2 Eine Checkliste für den Projektstart

Die Einstiegscheckliste (siehe Abb. 7.4) ist ein Instrument, das Analystinnen und Analysten verwenden sollten, wenn sie in ein neues Analyseprojekt starten. Mit der Checkliste schaffen sie von Beginn an eine solide Grundlage und stellen sicher, dass sich ihre Arbeit auf die wichtigen und für die Aufgabenstellung relevanten Teile konzentriert.

[1] Eine Diskussion darüber, wann und wie diese Techniken eingesetzt werden, findet sich in Pherson's Handbook of Analytic Tools and Techniques, 5. (2019) und Pherson and Heuer's Structured Analytic Techniques for Intelligence Analysis, 3rd ed. (2021).

Einstiegscheckliste

- ✓ Was hat den Bedarf an der Analyse ausgelöst? War es zum Beispiel ein Nachrichtenbericht, eine neue Entwicklung, ein neuer Geheimdienstbericht, die Wahrnehmung einer Veränderung oder eine Adressatenanfrage?
- ✓ Was ist die wichtigste nachrichtendienstliche, politische oder unternehmerische Frage, die beantwortet werden muss? Beantworten wir die richtige Frage?
- ✓ Warum ist dieses Thema wichtig, und wie können wir einen einzigartigen und sinnvollen Beitrag leisten?
- ✓ Wurde diese oder eine ähnliche Frage bereits von uns oder jemand anderem beantwortet, und was wurde dabei gesagt? An wen wurde diese Analyse gerichtet, und was hat sich seitdem geändert?
- ✓ Wer sind die wichtigsten Adressaten? Sind ihre Bedürfnisse gut bekannt? Welche Sorgen, Nöte und Ziele treiben diese um?
- ✓ Gibt es noch andere Betroffene (stakeholder), die ein Interesse an der Antwort haben könnten? Würde einer von ihnen es vorziehen, dass eine andere Frage beantwortet wird?
- ✓ Wie schnell wird eine Antwort auf die Frage benötigt? Wie viel Zeit haben wir für die Recherche, den Entwurf des Analyseproduktes, die Überprüfung und die Abgabe unseres finalen Produktes?
- ✓ Was sind mögliche Antworten auf die Frage? Welche alternativen Erklärungen oder Ergebnisse sollten in Betracht gezogen werden, bevor ein analytisches Urteil zur Frage gefällt wird?
- ✓ Welche Strukturierten Analysetechniken würden uns bei der Erstellung unserer Analyse am meisten helfen?
- ✓ Welche potenziellen Informationsquellen wären am nützlichsten und effizientesten, um mehr über dieses Thema oder diese Frage zu erfahren?
- ✓ An wen sollten wir uns wenden, wenn wir Fachwissen, Informationen oder Unterstützung innerhalb unserer Organisation oder außerhalb unserer Organisation benötigen?
- ✓ Sollten wir eine erste Brainstorming-Sitzung durchführen, um Schlüsselannahmen zu ermitteln und in Frage zu stellen, um die wichtigsten Informationen zu prüfen, die wichtigsten Treiber und die wichtigsten Akteure zu identifizieren, alternative Erklärungen zu entwickeln, alternative Hypothesen aufzustellen und zu entscheiden, welche Grafiken in das Produkt aufgenommen werden sollten?

Abb. 7.4 Einstiegscheckliste. (Quelle: Copyright 2024 Pherson. All Rights Reserved)

Nehmen Sie sich auch bei kurzen Produkten ein paar Minuten Zeit, um zu Beginn einige dieser grundlegenden Fragen zu klären. Das macht den Produktionsprozess in der Regel effizienter. Folgende Fragen sind auf jeden Fall vorab zu klären:

- Wann endet die Abgabefrist?
- Wer ist die Hauptadressatin/der Hauptadressat?
- Müssen wir vor dem ersten Entwurf weitere Informationen einholen?
- Muss jemand alarmiert oder gewarnt werden?

Eine längere Checkliste hilft dabei, eine Vorgehensweise für mittel- und längerfristige sowie digitale Produkte zu entwickeln. Sie hilft auch bei der Suche nach den besten Informationen. Und sie erleichtert die Nutzung des besten Fachwissens und den Einsatz der richtigen Analysetechniken. Wenn beispielsweise rechtzeitig danach gefragt wird, ob bereits ein Produkt zu einem bestimmten Thema existiert, lassen sich damit Stunden oder sogar Tage unnötiger Arbeit vermeiden.

Strukturierte Analysetechniken eignen sich, um benötigte Daten zu ermitteln, zu analysieren und auf überzeugende Weise darzustellen. Abb. 7.5 fasst zusammen, wie gut fünfzehn Strukturierte Analysetechniken (SATs) diese drei Funktionen erfüllen. „Argument Maps" und „Link Charts" erfüllen beispielsweise alle drei Funktionen gut, aber die meisten anderen SATs sind in einigen Bereichen stärker und in anderen schwächer.

7.3 Das Ziel des Produkts bestimmen

Eine weitere Option, um sich ein Konzept für die Strukturierung Ihres analogen oder digitalen Produkts zu machen, besteht darin, sich zunächst durch die ZIEL-Technik grundsätzliche Leitfragen zu den Elementen Ihrer Analyse zu stellen und zu beantworten. Die Leitfragen beziehen sich auf die Elemente Zielgruppe, Inhalt, Essenz und Logik (siehe Abb. 7.6).

Zielgruppe Führungskräfte in Unternehmen und Behörden sind beschäftigte Menschen. Viele befinden sich die meiste Zeit ihres Arbeitstages in Sitzungen und verarbeiten neue Informationen innerhalb kurzer Zeiträume. Sie haben häufig starke Ansichten zu den Themen, über die Sie Produkte erstellen. In einigen Fällen kennen die Adressaten sogar die Akteure, die im Mittelpunkt der in Ihrem Produkt beschriebenen Entwicklung stehen, vielleicht sogar persönlich oder haben gerade mit einem von ihnen telefoniert. Das Informationszeitalter, in dem wir leben, bedingt außerdem, dass Ihre Adressaten den Bericht oder die Berichte bereits kennen, die Ihrem eigenen Produkt als Grundlage dienen. Auch haben sie daraus möglicherweise bereits erste Schlüsse gezogen. Als erstes sollten Sie die primäre Zielgruppe bestimmen.

- Handelt es sich um einen kurzes, hochkonzentriertes Produkt für einen hochrangigen Adressaten? Oder um einen längeren, detaillierteren Bericht, der sich an einen weniger strategischen, sondern eher taktischen oder operativen Kundenkreis richtet?

Strukturierte Analysetechnik	Nutzbarkeit der Analysetechnik, um:		
	zu prüfen, welche Informationen benötigt werden	Informationen zu analysieren	Informationen für die Veröffentlichung zu visualisieren
Key Assumption Check	H	N	N
Mind Maps	H	N	N
Circleboarding™	H	N	N
Cluster Brainstorming	H	M	N
Chronologien	H	M	N
Timelines	H	M	M
Matrix	H	M	M
Argument Maps	H	H	M
Starbursting	M	H	N
Analyse konkurrierender Hypothesen (ACH)	M	H	N
Inconsistency Finder™	N	H	M
Link Charts	M	H	H
Venn Diagramm	M	M	H
Gantt Charts	M	M	H
Flow Charts	N	M	H
H = Hoch, M = Mittel, N = Niedrig			

Abb. 7.5 Bewertung der Nützlichkeit von SATs zur Extraktion, Analyse und Präsentation von Daten. (Quelle: Copyright 2024 Pherson. All Rights Reserved)

- Oder ist ihr Produkt auch im Internet abrufbar und für ein breiteres Publikum bestimmt?
- Gibt es mehr als einen Hauptauftraggeber? Falls ja, kann es sinnvoll sein, von Anfang an zwei Produkte parallel zu entwerfen und zu verfassen? Das hat den Vorteil, dass man auf Adressatenbedürfnisse einzeln und gezielt eingehen kann.

Abb. 7.6 Bestimmen Sie das ZIEL Ihres Analyseproduktes. (Quelle: Copyright 2024 Pherson. All Rights Reserved)

Je nachdem, wer die primäre Adressatin ist, variiert auch der Grad an Ausführlichkeit, den es braucht, um Argumente zu untermauern. Wichtig sind zudem folgende Fragen: Handelt es sich um ein Thema, das die Adressatin aufmerksam verfolgt? Oder stellen Sie ein neues Thema vor, das mehr Hintergrund und Kontext braucht?

Damit die Zielgruppe Ihr Produkt auch wirklich liest und wahrnimmt, muss es relevant, gut geschrieben und glaubwürdig sein. Es sollte keine Hinweise auf Voreingenommenheit oder Schludrigkeit enthalten. Andernfalls werden Ihre Adressaten das Produkt nicht zu Ende lesen und sich in ihrem hektischen Alltag schnell anderen Aufgaben zuwenden. Als unterstützende Analysetechnik für den Schritt Zielgruppe kann Ihnen auch die Adressatencheckliste helfen (siehe Abb. 7.3).

Inhalt (der Fragestellung oder des Themas). Mit welchen Problemen kämpft Ihr Adressat derzeit oder künftig? Was ist gegenwärtig seine größte Sorge oder sein größtes Bedürfnis? Ist die Fragestellung zielgerichtet, umsetzbar und auf mehrfache Weise zu beantworten?

Die Identifizierung der richtigen Frage(n) dient während der gesamten Bearbeitung als wichtigster Kompass (siehe Kap. 3). Sie können nicht überzeugend argumentieren, wenn Sie nicht alle Facetten der zu behandelnden Frage(n) durchdacht haben. Bei jedem Analyseproblem ist es lohnenswert, sich Gedanken zu den fünf folgenden Teil-Fragen oder Komponenten zu machen.

- Die Frage nach dem „Was?“: Die Entwicklung oder das Ereignis, das eingetreten ist.
- Die Frage „Warum jetzt?“: Die Erklärung, warum die Entwicklung jetzt eingetreten ist, wobei der Schwerpunkt auf den Motiven der Hauptakteure Ihres Produktes liegt. Welches sind die Kräfte oder Faktoren, die die Entwicklung vorantreiben?
- Die Frage nach den „bisherigen Auswirkungen“: Was hat sich durch die Entwicklung bis jetzt verändert?

- Die Frage „Wie geht es weiter?" oder der Ausblick: Wohin die Entwicklung wahrscheinlich gehen wird oder gehen könnte.
- Und schließlich die „Folgen": Was bedeutet das Ereignis oder die Entwicklung für Ihre Adressaten? Helfen sie ihnen, bessere Entscheidungen zu treffen? Werfen sie Chancen oder Gefahren auf? Gibt es Ansatzpunkte, um die weitere Entwicklung zu beeinflussen? Wird in Ihrem Produkt ausreichend betrachtet, was getan werden kann und was Handeln erschwert?

Essenz. Was ist die Quintessenz oder Kernbotschaft, die Sie in einem Satz vermitteln wollen? Was ist die Kernaussage oder „Fahrstuhlrede" („Elevator Pitch"), die Sie zwischen zwei Etagen in einem Fahrstuhl halten würden? Wenn Sie Ihre Kernbotschaft nicht deutlich formulieren können, hat das möglicherweise zur Folge, dass Sie:

- sich in Hintergrunddetails verlieren und dass Ihre Zeit vorüber ist, bevor Sie beim Hauptthema angelangt sind; nämlich zu erklären, wie Ihr Adressat betroffen sein könnte.
- einer Führungskraft Ihres Unternehmens mitteilen, die Entwicklungen in einer bestimmten Branche werden den Preis einer Ware erhöhen, an der ihr Unternehmen wenig Interesse hat.
- einem politischen Entscheidungsträger erklären, welche Recherche Sie durchgeführt haben, statt die Auswirkungen Ihrer Ergebnisse auf die nationalen Interessen Ihres Landes aufzuzeigen.

Die Essenz oder Kernbotschaft leitet Sie während des gesamten Produktionsprozesses. Um sie gruppieren sich alle Elemente Ihres Produktes. Mit einer klaren und zielgerichteten Kernbotschaft erhöhen Sie die Wahrscheinlichkeit, Ihre Ziele zu erreichen. Deshalb sollte sie auch direkt am Anfang Ihres Produkts auftauchen. Wegen ihrer besonderen Bedeutung sollten Sie sich bereits im Vorfeld ausreichend Gedanken dazu machen. Ist sie klar formuliert, ergeben sich die nächsten Schritte und Inhalte automatisch.

Die Kernbotschaft ist natürlich nicht in Stein gemeißelt. Sollten Sie im Analyseprozess neue Informationen erhalten oder dabei feststellen, dass die Kernbotschaft nicht mehr trägt, dann passen Sie sie an. Doch ohne eine Kernbotschaft direkt am Anfang steigt das Risiko, irrelevante Informationen einzubeziehen oder den Fokus zu verlieren.

Logik. Sobald Sie die richtige Frage formuliert und die Essenz Ihres Produktes im Kopf haben, folgen als nächstes Überlegungen zur Logik und zum roten Faden. Sie stellen sicher, dass Ihre Gedanken nachvollziehbar von Absatz zu Absatz fließen und eine überzeugende Argumentationslinie bilden. Hat sich die Argumentationslinie gegenüber früheren Produkten geändert, sollten Sie das deutlich machen und den Grund dafür nennen.

Zu einer überzeugenden Präsentation einer Analyse gehören auch gute Grafiken, die Hauptgedanken visuell darstellen.[2] Sie haben vor allen zwei Funktionen:

- Daten zusammenfassen, damit der Leser sie leichter aufnehmen kann.
- Beziehungen aufzeigen, die den Daten Bedeutung verleihen.

Können Sie Ihre Argumente zusätzlich mit Bildern, Videos oder weiteren Grafiken illustrieren? Können Sie Ihre Kernbotschaft oder ein Schlüsselargument in einer Grafik zusammenfassen? Können Sie wichtige Daten in einer Matrix zusammenfassen? Können Sie Ihren Standpunkt durch Einfügen eines Bildes oder eines Videos besser veranschaulichen? Können die Rezipienten die Daten in einem digitalen Format sortieren oder verändern?

Die wachsende Nachfrage nach Grafiken und anderen Visualisierungen verlangt von Analystinnen und Analysten, dass sie auf drei Ebenen Präsentationsfähigkeiten abrufen können:

- **Wie das Analyseprodukt aussieht.** Tragen die Bilder dazu bei, den Sinn der Geschichte zu vermitteln, und entspricht der Text dem typischen Leseverhalten?
- **Wie das Analyseprodukt übermittelt wird.** Wie fügt sich das Produkt in den kontinuierlichen Informationsstrom des Adressaten ein und wie kann dieser auf das Material zugreifen?
- **Wie das Analyseprodukt aufgebaut ist.** Befindet sich der eigentliche analytische Schluss oder das analytische Urteil direkt am Beginn eines Produktes und wird es durch Daten und solide Belege gestützt? Fließt die Argumentation mühelos?

Analystinnen und Analysten müssen lernen, ein Produkt von Anfang an mit Bildern, Links und interaktiven Elementen zu planen und nicht erst später Anschauungsmaterial hinzuzufügen. Sie sollten sich auf die Bedürfnisse der Adressaten konzentrieren und die Geschichte so verpacken, dass sie möglichst relevant ist, gut erinnert und

[2] Eine Erörterung der Do's and Don'ts bei der Verwendung von Grafiken und der zu vermeidenden Fallstricke findet sich in Pherson und Pherson, Critical Thinking for Strategic Intelligence, 3rd ed. (2021), Kapitel 18. Wie können Grafiken meine Analyse unterstützen?, S. 254.

leicht abgerufen werden kann. Dies gelingt eher, indem man nicht-lineare und nutzergesteuerte Formate wählt, bei denen der Adressat oder die Adressatin selbst bestimmen kann, was er oder sie liest. In linearen und nutzerleitenden Formaten hingegen müssen Adressatinnen und Adressaten einen Text von Anfang bis Ende lesen, um relevante Informationen zu erhalten.

Wenn Sie die vier ZIEL-Elemente vor der Erstellung Ihres ersten Entwurfes nicht berücksichtigen, wird Ihr Produkt womöglich an den Bedürfnissen der Adressaten vorbeigehen. Wahrscheinlich brauchen Sie auch mehr Zeit bis zur Veröffentlichung, weil anschließend Redaktions- und Koordinierungsrunden nötig sind, die ansonsten überflüssig wären. Dadurch kann das Produkt an Aktualität verlieren und ist dann bei Fertigstellung möglicherweise nicht mehr relevant.

7.4 Ein letzter Blick

Gute Autoren wissen, dass sie mit dem ersten Entwurf nicht fertig sind. Bevor ein Produkt eingereicht wird, muss es einer inhaltlichen Überprüfung und einer Korrektur unterzogen werden. Ihre Glaubwürdigkeit hängt davon ab, logische Brüche, sachliche Fehler, Mängel in der Analyse, Rechtschreibfehler und grammatikalische Fehler möglichst zu vermeiden. Der erste Schritt besteht in einer soliden Korrektur. Prüfen Sie außerdem Aufbau und Fluss des Textes, die Prägnanz der Sprache sowie Rechtschreib- und Grammatikfehler. Schon kleine Fehler lassen den Leser oder die Leserin an der Seriosität des Produkts zweifeln.

Der Schlüssel zu einer effektiven Überprüfung liegt darin, sich abermals in die Lage des Adressaten zu versetzen. Stellen Sie sich abschließend drei Fragen:

- Was war das ZIEL (Zielgruppe, Inhalt, Essenz und Logik) des Produktes oder der digitalen Präsentation?
- Ist das Produkt kundenorientiert und überzeugend?
- Ist das Produkt gut verpackt und präsentiert?

Die finale Korrektur kostet Zeit, insbesondere bei längeren Arbeiten. Planen Sie mehrere Korrekturschleifen ein und berücksichtigen Sie dies auch in Ihrem Produktionsplan. Die meisten Unternehmen arbeiten mit Checklisten für solche Korrekturen.[3] Ein guter Autor nutzt diese Checklisten und überarbeitet seine Texte, bevor er sie seinem Chef vorlegt. Stellen Sie vor allem sicher, dass alles durch gute Argumente und überzeugende Belege untermauert ist.

[3] Ein guter Ausgangspunkt für die Überprüfung ist die Checkliste für analytische Autoren, die 14 grundlegende Fragen stellt. Für kurze Arbeiten, die unter Zeitdruck verfasst werden, eignet sich die Checkliste Four Golden Questions. Für längere Bewertungen oder Schätzungen empfehlen die Autoren die Checkliste Evaluating Major Assessments. Alle drei Checklisten finden sich im Analytic Writing Guide von Louis M. Kaiser und Randolph H. Pherson (2021), Reston, VA: Pherson Associates, LLC.

Strukturierte Analysetechniken 8

Zusammenfassung

Die Analysetechniken, die wir Ihnen anhand der drei Fallbeispiele vorgestellt haben, bezeichnet man als „strukturierte Analysetechniken", weil sie – je nach erkenntnisleitender Fragestellung – unterschiedlichen Methoden-Familien zugeordnet werden können. Analysten unterscheiden fünf unterschiedliche Familien von Analysetechniken: Explorationstechniken (Sammlung von Evidenzen), Diagnose-Techniken (Sinngebung), Reframing-Techniken (Perspektivwechsel), Vorausschau-Techniken (Denken in alternativen Zukünften), Techniken zur Entscheidungsunterstützung (Eruierung von Handlungsoptionen). Neben der Identifizierung erkenntnisleitender Fragestellungen kommt der Auswahl geeigneter Analysetechniken in den unterschiedlichen Phasen der Aufklärungsarbeit eine entscheidende Bedeutung zu – ganz im Sinne Paul Watzlawicks: Denn wenn mein einziges Werkzeug ein Hammer ist, dann sieht jedes Problem wie ein Nagel aus. Wohl jenen, die einen gut gefüllten Werkzeugkoffer haben.

8.1 Explorationstechniken

Explorationstechniken helfen Analystinnen und Analysten die Startphase von Analyseprojekten zielführend zu gestalten, indem Daten systematisch erfasst und verstanden werden, das Denken um neue Kategorien erweitert wird und Informationslücken, Verbindungen und Beziehungen aufgedeckt werden.

Eine anhaltende Debatte im Analysebereich ist die Frage, ob Personen mit tiefgreifendem Fachwissen oder aber kreative Generalisten mit kritischem Denkvermögen die „besten" Analysten sind. In Wirklichkeit trifft beides zu; dabei

O. Donner et al., *Klarheit im Denken*, Sicherheit, Strategie & Innovation,
https://doi.org/10.1007/978-3-031-62117-8_8

neigen Spezialisten mit einem ausgeprägten Fachwissen dazu, sich hauptsächlich auf ihr eigenes Gebiet zu konzentrieren, während Generalisten, die im Laufe ihrer Karriere oft von einem Thema zum anderen wechseln, als etwas oberflächlich gelten können. Am Ende müssen beide Analysten-Typen im Rahmen ihrer Tätigkeit stets neue Ideen, Prozesse und Verfahren entwickeln, um Adressatinnen und Adressaten zuverlässig vor (bösen) Überraschungen zu schützen.

Explorationstechniken helfen dabei neue Methoden zu entwickeln und bestehende Ideen, Wissen und Erkenntnisse in etwas Neues und Sinnvolles umzuwandeln, potenzielle neue Informationsquellen zu identifizieren oder Lücken in Daten oder Denkprozessen aufzudecken und neue Perspektiven auf altbekannte Fragestellungen zu ermöglichen.

Explorationstechniken sind hilfreich, um dem Impuls entgegenzuwirken, schnelle Antworten auf schwierige Fragen zu geben (Mentale Schrotflinte), die erstbeste Antwort zu wählen, die „gut genug" erscheint (Satisficing), oder die Kohärenz der Geschichte wichtiger werden zu lassen als die Zuverlässigkeit der Daten (Kohärenzfehlschluss). Explorationstechniken helfen Analystinnen und Analysten auch dabei, folgende Fallen zu vermeiden: das Fehlen mentaler Ablagen, die Überinterpretation kleiner Stichproben und die Erwartung marginaler Veränderungen. In den Abb. 8.1 und 8.2 ist aufgeführt, welche Analysetechnik bei der Abschwächung welcher kognitiven Stolperfalle besonders hilfreich ist.

Diese Analysetechnikfamilie umfasst sieben Techniken, die dabei helfen, ihr Denken zu stimulieren und neue Ideen zu entwickeln:

- **Einfaches Brainstorming und Cluster-Brainstorming.** Mehrere Methoden zur Entwicklung von Ideen für Einzelpersonen oder Gruppen.
- **Circleboarding und Starbursting.** Entwicklung von Ideen unter Verwendung der Fragen Wer, Was, Wie, Wann, Wo und Warum.
- **Mind Maps und Concept Maps.** Visuelle Techniken zur Entwicklung von Ideen und zur Identifizierung oder Darstellung von Beziehungen.
- **Venn-Analyse.** Eine visuelle Methode zur Identifizierung von Beziehungen und zur Überprüfung von Logik und Argumenten.

Für die Durchführung aller Brainstorming- oder Explorationstechniken gelten die folgenden Hinweise:

- Kommunizieren Sie den Zweck und das Thema beziehungsweise die Fragestellung der Brainstorming-Session schon vor der tatsächlichen Durchführung.

Bitten Sie die Teilnehmenden bereits mit Ideen zum Brainstorming zu erscheinen oder diese Ideen schon vor der Durchführung an den Moderator zu schicken.

- Kritisieren Sie niemals eine Idee, egal wie seltsam, unkonventionell oder unwahrscheinlich sie auch klingen mag. Versuchen Sie stattdessen herauszufinden, wie die Idee auf die vorliegende Aufgabe angewendet werden könnte.
- Erlauben Sie jeweils nur ein Gespräch zur selben Zeit; stellen Sie sicher, dass jeder die Möglichkeit hat, zu sprechen.
- Planen Sie genügend Zeit ein, um das Brainstorming vollständig durchzuführen. Es dauert oft eine ganze Stunde, um die Spielregeln festzulegen, die Gruppe zu akklimatisieren und das offenkundige Wissen zum Thema zusammenzutragen. Erst danach kommen Schritt für Schritt wirklich kreative Ideen zum Vorschein. Und diese zutage zu fördern ist das eigentliche Ziel eines Brainstormings.
- Beziehen Sie alle Teilnehmenden in die Diskussion ein. Manchmal gelingt das nur durch „stille" Brainstorming-Techniken, beispielsweise indem alle Teilnehmenden gebeten werden, fünf Minuten lang still zu sein, um ihre wichtigsten Ideen aufzuschreiben und dann als Gruppe zu diskutieren, was jeder aufgeschrieben hat.
- Integrieren Sie einen oder mehrere „Außenseiter" in die Gruppe, um Gruppendenken (Groupthink) zu vermeiden und divergentes Denken anzuregen.
- Verschriftlichen Sie stets Ihre Ergebnisse! Fixieren Sie alle Elemente der Diskussion mithilfe eines Whiteboards, einer Flipchart oder Klebezetteln/Haftnotizen.
- Fassen Sie die wichtigsten Erkenntnisse zusammen. Bitten Sie die Teilnehmenden, ihre wichtigsten Erkenntnisse oder das Wichtigste, was sie gelernt haben, beim Verlassen der Sitzung auf eine 3×5 Karte zu schreiben. Bereiten Sie dann eine kurze Zusammenfassung vor und verteilen Sie diese an die Teilnehmenden (welche die Liste ergänzen können) und an andere Personen, die Interesse an dem Thema haben (dazu gehören Vorgesetzte und diejenigen, die nicht teilnehmen konnten).

Kognitive Verzerrungen

Ausgewählte kognitive Verzerrungen, die das analytische Denken behindern können:

Kohärenzfehlschluss: Akzeptanz von Daten als wahr, ohne ihre Glaubwürdigkeit zu bewerten, nur weil sie helfen, eine kohärentere Geschichte zu erzählen.

Rückschaufehler: Der Rückschaufehler besteht in der Einschätzung und (nachträglichen) Behauptung, Schlüssel- Informationen, -Geschehnisse, -Treiber, -Akteure oder -Faktoren, die eine zukünftige Entwicklung hervorgerufen oder beeinflusst haben, hätten im Vorfeld einfach identifiziert und berücksichtigt werden können.

Vividness Bias: Beim Vividness-Bias werden Informationen, die lebendig, konkret und bildhaft sind, deutlich besser aufgenommen, verarbeitet, abgespeichert und erinnert, als abstrakte Informationen.

Falsch angewendete Heuristiken

Ausgewählte Heuristiken, die - wenn sie falsch angewandt werden - das analytische Denken behindern können:

Ankereffekt: Der Anker-Effekt beschreibt die Tendenz, seine Analyse an der ersten oder frühesten Information zu verankern, die als wichtig empfunden wurde. In der Folge werden spätere Anpassungen des initial vollzogenen Schlusses unzureichend angepasst und bleiben daher zu nah am ursprünglichen Anker.

Assoziatives Gedächtnis: Vorhersage von seltenen Ereignissen auf der Basis von schwachen Belegen oder Belegen, die einem leicht in den Sinn kommen.

Verfügbarkeitsheuristik: Beurteilung der Häufigkeit eines Ereignisses oder einer Kategorie anhand der Leichtigkeit, mit der einem Beispiele des Ereignisses oder der Kategorie in den Sinn kommen.

Wunsch nach Kohärenz und Unsicherheits-Reduktion: Wahrnehmung von Mustern in zufälligen Ereignissen als systematisch und als Teil einer kohärenten Welt.

Gruppendenken: die Auswahl derjenigen Option, welche die Mehrheit der Gruppe auf sich vereint oder das Ignorieren von gruppeninternen Konflikten durch den Wunsch nach Konsens.

Mentale Schrotflinte: Mangelnde Präzision und Kontrolle bei der ständigen Durchführung von Bewertungen; die Neigung, schnelle und einfache Antworten auf schwierige Fragen zu geben.

Verfrühtes Beenden: Abbruch der Ursachen-Forschung, wenn eine scheinbar zufriedenstellende Antwort gefunden wird, doch bevor genügend Informationen vorliegen und eine korrekte Analyse durchgeführt werden kann.

Satisficing: Auswahl der erstbesten Antwort, die „gut genug" erscheint.

Intuitive Stolperfallen

Ausgewählte Beispiele von Fehlern, die häufig von Analystinnen und Analysten gemacht werden.

Verwechselung von Kausalität und Korrelation: Unangemessenes Ableiten von Kausalität; (fälschliche) Annahme, dass Korrelation Kausalität impliziert. Wird auch als „Wahrnehmung von Ursache und Wirkung" bezeichnet.

Erwartung marginaler Veränderungen: Konzentration auf eine enge Auswahl von Alternativen, die eine marginale, aber keine radikale Veränderung darstellen.

Bevorzugung von Informationen aus erster Hand: Die Neigung, Informationen, die wir persönlich erhalten haben, mehr Einfluss zu gewähren als solchen, die wir aus zweiter Hand erfahren oder erzählt bekommen.

Ignorieren von Informationsdefiziten: Mangelnde Berücksichtigung der Auswirkungen fehlender Informationen auf analytische Schlussfolgerungen.

Ignorieren widersprüchlicher Belege: Das Verwerfen oder Ignorieren von Informationen, die nicht mit dem übereinstimmen, was man zu sehen erwartet.

Fehlende mentale Ablagen: Die Analystin oder der Analyst kann sich nicht an etwas erinnern oder etwas nicht in die Analyse einbeziehen, weil ihm eine geeignete Kategorie oder „mentale Ablage" für diese spezielle Information fehlt.

Überinterpretation kleiner Stichproben: Überzogene Schlussfolgerungen aus einer kleinen Stichprobe von konsistenten Daten.

Überbewertung von Verhaltensfaktoren: Überschätzung der Rolle interner Determinanten des Verhaltens (Persönlichkeit, Einstellungen, Überzeugungen) und Unterschätzung der Bedeutung externer oder situativer Faktoren (Zwänge, Kräfte, Anreize). Wird oft als Fundamentaler Attributionsfehler bezeichnet.

Annahme von Mustern: Der Glaube, dass Handlungen das Ergebnis einer zentralen Planung oder Anweisung sind, und das vermeintliche Auffinden von Mustern dort, wo sie gar nicht existieren.

Projektion vergangener Erfahrungen: Die Annahme, dass dieselbe Dynamik im Spiel ist, wenn etwas mit den vergangenen Erfahrungen des Analysepersonals übereinzustimmen scheint.

Ablehnung von „unwichtigen" Belegen: Festhalten an einem Urteil, obwohl man mit einer wachsenden Anzahl widersprüchlicher Belege konfrontiert wird.

Sich auf erste Eindrücke verlassen: Zu starke Gewichtung des ersten Eindrucks oder der ersten Daten und Informationen, besonders wenn sie unsere Aufmerksamkeit erregen und zu diesem Zeitpunkt wichtig erscheinen.

Abb. 8.1 Definitionen von Biases, Heuristiken und Intuitiven Stolperfallen. (Quelle: Copyright 2024 Pherson. All Rights Reserved)

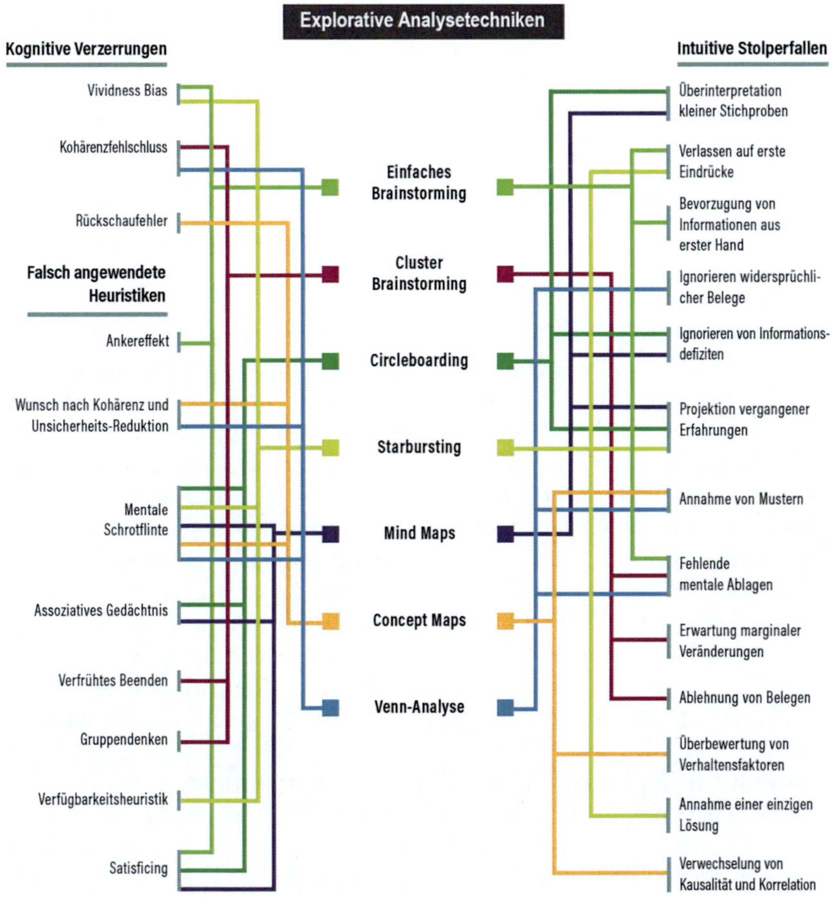

Abb. 8.2 Welche explorative Analysetechnik hilft gegen welche kognitive Stolperfalle? (Quelle: Copyright 2024 Pherson. All Rights Reserved)

Einfaches Brainstorming

Einfaches Brainstorming ist ein Einzel- oder Gruppenprozess, der dazu dient, neue Ideen und Konzepte zu entwickeln.

Wann verwende ich diese Technik?

Brainstorming ist eine der am häufigsten verwendeten Analysetechniken. Analysten verwenden diese Technik meistens zu Beginn eines Projekts. Beispielsweise um eine

Liste relevanter Variablen, Schlüsselfaktoren, alternativer Szenarien, Hauptakteure oder Stakeholder, verfügbarer Belege oder Informationsquellen, potenzieller Lösungen für ein Problem, möglicher Ergebnisse oder Szenarien bzw. sämtlicher Kräfte und Faktoren zu identifizieren, die auf eine bestimmte Situation zutreffen könnten. Im weiteren Verlauf eines Analyseprozesses kann die Technik dazu verwendet werden, ein Analyseteam aus kreativen Tiefs herauszuholen, neue Ermittlungsansätze zu stimulieren, neue Anforderungen für die Recherche und die Aufklärung zu entwickeln sowie neue Argumentationslinien oder Theorien zu einem Fall zu entwerfen.

Wobei hilft mir die Technik?

Das Ziel jeder Art von Brainstorming ist es, so viele Ideen wie möglich zu entwickeln, um die Bandbreite der in Betracht kommenden Optionen und Perspektiven zu erweitern. Brainstorming kann eine beliebige Anzahl von Prozessen umfassen, die der Steigerung der Kreativität dienen, ist aber dann am produktivsten, wenn sich die Technik auf einen strukturierten Prozess abstützt. Analysten haben festgestellt, dass Brainstorming besonders effektiv dabei hilft, die folgenden intuitiven Stolperfallen zu begrenzen: dem ersten Eindruck zu viel Gewicht beimessen, einer bestimmten Information keine geeignete Kategorie oder keinen geeignete mentale Ablage zuordnen kann, Informationen aus erster Hand eine zu große Bedeutung einräumen und lediglich marginale oder inkrementelle Veränderungen erwarten.

Brainstorming wird auf viele verschiedene Arten durchgeführt. Es folgen einige Techniken, die Sie für Einzel- oder Gruppen-Brainstorming verwenden können.

Wie wende ich die Technik an? Wort- oder Bildbrainstorming

Diese Technik besteht darin, ein zufälliges Wort oder Bild auszuwählen – mit oder ohne Bezug zum Thema – und dieses Wort oder Bild zu verwenden, um Gedanken anzustoßen und neue Ideen hervorzurufen. Idealerweise entscheiden Sie sich für ein Wort oder Bild, das nichts mit dem Thema oder dem Sachverhalt zu tun hat, weil ein solches Wort Sie dazu zwingen kann, Ihren Horizont zu erweitern. Eine einfache Möglichkeit, ein Wort auszuwählen, besteht darin, ein Wörterbuch oder eine Zeitschrift aufzuschlagen und mit dem Finger auf die offene Seite zu zeigen. Dort, wo Ihr Finger landet, findet sich das Zufallswort oder das Zufallsbild auf der Seite, die Sie aufgeschlagen haben. Nachdem Sie ein Wort oder Bild ausgewählt haben, beantworten Sie die folgenden Fragen:

- Was ist die Bedeutung des Wortes oder welche Worte fallen Ihnen ein, wenn Sie das Bild betrachten?

- Womit lässt sich das Wort oder Bild assoziieren? Oder: Was geschieht auf dem Bild?
- Wie wird das Wort verwendet? Oder: Wie lautet ein Synonym für das Wort?

Fragen Sie sich, wie das Wort oder Bild mit dem von ihnen zu bearbeitenden Sachverhalts oder Problem in Verbindung gebracht werden könnte. Wenn Sie z. B. überlegen, wen ein neu gewählter Premierminister oder Präsident für einen besonders anspruchsvollen Kabinettsposten ernennen könnte, dann könnte das Wort „Basketball“ oder das Bild eines Basketballfeldes Ideen auslösen wie: Mannschaftsspiel, Mannschaftsspieler, zugewiesene Position, Coaching, Spielerentwicklung, Gewinnen, Körbe und Bälle, Auszeiten, Spielperioden oder Gewinner und Verlierer. Jedes dieser Wörter könnte anschließende Ideen über den Typ des Kandidaten auslösen, der „ideal“ für den Job wäre.

Wie wende ich die Technik an? Papieraufzeichnung
Die Papieraufnahme ist eine stille Gruppentechnik, bei der jeder Teilnehmende aufgefordert wird, ein bis vier Ideen zum Thema auf ein Stück Papier zu schreiben, das der Moderator oder Facilitator vorab verteilt.

- Nachdem sie ihre Ideen notiert haben, legen die Teilnehmenden ihre Zettel an einem zentralen Sammelpunkt ab, und nehmen sich den ausgefüllten Zettel eines anderen Teilnehmenden. Im Anschluss ergänzen Sie die Ideen, die sich bereits auf dem Zettel befinden.
- Der Prozess wird so lange fortgesetzt, bis die Teilnehmenden keine neuen Ideen mehr haben. Die Teilnehmenden können durch das Aufzeigen einer farbigen Karte anzeigen, dass sie keine weiteren Ideen mehr haben.
- Der Moderator oder Facilitator sammelt die Ideen ein und hält sie schriftlich fest. Im Anschluss kann mit der so erstellten Zusammenfassung aller Ideen weitergearbeitet werden.

Cluster-Brainstorming

> Cluster-Brainstorming ermöglicht es der Gruppe, divergentes und konvergentes Denken innerhalb einer einzigen Technik-Anwendung zu kombinieren, um möglichst viele neue Ideen zu generieren und dabei trotzdem ein handhabbares Ergebnis zu produzieren.

Wie wende ich die Technik an? Die 12-Schritt-Methode

1. Verteilen Sie (vorzugsweise große) Klebezettel/Post-It und Stifte an alle Teilnehmenden. Eine Gruppe von 10–12 Personen funktioniert am besten.
2. Präsentieren Sie das Thema in Form einer klar definierten Frage und zeigen Sie diese auf einem Whiteboard oder Flipchart, sodass diese während der gesamten Durchführung sichtbar bleibt. Sagen Sie den Teilnehmenden, dass nur die Moderatoren während der Übung sprechen dürfen.
3. Bitten Sie die Teilnehmenden, eine Idee oder einen Satz pro Klebezettel zu schreiben und ihn einem Moderator zu geben. Sammeln Sie alle Klebezettel ein und beginnen Sie, nach einer anfänglichen Pause von zwei Minuten, die Ideen laut vorzulesen. Hängen Sie die Zettel während des Einsammelns an ein Whiteboard und behandeln Sie alle Ideen gleich.
4. Immer wenn eine Pause im Ideenfluss entsteht, warten Sie ein oder zwei Minuten in der Stille, damit die Gruppe tiefer nach neuen Ideen graben kann. Beenden Sie die „Sammlungsphase" nach zwei oder drei Pausen oder nachdem jemand „Aliens" oder „Zombies" aufgeschrieben hat.
5. Bitten Sie die Teilnehmenden (oder eine Gruppe von Teilnehmern, falls die Gruppe recht groß ist), an die Tafel/das Whiteboard zu gehen und die Notizen stillschweigend nach ihren Gemeinsamkeiten oder ähnlichen Konzepten in Clustern (Affinitätsgruppen) neu anzuordnen. Machen Sie eine zweite Kopie von jeder Notiz, die offensichtlich zu mehr als einer Gruppe gehört.
6. Wählen Sie einige Klebezettel aus, die als Ausreißer erscheinen oder ein Lachen provoziert haben, und geben Sie sie denjenigen, die nicht an der Tafel stehen. Bitten Sie sie, die Notizen mit dem aktuellen Thema in Verbindung zu bringen. Der Moderator sammelt schließlich die Zettel ein und hängt sie an die Tafel.
7. Bitten Sie einen der anderen Teilnehmenden oder eine andere Gruppe, ein Wort oder einen Satz zu nennen, der jedes Cluster charakterisiert.
8. Entscheiden Sie gemeinsam, oder lassen Sie entscheiden, ob Notizen, die zu keinem Cluster passen, irrelevant sind oder ob sie eine Idee behandeln, die eine weitere Ausarbeitung verdient.
9. Um die potenziell nützlichsten Ideen zu identifizieren, legen Sie bis zu fünf Kriterien fest, um den Wert der Ideen zu beurteilen. Bitten Sie die Teilnehmenden, darüber abzustimmen, was am meisten Aufmerksamkeit verdient. Geben Sie jedem Teilnehmenden mehr als nur eine Stimme, sodass sich eine Reihe wichtiger und vielversprechender Ideen herauskristallisiert. Eine grobe Formel lautet: 1 Stimme für jeweils 3–4 Themen auf der Liste. Die Teilnehmenden stimmen ab, indem sie die Cluster an der Tafel oder dem Whiteboard mit Punkten markieren, die sie für am wichtigsten halten. Manchmal ist es besser, dieses

Ranking geheim durchzuführen und die Teilnehmer zu bitten, ihre Stimmen aufzuschreiben oder ihnen eine Liste zum Abhaken zu geben.

10. Betrachten Sie am Ende mit allen Teilnehmenden gemeinsam, was Sie erreicht haben und entscheiden welche Bereiche mehr Arbeit oder mehr Brainstorming benötigen. Fragen Sie dann die Gruppe: „Was seht ihr, woran ihr vorher nicht gedacht habt?" Überprüfen Sie die Ideen oder Konzepte, die identifiziert wurden, sowie alle neuen Bereiche, die mehr Arbeit oder ein weiteres Brainstorming benötigen.
11. Werten Sie die Stimmen tabellarisch aus und setzen Sie entsprechende Prioritäten.
12. Entscheiden Sie über die nächsten Schritte zur Analyse und entwickeln Sie einen entsprechenden Aktionsplan.

Beschäftigung der Teilnehmenden mit 3 x 5-Karten
Einige Teilnehmende bevorzugen eine ruhige Umgebung, um Ideen zu entwickeln, anstatt eine offene Diskussion. Bei dieser Technik erhält jeder Teilnehmer eine 3 × 5-Karte und wird gebeten, mehrere Ideen auf die Karte zu schreiben. Der Moderator sammelt die Karten aller Teilnehmenden ein und zeigt den Inhalt über den Beamer oder auf einem Whiteboard. Die Gruppe streicht wiederkehrende Punkte und klärt, erweitert und priorisiert dann die verbleibenden Punkte. Dieser Vorgang kann während der Brainstorming-Sitzung mehrmals wiederholt werden. Er ermöglicht den introvertierten Denkern in der Gruppe, die die meiste Zeit mit Zuhören verbringen, ebenso viele Ideen anzubieten wie die extrovertierten Denker, die normalerweise den größten Teil des Gesprächs führen.

Circleboarding

Circleboarding ist eine Technik, die sich den journalistischen W-Fragen widmet: Wer? Was? Wie? Wann? Wo? Warum? und: Was bedeutet das?

Circleboarding ist eine einfache Version von Starbursting, die sich darauf konzentriert, Antworten auf die klassischen Journalisten-Fragen: Wer, Was, Wie, Wann, Wo, Warum und: Was bedeutet das? zu suchen – anstatt entsprechende Fragen zu entwickeln (siehe Abb. 8.3). Circleboarding erfasst und visualisiert bekannte

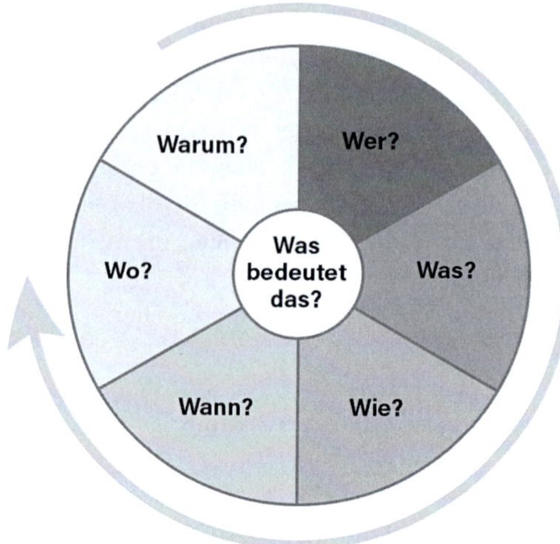

Abb. 8.3 Circleboarding. (Quelle: Copyright 2024 Pherson. All Rights Reserved)

Informationen zu verschiedenen Aspekten eines Themas, das von Belang oder Interesse ist.

Wann verwende ich diese Technik?
Verwenden Sie Circleboarding zu Beginn eines Projekts, um ein tiefer gehendes, gruppenweites Verständnis für ein Thema zu erlangen. Nachdem Sie sich entschieden haben, welches Thema analysiert beziehungsweise welche Frage beantwortet werden soll, versammeln Sie alle Analystinnen und Analysten, Ermittler oder Mitarbeiter, die an der Analyse beteiligt sind, und verwenden Sie Circleboarding, um festzustellen, was bereits über die jeweiligen Aspekte des Themas oder der Frage bekannt ist. Ein Moderator ist erforderlich, um die Gruppe durch den Prozess zu führen.

Wobei hilft mir die Technik?
Circleboarding bietet einen systematischen Überblick über ein Thema oder eine Fragestellung. Der Brainstorming-Prozess hilft, ein umfassendes, einheitliches Verständnis des Themas für alle an einer Analyse oder Untersuchung Beteiligten zu fördern – unabhängig von ihren spezifischen Forschungsschwerpunkten. Er hilft außerdem dabei, einen gruppenweit einheitlichen Informationsstand zu schaffen. Der kooperative Ansatz von Circleboarding ermutigt die Teilnehmer auch, Aspekte auf neue oder andere Weise miteinander zu kombinieren, um der Analyse mehr Stringenz zu verleihen.

Die Technik kann außerdem eine Diskussion anregen, die über die bloße Konsolidierung bekannter Informationen hinausgeht, indem sie Lücken oder Schwachstellen im Wissensstand der Gruppe identifiziert und eine Diskussion darüber fördert, welche Annahmen getroffen werden und welche weiteren Erhebungen und Untersuchungen notwendig sind, um vorhandene Informationslücken zu schließen.

Wie wende ich die Technik an?

- **Bereiten Sie vor.** Zeichnen Sie einen Kreis und schreiben Sie die folgenden Wörter um den Kreis herum: Wer, Was, Wie, Wann, Wo und Warum. Das Was und das Wie stehen nebeneinander, weil sie sich oft begrifflich überschneiden. Schreiben Sie in die Mitte des Kreises: Was bedeutet das?
- **Definieren Sie das Thema oder klären Sie die Fragestellung, an der sie arbeiten wollen.** Beginnen Sie damit, die Gruppe zu bitten, das Diskussionsthema oder die Fragestellung zu bestätigen und sich auf die Ziele der Sitzung zu einigen.
- **Sammeln Sie Antworten.** Gehen Sie systematisch jede Frage durch und bitten Sie die Gruppe, alles das „herauszuschreien", was sie über das Thema und die jeweilige Fragestellung weiß. Schreiben Sie die Antworten auf.
- **Reflektieren Sie.** Nachdem Sie den Kreis einmal umrundet haben, bitten Sie die Gruppe, über ihre Antworten nachzudenken und vorzuschlagen, welche der Elemente für die weitere Analyse am wichtigsten erscheinen. Reflektieren Sie auch:
  - Was wissen wir nicht?
  - Was sollten wir bei diesem Thema/in dieser Situation sehen, tun es aber nicht?
- **Priorisieren Sie die Ergebnisse.** In einigen Fällen sollten Sie die Antworten auf die wichtigsten Fragen hervorheben oder priorisieren.
- **Fragen Sie „Was bedeutet das?".** Initiieren Sie eine abschließende Diskussion, um diese Frage zu beantworten.
- **Entwickeln Sie ein Endprodukt.** Fassen Sie alle Ergebnisse in einer einzigen Grafik zusammen und verteilen Sie diese – mit der Bitte um Kommentierung – an die Teilnehmenden und an sonstige Interessierte.

Circleboarding kann auch verwendet werden, um Indikatoren oder eine Reihe von Szenarien zu entwickeln. Fragen, die bei der Erstellung von Indikatoren zu berücksichtigen sind, umfassen:

- Wer könnte mit welcher Handlung einen Indikator beobachtbar machen?
- Welchen Indikator würde diese Handlung beobachtbar machen?

- Wie würde sich dieser Indikator manifestieren? Wie könnten wir ihn übersehen?
- Wann würden wir diesen Indikator am ehesten sehen?
- Wo würden wir diesen Indikator am ehesten sehen?
- Warum ist dieser Indikator wichtig?
- Was sollen uns die Indikatoren als Ganzes sagen?

Starbursting

Starbursting ist eine Form von Brainstorming, dessen Schwerpunkt auf der Entwicklung von Fragen (und nicht von Antworten) liegt.

Wann verwende ich diese Technik?
Starbursting ist eine ideale Technik zu Beginn eines Analyseprojektes, weil sie dabei helfen kann, Fragen aufzudecken, an die bisher vielleicht nicht gedacht wurde. Nach der Identifikation der richtigen Kernfrage für ein Analyseprojekt, ist es relativ üblich, eine Forschungs-Agenda zu definieren, indem man eine Form des Brainstormings verwendet, um zugehörige Teilfragen zu identifizieren, die untersucht und beantwortet werden müssen, um die Kernfrage(n) zu beantworten.

Wobei hilft mir die Technik?
Starbursting verwendet Fragen, die normalerweise von Journalisten gestellt werden: Wer, Was, Wie, Wann, Wo und Warum? (siehe Abb. 8.4) Starbursting zwingt Sie oder Ihr Team dazu, diejenigen (Teil-)Fragen zu stellen, die sich unweigerlich ergeben, wenn umfangreichere und komplexere (Kern-)Fragen beantwortet werden sollen. Wenn Sie gezielt über Fragen nachdenken, werden Sie dadurch auch oft neue und andere Möglichkeiten entdecken, Aspekte miteinander zu kombinieren.

Wie wende ich die Technik an?
Der Begriff Starbursting stammt aus dem Bild eines sechszackigen Sterns. Um ein Starburst-Design zu erstellen, schreiben Sie zunächst eines der folgenden sechs Wörter an jeden Punkt des Sterns: Wer, Was, Wie, Wann, Wo und Warum? Beginnen Sie dann mit einem Brainstorming, indem Sie jeweils eines dieser Wörter verwenden, um Fragen zum Thema oder zur dazugehörigen Kernfrage zu entwickeln. Manchmal sind nur drei oder vier der Wörter direkt relevant für die Frage oder für das

Abb. 8.4 Starbursting. (Quelle: Copyright 2024 Pherson. All Rights Reserved)

Analyseproblem. Bei einigen Wörtern (oft „Wann" oder „Wo") mag die Antwort offensichtlich sein und muss nicht weiter untersucht werden.

Versuchen Sie nicht, Fragen umgehend zu beantworten; entwickeln Sie so viele Fragen wie möglich. Nachdem Sie Fragen entwickelt haben, die mit jedem der sechs Wörter beginnen, bitten Sie die Gruppe, entweder die zu beantwortenden Fragen zu priorisieren oder die Fragen in logische Kategorien zu sortieren.

Mind Maps

> Eine Mind Map ist eine visuelle Darstellung aller Aspekte eines Themas, einer Fragestellung oder eines Problems.

Eine Mind Map gibt in grafischer Form wieder, wie eine Einzelperson oder eine Gruppe über ein Thema von Interesse denkt (siehe Abb. 8.5). Sie umfasst zwei Elemente: Ideen, die als relevant für das Thema gelten, und Linien, welche die Verbindungen zwischen den Ideen aufzeigen.

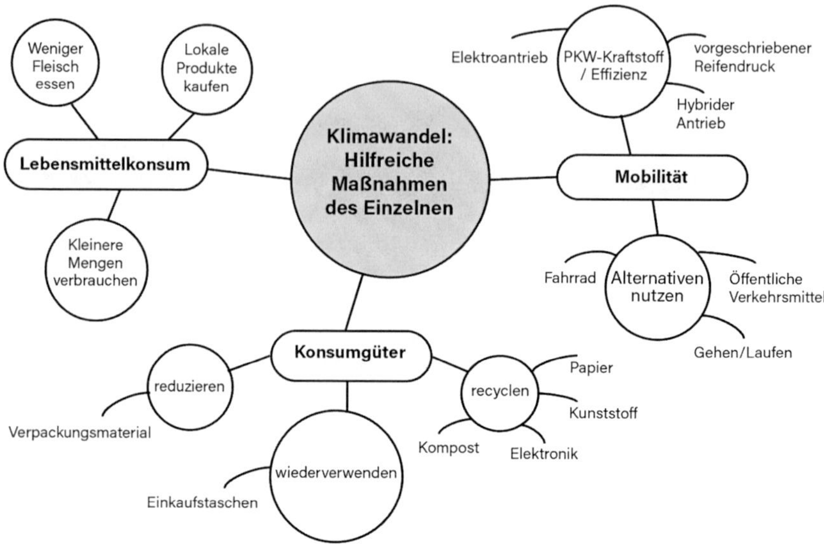

Abb. 8.5 Mind Map. (Quelle: Copyright 2024 Pherson. All Rights Reserved)

Wann verwende ich diese Technik?
Egal, ob Sie eine persönliche Entscheidung treffen oder ein Problem analysieren wollen: jeder Gedankengang kann mit einer Mind Map dargestellt werden. Sie ist besonders hilfreich, um:

- durch Brainstorming alle verschiedenen Aspekte eines Themas zu identifizieren, Kreativität zu stimulieren und Gedanken zu organisieren.
- die Beziehungen zwischen verschiedenen Aspekten eines Problems zu erfassen.

Die Technik wird am effektivsten entweder zu Beginn eines Projekts eingesetzt, um kreatives Denken zu stimulieren und sicherzustellen, dass alle Team-Mitglieder ein gemeinsames Verständnis des Problems haben, oder um ein Analyseprojekt – in der Mitte des Projekts – neu zu beleben und eventuelle Schwachstellen in der Analyse zu identifizieren. Mind Maps regen Fragen an wie: Gibt es zusätzliche Kategorien oder Puzzlestücke, die wir nicht berücksichtigt haben? Wie sind die Hauptakteure miteinander verbunden? Weist das Diagramm auf einen anderen oder weiteren Kontext im Verhältnis zum Problem hin?

Eine Mind Map hilft, spontanes und kreatives Denken anzuregen. Ihr visueller Fluss kann logisch darstellen, wie eine Einzelperson oder eine Gruppe über ein Thema denkt. Das Diagramm ist ein effektives Mittel, um komplexe Informationen schnell zu verarbeiten. Mind Maps lassen sich schnell erstellen und eignen sich daher auch gut für Notizen während eines mündlichen Briefings oder Vortrags. Analysten können den Fluss oder die Logik eines Vortrags aufzeichnen, während er sich entfaltet, und alle Schlüsselelemente des Themas prägnant und kohärent auf einer Seite festhalten.

Wobei hilft mir die Technik?

Mind Maps ermutigen Analysten, Fragestellungen neu zu konzipieren, was zu kreativen Lösungen führen kann. Das Erstellen einer Mind Map bringt Analysten dazu, alle Teile eines komplexen Systems und ihre wechselseitigen Beziehungen aufzuzeigen, neue Ideen hervorzubringen, relevante Wissensstände zu identifizieren und etwaige Meinungsverschiedenheiten zu Beginn eines Projekts aufzudecken – und zu lösen. Auch wenn die Mind Map, die aus einer solchen Zusammenarbeit hervorgeht, vielleicht nicht vollständig ist, hat die Gruppe durch die gemeinsame Diskussion eine einheitliche Gesprächsgrundlage geschaffen. Mind Maps ermöglichen auch die klare, visuelle Kommunikation komplexer Zusammenhänge in kurzer Zeit.

Wie wende ich die Technik an?

- Entscheiden Sie sich für einen zentralen Gedanken oder für eine zentrale Frage, die Sie in die Mitte des Kreises stellen.
- Machen Sie auf einem separaten Blatt oder auf einem Whiteboard eine Liste derjenigen Konzepte, die sich auf den zentralen Gedanken oder die zentrale Frage beziehen. Sortieren Sie die Konzepte als Speichen oder Pfade, die von der zentralen Idee nach außen strahlen.
- Stellen Sie Verbindungen her, indem Sie Linien zwischen den verwandten Konzepten ziehen – beginnend mit dem allgemeinsten.
- Suchen Sie nach Querverbindungen zwischen den Konzepten. Detailkonzepte sollten von den Hauptkonzepten ausgehen, die sich von der zentralen Idee ausbreiten. Einige Mind Maps enthalten Bilder, um Konzepte schnell zu vermitteln.
- Verschieben, verfeinern und erweitern Sie die Struktur der Mind Map.
- Studieren Sie die Mind Map und weisen Sie Recherchethemen zu; definieren Sie Informationslücken oder priorisieren Sie anderweitige Aufgaben, welche von Mitgliedern der Gruppe in Angriff genommen werden sollen.

Concept Map

Eine Concept Map ist eine kaskadierende grafische Darstellung von Schlüsselkonzepten zu einem Thema und zeigt auf, wie diese miteinander verbunden sind.

Eine Concept Map hat zwei Elemente: Konzepte oder Objekte, die als relevant für das Thema eingestuft werden, und Linien, welche die Verbindungen zwischen diesen Konzepten oder Objekten darstellen und kurz beschreiben (siehe Abb. 8.6).

Wann verwende ich diese Technik?
Concept Maps sind am hilfreichsten, wenn sie als kollaboratives Werkzeug von einer Gruppe verwendet werden, um:

- Gedanken zu organisieren und ein gemeinsames Verständnis von Schlüsselkonzepten zu erreichen.
- die Kommunikation komplexer Beziehungsgeflechte zu erleichtern.
- den logischen Fluss eines komplexen Arguments in einem visuellen und leicht verdaulichen Format darzustellen.

Die Technik wird am effektivsten zu Beginn eines Projekts eingesetzt. Sie kann auch in der Mitte eines Projekts eingesetzt werden, um Lücken oder Schwachstellen in der Analyse zu identifizieren – oder am Ende, um eine visuelle Hilfe zum Verständnis eines komplexen Sachverhalts zu bieten.

Wobei hilft mir die Technik?
Wenn sie von einer Gruppe erstellt wird, kann der Mehrwert der Concept Map durchaus der Prozess an sich sein, der zur Erstellung der Grafik abläuft – und nicht die Grafik selbst. Die Erstellung einer Concept Map führt dazu, dass Gruppen alle Teile eines komplexen Systems und ihre Beziehungen identifizieren, neue Ideen produzieren, Konzepte klären, Wissensbestände identifizieren und etwaige Meinungsverschiedenheiten zu Beginn eines Projekts aufdecken – und auflösen. Die Erstellung der Grafik liefert der Gruppe einen gemeinsamen Zeichenvorrat für die weitere Diskussion. Nach der Zusammenarbeit sollte die Gruppe weiteren Recherchebedarf identifizieren und einen Bericht erstellen, der den gesamten Wissensbestand der Gruppe umfasst.

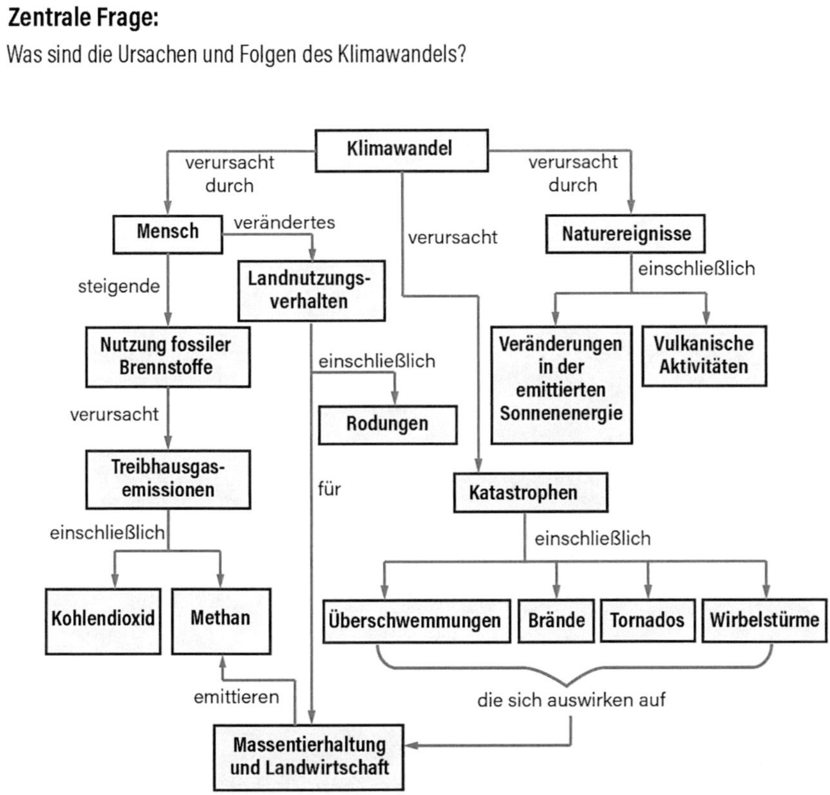

Abb. 8.6 Concept Map. (Quelle: Copyright 2024 Pherson. All Rights Reserved)

Wie wende ich die Technik an?

Concept Maps können manuell oder, um Zeit zu sparen, mit Software-Tools erstellt werden. Legen Sie eine zentrale Idee oder ein Thema fest und entwerfen Sie eine Schlüsselfrage, die einheitlich definiert, was alles betrachtet werden soll. Die Schlüsselfrage kann sich während der Erstellung der Concept Map ändern, da der Zweck darin besteht, einen konzeptionellen Prozess zu starten und nicht das Thema abschließend zu bearbeiten.

- Listen Sie Konzepte auf, die sich auf die Schlüsselfrage beziehen, und sortieren Sie dann die Konzepte innerhalb der Diagrammfläche, um eine logische Abfolge von Ideen darzustellen. Eine Concept Map kann als Netzwerk, als hierarchische Struktur oder als Mind Map dargestellt werden.

- Stellen Sie Verbindungen – mithilfe von Pfeilen – zwischen den verwandten Konzepten her, beginnend mit dem allgemeinsten. Wählen Sie geeignete Begriffe, um die Art jeder einzelnen Beziehung zu beschreiben. Die Verbindungslinien können mit Wörtern wie „verursacht“, „beeinflusst“, „führt zu“, „resultiert in“, „wird benötigt von“ oder „trägt bei zu“ beschriftet werden. Die Auswahl guter Verknüpfungssätze ist oft der schwierigste Schritt.
- Suchen Sie nach Querverbindungen zwischen den Konzepten und zeichnen Sie diese ein. Detaillierte Konzepte werden von Hauptkonzepten ausgehen, die sich ausgehend von der zentralen Idee oder dem zentralen Thema entwickeln.
- Verschieben, verfeinern und erweitern Sie die Struktur der Grafik. Concept Maps können sehr kompliziert sein, sodass sie auf einem großformatigen Bildschirm angezeigt werden müssen.

Venn-Analyse

> Die Venn-Analyse ist eine visuelle Technik, die Analysten hilft, die Logik von Argumenten zu durchdringen und Beziehungsgefüge in analytischen Argumenten zu veranschaulichen.

Wann verwende ich diese Technik?

Die Venn-Analyse ist ein einfacher Prozess, der aber eine längere Debatte auslösen kann, besonders wenn viele Variablen überprüft werden müssen. Bei der Anwendung auf die Argumentation kann die Technik ungültige Argumente aufdecken, indem sie Analysten dazu zwingt, die Elemente ihrer eigenen Argumentation explizit zu benennen und visuell auszudrücken, wie die Elemente zusammenhängen (siehe Abb. 8.7).

Wobei hilft mir die Technik?

Die Venn-Analyse hilft Analysten, Variablen oder Datenpunkte zu gruppieren, Untergruppen von Variablen zu identifizieren und nach Übereinstimmung oder Ähnlichkeit zwischen den Daten zu suchen. Die Untersuchung der Beziehungen zwischen den sich überschneidenden Bereichen eines Venn-Diagramms hilft, relevante Elemente ins Verhältnis zu setzen und regt oft zu neuen Untersuchungen oder

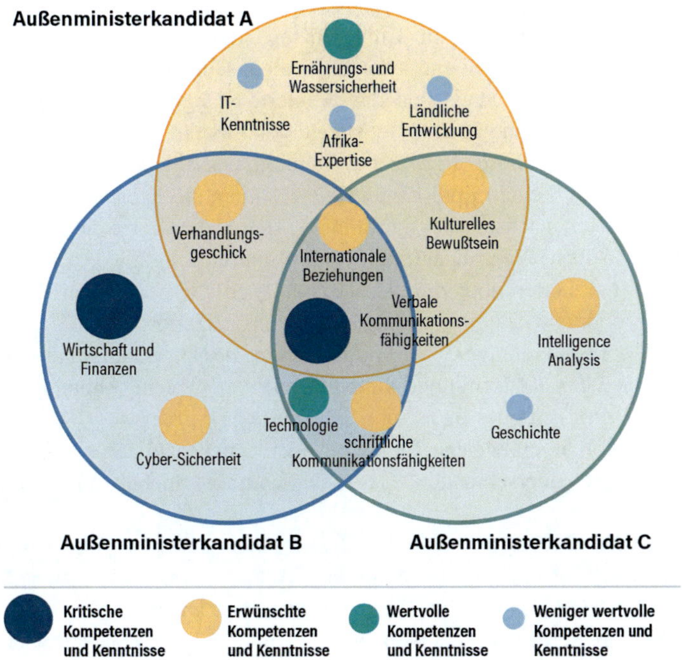

Abb. 8.7 Venn-Analyse. (Quelle: Copyright 2024 Pherson. All Rights Reserved)

tiefgreifenderen Nachforschungen an. Es sollte jedoch darauf geachtet werden, das Diagramm nicht durch unnötige Präzisionsstufen zu komplex werden zu lassen.

Wie wende ich die Technik an?

Venn-Diagramme bestehen aus sich überschneidenden Kreisen und werden in der Mathematik häufig verwendet, um die Mengenlehre zu lehren. Jeder Kreis umfasst eine bestimmte Menge von Objekten oder Daten oder Variablen; Datenpunkte, die einem oder mehreren Kreisen gemeinsam sind, werden in sich überschneidende Teile der Kreise eingeordnet. Ineinander verschachtelte Kreise repräsentieren Teilmengen der jeweils größeren Hierarchie von Objekten.

- Verwenden Sie einen großen Kreis, um eine Kategorie oder einen Datensatz oder die Elemente eines Arguments darzustellen. Wenn ein großer Kreis mehrere Elemente eines Arguments oder mehrere Datentypen enthält, stellen Sie jedes Element oder jeden Datentyp mit einem Kreis dar und vergrößern bzw. verkleinern Sie jeden „Kreis-im-Kreis“ entsprechend der Bedeutung oder Größe oder Wichtigkeit des Elements oder der Daten. Untersuchen Sie die Grenzen der Kreise. Stellt jeder Kreis eine klar definierte Kategorie oder einen bestimmten Datensatz oder eine bestimmte Menge von Objekten dar? Wie werden die Elemente innerhalb dieses Kreises bestimmt, gemessen oder gezählt?

- Berücksichtigen Sie den Einfluss der Zeit. Könnten die Kreise oder Datensätze im Laufe der Zeit wachsen oder schrumpfen? Hätten die Kreise die gleiche Größe gehabt, wenn dieses Venn-Diagramm vor fünf Jahren erstellt worden wäre? Würden sie in fünf Jahren noch dieselbe Größe haben wie heute? Der Einfluss der Zeit ist besonders wichtig bei der Betrachtung von Trends.
- Überprüfen Sie die relative Größe und Beziehung der Daten innerhalb der Kreise und zwischen den Kreisen im gesamten Diagramm. Welche Annahmen werden über die Wichtigkeit oder Bedeutung der Kreise getroffen?
- Fragen Sie, ob irgendwelche Elemente oder Datensätze fehlen. Müssen Sie Variablen in sich überschneidende Kreiselemente verschieben, um Beziehungen darzustellen?
- Untersuchen und vergleichen Sie sich überschneidende Kreise. Was befindet sich in jeder Zone? Was ist signifikant an der Größe der einzelnen Zonen? Werden sich diese Größen im Laufe der Zeit wahrscheinlich ändern?
- Halten Sie Ihre Schlussfolgerungen fest und kommunizieren Sie diese bei Bedarf an relevante Adressaten.

8.2 Diagnose-Techniken

> Diagnosetechniken verwenden Daten und Logik, um zu erklären, was geschehen ist oder was gerade geschieht; sie können auch Alternativen anbieten, wenn die Daten nicht ausreichen, um ein sicheres Urteil zu fällen.

Analysen, die von Nachrichtendiensten, Strafverfolgungsbehörden und Wirtschafts-Unternehmen durchgeführt werden, erreichen nie die Genauigkeit und Vorhersehbarkeit einer echten Wissenschaft, da die Informationen, mit denen die Analysten arbeiten müssen, in der Regel unvollständig, mehrdeutig und manchmal auch trügerisch sind. Der Analyseprozess kann jedoch von einigen Erfahrungen der Wissenschaft profitieren und gewisse Elemente wissenschaftlicher Schlussverfahren und wissenschaftlicher Herangehensweisen übernehmen.

Der wissenschaftliche Prozess umfasst das Beobachten und Kategorisieren von Informationen, die Entwicklung von Hypothesen sowie das Testen solcher Hypothesen. Dieser Abschnitt konzentriert sich auf mehrere relevante Schlüsseltechniken – dazu gehören die Verwendung von Timelines und Chronologien, um Informationen zu organisieren, das Hinterfragen von wesentlichen Annahmen über die Aussagekraft von Informationen, das Entwickeln alternativer Hypothesen und das Testen der Gültigkeit (Validität) dieser Hypothesen.

Die praktische Anwendung von Key Assumptions Check, Multipler Hypothesen-Generierung und der Analyse konkurrierender Hypothesen kann Analystinnen und Analysten dabei helfen, die ersten drei der „Fünf Gewohnheiten eines Meisterdenkers“ zu beherrschen: Das Hinterfragen von Annahmen, die Entwicklung alternativer Erklärungen und das Identifizieren widersprüchlicher Belege.

Darüber hinaus bieten die Techniken im folgenden Abschnitt ein probates Gegenmittel zu einigen kognitiven Stolperfallen. Sie sind besonders nützlich, um den Einfluss des Bestätigungsfehlers zu reduzieren, indem sie eine kritische Bewertung aller verfügbaren Informationen forcieren, vor vorzeitigem Abbruch schützen und die Auswirkungen des Kohärenzfehlschlusses abschwächen. Sie sind auch ein probates Gegengewicht zu einigen intuitiven Fallen, z. B. zum Ignorieren widersprüchlicher Belege, zum Projizieren vergangener Erfahrungen auf aktuelle Situationen und zum Überinterpretieren kleiner Stichproben. In den Abb. 8.8 und 8.9 ist aufgeführt, welche Analysetechnik bei der Abschwächung welcher kognitiven Stolperfalle besonders hilfreich ist.

In diesem Abschnitt werden acht Diagnosetechniken besprochen, die am häufigsten von Analystinnen und Analysten verwendet werden:

- **Key Assumptions Check/Überprüfung der Schlüsselannahmen.** Macht jene Annahmen sichtbar, welche die Interpretation von Informationen und sich daran anschließenden Bewertungen und Folgerungen am stärksten beeinflussen und hinterfragt diese Annahmen systematisch.
- **Multiple Hypotheses Generation/Multiple Hypothesen-Generierung.** Entwickelt mehrere Alternativen zur Erklärung eines Problems, einer Aktivität oder eines Ereignisses. Dies geschieht auf unterschiedliche Weise, angefangen von einer Form des strukturierten Brainstormings bis hin zur Entwicklung komplexer Permutationsbäume.
- **Diagnostic Reasoning/Diagnostische Reflektion.** Wendet Hypothesen-Tests auf die Bewertung signifikanter neuer Informationen im Zusammenhang

Kognitive Verzerrungen

Ausgewählte kognitive Verzerrungen, die das analytische Denken behindern können:

Bestätigungsfehler: Der Bestätigungsfehler beschreibt die Tendenz, ausschließlich Informationen zu berücksichtigen, welche die eigene Hypothese, den eigenen Schluss oder das eigene Urteil bestätigen.

Kohärenzfehlschluss: Akzeptanz von Daten als wahr, ohne ihre Glaubwürdigkeit zu bewerten, nur weil sie helfen, eine kohärentere Geschichte zu erzählen.

Vividness Bias: Beim Vividness-Bias werden Informationen, die lebendig, konkret und bildhaft sind, deutlich besser aufgenommen, verarbeitet, abgespeichert und erinnert, als abstrakte Informationen.

Falsch angewendete Heuristiken

Ausgewählte Heuristiken, die - wenn sie falsch angewandt werden - das analytische Denken behindern können:

Ankereffekt: Der Anker-Effekt beschreibt die Tendenz, seine Analyse an der ersten oder frühesten Information zu verankern, die als wichtig empfunden wurde. In der Folge werden spätere Anpassungen des initial vollzogenen Schlusses unzureichend angepasst und bleiben daher zu nah am ursprünglichen Anker.

Verfügbarkeitsheuristik: Beurteilung der Häufigkeit eines Ereignisses oder einer Kategorie anhand der Leichtigkeit, mit der einem Beispiele des Ereignisses oder der Kategorie in den Sinn kommen.

Wunsch nach Kohärenz und Unsicherheits-Reduktion: Wahrnehmung von Mustern in zufälligen Ereignissen als systematisch und als Teil einer kohärenten Welt.

Mentale Schrotflinte: Mangelnde Präzision und Kontrolle bei der ständigen Durchführung von Bewertungen; die Neigung, schnelle und einfache Antworten auf schwierige Fragen zu geben.

Verfrühtes Beenden: Abbruch der Ursachen-Forschung, wenn eine scheinbar zufriedenstellende Antwort gefunden wird, doch bevor genügend Informationen vorliegen und eine korrekte Analyse durchgeführt werden kann.

Satisficing: Auswahl der erstbesten Antwort, die „gut genug" erscheint.

Intuitive Stolperfallen

Ausgewählte Beispiele von Fehlern, die häufig von Analystinnen und Analysten gemacht werden.

Annahme einer einzigen Lösung: Die ausschließliche Fixierung auf ein wahrscheinliches (und vorhersehbares) Ergebnis, anstatt anzuerkennen, dass „die Zukunft pluralistisch" ist und mehrere Ergebnisse in Betracht gezogen werden sollten.

Ignorieren von Informationsdefiziten: Mangelnde Berücksichtigung der Auswirkungen fehlender Informationen auf analytische Schlussfolgerungen.

Ignorieren widersprüchlicher Belege: Das Verwerfen oder Ignorieren von Informationen, die nicht mit dem übereinstimmen, was man zu sehen erwartet.

Emotionsgeleitetes Urteilen: Akzeptieren oder Ablehnen von allem, was eine andere Person sagt, weil der Analyst oder die Analystin die Person besonders mag oder nicht mag. Wird auch als „Halo-Effekt" bezeichnet.

Fehlende mentale Ablagen: Die Analystin oder der Analyst kann sich nicht an etwas erinnern oder etwas nicht in die Analyse einbeziehen, weil ihm eine geeignete Kategorie oder „mentale Ablage" für diese spezielle Information fehlt.

Überinterpretation kleiner Stichproben: Überzogene Schlussfolgerungen aus einer kleinen Stichprobe von konsistenten Daten.

Projektion vergangener Erfahrungen: Die Annahme, dass dieselbe Dynamik im Spiel ist, wenn etwas mit den vergangenen Erfahrungen des Analysepersonals übereinzustimmen scheint.

Ablehnung von „unwichtigen" Belegen: Festhalten an einem Urteil, obwohl man mit einer wachsenden Anzahl widersprüchlicher Belege konfrontiert wird.

Sich auf erste Eindrücke verlassen: Zu starke Gewichtung des ersten Eindrucks oder der ersten Daten und Informationen, besonders wenn sie unsere Aufmerksamkeit erregen und zu diesem Zeitpunkt wichtig erscheinen.

Abb. 8.8 Definitionen von Biases, Heuristiken und Intuitiven Stolperfallen. (Quelle: Copyright 2024 Pherson. All Rights Reserved)

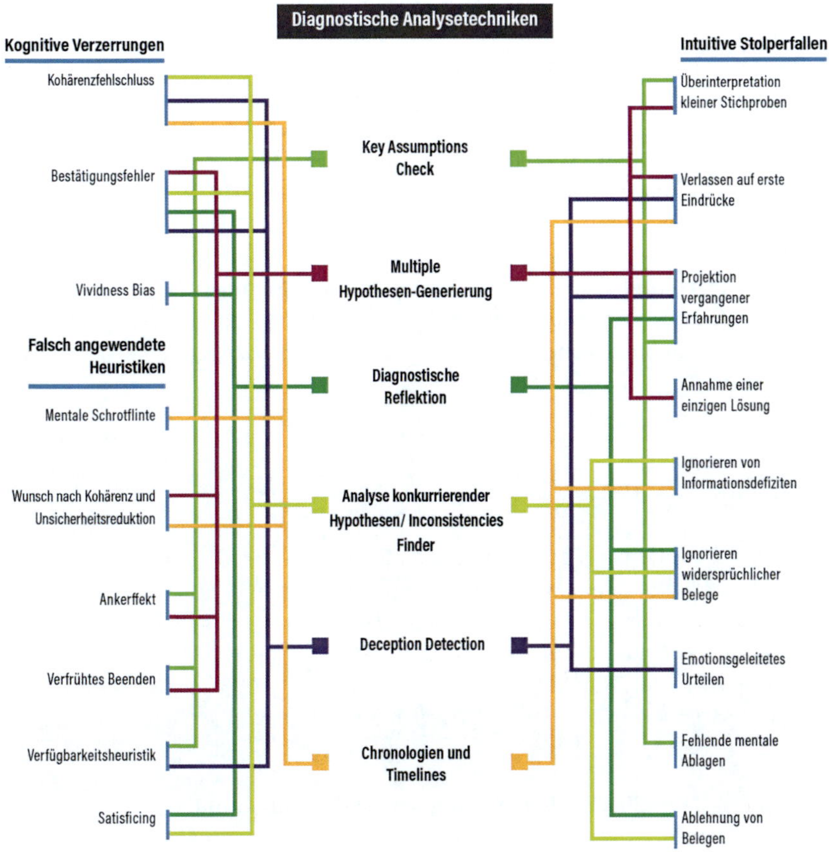

Abb. 8.9 Welche diagnostische Analysetechnik hilft gegen welche kognitive Stolperfalle? (Quelle: Copyright 2024 Pherson. All Rights Reserved)

mit allen plausiblen Erklärungen an. Zwingt Analysepersonal dazu, seine bestehenden Denkweisen zu hinterfragen.

- **Analysis of Competing Hypotheses/Analyse konkurrierender Hypothesen (ACH).** Wendet die Wissenschaftstheorie von Karl Popper auf die Analyse an. Umfasst das Abwägen der verfügbaren Informationen gegen eine Reihe von alternativen Erklärungen sowie die Auswahl derjenigen Erklärung, die am besten passt, indem man sich auf jene Informationen konzentriert, welche die anderen Erklärungen tendenziell widerlegen.

- **Inconsistencies Finder/Suche nach Widersprüchen.** Verwendet eine vereinfachte Version der ACH, welche die relative Glaubwürdigkeit eines Hypothesensets auf Grundlage der Menge widerlegender Informationen bewertet.
- **Deception Detection/Aufspüren von Täuschung.** Verwendet eine Reihe von Checklisten, mit denen Analystinnen und Analysten feststellen können, wann eine Täuschung zu erwarten ist, beispielsweise durch Fake-News, wann Täuschung tatsächlich vorliegt und was zu tun ist, um Täuschung zu vermeiden.
- **Chronologies and Timelines/Chronologien und Timelines.** Organisiert Daten zu Geschehnissen oder Aktivitäten, wenn es wichtig ist, den Zeitpunkt und die Reihenfolge relevanter Ereignisse zu verstehen oder relevante Lücken zu identifizieren.

Diagnose-Techniken helfen

- etablierten Denkmustern zu entkommen,
- Daten-Lücken oder Logik-Brüche zu identifizieren,
- lang gehegte Überzeugungen zu hinterfragen,
- alternative Erklärungen zu entwickeln,
- konkurrierende Hypothesen zu testen und
- nach widerlegenden oder widersprüchlichen Daten zu suchen.

Key Assumptions Check/Überprüfung der Schlüsselannahmen

Die Überprüfung von Schlüsselannahmen dient dazu, die wesentlichen Annahmen, die einer Analyse zugrunde liegen, explizit aufzulisten und zu hinterfragen.

Der Key Assumptions Check schützt Analysten vor mehreren klassischen Denkfehlern, z. B. der Tendenz, Schlussfolgerungen überzubewerten, ersten Eindrücken zu viel Gewicht zu geben und das Fehlen von Belegen nicht zu thematisieren.

Wann verwende ich diese Technik?

Jede Erklärung aktueller Ereignisse oder Einschätzung künftiger Entwicklungen erfordert die Interpretation von Belegen. Wenn die verfügbaren Belege unvollständig oder mehrdeutig sind, wird diese Interpretation durch Annahmen darüber beeinflusst, wie die Dinge funktionieren (könnten). Diese Annahmen sollten in einem frühen Stadium des Analyseprozesses explizit gemacht werden. Wenn die Überprüfung der Schlüsselannahmen früh im Analyseprozess durchgeführt wird, sollten Sie diese Annahmen später noch einmal überprüfen, um festzustellen, ob sie weiterhin gültig sind.

Wobei hilft mir die Technik?

Das schriftliche Festhalten der eigenen Annahmen zu Beginn eines jeden Projektes in Form einer Liste hilft Analysepersonal:

- jene Annahmen zu identifizieren, welche die Hauptargumentationslinie der Analyse stützen.
- das Verständnis für die wichtigsten Dynamiken, die einer Situation zugrunde liegen, zu erhöhen.
- eine breitere Perspektive zu gewinnen und neues Denken über ein Thema anzuregen.
- versteckte Zusammenhänge und Verbindungen zwischen einzelnen Schlüsselfaktoren zu entdecken.
- Entwicklungen zu identifizieren, die eine wesentliche Annahme gegebenenfalls infrage stellen würden.
- Überraschungen zu vermeiden, falls neue Informationen alte Annahmen ungültig machen.

Wie wende ich die Technik an?

Die Durchführung eines Key Assumptions Check ist im Grunde relativ einfach, kann aber in der Praxis durchaus eine Herausforderung darstellen. Aus der Erfahrung kann man sagen, dass sich etwa eine von vier Annahmen bei sorgfältiger Prüfung als falsch herausstellt.

- Versammeln Sie eine kleine Gruppe von Personen, die sich mit dem Thema beschäftigen, dazu einige „Außenstehende", die andere Perspektiven einbringen können. Idealerweise sollte der Organisator der Sitzung die Teilnehmenden vorher über das Thema informieren und sie bitten, eine Liste mit eigenen Annahmen zu diesem Thema mitzubringen. Falls sie dies nicht im Voraus tun, bitten Sie die

Teilnehmer, einige Annahmen auf 3 × 5-Karten zu notieren, die bei der Sitzung zur Verfügung gestellt werden.

- Halten Sie die Annahmen auf einem Whiteboard oder einer Flipchart fest.
- Entlocken Sie den Teilnehmern weitere Annahmen. Verwenden Sie verschiedene Hilfsmittel, um das Denken der Teilnehmer anzuregen, z. B. durch das Einbringen der klassischen journalistischen W-Fragen: Wer, Was, Wie, Wann, Wo, Warum?
  - Die Verwendung von Formulierungen wie „wird immer", „wird niemals" oder „müsste sein" deutet darauf hin, dass eine Idee nicht infrage gestellt wird. Vielleicht sollte dies aber geschehen.
  - Die Verwendung von Formulierungen wie „beruht auf" oder „ist im Allgemeinen der Fall" deutet darauf hin, dass eine anfechtbare Annahme getroffen wird.
- Nachdem Sie ein vollständiges Set an Annahmen gesammelt haben, prüfen Sie jede Annahme kritisch und fragen Sie:
  - Warum bin ich zuversichtlich, dass die Annahme richtig ist?
  - Unter welchen Umständen könnte sie unwahr sein?
  - Könnte sie in der Vergangenheit wahr gewesen sein, aber heute nicht mehr wahr sein?
  - Wie viel Vertrauen habe ich, dass die Annahme gültig ist?
  - Falls sich herausstellt, dass sie ungültig ist, wie stark würde sich das auf die Hauptargumentationslinie der Analyse auswirken?
- Ordnen Sie jede Annahme einer von drei Kategorien zu:
  - Grundsätzlich abgesichert oder solide (S).
  - Zutreffende Annahme mit Ausnahme(n) (C).
  - Nicht belegt oder fragwürdig – einige dieser Annahmen könnten „wesentliche Unsicherheiten" sein (U).
- Überarbeiten Sie die Liste, indem Sie die Annahmen, die einer genauen Überprüfung nicht standhalten, streichen und neue, die sich aus der Diskussion ergeben, hinzufügen.

Überlegen Sie, ob die wesentlichsten Unsicherheiten in Aufklärungsforderungen oder Forschungsthemen umgewandelt werden sollten.

Multiple Hypothesen-Generierung

Multiple Hypothesis Generation (Multiple Hypothesen-Generierung) ist eine Technik zur Entwicklung mehrerer alternativer Erklärungen eines Problems, einer Aktivität oder eines Verhaltens.

Wann verwende ich diese Technik?

Im weitesten Sinne ist eine Hypothese eine mögliche Erklärung oder Schlussfolgerung, die durch das Sammeln und Hinterfragen von Belegen getestet werden soll. Sie ist eine deklarative Aussage, die sich noch nicht als wahr etabliert hat – eine „fundierte Vermutung", die auf Beobachtung beruht und durch vermehrte Beobachtung oder gründliches Experimentieren gestützt bzw. widerlegt werden kann.

Um Vertrauen in eine Hypothese zu gewinnen, reicht es nicht aus, Belege zu ihren Gunsten zu sammeln. Vielmehr muss gezeigt werden, dass Situationen, die ihre Falschheit Belegen könnten, faktisch nicht eintreten. Analystinnen und Analysten sollten zu Beginn eines Projekts mehrere Hypothesen entwickeln, wenn:

- mehrere Faktoren bei der Analyse eine Rolle spielen.
- ein hohes Maß an Unsicherheit über das Ergebnis besteht.
- Analysten oder Entscheidungsträger konkurrierende Ansichten vertreten.

Wobei hilft mir die Technik?

Die Entwicklung mehrerer Hypothesen zu Beginn eines Projekts hilft Analysepersonal, folgende Defizite zu vermeiden:

- verfrühte Beendigung des Analyseprozesses,
- sich zu sehr von ersten Eindrücken beeinflussen zu lassen,
- die erstbeste Antwort zu wählen, die „gut genug" erscheint,
- sich auf wenige Alternativen zu fokussieren, die marginale, nicht radikale Veränderungen beschreiben,
- sich für jene Option zu entscheiden, die besonders mehrheitsfähig ist oder die den Wünschen des Führungspersonals entspricht oder
- jene Alternative zu wählen, die einen früheren Fehler vermeintlich vermeidet oder einen früheren Erfolg wiederholt.

Eine gute Hypothese:

- wird als Aussage (Statement) formuliert, nicht als Frage.
- beruht auf Beobachtungen und Wissen.
- ist nachprüfbar und falsifizierbar.
- benennt die zu erwartenden Ergebnisse klar.

Wie wende ich die Technik an?

Zur Entwicklung von Hypothesen können verschiedene Methoden verwendet werden. Die gebräuchlichsten sind:

- **Situative Logik.** Darstellung aller bekannten Fakten und ein Verständnis für die zugrunde liegenden Kräfte, die zu dieser bestimmten Zeit und an diesem bestimmten Ort wirken.
- **Inspiration durch Theorien.** Rückschlüsse ziehen aus dem Studium vieler Beispiele desselben Phänomens. Beispiele können Theorien der Internationalen Beziehungen, die Kriminalistik oder die Kriminologie sein.
- **Vergleich mit historischen Analogien.** Vergleich von aktuellen Ereignissen mit historischen Präzedenzfällen.

Unterschiedliche Situationen erfordern unterschiedliche Methoden. Permutationsbäume werden oft verwendet, um eine umfangreiche Liste von sich gegenseitig ausschließenden Hypothesen zu entwickeln. Wenn sich das Problem auf zwei Dimensionen beschränken lässt, funktioniert die Nutzung einer 2×2-Matrix und vier Quadranten am besten. Cluster-Brainstorming kann für die Umsetzung aller drei vorgenannten Methoden zur Entwicklung von Hypothesen genutzt werden.

- Versammeln Sie eine heterogene Gruppe, um die bereits verfügbaren Belege und Erklärungen für ein bestimmtes Thema, eine Aktivität oder ein Verhalten zu überprüfen.
- Bitten Sie jedes Mitglied der Gruppe, auf einer 3×5-Karte oder großen Post-It eine bis drei alternative Erklärungen oder Hypothesen unter Verwendung der drei oben beschriebenen Methoden aufzuschreiben.
- Sammeln Sie die Karten ein, stellen Sie die Ergebnisse auf einem Whiteboard dar und konsolidieren Sie die Liste, um Doppelungen zu vermeiden.
- Verwenden Sie Gruppen- und Einzel-Brainstorming-Techniken, um wesentliche Wirkungskräfte und Faktoren zu identifizieren.
- Clustern Sie die identifizierten Wirkungskräfte und Faktoren in Affinitätsgruppen und beschriften Sie jede Gruppe.
- Entwickeln Sie weitere Ideen, indem Sie das Problem umformulieren oder von Gegenteilen ausgehen. Sie können auch mit einem Akronym wie PMESII (Political, Military, Economic, Social, Information, Infrastructure) arbeiten, um die Aufmerksamkeit auf weitere Dimensionen des Themas, der Aktivität oder des Verhaltens zu lenken.
- Aktualisieren Sie die Liste alternativer Hypothesen. Achten Sie darauf, dass sich die gefundenen Hypothesen wechselseitig ausschließen und in ihrer Gesamtheit erschöpfend sind (MECE – mutually exclusive and collectively exhaustive).
- Wählen Sie die vielversprechendsten Hypothesen aus und testen diese.

Diagnostische Reflektion

> Diagnostische Reflektion ist die Anwendung von Hypothesentests auf eine neue Entwicklung, auf eine einzelne neue Information bzw. Erkenntnis oder auf die Zuverlässigkeit einer Quelle.

Diagnostische Reflektion unterscheidet sich von der Analyse konkurrierender Hypothesen (ACH) dadurch, dass es zur Bewertung einer einzelnen relevanten Information oder einer einzelnen Quelle verwendet wird, während sich die ACH mit einer ganzen Reihe von Hypothesen und mehreren relevanten Informationen befasst.

Wann verwende ich diese Technik?
Analystinnen und Analysten sollten diese Technik immer dann anwenden, wenn sie sich dabei ertappen, ein vorschnelles Urteil über die Bedeutung einer neuen Entwicklung, die Signifikanz eines neuen Berichts oder die Zuverlässigkeit einer neuen Quelle zu fällen. Oft stellt sich heraus, dass viele der Informationen, die zur Unterstützung der eigenen Leithypothese verwendet werden, auch mit alternativen Hypothesen konsistent sind. In solchen Fällen sollten – und können – die neuen Informationen nicht als Beweis für die vorherrschende Ansicht oder die Leithypothese verwendet werden. Die Technik trägt auch dazu bei, die Wahrscheinlichkeit zu verringern, überrascht zu werden; sie stellt außerdem sicher, dass der Analyst oder die Entscheidungsträgerin zumindest alternative Erklärungen in Betracht gezogen hat.

Wobei hilft mir die Technik?
Diagnostische Reflektion hilft Analystinnen und Analysten, ihre natürliche Tendenz auszugleichen, neue Informationen so zu interpretieren, dass sie mit der bestehenden Interpretation des Geschehens übereinstimmen – also mit dem mentalen Modell des Analysepersonals. Diese Technik hilft dabei, jene Informationen zu identifizieren und in den Fokus zu nehmen, die am meisten benötigt werden, um eine Entscheidung zu treffen oder ein analytisches Urteil zu untermauern sowie den Fehler zu vermeiden, jene Informationen zu verwerfen oder zu ignorieren, die nicht mit dem übereinstimmen, was der Analyst zu sehen erwartet.

Wie wende ich die Technik an?

- Immer wenn eine neue und potenziell bedeutsame Information gesammelt oder empfangen wird, machen Sie sich eine mentale oder schriftlich fixierte Notiz über die Bedeutung dieser Information oder darüber, was sie zu bedeuten scheint. Zum Beispiel: wie hilft sie uns zu verstehen, warum etwas passiert ist; oder: was bedeutet sie wahrscheinlich im Hinblick auf die Zukunft? Dieses schnelle, intuitive Urteil beruht auf dem mentalen Modell, das dem derzeitigen Denkprozess zugrunde liegt.
- Organisieren Sie ein initiales Brainstorming zur Durchführung der Diagnostischen Reflektion. Beginnen Sie die Diskussion mit Fragen wie:
  - Gibt es alternative Erklärungen zur Leithypothese (definiert als…), die auch mit der neuen Information, der neuen Entwicklung oder der neuen Quelle der Information übereinstimmen würden?
  - Gibt es außer der Leithypothese noch einen anderen Grund dafür, dass …
- Brainstormen Sie, entweder allein oder in einer kleinen Gruppe, alternative Urteile oder Erklärungen, die ein anderer Analyst oder eine andere Analystin mit einer abweichenden Perspektive vernünftigerweise vorbringen könnte. Erstellen Sie eine Liste solcher Alternativen.
- Stellen Sie für jede Alternative die folgende Frage: Wenn diese Alternative wahr oder zutreffend wäre, wie wahrscheinlich ist es, dass ich diese neue Information sehen würde?
- Treffen Sie ein vorläufiges Urteil unter Berücksichtigung dieser Alternativen.
  - Wenn die neue Information bei jeder der Alternativen gleich wahrscheinlich ist, dann hat diese Information keinen diagnostischen Wert und es sollte erwogen werden, diese zu ignorieren.
  - Wenn die Information zu einer oder mehreren Alternativen in klarem Widerspruch steht, dann können diese Alternativen ausgeschlossen werden.
- Wenden Sie diese Denkweise auf jede der Alternativen an und entscheiden Sie, welche Alternativen weiter beachtet werden müssen und welche aus der Betrachtung fallen bzw. so lange auf Halde gelegt werden können, bis neue Informationen auftauchen.
- Suchen Sie weiter nach zusätzlichen Belegen, um die verbleibenden Alternativen zu widerlegen, anstatt zu versuchen, diese zu bestätigen.

Analysis of Competing Hypotheses (ACH)/Analyse konkurrierender Hypothesen

Die Analyse konkurrierender Hypothesen (ACH) ist ein Hilfsmittel zur Beurteilung von Sachverhalten, die ein sorgfältiges Abwägen von alternativen Erklärungen oder Schlussfolgerungen erfordern. Die ACH umfasst die Identifizierung eines vollständigen Sets alternativer Erklärungen (dargestellt als Hypothesen), die systematische Bewertung jeder einzelnen und die Auswahl jener Hypothese(n), die am besten passen, indem man sich auf jene Belege konzentriert, die jede dieser Hypothesen eher widerlegen als bestätigen.

Wann verwende ich diese Technik?

Die ACH eignet sich für fast jede Analyse, bei der alternative Erklärungen für das, was geschehen ist, geschieht oder wahrscheinlich geschehen wird, erforderlich sind. Sie ist besonders für kontroverse Sachverhalte geeignet, in denen das Analysepersonal transparent und schriftlich festhalten will, welche Belege und Annahmen berücksichtigt wurden und zu welchen Schlüssen es gelangt ist. Wenn andere, einschließlich der Entscheidungsträger, mit diesen Schlussfolgerungen nicht einverstanden sind, kann eine ACH-Matrix verwendet werden, um den genauen Bereich der Uneinigkeit zu identifizieren. Die anschließende Diskussion kann sich dann auf die wichtigsten substantiellen Unterschiede konzentrieren.

Die ACH ist besonders effektiv, wenn es einen robusten Datenfluss zu absorbieren und auszuwerten gibt. Sie eignet sich gut für den Umgang mit technischen Sachverhalten und kann zur Beantwortung von Fragen verwendet werden wie z. B.: „Für welches Waffensystem wird dieses Teil höchstwahrscheinlich importiert?". Die ACH ist außerdem nützlich, um strafrechtliche Ermittlungen zu organisieren und festzustellen, welche Analyselinie die richtige ist. Sie ist auch hilfreich im Umgang mit dem Potenzial von Verwehren und Täuschung (Denial and Deception): Sie wurde ursprünglich für diesen Zweck entwickelt.

Die Technik kann von einem einzelnen Analysten verwendet werden, ist aber am effektivsten mit einem kleinen Team, das sich gegenseitig in der Bewertung der Belege kritisch hinterfragen kann. Die Anwendung der Technik erfordert ein gewisses Maß an Zeit; nachdem alle Belege gesammelt wurden, dauert es normalerweise mehrere Stunden, um die Matrix auszufüllen und alle Phasen der Technik zu durchlaufen, bevor Schlussfolgerungen aufgeschrieben werden. Normalerweise wird ein

Facilitator oder ein Kollege, der zuvor in der Technik geschult wurde, benötigt, um das Analysepersonal durch den Prozess zu führen, insbesondere wenn es die ACH zum ersten Mal anwendet.

Wobei hilft mir die Technik?

Die Analyse konkurrierender Hypothesen hilft, zahlreiche kognitive Verzerrungen und intuitive Fallen zu überwinden, die zu Intelligence Failures oder analytischen Irrtümern führen können:

- Begrenzen der Tendenz, die erstbeste Antwort zu wählen, die „gut genug" erscheint (Satisficing).
- das Versäumnis, zu Beginn eines Projekts ein vollständiges Set an Erklärungen oder Hypothesen zu entwickeln.
- das Ignorieren oder Verwerfen von Informationen, die nicht zur bevorzugten Erklärung passen.
- das Heranziehen von Belegen zum Untermauern der eigenen Leithypothese, obwohl diese Belege auch mit anderen Hypothesen übereinstimmen und deshalb keinen diagnostischen Wert zur Feststellung der relativen Wahrscheinlichkeit solcher Hypothesen besitzen.

Die ACH kann dabei helfen, den Bestätigungsfehler einzuschränken – d. h. die Tendenz, nach neuen Informationen so zu suchen oder sie so zu interpretieren, dass die eigene Voreingenommenheit bestätigt wird und jene Interpretationen vermieden werden, die den vorherigen Überzeugungen widersprechen. Ein Wort der Vorsicht ist jedoch angebracht: die ACH funktioniert nur, wenn das Analysepersonal unvoreingenommen an die Sache herangeht. Analystinnen und Analysten, die sich bereits (teils unbewusst) auf eine Schlussfolgerung festgelegt haben, werden (immer) einen Weg finden, vorhandene Belege so zu interpretieren, dass sie sich mit der eigenen Überzeugung in Einklang bringen lassen.

Die ACH stellt außerdem sicher, dass alle Analystinnen und Analysten mit denselben Belegen, Argumenten und Annahmen arbeiten. Sie gibt jedem Teammitglied die Möglichkeit, seine Meinung darüber zu äußern, wie relevant diese Informationen im Hinblick auf die Wahrscheinlichkeit der einzelnen Hypothesen sind. Praktische Anwender der ACH berichten, dass diese ihnen dabei hilft, die Meinungsverschiedenheiten mit anderen Analysten besser zu verstehen. Die Überprüfung der ACH-Matrix bietet eine systematische Grundlage für die Identifizierung und Diskussion von Differenzen zwischen zwei oder mehreren Analysten. Analysten berichten auch, dass der Verweis auf die Matrix dabei hilft, die Debatte zu entpersonalisieren, wenn ernsthafte Meinungsverschiedenheiten vorliegen.

Die gleichzeitige Bewertung von konkurrierenden Hypothesen ist eine Herausforderung. Das menschliche Gehirn hat Schwierigkeiten, mehr als ca. sieben Zahlen – oder Hypothesen – im Arbeitsgedächtnis (Kurzzeitgedächtnis) zu behalten und sich dabei zu merken, wie jede einzelne Information zu jeder einzelnen Hypothese passt. Es erfordert eine weitaus größere geistige Beweglichkeit als die bloße Auflistung von Belegen zur Stützung einer einzelnen Hypothese, die im Voraus als die wahrscheinlichste Antwort eingeschätzt wurde. Die ACH baut diese Hindernisse durch die Verwendung einer Matrix ab, durch die die Eingabe und Sortierung verwendeter Belege und Annahmen erleichtert werden (siehe Abb. 8.10).

Wie wende ich die Technik an?

1. Identifizieren Sie alle plausiblen Hypothesen: Generieren Sie ein möglichst umfassendes Set an Hypothesen. Achten Sie darauf, dass die Hypothesen sich möglichst wechselseitig ausschließen. Entwickeln Sie für jede Hypothese ein

Relevante Belege	Bewertung der Glaubwürdigkeit	Hypothese 1	2	3
Stellungnahme	H	C	I	II
Bericht	M	I	C	I
Annahme	H	CC	I	I
Bericht	M	C	II	C
Stellungnahme	L	C	C	II
Abwesenheit von Belegen	H	C	CC	I
Bericht	M	I	C	C
Annahme	M	CC	C	CC
Bericht	H	CC	C	C
Inkonsistenzen		2	4	7

Abb. 8.10 Beispiel einer Analyse konkurrierender Hypothesen. (Quelle: Copyright 2024 Pherson. All Rights Reserved)

kurzes Szenario oder eine kurze Geschichte, in der Sie darstellen, inwiefern diese Hypothese zutreffen könnte.

2. Fertigen Sie eine Liste aller relevanten Informationen an: Tragen Sie alle Informationen, Belege und Annahmen zusammen, die für die Beurteilung der Hypothesen relevant sein könnten. Dies schließt auch Informationen ein, von denen Sie erwarten würden, diese zu sehen, wenn eine oder mehrere der aufgestellten Hypothesen zutreffend sein würden. Kurzum: Tragen Sie alles zusammen, was Ihr Denken und Urteilen bezüglich einer oder mehrerer Hypothesen beeinflusst. Die ACH muss dieses Denken und Urteilen so präzise wie möglich wiedergeben. Grundsätzlich können jederzeit im Prozess weitere Informationen etc. hinzugefügt werden.
3. Übertragen Sie alle Elemente in eine Matrix: Fertigen Sie eine Matrix an. Tragen Sie alle Hypothesen in der obersten Reihe und alle Belege/Informationen/Annahmen etc. in die ganz linke Spalte ein.
4. Beurteilen Sie die Diagnostizität der Informationen: Stellen Sie für jedes Feld innerhalb der Matrix die Frage: „Inwiefern würde ich erwarten, diese Information, Annahme etc. (Element in der linken Spalte) zu sehen, wenn diese Hypothese (jeweilige Hypothese in der oberen Reihe) zutreffend wäre?“ Tragen Sie ein C in das Kreuzungsfeld ein, wenn Sie erwarten würden, diese Information zu sehen, sollte eine Hypothese zutreffend sein – wenn also eine Information konsistent (consistent) mit der Hypothese ist. Bei einer Information etc., die inkonsistent (inconsistent) ist, tragen Sie ein I ein. Wenn eine Information etc. auf eine Hypothese nicht anwendbar (not applicable) ist, tragen Sie N/A ein. Bei besonders überzeugenden Informationen etc. können Sie auch zwei CC oder II eintragen.

   Wenn Sie bei der Beurteilung der Diagnostizität darauf stoßen, dass eine Bewertung „davon abhängt, dass…“ basiert die entsprechende Bewertung wahrscheinlich auf Annahmen. Notieren Sie diese Annahmen entsprechend und berücksichtigen Sie die Belastbarkeit dieser Annahmen sollte eine der auf diesen Annahmen basierenden Informationen eine hohe Diagnostizität aufweisen.
5. Überprüfen Sie Hypothesen, bei denen es Meinungsunterschiede gibt: Meinungsunterschiede zwischen Analystinnen und Analysten sind oftmals auf unterschiedliche Interpretationen der Hypothesen (selten auch der Informationen etc.) zurückzuführen. Eine entsprechende Diskussion an Punkten, an denen die Meinungen des Analysepersonals auseinandergehen und eine entsprechende Berücksichtigung bei der Beurteilung der Diagnostizität lohnen sich in der Regel.

6. Prüfen Sie das Hypothesenset: Prüfen Sie, ob mehrere Hypothesen zu einer Hypothese zusammengefasst werden sollten oder ob weitere Hypothesen hinzugefügt werden müssten. Sollten Sie neue Hypothesen hinzufügen, prüfen Sie diese analog zu den bisherigen Hypothesen (Schritt 4).
7. Ziehen Sie erste Schlüsse: Addieren Sie die Inkonsistenzen (I/II) für jede Hypothese und sortieren Sie die Hypothesen entsprechend der Inkonsistenz-Summen. Die Hypothese mit den meisten Inkonsistenzen ist tendenziell die unwahrscheinlichste und die Hypothese mit den wenigsten Inkonsistenzen die tendenziell wahrscheinlichste (die Leithypothese/Lead Hypothesis). Basierend auf der angefertigten Reihung, können Sie die tendenzielle Wahrscheinlichkeit jeder Hypothese beurteilen. Zielsetzung ist stets das Widerlegen von Hypothesen. Merke: Grundsätzlich kann der Inkonsistenzwert die Beurteilung der Wahrscheinlichkeit einer Hypothese nur unterstützen aber nicht ersetzen. Analystinnen und Analysten sind weiterhin darauf angewiesen, die durch die ACH erzielten Ergebnisse kritisch zu hinterfragen. Die Matrix bietet einen systematischen Ansatz zu möglichst exakten und nachvollziehbaren analytischen Schlüssen zu gelangen, generiert diese Schlüsse aber nicht selbst.
8. Prüfen Sie die Belastbarkeit ihrer Schlüsse: Prüfen Sie, inwiefern Ihre bisherigen Schlüsse gegebenenfalls von einigen wenigen kritischen Informationen abhängen. Sollte beispielsweise eine Information ein „C“ bei der Leithypothese aufweisen aber ein „I“ bei allen anderen Hypothesen, untersuchen Sie die Glaubwürdigkeit der zugrunde liegenden Berichte, Datenbankeinträge, Zeugenaussagen und so weiter. Spielen Sie durch, was es für die Analyse bedeuten würde, sollte die Information falsch oder irreführen sein oder anders interpretiert werden. Sollte eine andere Interpretation von Informationen/Belegen/Annahmen bisher gezogene Schlüsse ungültig machen, prüfen Sie noch einmal kritisch Ihre bisherige Interpretation.
9. Auswahl und Bewertung der belastbarsten Hypothesen: Bewerten Sie die relative Wahrscheinlichkeit aller aus Ihrer Sicht relevanten Hypothesen. Orientieren Sie sich hierbei am Inkonsistenzwert. Orientieren soll hier deutlich nur als richtungsgebend verstanden werden. Die Anwendung einer ACH unterliegt diversen Herausforderungen, die nachfolgend noch aufgezeigt werden und die Fälle abbilden, in denen die Matrix entweder noch ergänzt werden muss oder in denen vom Inkonsistenzwert bewusst abgewichen werden sollte. Um die relative Wahrscheinlichkeit der aus Ihrer Sicht relevanten Hypothesen zu bewerten, betrachten Sie jede Hypothese als Gesamtfall. Welche Rolle spielen Informationen etc. mit hoher Diagnostizität bei den jeweiligen Hypothesen? Und wie überzeugend könnten Sie auf der Grundlage der zur Verfügung stehenden Informationen etc. eine rational argumentierte Begründung für die Korrektheit der

Hypothese aufbauen? Bei diesem Schritt geht es am Ende darum sich zu orientieren, ob die zur Verfügung stehenden Informationen ausreichen, um eine oder mehrere Hypothesen glaubhaft zu belegen. Wählen Sie die aus Ihrer Sicht wahrscheinlichste(n) Hypothese(n) für Ihr weiteres Vorgehen aus.

10. Identifizieren Sie Indikatoren oder Meilensteine für zukünftige Beobachtungen: Erstellen Sie zwei Listen. Auf der ersten Liste notieren Sie zukünftige Geschehnisse oder zusätzliche Aufklärungs- und Informationsersuchen, die Ihre Argumentation weiter stützen würden. Auf Liste zwei notieren Sie, was Sie beobachten oder herausfinden müssten, das Ihre Argumentation schwächen würde. Evaluieren und Validieren Sie Ihre Indikatoren und überwachen diese dann regelmäßig, um wachsam gegenüber Geschehnissen zu bleiben, die etwas an Ihrer bisherigen Bewertung verändern würden.

Potenzielle Herausforderungen bei der Anwendung der ACH

Die Analyse konkurrierender Hypothesen ist eine herausfordernde Technik, bei der Analystinnen und Analysten einige weitere Punkte beachten sollten.

Der Wert der Inkonsistenzen in der ACH sollte nicht so gedeutet werden, dass er die „richtige Antwort" diktiert. Die Erfahrung hat gezeigt, dass Analystinnen und Analysten teilweise dazu neigen, Strukturierte Analysetechniken als „Zauberkasten" zu betrachten, aus dem auf magische Weise Wahrheit hervorgeht. Das ist so nicht korrekt. Wenn die ACH korrekt durchgeführt wurde, spiegelt sie möglichst präzise das Denken und Urteilen aller Beteiligten wider. Hierbei nimmt die ACH die Funktion ein, den Analyseprozess zu strukturieren und allen Hypothesen und Informationen etc. gleichrangig Beachtung zu schenken. Der akkumulierte Inkonsistenzwert der einzelnen Hypothesen spiegelt damit zuvorderst die Darlegung und Bewertung zu der Grunde liegenden Informationen etc. durch alle Beteiligte wider.

Wundern Sie sich bitte nicht, sollte die ACH den Grad Ihrer Unsicherheit bezüglich des zu untersuchenden Gegenstandes erhöhen. Einfache Lösungen und Antworten sind die Domäne von System 1. Die ACH als System-2-Denken soll die tatsächliche Unsicherheit abbilden, die einer Situation normalerweise zugrunde liegt. Der Fokus wird hierbei häufig auf einige kritische Informationen etc. gelenkt, die für die Analyse maßgeblich sind oder es wären, sollten diese Informationen vorhanden sein. Auf diese Weise kann die ACH für das Steuern von Aufklärung oder das Anstoßen weiterer Analysen genutzt werden.

Es existieren insgesamt fünf Fälle, in denen Vorsicht geboten ist, sollte der Inkonsistenzwert von der Einschätzung der beteiligten Analystinnen und Analysten abweichen. Diese sollen nachfolgend vorgestellt werden, um sie in Analyseprojekten zu berücksichtigen.

- **Unvollständigkeit der Matrix:** Wenn der Inkonsistenzwert der ACH und die Einschätzung von Analystinnen und Analysten auseinandergehen, ist ein häufiger Grund, dass die ACH nicht das tatsächliche Denken der Beteiligten widerspiegelt. Eine mögliche Erklärung hierfür ist, dass nicht alle Annahmen, Argumentationen oder Informationen in die Matrix aufgenommen wurden. Insbesondere bei Annahmen kann hierfür ursächlich sein, dass diese bisher nicht bewusst waren und entsprechend nicht explizit gemacht werden konnten. In solchen Situationen sollte besonderes Augenmerk darauf gelegt werden, unbewusste Annahmen zu identifizieren, mit in die Matrix aufzunehmen und gegebenenfalls durch einen Key-Assumptions-Check zu prüfen.
- **Zu große Beachtung für weniger wahrscheinliche Hypothesen:** Es kann vorkommen, dass der Inkonsistenzwert eine weniger wahrscheinlich erscheinende Hypothese bevorzugt. In einem solchen Fall kann es sein, dass im Analyseprozess nicht genug Zeit und Aufmerksamkeit darauf verwendet wurde, Informationen etc. zusammenzutragen, die diese Hypothese(n) falsifizieren können. Abhilfe schaffen kann ein erneuter Einstieg in Recherche und Datenlage, um entsprechende Informationen etc. zu recherchieren, damit die ACH die reale Datenlage angemessener wiedergibt. Sollten keine oder zu wenig weitere Informationen gefunden werden können, muss gegebenenfalls in Betracht gezogen werden, dass das bisherige Denken über den zu untersuchenden Sachverhalt angepasst werden muss und die zugrunde liegende Unsicherheit höher ist, als bisher angenommen wurde.
- **Entscheidende Informationen:** In manchen Fällen kommt es vor, dass Analystinnen und Analysten Informationen von sehr vertrauenswürdigen und gut platzierten Informanten erhalten. Solche Informationen würden in einer ACH zwar mit einer hohen Glaubwürdigkeit versehen werden, allerdings wird dies wahrscheinlich nicht der Rolle gerecht, die diese Information(en) in der Gesamtbeurteilung spielen sollten. In solchen Fällen handelt es sich um Informationen, die eine Hypothese so deutlich untermauern, dass sie alle anderen Hypothesen falsifizieren. Dies gilt unabhängig davon, auf was weniger entscheidende Informationen in der übrigen Matrix hindeuten.
- **Nicht repräsentatives Set an Informationen:** Die Informationen, Annahmen und Belege, die in der ACH genutzt werden, müssen repräsentativ für das gesamte betrachtete Problem sein. Sie müssen also alle Facetten des Problems gleichermaßen abdecken. Eine nicht repräsentative Auswahl an Informationen etc. kann dann zu Stande kommen, wenn zunächst nur wenig Informationen etc. zum eigentlichen Kernthema, sehr wohl jedoch für ein verwandtes aber weniger relevantes Thema vorliegen. In einem solchen Fall kann der Inkonsistenzwert in der ACH irreführend sein.

- **Sinkende Signifikanz weiterer Informationen:** Je mehr Informationen etc. in der ACH verarbeitet werden, desto geringer das relative Gewicht weiterer hinzukommender Informationen. Oder anders ausgedrückt: bei zehn Informationen verändert eine weitere hinzukommende Information den Inkonsistenzwert deutlicher als bei 50 Informationen in der ACH. Wenn es Ihnen bei Ihrem Projekt also darum gehen sollte, Veränderungen über die Zeit feststellen oder dokumentieren zu wollen, dann sollten Sie sich darüber bewusst sein, dass die Sensitivität des Inkonsistenzwertes über die Zeit abnimmt.
- **Weitere Herausforderungen bei der Anwendung der ACH:**
  - Es kann vorkommen, dass keine der ausgewählten Informationen etc. Diagnostizität aufweisen
  - Nicht alle relevanten Informationen etc. konnten gefunden werden oder stehen zur Verfügung
  - Relevante Informationen könnten unzutreffend, ungenau, gefälscht oder irreführend sein
  - Die Bewertungen der Konsistenz sind subjektiv und damit können sie menschlichen Irrtümern unterliegen
  - Bei der Anwendung der ACH durch eine Gruppe kann das Ergebnis von Gruppendenken oder einer ungünstigen Gruppendynamik negativ beeinflusst werden

Bedenken Sie, dass die ACH ein Denkwerkzeug ist! Seine Funktion besteht darin, Analystinnen und Analysten beim Durchdenken eines Problems zu helfen, aber nicht darin, ein Ergebnis vorherzusagen.

Inconsistencies Finder/Aufspüren von Inkonsistenzen

Der Inconsistencies Finder ist eine einfachere Version der Analyse konkurrierender Hypothesen (ACH), welche die Aufmerksamkeit gezielt auf falsifizierende Informationen lenkt, um Hypothesen zu widerlegen.

Der Inconsistencies-Finder unterstützt die Erstellung einer qualitativ hochwertigen Analyse, indem Analysepersonal unterstützt wird:

- voreilige Schlüsse zu vermeiden
- sich mental über die „ersten Eindrücke“ hinaus zu bewegen
- vorgefasste Meinungen zu hinterfragen
- Unbekanntes und Unsicherheiten aufzuspüren

Wann verwende ich diese Technik?
Der Inconsistencies Finder kann immer dann eingesetzt werden, wenn eine Reihe von alternativen Hypothesen existiert oder kürzlich identifiziert wurde und Analysepersonal:

- diese sorgfältig bezüglich ihrer Glaubwürdigkeit bewerten muss.
- die Gültigkeit einer großen Datenmenge im Hinblick auf diese Hypothesen evaluieren muss.
- die aktuelle Interpretation der Belege (oder, alternativ, die Interpretation anderer Belege) hinterfragen muss.
- ein nachvollziehbares Protokoll des der Analyse zugrunde liegenden Denkprozesses anfertigen möchte oder muss.

Wobei hilft mir die Technik?
Der Prozess (a) der systematischen Überprüfung relevanter Informationen und (b) der Identifizierung, welche Informationen oder Belege mit jeder einzelnen Hypothese im Widerspruch stehen, hilft Analysepersonal:

- jene Hypothesen zu identifizieren, gegen die am wenigsten Belege sprechen und sich auf die widerlegenden Belege zu fokussieren.
- jene Hypothesen mit eindeutig widersprüchlichen Informationen zu verwerfen.
- die Bereiche von Konsens bzw. Dissens innerhalb des Analyseteams oder im Verhältnis zu Entscheidungsträgerinnen und Entscheidungsträgern zu identifizieren.
- das Potenzial für Desinformation und Täuschung kenntlich zu machen.

Anstatt eine Argumentation aufzubauen, die dazu dient, eine bevorzugte Lösung oder Antwort zu rechtfertigen, kann der Inconsistencies Finder Analystinnen und

Analysten dabei helfen, Hypothesen durch eindeutig widersprüchliche Informationen zu verwerfen. Der Fokus bleibt dann auf den Hypothesen, gegen die am wenigsten Informationen sprechen. Erst im Anschluss kann dann eine Argumentation aufgebaut werden, welche die wahrscheinlichste(n) Hypothese(n) unterstützt.

Die Technik produziert keine automatischen Antworten. Sie sollte als Denkwerkzeug betrachtet werden, das dabei hilft, ein Problem effizienter zu bearbeiten. Im Unterschied zur ACH hilft diese Technik nicht dabei, jene Informationen zu identifizieren, welche am besten geeignet wären, eine Hypothese zu untermauern, da sich die Technik ausschließlich auf Inkonsistenzen konzentriert.

Wie wende ich die Technik an?

1. Erstellen Sie eine Matrix, in der alle infrage kommenden Hypothesen in die Spalten am oberen Rand der Matrix eingetragen werden. Erstellen Sie eine Liste aller relevanten Informationen (einschließlich signifikanter Belege, Argumente, Annahmen und auch Leerstellen), die bei der Bewertung des vorliegenden Hypothesen-Sets hilfreich wären. Tragen Sie alle Information separat in die Reihen ganz links in der Matrix ein.
2. Arbeiten Sie in kleinen Teams und analysieren Sie die Diagnostizität der relevanten Informationen. Suchen Sie nach widersprüchlichen Informationen im Hinblick auf jede einzelne Hypothese. Vergleichen Sie jede Information mit jeder Hypothese. Setzen Sie ein „I“ (für inconsistent) in die Kreuzungsfelder zwischen Hypothese und Information, wenn Sie nicht erwarten würden, diese Information zu sehen, falls die Hypothese wahr wäre. Setzen Sie ein „II“ in das Kreuzungsfeld, wenn das Vorhandensein der Information ein sehr starkes Argument dafür ist, dass die Hypothese nicht wahr sein kann. Wenn z. B. ein Verdächtiger ein unanfechtbares Alibi hat, das beweist, dass er zum Zeitpunkt eines Verbrechens an einem anderen Ort war, dann kann die Hypothese, dass dieser Verdächtige der Täter ist, nicht wahr sein.
3. Addieren Sie alle „I“s (widersprüchliche Bewertungen) in jeder Hypothesenspalte. Vergeben Sie einen Punkt für ein „I“ und zwei Punkte für die Bewertungen „II“.
4. Ordnen Sie die Wahrscheinlichkeit der Hypothesen entsprechend der Gesamtzahl der „I“s, die jede Hypothese erhalten hat. Es gilt: Je mehr „I“s in einer Spalte, desto unwahrscheinlicher die Hypothese.
5. Beurteilen Sie, ob die in jeder Spalte notierten „I“s ein zwingendes Argument für den Ausschluss dieser Hypothese darstellen. Arbeiten Sie sich durch die „I“s in absteigender Folge, d. h. von der Hypothese mit den meisten „I“s bis zur Hypothese mit den wenigsten oder keinen „I“s.

6. Identifizieren Sie die Hypothese(n) mit den am wenigsten widersprüchlichen Informationen und begründen Sie, warum diese Hypothese(n) wahr ist/sind.

Deception Detection/Aufspüren von Täuschung

Deception Detection umfasst eine Reihe von Checklisten, mit deren Hilfe Analystinnen und Analysten feststellen können, wann sie ihre Aufmerksamkeit auf mögliche Täuschung richten sollten, ob tatsächlich Täuschung vorliegt und was zu tun ist, um nicht getäuscht zu werden.

„Die Wahrnehmung von Täuschung im Bereich der Analyse ist außerordentlich schwierig. Wenn Täuschung gut organisiert wurde, sollte das Analysepersonal keine sichtbaren Belege dafür finden. Wird sie jedoch erwartet, so wird das Analysepersonal auch dann Belege für eine Täuschung finden, wenn gar keine Täuschung vorliegt." – Richards J. Heuer Jr., Cognitive Factors in Deception and Counter-deception.

Täuschung (Deception) ist eine Handlung, die von einem Gegner oder Konkurrenten mit der Absicht durchgeführt wird, die Wahrnehmungen, Entscheidungen oder Handlungen eines anderen zum eigenen Vorteil zu beeinflussen.

Wann verwende ich diese Technik?
Analystinnen und Analysten sollten die Möglichkeit einer vorliegenden Täuschung in Betracht ziehen, wenn:

- der potenzielle Täuscher bereits durch frühere Täuschungsmanöver bekannt ist.
- wesentliche Informationen zu einem kritischen Zeitpunkt auftauchen – das heißt, wenn entweder der Empfänger oder der potenzielle Täuscher viel zu gewinnen oder zu verlieren hat.
- Informationen aus einer fragwürdigen Quelle stammen.
- die Analyse von einer einzigen kritischen Information oder einem einzigen kritischen Bericht abhängt.
- die Akzeptanz neuer Informationen das Analysepersonal nötigen würde, eine wesentliche Annahme oder ein wesentliches Urteil zu ändern.

- die Akzeptanz neuer Informationen den Empfänger veranlassen würde, weitere Ressourcen aufzuwenden oder bereits eingesetzte Ressourcen umzuverteilen.
- der potenzielle Täuscher möglicherweise über einen Feedback-Kanal verfügt, über den er darüber informiert wird, ob und wie die mit der Täuschung zusammenhängenden Informationen verarbeitet werden und welchen Effekt diese haben. Beispielsweise indem technische Aufklärung oder offen zugängliche Informationen genutzt werden oder durch zuvor zu diesem Zweck eingeschleustes Personal.

Wobei hilft mir die Technik?

Die meisten Analystinnen und Analysten sind sich bewusst, dass nicht alles, was in ihrem Postfach landet, wahr und brauchbar ist. Aber nur wenige wissen, wie sie eventuelle Bedenken effektiv in ihrer täglichen Arbeitspraxis berücksichtigen können. Das Wissen um das Risiko möglicher Täuschung stellt eine erhebliche kognitive Belastung für Analysepersonal dar: Wenn es die Möglichkeit akzeptiert, dass einige der vorhandenen Informationen Teil einer orchestrierten Täuschung sind, macht das sämtliche Belege fragwürdig, und es können keine gültigen Schlüsse aus der Berichterstattung mehr gezogen werden. Dieses grundlegende Dilemma kann den Analyseprozess lähmen. Es sei denn, das Analysepersonal nutzt praktische Hilfsmittel, um zu bestimmen, wann es angemessen ist, sich über Täuschung Gedanken zu machen, wie man diese am besten erkennt und was man in Zukunft tun kann, um sich vor Täuschung zu schützen.

> „Es ist sehr schwer, mit Täuschung umzugehen, wenn man wirklich nur versucht, ein Gefühl dafür zu bekommen, was gerade vor sich geht, und es gibt so viel Rauschen im System, so viel Überfrachtung und so viel Mehrdeutigkeit. Wenn man dann noch das Risiko einer möglichen Täuschung darüberlegt, untergräbt das die Handlungsfähigkeit" – Robert Jervis, Signaling and Perception in the Information Age.

Vier Checklisten zum Aufspüren von Täuschung

Wenn das Risiko einer potenziellen Täuschung Skepsis auslöst, sollte das Analysepersonal, bevorzugt in der Gruppe, alle im Schwerpunkt genutzten Produkte anhand von vier Kriterien-Sets bewerten:

- Hat der potenziell täuschende Akteur ein Motiv, die Gelegenheit und die Mittel (Motive, Opportunity, Means – MOM) zu täuschen?
- Wäre diese Täuschung mit den bisherigen Vorgehensweisen des potenziell täuschenden Akteurs konsistent (Past Opposition Practices – POP)?
- Gibt es Anzeichen möglicher Manipulierbarkeit von Informationsquellen (Manipulability of Sources – MOSES)?
- Was können wir aus der Bewertung unserer Belege lernen (Evaluation of Evidence – EVE)?

Motiv, Gelegenheit und Mittel (Motive, Opportunity, Means – MOM)

- Motiv: Was sind die Ziele und Motive des potenziell täuschenden Akteurs?
- Kanäle: Welche Wege stehen dem potenziellen Täuscher zur Verfügung, um uns mit Informationen zu versorgen?
- Risiken: Welche Folgen hätte es für den Gegner oder Konkurrenten, wenn eine solche Täuschung aufgedeckt würde?
- Kosten: Müsste der potenzielle Täuscher zunächst sensible Informationen opfern, um dem Täuschungskanal Glaubwürdigkeit zu verleihen?
- Feedback: Verfügt der potenzielle Täuscher über einen Feedback-Mechanismus, um die Auswirkungen seiner Täuschungsaktion mitzubekommen?

Vergangene Praktiken des Akteurs (Past Opposition Practices – POP)

- Ist der potenzielle Täuscher bereits durch frühere Täuschungen oder Täuschungsversuche bekannt?
- Passt der aktuelle Sachverhalt in das Muster vergangener Täuschungen?
- Falls nicht, gibt es andere historische Präzedenzfälle beziehungsweise Analogien?
- Falls nicht, haben sich die Sachverhalte so verändert, dass sie den Einsatz dieser Form von Täuschung erklären würden?

Manipulierbarkeit von Informationsquellen (Manipulability of Sources – MOSES)

- Auf welcher Grundlage wird diese Informationsquelle als zuverlässig bewertet?
- Hat die Informationsquelle direkten oder nur indirekten Zugang zu den Informationen, die sie zur Verfügung stellt?
- Wie gut ist die bisherige Erfolgsbilanz oder die bereits erhaltene Berichterstattung der Informationsquelle?
- Ist die Informationsquelle anfällig für Kontrolle oder Manipulation durch einen potenziell täuschenden Akteur?

Auswertung von Belegen (Evaluation of Evidence – EVE)

- Wie hoch ist die Genauigkeit der Berichterstattung der Informationsquelle? Wurde die gesamte Kette der Berichterstattung, beispielsweise einschließlich Übertragung oder Übersetzung überprüft?
- Halten die relevantesten Belege mit dem höchsten diagnostischen Wert einer kritischen Überprüfung stand? Beachten Sie, dass nicht nur die direkte Quelle der Information kritisch betrachtet werden muss, sondern falls vorhanden, auch die Quelle(n) der Quelle.
- Stehen Belege von einer menschlichen Quelle oder aus einer Berichts-Sequenz im Widerspruch zu denen, die von einer anderen menschlichen Quelle oder aus einer anderen Berichts-Sequenz stammen?
- Bestätigen andere Informationsquellen die vorliegenden Belege?
- Verdient eine bestimmte Information, die man zu sehen erwarten würde, durch ihre Abwesenheit besondere Beachtung? (Abwesenheit von Informationen)

Vermeiden von Täuschung
Analysten haben die folgenden „Verkehrsregeln“ für den Umgang mit Täuschung als hilfreich empfunden. Sie stamen aus: Richards J. Heuer Jr.: „Cognitive Factors in Deception and Counter-deception“, „Strategic Military Deception“ (1982) und

Michael I. Handel (Hrsg.), „Strategic and Operational Deception in the Second World War“ (1987).

- Vermeiden Sie es, sich zu sehr auf eine einzige Informationsquelle zu verlassen.
- Holen Sie die Meinung derjenigen ein, die der Berichterstattung am nächsten stehen beziehungsweise bei denen es die wenigsten Stationen zwischen dem infrage stehenden Geschehnis oder Vorgangs und dem entsprechenden Bericht gibt.
- Seien Sie misstrauisch gegenüber menschlichen Quellen oder menschlichen Sub-Quellen, die Sie nicht persönlich gesprochen haben und bei denen unklar ist, wie diese an bestimmte Informationen gelangt sind.
- Verlassen Sie sich nicht ausschließlich auf das, was jemand sagt (verbale Berichterstattung). Suchen Sie nach materiellen Belegen: Dokumente, Bilder, eine Adresse, eine Telefonnummer oder eine andere Form konkreter, überprüfbarer Information.
- Seien Sie misstrauisch gegenüber Informationen, die Ihren eigenen bekannten Vorurteilen und Vorlieben stark entgegenkommen.
- Achten Sie darauf, ob es bei einer Informationsquelle wiederholt dazu kommt, dass die Berichterstattung zunächst korrekt erscheint, sich später aber als falsch herausstellt und die Quelle stets eine plausible, wenn auch schwache Erklärung für diese Diskrepanz anbietet.
- Entwickeln und bewerten Sie zu Beginn eines Projekts ein vollständiges Set plausibler Hypothesen – gegebenenfalls auch eine Täuschungshypothese.
- Gewinnen Sie einen Überblick über Einschränkungen und Fähigkeiten des potenziell täuschenden Akteurs.

Chronologien und Timelines

Chronologien listen Ereignisse in der Reihenfolge ihres Auftretens auf, normalerweise in erzählendem oder aufzählendem Format. Timelines ordnen Informationen graphisch entlang eines chronologischen Spektrums an. Informationen können visuell dargestellt werden, indem die Daten kategorisiert und oberhalb bzw. unterhalb einer Linie dargestellt werden.

Wann verwende ich diese Technik?

Chronologien und Timelines helfen bei der Organisation von Ereignissen oder Aktivitäten. Verwenden Sie sie immer dann, wenn es wichtig ist, den Zeitpunkt und die Abfolge relevanter Ereignisse zu verstehen oder relevante Ereignisse oder Lücken zu identifizieren. Die Ereignisse können eine Ursache-Wirkung-Beziehung haben, müssen es aber nicht.

Wobei hilft mir die Technik?

Chronologien und Timelines helfen Analystinnen und Analysten zunächst einmal, sich einen Überblick über eine Situation zu verschaffen. Sie unterstützen dabei, Muster und Wechselbeziehungen zwischen Ereignissen zu erkennen. Analysten können sie verwenden, um scheinbar unzusammenhängende Ereignisse auf das große Ganze zu beziehen; um signifikante Veränderungen zu identifizieren bzw. hervorzuheben oder um beim Aufspüren von Trends, entstehenden Problemen oder Anomalien zu helfen. Sie können als Auffangbecken für Rohdaten dienen, solange die Bedeutung der Daten noch nicht identifiziert wurde. Timelines auf mehreren Ebenen ermöglichen es, gleichzeitig stattfindende Ereignisse zu verfolgen, die sich gegenseitig beeinflussen können. Chronologien und Timelines werden normalerweise zu Beginn des Analyseprozesses erstellt, können aber auch im Nachhinein zur Lagebearbeitung verwendet werden. Oder um im Nachhinein die Ursachen für Analysefehler zu finden und wichtige Ereignisse im Zuge einer überraschenden Entwicklung hervorzuheben.

Die Aktivitäten entlang einer Timeline können Analysepersonal zu Hypothesen über die Existenz von bislang unbekannten Ereignissen inspirieren. Mit anderen Worten: Die Abfolge der bekannten Ereignisse kann unter Umständen nur dann einen Sinn ergeben, wenn andere, bisher unbekannte Ereignisse aufgetreten sind. Das Analysepersonal kann dann nach anderen Indikatoren für diese fehlenden Ereignisse suchen. Chronologien und Timelines sind ebenfalls nützlich, um Informationen in einem Format zu organisieren, das in einem Briefing leicht verständlich ist.

Wie wende ich die Technik an?

Chronologien und Timelines sind effektive und dennoch einfache Möglichkeiten, um eingehende Informationen bei der Verarbeitung der täglichen Berichterstattung zu ordnen. Eine Excel-Tabelle oder sogar ein Word-Dokument kann verwendet werden, um die Ergebnisse von Recherchen zu protokollieren und Belege zusammenzutragen.

Zum Zeichnen der Timeline können Tools wie die Excel-Zeichenfunktion, kostenlose Tools aus dem Internet oder Analyst Notebook verwendet werden.

Gehen Sie wie folgt vor:

- Stellen Sie zunächst sicher, dass allen im Team klar ist, zu welcher Fragestellung oder zu welchem Problem eine Chronologie oder Timeline angefertigt werden soll.
- Einigen Sie sich darauf, nach welchem Muster Sie alle relevanten Informationen zusammentragen wollen. Grundsätzlich kann zwischen dem Zeitpunkt eines Ereignisses oder nach dem Zeitpunkt der Meldung über ein Ereignis unterschieden werden. Achten Sie darauf, dass Sie hier stringent arbeiten.
- Wenn Sie alle relevanten Ereignisse in einer Chronologie zusammengefasst haben, entscheiden Sie, welche Informationen Sie auf eine Timeline bringen wollen. Wenn Sie als Team arbeiten, einigen Sie sich auf einen einheitlichen Maßstab für die Auswahl von Ereignissen.
- Überprüfen Sie die Chronologie oder Timeline, indem Sie die folgenden Fragen stellen:
  - Wie groß sind die zeitlichen Abstände zwischen den wesentlichen Ereignissen? Wenn ein Abstand „ziemlich lang“ ist, wie lässt sich die zeitliche Lücke erklären? Fehlen vielleicht Daten?
  - Wurden Informationen übersehen, die sich auf die Ereignisse ausgewirkt haben oder damit in Zusammenhang stehen könnten?
  - Umgekehrt, wenn Ereignisse scheinbar schneller als erwartet eingetreten sind, oder wenn nicht alle Ereignisse in Zusammenhang zu stehen scheinen, könnten die Informationen ggf. mit mehreren Timelines (STEMPLES+[1]) in Verbindung stehen?
  - Enthält die Zeitachse alle kritischen Ereignisse, die für das Eintreten des Ergebnisses erforderlich scheinen?
  - Welche Informations- oder Erkenntnislücken gibt es?
  - Welche Ereignisse außerhalb der Timeline könnten die Aktivitäten beeinflusst haben?
- Wenn Sie eine Timeline erstellen, nutzen Sie den Platz auf beiden Seiten der Linie, um wichtige Punkte hervorzuheben. Platzieren Sie zum Beispiel Fakten oberhalb der Linie und Kommentare oder Bewertungen unterhalb der Linie. Oder kontrastieren Sie die Aktivitäten von Gruppen, Organisationen oder Informations-Sequenzen durch Platzierung über bzw. unter der Linie. Wenn mehrere Akteure beteiligt sind, verwenden Sie mehrere Zeilen oder Farben.

---

[1] Social, Technological, Economic, Military, Political, Legal, Environmental, Security und weitere Dimensionen, die aus Ihrer Sicht relevant sind. Beispielsweise Psychological, Demographic, Reputation etc.

- Suchen Sie nach Mustern in den Daten, die Personen, Orte, Organisationen und andere Aktivitäten miteinander verbinden. Identifizieren Sie Lücken oder ungeklärte Zeiträume und überlegen Sie, welche Implikationen das Fehlen von Belegen haben mag. Erstellen Sie ein zusammenfassendes Diagramm, das die wesentlichen Ereignisse und die wichtigsten analytischen Punkte in einer kommentierten Timeline darstellt.

8.3 Reframing-Techniken

Reframing-Techniken spornen Analysepersonal dazu an, einen Sachverhalt strukturiert aus einem anderen Blickwinkel zu betrachten und bestehende Denkweisen gezielt zu hinterfragen.

Für die Bereiche Analyse und Intelligence kann festgehalten werden, dass die Mehrzahl aller größeren Fehlschläge (Intelligence Failures) auf das Unvermögen zurückgeht, ein konsensfähiges Urteil oder ein gut etabliertes Denkmodell infrage zu stellen. Die nachträgliche Analyse praktisch aller größeren Fehlschläge der US-Nachrichtendienste seit Pearl Harbor hatte stets zum Ergebnis, dass ein nicht hinterfragtes analytisches Denkmodell oder Denkschema ein Schlüsselfaktor war, der zu den Fehlschlägen beitrug.

Nach dem Angriff von al-Qaida auf die Vereinigten Staaten am 11. September 2001 und dem irrtümlichen National Intelligence Estimate [nachrichtendienstliche Einschätzung] von 2002 im Hinblick auf die vermeintlichen Massenvernichtungswaffen des Iraks geriet die gesamte US Intelligence Community zu Recht in die Kritik, begleitet von der Forderung, seine Analysemethoden zu verbessern, um das Potenzial für künftige (nachrichtendienstliche) Fehlschläge zu vermindern. Die meisten Kritiker, vor allem im US-Kongress, fokussierten sich dabei auf die Notwendigkeit einer „alternativen Analyse" oder auf Techniken, die den konventionellen Wissensstand infrage stellten, indem sie mögliche Alternativ-Ergebnisse oder -Erklärungen aufzeigten. Solche Techniken trugen viele Labels, darunter Challenge Analysis, Contrarian Analysis und Red Hat oder Red Cell Analysis.

Die US-Geheimdienste reagierten darauf mit der Entwicklung und Verbreitung von Strukturierten Analysetechniken wie Red Team Analysis, Team A-Team B Analysis, Team A-Team B Debate und Devil's Advocacy [des Teufels Advokat]. Der Einsatz solcher Techniken hatte sowohl Vor- als auch Nachteile. Die Techniken zwangen Analystinnen und Analysten dazu, alternative Erklärungen in

Betracht zu ziehen und zu prüfen, inwiefern ihre wesentlichsten Schlussfolgerungen falsch sein könnten. Ein großer Nachteil war jedoch, dass die Diskussionen eine emotionale Komponente mit sich brachten. Niemand möchte gesagt bekommen, dass er oder sie etwas falsch gemacht hat, und es ist schwer, solche Kritik nicht persönlich zu nehmen. Ein noch größeres Problem war, dass die Analysten, wenn sie ihre Positionen verteidigen mussten, dazu neigten, ihre Bewertungen und Denkweisen noch stärker zu verinnerlichen.

Eine vielversprechende Lösung für dieses Dilemma ist die Entwicklung und Verbreitung von Reframing-Techniken, die hoffentlich das gleiche Ziel erreichen, aber die emotionale Komponente neutralisieren. Ziel ist es, Wege zu finden, ein Problem aus mehreren Perspektiven zu betrachten und dabei die emotionalen Fallstricke eines „wir-gegen-sie"-Ansatzes zu vermeiden. Reframing-Techniken sind besonders hilfreich bei der Minimierung der Auswirkungen von Mirror Imaging sowie der Tendenz, die Häufigkeit eines Ereignisses mit dem zu verwechseln, was einem am leichtesten in den Sinn kommt. Die Techniken helfen auch bei der Vermeidung intuitiver Fallen, beispielsweise sich auf erstbeste Eindrücke zu verlassen, eine einzige Lösung anzunehmen und das Fehlen von Informationen zu ignorieren. In den Abb. 8.11 und 8.12 ist aufgeführt, welche Analysetechnik bei der Abschwächung welcher kognitiven Stolperfalle besonders hilfreich ist.

In diesem Abschnitt werden acht verschiedene Möglichkeiten beschrieben, wie Analysepersonal seine Analyseergebnisse aus einem anderen Blickwinkel sehen und gezielt hinterfragen kann:

- **Kontexterweiterndes Denken.** Erweitert den Blick auf externe Einflussfaktoren, um den betrachteten Analysegegenstand ganzheitlich bearbeiten zu können.
- **Strukturierte Analogien.** Wendet analytische Stringenz auf Denken in Analogien an.
- **Hohe Auswirkung/geringe Probabilität-Analysetechnik (HANPA-Technik).** Die HANPA-Technik warnt Entscheidungsträgerinnen und Entscheidungsträger vor der Möglichkeit, dass ein Ereignis mit geringer Eintrittswahrscheinlichkeit aber massiven Auswirkungen eintreten kann, selbst wenn die Beleglage für eine solche Schlussfolgerung schwach ist.
- **Analyse zur Frage „Was wäre, wenn"?** Macht einen Entscheidungsträger auf ein Ereignis aufmerksam, das eintreten könnte oder gerade eintritt, selbst wenn es zu diesem Zeitpunkt unwahrscheinlich erscheint.

Kognitive Verzerrungen

Ausgewählte kognitive Verzerrungen, die das analytische Denken behindern können:

Bestätigungsfehler: Der Bestätigungsfehler beschreibt die Tendenz, ausschließlich Informationen zu berücksichtigen, welche die eigene Hypothese, den eigenen Schluss oder das eigene Urteil bestätigen.

Kohärenzfehlschluss: Akzeptanz von Daten als wahr, ohne ihre Glaubwürdigkeit zu bewerten, nur weil sie helfen, eine kohärentere Geschichte zu erzählen.

Mirror Imaging: Die Annahme, dass andere Personen unter ähnlichen Umständen genauso handeln würden wie wir.

Vividness Bias: Beim Vividness-Bias werden Informationen, die lebendig, konkret und bildhaft sind, deutlich besser aufgenommen, verarbeitet, abgespeichert und erinnert, als abstrakte Informationen.

Falsch angewendete Heuristiken

Ausgewählte Heuristiken, die - wenn sie falsch angewandt werden - das analytische Denken behindern können:

Ankereffekt: Der Anker-Effekt beschreibt die Tendenz, seine Analyse an der ersten oder frühesten Information zu verankern, die als wichtig empfunden wurde. In der Folge werden spätere Anpassungen des initial vollzogenen Schlusses unzureichend angepasst und bleiben daher zu nah am ursprünglichen Anker.

Assoziatives Gedächtnis: Vorhersage von seltenen Ereignissen auf der Basis von schwachen Belegen oder Belegen, die einem leicht in den Sinn kommen.

Verfügbarkeitsheuristik: Beurteilung der Häufigkeit eines Ereignisses oder einer Kategorie anhand der Leichtigkeit, mit der einem Beispiele des Ereignisses oder der Kategorie in den Sinn kommen.

Wunsch nach Kohärenz und Unsicherheits-Reduktion: Wahrnehmung von Mustern in zufälligen Ereignissen als systematisch und als Teil einer kohärenten Welt.

Gruppendenken: die Auswahl derjenigen Option, welche die Mehrheit der Gruppe auf sich vereint oder das Ignorieren von gruppeninternen Konflikten durch den Wunsch nach Konsens.

Mentale Schrotflinte: Mangelnde Präzision und Kontrolle bei der ständigen Durchführung von Bewertungen; die Neigung, schnelle und einfache Antworten auf schwierige Fragen zu geben.

Verfrühtes Beenden: Abbruch der Ursachen-Forschung, wenn eine scheinbar zufriedenstellende Antwort gefunden wird, doch bevor genügend Informationen vorliegen und eine korrekte Analyse durchgeführt werden kann.

Satisficing: Auswahl der erstbesten Antwort, die „gut genug" erscheint.

Intuitive Stolperfallen

Ausgewählte Beispiele von Fehlern, die häufig von Analystinnen und Analysten gemacht werden.

Angenommene Unvermeidbarkeit: Die Annahme, dass ein Ereignis mit größerer Sicherheit eintreten wird, als es tatsächlich der Fall ist. Wird auch als „Illusion der Unvermeidbarkeit" bezeichnet.

Annahme einer einzigen Lösung: Die ausschließliche Fixierung auf ein wahrscheinliches (und vorhersehbares) Ergebnis, anstatt anzuerkennen, dass „die Zukunft pluralistisch" ist und mehrere Ergebnisse in Betracht gezogen werden sollten.

Erwartung marginaler Veränderungen: Konzentration auf eine enge Auswahl von Alternativen, die eine marginale, aber keine radikale Veränderung darstellen.

Bevorzugung von Informationen aus erster Hand: Die Neigung, Informationen, die wir persönlich erhalten haben, mehr Einfluss zu gewähren als solchen, die wir aus zweiter Hand erfahren oder erzählt bekommen.

Ignorieren von Informationsdefiziten: Mangelnde Berücksichtigung der Auswirkungen fehlender Informationen auf analytische Schlussfolgerungen.

Ignorieren der Basisrate: Das Unvermögen, die Wahrscheinlichkeit eines Ereignisses einzuschätzen, wenn man mit Statistiken konfrontiert wird und das Ignorieren früherer Wahrscheinlichkeitseinschätzungen oder Basisraten.

Emotionsgeleitetes Urteilen: Akzeptieren oder Ablehnen von allem, was eine andere Person sagt, weil der Analyst oder die Analystin die Person besonders mag oder nicht mag. Wird auch als „Halo-Effekt" bezeichnet.

Fehlende mentale Ablagen: Die Analystin oder der Analyst kann sich nicht an etwas erinnern oder etwas nicht in die Analyse einbeziehen, weil ihm eine geeignete Kategorie oder „mentale Ablage" für diese spezielle Information fehlt.

Fehlkommunikation von Wahrscheinlichkeiten: Fehlkommunikation oder Fehleinschätzung von subjektiven Wahrscheinlichkeiten (höchstwahrscheinlich, möglicherweise, unwahrscheinlich).

Überschätzung der Wahrscheinlichkeit: Überschätzung der Wahrscheinlichkeit, dass mehrere Ereignisse unabhängig voneinander eintreten könnten, um ein bestimmtes Ereignis oder einen Angriff stattfinden zu lassen. Merke: Einzelwahrscheinlichkeiten multiplizieren sich.

Überbewertung von Verhaltensfaktoren: Überschätzung der Rolle interner Verhaltens-Determinanten (Persönlichkeit, Einstellungen, Überzeugungen) und Unterschätzung der Bedeutung externer oder situativer Faktoren (Zwänge, Kräfte, Anreize). Wird oft als „Fundamentaler Attributionsfehler" bezeichnet.

Annahme von Mustern: Der Glaube, dass Handlungen das Ergebnis einer zentralen Planung oder Anweisung sind, und das vermeintliche Auffinden von Mustern dort, wo sie gar nicht existieren.

Projektion vergangener Erfahrungen: Die Annahme, dass dieselbe Dynamik im Spiel ist, wenn etwas mit den vergangenen Erfahrungen des Analysepersonals übereinzustimmen scheint.

Ablehnung von „unwichtigen" Belegen: Festhalten an einem Urteil, obwohl man mit einer wachsenden Anzahl widersprüchlicher Belege konfrontiert wird.

Sich auf erste Eindrücke verlassen: Zu starke Gewichtung des ersten Eindrucks oder der ersten Daten und Informationen, besonders wenn sie unsere Aufmerksamkeit erregen und zu diesem Zeitpunkt wichtig erscheinen.

Abb. 8.11 Definitionen von Biases, Heuristiken und Intuitiven Stolperfallen. (Quelle: Copyright 2024 Pherson. All Rights Reserved)

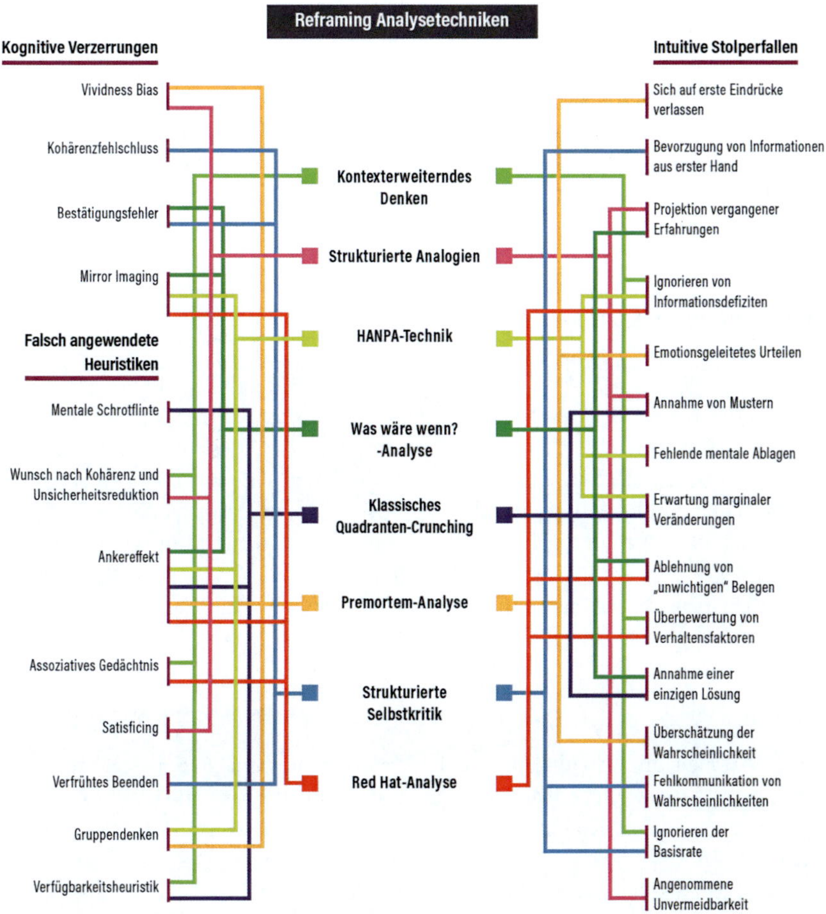

Abb. 8.12 Welche Reframing-Technik hilft gegen welche kognitive Stolperfalle? (Quelle: Copyright 2024 Pherson. All Rights Reserved)

- **Klassisches Quadranten-Crunching.** Verwendet die wesentlichsten Annahmen und deren Gegensätze als Ausgangspunkt für die systematische Identifizierung und Betrachtung aller möglichen Beziehungen in einem mehrdimensionalen, hochkomplexen und meist nicht quantifizierbaren Problembereich.

- **Premortem Analyse.** Reduziert das Risiko eines analytischen Fehlschlags (Intelligence Failure), indem ein potenzieller Fehler identifiziert und analysiert wird, bevor er auftritt.
- **Strukturierte Selbstkritik.** Initiiert einen Checklisten-Prozess, um alle Möglichkeiten zu überprüfen, wie sich eine Analyse als falsch erweisen könnte.
- **Red Hat Analyse.** Betont das Fachwissen, den kulturellen Kontext und die analytischen Fähigkeiten, die ein Team benötigt, um herauszufinden, wie ein Gegner oder Konkurrent über ein Problem denken würde.

Kontexterweiterndes Denken

Kontexterweiterndes Denken wird genutzt, um das breite Spektrum globaler, politischer, wirtschaftlicher, militärischer, ökologischer, technologischer, psychologischer, rechtlicher oder sozialer Kräfte und Trends zu identifizieren, die außerhalb der Expertise des Analysepersonals liegen, aber den Sachverhalt tiefgreifend beeinflussen können. Damit erhält das Analysepersonal die Möglichkeit, diesen breiteren konzeptionellen Rahmen in seiner Analyse zu integrieren.

Analystinnen und Analysten in der Terrorismusabwehr stellen sich ständig die Frage: „Welche Technologien könnten Terroristen möglicherweise einsetzen, um ihre Kommunikation untereinander zu verschlüsseln?" Das Gegenteil des kontexterweiternden Denkens, also ein Denken vom bestehenden Kontext her, würde darin bestehen, die gesamte Berichterstattung zu überwachen, um Hinweise, zielführende Informationen oder Belege für den Einsatz neuer Systeme oder Techniken zu finden. Der Ansatz des kontexterweiternden Denkens würde mit einem Brainstorming darüber beginnen, welche neuen Technologien aktuell auftauchen, die von Terroristen genutzt werden könnten (z. B. Voice Over Internet Protocol-VOIP, Kommunikation in Videospielen, Kommunikation durch Smileys etc.). Das Analysepersonal würde untersuchen, wie jede dieser Technologien eingesetzt werden könnte, von wem und unter welchen Umständen. Sobald mögliche neue Anwendungsfelder ermittelt sind, könnte dann Aufklärung angesetzt werden, um Belege für den Einsatz solcher Techniken zu finden.

Wann verwende ich diese Technik?
Kontexterweiterndes Denken ist am nützlichsten in den frühen Phasen des Analyseprozesses, wenn Analystinnen und Analysten alle kritischen Faktoren identifizieren müssen, die die Entwicklung einer Situation beeinflussen könnten. Die Technik ist auch dann nützlich, wenn eine große Datenbank aufgesetzt werden soll und Analystinnen und Analysten sicherstellen wollen, dass sie nicht vergessen haben, wichtige Felder innerhalb der Datenbank-Architektur aufzunehmen. Für die meisten Analystinnen und Analysten sind relevante Informations-Kategorien (oder Datenbank-Felder) zu Beginn eines umfangreichen Forschungs- oder Analyseprojekts relativ einfach zu bestimmen. Aber unweigerlich tauchen immer wieder ein oder zwei Felder erst dann auf, wenn man sich schon mitten im Projekt befindet – was es nötig macht, wieder einige Schritte zurückzugehen, alle früheren Daten zu überprüfen und die Datenbank an die neuen Kategorien anzupassen.

Wobei hilft mir die Technik?
Analysepersonal neigt häufig dazu, von innen nach außen zu denken und sich auf jene Faktoren in ihrem spezifischen Verantwortungsbereich zu fokussieren, mit denen sie am besten vertraut sind. Wir leben jedoch in einer komplexen und vernetzten Welt; Ereignisse in unserer Nische dieser Welt werden oft von Kräften in der weiteren Umgebung beeinflusst, über die wir keine Kontrolle und oftmals auch keine Kenntnis haben. Das Ziel des kontexterweiternden Denkens ist es, Analystinnen und Analysten dabei zu helfen, das gesamte Bild zu sehen und nicht nur jenen Teil des Bildes, mit dem diese bereits vertraut sind (siehe Abb. 8.13).

Kontexterweiterndes Denken reduziert das Risiko wichtige Variablen früh im Analyseprozess zu übersehen, weil man sich auf einen zu engen Bereich von Alternativen fokussiert, die nur marginale Veränderungen darstellen. Die Technik ermutigt außerdem, ein Problem oder einen Sachverhalt neu zu überdenken und dabei einen breiteren konzeptionellen Rahmen zu nutzen.

Sie ist besonders effektiv, wenn es darum geht, der Tendenz von Analysepersonal entgegenzuwirken, Ereignisse auf der Grundlage schwacher Belege vorherzusagen, die Häufigkeit eines Ereignisses danach zu beurteilen, wie schnell es einem in den Sinn kommt, und (bestimmte) Muster in zufälligen Ereignissen zu sehen.

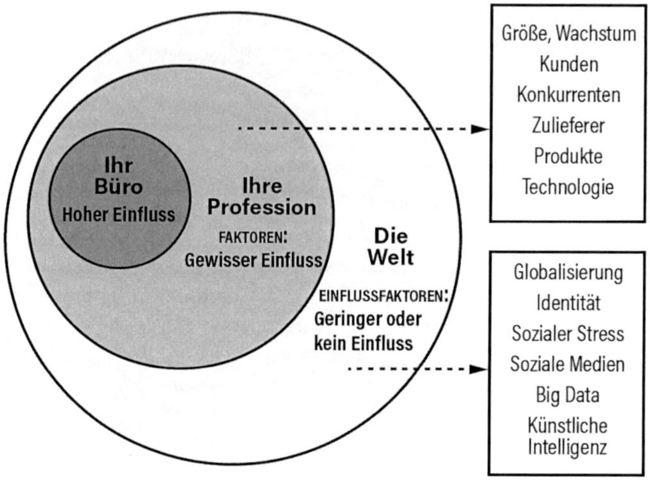

Abb. 8.13 Kontexterweiterndes Denken. (Quelle: Copyright 2024 Pherson. All Rights Reserved)

Außerdem schützt sie Analystinnen und Analysten davor, das Fehlen von Informationen zu ignorieren, frühere Wahrscheinlichkeiten oder Basisraten (kommender) Ereignisse zu ignorieren und verhaltensbedingte Faktoren überzubewerten, während situationsbedingte Faktoren unterbewertet werden.

Wie wende ich die Technik an?

- Entwickeln Sie eine generische Beschreibung des zu untersuchenden Problems oder Phänomens.
- Stellen Sie eine Gruppe zusammen und führen Sie ein Brainstorming zu allen wesentlichen Kräften und Einflussfaktoren durch, die eine Auswirkung auf das Problem oder Phänomen haben könnten, die von diesem jedoch nur wenig oder gar nicht beeinflusst werden können; beispielsweise die Globalisierung, das Aufkommen neuer Technologien, historische Präzedenzfälle oder die rasante Entwicklung künstlicher Intelligenz.
- Verwenden Sie als Eselsbrücke den Begriff STEMPLES+ (Social, Technological, Economic, Military, Political, Legal, Environmental, Security + Psychological, Demographic usw.), um die Diskussion zu strukturieren.

- Beurteilen Sie konkret, wie sich jede einzelne dieser Kräfte und Einflussfaktoren auf das Problem oder Phänomen auswirken könnte. Bewerten Sie innerhalb der Gruppe, ob mit Blick auf alle Einflussfaktoren beziehungsweise STEMPLES+-Faktoren ausreichend Expertise vorhanden ist.
- Nutzen Sie die vorhandene Datenlage, um zu überprüfen, ob die gefundenen Kräfte und Einflussfaktoren tatsächlich den von der Gruppe antizipierten Einfluss auf das Problem oder Phänomen haben.
- Entwickeln Sie Prioritäten für neue Ausklärungs- oder Informationsersuchen, um eventuelle Informationslücken zu schließen.
- Bewerten Sie, was die gefundenen Ergebnisse mit Blick auf die Ausgangsfrage beziehungsweise das betrachtete Problem oder Phänomen bedeuten und wie Sie mit diesen Ergebnissen weiterarbeiten können.

Strukturierte Analogien

> Strukturierte Analogien vergleichen einen Untersuchungsgegenstand mit ähnlichen historischen oder generischen Beispielen, um vergleichbare Eigenschaften, Theorien, Modelle und Indikatoren abzuleiten.

Analogien vergleichen zwei Situationen, um Ideen hervorzurufen, bei Problem-Lösungen zu helfen und mögliche Indikatoren zu identifizieren (siehe Abb. 8.14). Die Technik verleiht dem Denken in Analogien dadurch eine höhere Genauigkeit, dass eine oder mehrere vergleichbare Analogien strukturiert mit der Situation verglichen werden, die Analystinnen und Analysten zu verstehen versuchen.

Wann verwende ich diese Technik?

Im täglichen Leben erkennen Menschen Muster von Ereignissen oder ähnlichen Situationen und greifen dann auf Handlungen zurück, die in der Vergangenheit erfolgreich waren, oder sie vermeiden Handlungen, die früher erfolglos waren. Analystinnen und Analysten können die Technik der Strukturierten Analogien verwenden, um Erkenntnisse aus vergangenen, ähnlichen Situationen zu gewinnen, oft in unbekannten Situationen, in denen die verfügbaren Informationen für keinen anderen Ansatz geeignet wären. Strukturierte Analogien können auch zur Entwicklung von Indikatoren verwendet werden.

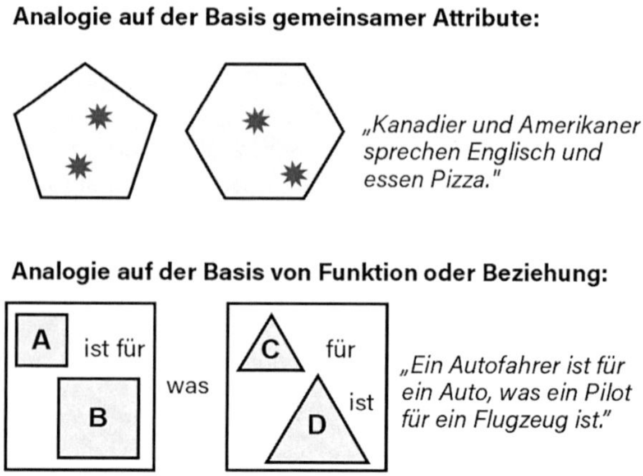

Abb. 8.14 Zwei Arten strukturierter Analogien. (Quelle: Copyright 2024 Pherson. All Rights Reserved)

Wobei hilft mir die Technik?

Denken in Analogien hilft Verständnis zu erlangen, indem das Unbekannte auf das Bekannte reduziert wird. In Ermangelung von Daten, die für ein vollständiges Verständnis der aktuellen Situation erforderlich wären, kann das Denken in Analogien die einzige Prognose-Option sein. Strukturierte Analogien verringern das signifikante Fehler-Potenzial, das dem intuitiven Denken in Analogien innewohnt. Sie erreichen dies, indem sie Analystinnen und Analysten davor schützen, mentale Fehler zu machen. Beispielsweise übertriebene Schlüsse aus einer kleinen Datenmenge zu ziehen oder anzunehmen, dass dieselbe Dynamik im Spiel sei, wenn etwas auf den ersten Blick mit ihren früheren Erfahrungen übereinzustimmen scheint.

Strukturierte Analogien helfen ferner die Tendenz zu vermeiden, sich auf eine einzige Analogie festzulegen und sich nur auf jene Belege zu fokussieren, die diese Analogie unterstützen.

Wie wende ich die Technik an?

- Beschreiben Sie den Sachverhalt und die Bewertung bzw. die Entscheidung, die getroffen werden muss.
- Machen Sie Expertinnen und Experten mit unterschiedlichem und breitem Hintergrundwissen ausfindig, die in der Lage sind, analoge Situationen zu identifizieren.

- Brainstormen Sie möglichst viele Analogien, ohne sich darauf zu fokussieren, wie ähnlich sie der aktuellen Situation sind. Entscheiden Sie im Anschluss an das Brainstorming, welche Analogien untersucht werden sollen.
- Notieren Sie für jede Analogie Gemeinsamkeiten und Unterschiede zum Untersuchungsgegenstand. Untersuchen Sie die Gemeinsamkeiten und versuchen Sie die relevantesten Aspekte auf ihre jeweiligen Ursachen (bspw. ursächliche Dynamiken/Treiber) zurückzuführen.
- Verteilen Sie die Analogien an die Experten.
- Bewerten Sie die Analogien, indem Sie die Gemeinsamkeiten und Ursachen der einzelnen Analogien zum vorliegenden Untersuchungsgegenstand auf einer Skala von 0 bis 10 einstufen, wobei 0 = „überhaupt nicht ähnlich“ und 10 = „sehr ähnlich“ ist.
- Beziehen Sie die Analogien mit der höchsten Bewertung auf den vorliegenden Sachverhalt. Diskutieren Sie die wesentlichsten Ergebnisse und nutzen Sie die identifizierten Analogien, um ein erwartetes Ergebnis zu antizipieren oder die weitere Entwicklung zu prognostizieren.
- Verwenden Sie ggf. die analogen Fälle, um Antriebskräfte (Treiber) oder wesentliche Verfahrensweisen zu identifizieren, die das Ergebnis der aktuellen Situation beeinflussen könnten.

Wenn Sie strukturierte Analogien verwenden, um Indikatoren zu entwickeln, betrachten Sie die Analogien mit der höchsten Bewertung. Fragen Sie sich, ob die im Rahmen der Analogien identifizierten Aktionen und Ereignisse auch mit Blick auf den aktuellen Untersuchungsgegenstand geschehen oder bereits geschehen sind. Fragen Sie sich auch, welche Aktionen und Ergebnisse nicht stattgefunden haben oder jetzt nicht stattfinden, und bewerten Sie die Implikationen.

HANPA-Technik (Hohe Auswirkung-/Niedrige Probabilität-Analysetechnik)

> Die HANPA-Technik bietet Entscheidungsträgerinnen und Entscheidungsträgern eine Frühwarn-Funktion, und weist darauf hin, dass ein eher unwahrscheinliches Ereignis eintreten könnte, welches große Auswirkungen auf wesentliche Verfahrensweisen und Ressourcen hätte.

Wann verwende ich diese Technik?

Die Hohe Auswirkung-/Niedrige Probabilität-Analysetechnik (englisch: High Impact/Low Probability Analysis) sollte verwendet werden, wenn Entscheidungsträgerinnen und Entscheidungsträger darauf aufmerksam zu machen sind, dass eine eher unwahrscheinliche Entwicklung, die große Auswirkungen auf wesentliche Verfahrensweisen oder Ressourcen hätte, wahrscheinlicher ist als zuvor angenommen. Beispiele für solche Entwicklungen sind die Weltwirtschaftskrise von 2008, der schnelle Aufstieg des so genannten Islamischen Staates in Syrien und im Irak (ISIS) 2014 oder der russische Angriffskrieg gegen die Ukraine 2022. Eine Analyse der hohen Auswirkung/der geringen Wahrscheinlichkeit wird meist dann eingeleitet, wenn neue und oft nur bruchstückhafte Hinweise darauf hindeuten, dass ein unerwartetes Ereignis wahrscheinlicher sein könnte als zuvor angenommen. So sollte beispielsweise ein konkreter Hinweis, der vor einer massiven Desinformationskampagne oder einem schweren Terroranschlag an einem wichtigen nationalen Feiertag warnt, an Entscheidungsträgerinnen und Entscheidungsträgern weitergeleitet werden, auch wenn zum Zeitpunkt der Warnung noch keine solide Datenlage vorliegt.

Die Technik kann auch eingesetzt werden, um Analysepersonal und Entscheidungsträgerinnen und Entscheidungsträger für die möglichen Auswirkungen von Ereignissen mit geringer Wahrscheinlichkeit zu sensibilisieren und sie anzuregen, frühzeitig über Maßnahmen nachzudenken, mit denen eine Gefahr vermieden oder eine (günstige) Gelegenheit genutzt werden kann.

Wobei hilft mir die Technik?

Das HANPA-Format (Hohe Auswirkung-/ Niedrige Probabilität-Analysetechnik) ermöglicht es, die Folgen eines Ereignisses zu untersuchen – insbesondere eines Ereignisses, das nach konventionellem Wissensstand als unwahrscheinlich gilt – ohne das Urteil infrage stellen zu müssen oder mit anderen über die Frage streiten zu müssen, mit welcher Wahrscheinlichkeit ein Ereignis eintreten könnte. Der analytische Fokus liegt nicht auf der Frage, ob etwas passieren wird, sondern basiert auf der Annahme, dass ein Ereignis mit großer Auswirkung eintreten wird. Basierend auf dieser Annahme wird dann versucht herzuleiten, wie es zu diesem Ereignis kommen könnte. Je nuancierter und konkreter das Analysepersonal plausible Wege zur Gefahr oder Möglichkeit darstellt, desto einfacher ist es für Entscheidungsträger ein Paket von Maßnahmen zu entwickeln, um vitale Interessen des Landes oder des Unternehmens zu schützen oder voranzubringen.

Die Technik hilft dabei sich vor einigen der häufigsten kognitiven Verzerrungen und falsch angewandten Heuristiken zu schützen, einschließlich Mirror Imaging, Gruppendenken und dem Ankereffekt. Sie hilft auch, intuitive Fallen wie das Erwarten marginaler Veränderungen und das Fehlen mentaler Ablagen zu begrenzen.

Wie wende ich die Technik an?
Eine effektive Anwendung der HANPA-Technik umfasst die folgenden Schritte:

- Beschreiben Sie das unwahrscheinliche Ereignis klar und deutlich.
- Beschreiben Sie die Auswirkungen des Ereignisses, falls es eintreten sollte. Berücksichtigen Sie sowohl das Ereignis selbst als auch mögliche Folgewirkungen/Sekundäreffekte.
- Identifizieren Sie aktuelle Informationen oder Berichte, die darauf hindeuten, dass die Wahrscheinlichkeit des unwahrscheinlichen Ereignisses steigen könnte.
- Postulieren Sie zusätzliche Auslöser, welche die Ereignisse in diese unwahrscheinliche Richtung treiben würden – oder Faktoren, welche die Zeitlinien in diese Richtung stark verkürzen würden, z. B. technische Entwicklungen, eine Naturkatastrophe, eine verpfuschte Reaktion der Regierung, der Aufstieg eines energischen Herausforderers oder ein schwerer Terroranschlag.
- Arbeiten Sie einen oder mehrere plausible Entwicklungspfade aus, die erklären, wie sich dieses scheinbar unwahrscheinliche Ereignis entwickeln könnte. Fokussieren Sie sich auf die Besonderheiten dessen, was auf den Teilstücken des jeweiligen Entwicklungspfades passieren muss, damit dieser sich entsprechend entwickeln kann.
- Erstellen Sie eine Liste von Indikatoren, die Analysepersonal und Entscheidern hilft, die Entwicklung der Ereignisse vorherzusehen.
- Identifizieren Sie jene Faktoren, die ein schlechtes Ergebnis abwenden bzw. ein positives Ergebnis fördern würden.
  - Überprüfen Sie die Indikatoren in regelmäßigen Abständen.
  - Berichten Sie, ob und warum das entwickelte Szenario eintreten könnte. Seien Sie besonders wachsam, wenn sich Ereignisse, die früher als zu unwahrscheinlich galten, um ernsthaft beachtet zu werden, als zunehmend wahrscheinlich herausstellen.

Was wäre wenn? – Analyse

> Die „Was wäre wenn? – Analyse" geht davon aus, dass ein Ereignis mit einem erheblichen Potenzial an positiven oder negativen Auswirkungen eingetreten ist, und erklärt dann „im Nachhinein", wie dieses Ereignis eintreten konnte.

Wann verwende ich diese Technik?
Diese Technik sollte in jeder Analyse-Toolbox vorhanden sein. Sie kann dazu dienen, Entscheidungsträgerinnen und Entscheidungsträger auf mögliche Ereignisse vorzubereiten. Die „Was wäre wenn? – Analyse" ist am besten geeignet, wenn:

- unter Analysten oder Adressaten ein Denkmodell eingefahren ist, dass ein bestimmtes Ereignis nicht eintreten wird.
- der Sachverhalt unter Analysten oder unter Entscheidungsträgern sehr umstritten ist, und sich niemand darauf fokussiert, welche Maßnahmen ggf. in Betracht gezogen werden müssen, um mit dem Ereignis umzugehen oder es zu verhindern.
- Analystinnen und Analysten es für nötig erachten, dass andere sich mit der möglichen Entwicklung befassen und deren Konsequenzen berücksichtigen sollten.

Wobei hilft mir die Technik?
Die Verlagerung des Schwerpunkts von der Frage, ob ein Ereignis eintreten wird, auf die Vorstellung, dass es bereits eingetreten ist, und die anschließende Erklärung, wie es hätte geschehen können, eröffnet dem Verstand eine andere Denkrichtung. Die „Was wäre wenn? – Analyse" verschiebt die Diskussion auf die folgenden Fragen:

- Wie könnte das Ereignis möglicherweise zustande kommen? Könnte es auf mehr als nur eine einzige Weise zustande kommen?
- Was wären die Auswirkungen?
- Hat sich die Wahrscheinlichkeit, dass das Ereignis eintritt, erhöht?

Die Technik gibt Entscheidungsträgerinnen und Entscheidungsträgern auch:

- ein besseres Gespür dafür, was sie heute tun könnten, um eine unerwünschte Entwicklung zu verhindern oder eine erwünschte Entwicklung zu fördern.

- Eine Liste von Indikatoren, um festzustellen, ob eine Entwicklung bald eintreten könnte.

Wie wende ich die Technik an?
Einzelpersonen oder Gruppen können eine „Was wäre wenn? – Analyse“ durchführen.

- Beginnen Sie mit dem Gedanken, dass das, was passieren könnte, bereits eingetreten ist.
  - Formulieren Sie den Sachverhalt so: „Wir haben gestern erfahren, dass …“
  - Seien Sie präzise bei der Definition des Ereignisses und seiner Auswirkungen.
  - Setzen Sie bei Bedarf ein auslösendes Ereignis als gegeben voraus.
- Entwickeln Sie eine auf Belegen und Logik basierende Argumentationskette, um zu erklären, wie es zu diesem Ereignis gekommen sein könnte. Arbeiten Sie rückwärts vom Zeitpunkt des Ereignisses bis zur Gegenwart.
- Stellen Sie sich mehrere Szenarien oder Argumentationsketten vor.
- Erstellen Sie eine Liste von Indikatoren für jedes Szenario.
- Identifizieren Sie, welche Szenarien die größte Beachtung verdienen, indem Sie Eintrittshürden und die möglichen Auswirkungen berücksichtigen.
- Beurteilen Sie die Höhe des Schadens für ein negatives Szenario und die Schwierigkeit seiner Bewältigung.
- Beurteilen Sie die Gesamtwirkung eines positiven Szenarios und den besten Weg für sein Zustandekommen.
- Überwachen Sie die Indikatoren in regelmäßigen Abständen.

Übersicht
Wie unterscheidet sich die HANPA-Technik von der „Was-wäre-wenn? – Analyse“?
Die HANPA-Technik ist in erster Linie ein Mittel, um Entscheidungsträgerinnen und Entscheidungsträger zu warnen, dass jüngste, unerwartete Entwicklungen darauf hindeuten, dass ein zuvor als höchst unwahrscheinlich erachtetes Ereignis eintreten könnte. Sie projiziert in die Zukunft und extrapoliert aus den jüngsten Belegen oder Informationen.

Im Gegensatz dazu benötigt die „Was wäre wenn? – Analyse“ normalerweise keine neuen Belege oder anomale Informationen als Auslöser. Sie geht von einem überraschenden Ergebnis aus und blickt dann zurück, indem sie mehrere plausible Wege aufzeigt, wie dieses Ergebnis eintreten konnte. In diesem Sinne arbeitet sie aus der Zukunft kommend, in Richtung Gegenwart.

Klassisches Quadranten-Crunching™

Das klassische Quadranten-Crunching ist eine Technik, um Annahmen systematisch infrage zu stellen, die Implikationen gegenteiliger Annahmen zu untersuchen und unbekannte Unbekannte (die „unknown unknowns") zu entdecken.

Wann verwende ich diese Technik?
Das klassische Quadranten-Crunching eignet sich am besten für den Umgang mit mehrdeutigen Situationen, in denen nur wenige Daten zur Verfügung stehen und die Chancen für Überraschungen groß sind. Die Technik wurde ursprünglich entwickelt, um Analysepersonal in der Terrorismusbekämpfung dabei zu helfen, alle Möglichkeiten aufzudecken, wie radikale Extremisten einen Terroranschlag verüben könnten. Sie kann aber auch im weiteren Sinne genutzt werden, um eine Bandbreite möglicher Ergebnisse zu entwickeln, von denen viele zuvor gar nicht in Betracht gezogen wurden. Diese Reframing-Technik zwingt das Analysepersonal dazu, ein Problem aus einer Vielzahl von Perspektiven zu überdenken und systematisch alle Annahmen zu hinterfragen, die seiner Leithypothese zugrunde liegen. Infolgedessen können Analystinnen und Analysten zuversichtlicher sein, alle möglichen Permutationen für eine besonders komplexe und mehrdeutige Situation in Betracht gezogen zu haben. Auf diese Weise sind sie eher in der Lage, alle Möglichkeiten, wie sich eine Situation entwickeln kann, vorherzusehen und wesentliche Indikatoren zu erkennen, die signalisieren, dass sich ein bestimmtes Szenario zu entwickeln beginnt.

Wobei hilft mir die Technik?
Das klassische Quadranten-Crunching kombiniert die Methodik des Key Assumptions Check mit der Entwicklung mehrerer Szenarien (siehe „Vorausschau-Techniken" in diesem Buch). Es reduziert das Überraschungspotenzial erheblich, indem es einen strukturierten Rahmen liefert, mit dem das Analysepersonal eine

Anzahl der Spektren	Anzahl der erzeugten Matrizen	Gesamtzahl der „Geschichten" (4 pro Matrix)
3	3	12
4	6	24
5	10	40
6	15	60

Abb. 8.15 Systematik der Szenarerstellung im klassischen Quadranten-Crunching. (Quelle: Copyright 2024 Pherson. All Rights Reserved)

große Bandbreite alternativer Szenarien oder Geschichten entwickeln kann (siehe Abb. 8.15).

Beim klassischen Quadranten-Crunching müssen Analystinnen und Analysten alle bestehenden Schlüsselannahmen identifizieren und hinterfragen. Durch die kritische Prüfung jeder einzelnen Annahme und der Frage, wie sich gegensätzliche Annahmen auswirken könnten, sind Analystinnen und Analysten imstande, das Vertrauen in ihre eigenen Prognosen, in die Belastbarkeit ihrer Leithypothese und in die Wahrscheinlichkeit ihrer Szenarien besser einzuschätzen.

Der Prozess hilft Entscheidungsträgerinnen und Entscheidungsträgern sich darauf zu fokussieren, welche Maßnahmen heute ergriffen werden müssen, um auf Ereignisse, die in Zukunft eintreten könnten, bestmöglich vorbereitet zu sein.

Durch die Erstellung einer möglichst umfangreichen Liste potenzieller Szenarien gewinnen Entscheidungsträger eine bessere Ausgangslage, um diejenigen Szenarien auszuwählen, die am glaubwürdigsten erscheinen oder die größte Beachtung verdienen. Sie können dann notwendige Maßnahmen ergreifen, um die Auswirkungen schlechter Szenarien zu vermeiden oder abzuschwächen und bevorzugte Szenarien zu fördern. Die Technik kann auch verwendet werden, um Entscheidungsträgerinnen und Entscheidungsträgern für potenzielle „Wildcard" oder „Albtraum-Szenarien" zu sensibilisieren, die erhebliche Auswirkungen auf wesentliche Verfahrensweisen oder Ressourcen haben könnten.

Wie wende ich die Technik an?

Das klassische Quadrant-Crunching wird teilweise auch als Key Assumptions Check auf Steroiden beschrieben. Der grundlegende Prozess stellt sich folgendermaßen dar:

- Formulieren Sie Ihre Leithypothese oder Schlüsselannahme.
- Zerlegen Sie die Leithypothese oder Schlüsselannahme in ihre Bestandteile oder ihre wesentlichen Dimensionen.
- Identifizieren Sie gegensätzliche Annahmen für jede Dimension.
- Ordnen Sie Kombinationen dieser gegensätzlichen Annahmen in einem Satz von 2×2 Matrizen.
- Entwickeln Sie Szenarien für jeden Quadranten.
- Wählen Sie jene Szenarien aus, welche die größte Beachtung verdienen.
- Entwickeln Sie Indikatoren, die darauf hinweisen würden, dass die ausgewählten Szenarien wahrscheinlicher oder unwahrscheinlicher werden.

Wir möchten die Anwendung dieser Analysetechnik anhand des folgenden Beispiels illustrieren: „Wie könnten Terroristen unser kommunales Wassersystem angreifen?“

- Definieren Sie den konventionellen Wissensstand zu der Frage, wie dieser Terroranschlag wahrscheinlich ausgeführt werden könnte. Zum Beispiel: „Eine terroristische Gruppe würden das lokale Wasser-Reservoir verseuchen und eine hohe Zahl von Opfern verursachen.“
- Zerlegen Sie diese Aussage in ihre Bestandteile oder Schlüsselannahmen. Hier sehen wir beispielsweise Elemente wie „ein einziger Angriff“, „auf das Trinkwasser-Reservoir“ und „eine hohe Zahl von Opfern“.
- Postulieren Sie jeweils eine gegensätzliche Annahme. Beispielsweise „mehrere Angriffe“, „auf die Abwassersysteme“ und „eine niedrige Zahl von Opfern“.
- Identifizieren Sie mindestens zwei Dimensionen dieser gegensätzlichen Annahme (siehe Abb. 8.16). Beispielsweise können „mehrere Angriffe“ „zeitgleich“ oder „nacheinander stattfinden“.
- Ordnen Sie Paare mit gegensätzlichen Dimensionen in Sets von 2×2-Matrizen. In diesem Fall würden zehn verschiedene 2×2-Matrizen entstehen. Abb. 8.17 bietet zwei Beispiele.
- Entwickeln Sie für jede Zelle in jeder Matrix ein oder mehrere Beispiele, wie Terroristen den Angriff ausführen könnten. In einigen Fällen könnten die Szenarien bereits erdacht worden sein, andere werden deutlich über das hinausgehen, was bisher berücksichtigt wurde und einige wenige werden überhaupt keinen Sinn ergeben.

Leithypothese oder Schlüsselannahme	Entgegengesetzte Behauptung oder Annahme	Gegensätzliche Dimensionen
Einzelangriff	Mehrfache Angriffe	Gleichzeitig Nacheinander
Kontamination	Anderes Vorgehen	Versagung der Dienstleistung Wasser als Waffe
Trinkwasser	Abwasser	Kläranlagen Abwasserkanäle
Außenstehender	Insider	Mitarbeiter/Personal Auftragnehmer/Besucher
Viele Opfer	Wenig Opfer	Bevölkerung terrorisieren Störung der Wirtschaft

Abb. 8.16 Annahmen umkehren. (Quelle: Copyright 2024 Pherson. All Rights Reserved)

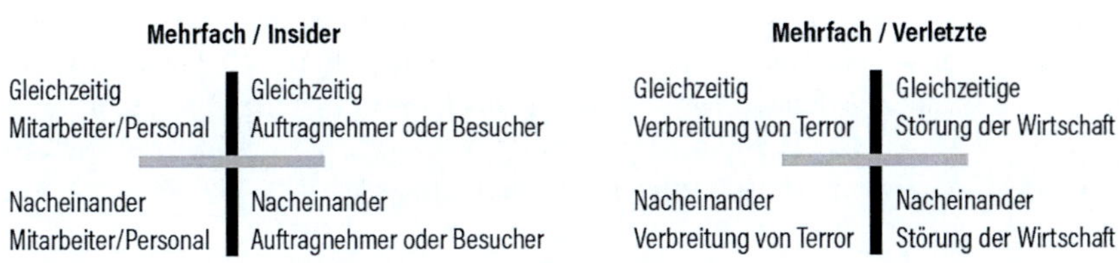

Abb. 8.17 Beispielmatrizen. (Quelle: Copyright 2024 Pherson. All Rights Reserved)

- Überprüfen Sie alle entwickelten Szenarien oder Geschichten und wählen Sie drei oder vier davon aus, die auf der Grundlage vorher festgelegter Kriterien die größte Beachtung verdienen (siehe Abb. 8.18). In diesem Beispiel wäre ein mögliches Kriterium, welche Szenarien höchstwahrscheinlich:
  - den größten Schaden anrichten bzw. die größte Auswirkung haben würden;
  - am schwersten zu erkennen bzw. zu verhindern sein würden;
  - die größte Herausforderung für das Folgemanagement darstellen würden.

Abb. 8.18 Szenarauswahl. (Quelle: Copyright 2024 Pherson. All Rights Reserved)

- Identifizieren Sie ggf. ein viertes „Albtraum"-Szenario oder ein „Wildcard"-Szenario, das eine große Auswirkung, aber auch eine geringe Eintrittswahrscheinlichkeit haben könnte.
- Überlegen Sie, was die Entscheidungsträgerinnen und Entscheidungsträger tun könnten, um schlechte Szenarien zu verhindern, ihre Auswirkungen abzuschwächen und/oder mit ihren Folgen umzugehen.
- Erstellen Sie eine Liste von Indikatoren, um mitverfolgen zu können, welches Szenario sich gegenwärtig abzeichnet.

Die klassische Quadranten-Crunching-Technik kann auch für die Durchführung einer strategischen Vorausschau-Analyse modifiziert werden, indem die Elemente der Leithypothese wie eine weitere gegensätzliche Annahme behandelt werden. Diese umfassendere Methode wird Foresight Quadrant Crunching™ genannt.

Premortem Analyse und Strukturierte Selbstkritik

Die Premortem Analyse und die Strukturierte Selbstkritik werden vor der Fertigstellung einer Analyse oder einer Entscheidung durchgeführt, um zu beurteilen, wie ein Analyseergebnis, eine Entscheidung oder ein Umsetzungsplan spektakulär schief gehen könnte. Eine andere Möglichkeit, eine Checkliste für die strukturierte Selbstkritik zu entwickeln, besteht darin, alle Beispiele für vergangene Fehler oder Beinahe-Fehlschläge festzuhalten, um sich selbst daran zu erinnern, diese Fehler nie wieder zu machen!

Wann verwende ich diese Technik?

Diese Techniken sollten von Analystinnen und Analysten verwendet werden, die sich ein paar Stunden Zeit nehmen können, um ihre eigenen analytischen Schlussfolgerungen bezüglich der Zukunft zu hinterfragen, um auf diese Weise zu verstehen, wo sie falsch liegen könnten. Es ist viel einfacher die Entscheidungen von Menschen zu beeinflussen, bevor sie sich entscheiden, als danach. Aus diesem Grund sollten Analystinnen und Analysten die Premortem Analyse und die Strukturierte Selbstkritik kurz vor der endgültigen Festlegung der Leithypothese beziehungsweise der Hauptargumentationslinie durchführen; spätestens jedoch vor dem Schreiben des ersten Produktentwurfs. Wenn der Analyseprozess im Team durchgeführt wird, sollte die Premortem Analyse oder die Strukturierte Selbstkritik eingeleitet werden, sobald die Gruppe beginnt, sich auf eine Konsens-Position zu verständigen.[2]

Wobei hilft mir die Technik?

Das primäre Ziel dieser beiden Techniken ist es, das Risiko einer Überraschung und die anschließende Notwendigkeit einer Postmortem-Untersuchung zu reduzieren. Die Techniken helfen dabei, potenzielle Fehlerursachen zu identifizieren, die zuvor übersehen wurden. Hier sind zwei kreative Prozesse am Werk:

- **Die Fragen werden neu formuliert.** Dadurch werden typischerweise Antworten hervorgerufen, die sich von den ursprünglichen unterscheiden. Das Stellen von Fragen zum selben Thema, aber aus einer anderen Perspektive, eröffnet neue Wege des Denkens.
- **Die Methode legitimiert abweichende Meinungen.** Aus verschiedenen Gründen können individuelle Egos und Gruppendynamik abweichende Meinungen unterdrücken, was zu einem verfrühten Konsens führt. In einer Premortem Analyse werden alle Teilnehmer aufgefordert, einen positiven Beitrag zu den Gruppenzielen zu leisten, indem sie Schwächen in der bisherigen Analyse identifizieren.

---

[2] Der Begriff Premortem wurde erstmals im Zusammenhang mit dem Testen eines Geschäftsplans von Gary Klein in seinem Buch „Sources of Power: How People Make Decisions" von 1998 verwendet. Pherson Associates hat das Konzept in Form der Premortem Analyse und der Strukturierte Selbstkritik operationalisiert. Phase eins ähnelt Kleins Konzept einer Premortem Brainstorming-Sitzung und Phase zwei basiert auf Richards J. Heuer Jr.'s „Structured Self-Critique", einer Reframing-Technik, die sich seiner Meinung nach von Kleins Premortem unterscheidet.

Eine wichtige Ursache für schlechte Gruppenentscheidungen ist der Wunsch nach Konsens; die Mitglieder folgen dem Gruppenleiter, dem ersten Gruppenmitglied, das eine Position vertritt, oder einem sich abzeichnenden Mehrheitsstandpunkt.

Ein großer Vorteil des hier beschriebenen Ansatzes besteht darin, denjenigen, die stillschweigende Vorbehalte gegenüber dem Teamkonsens haben, eine Form der Mitarbeit zu ermöglichen, die nicht als böswillige Kritik verstanden wird. Nachfolgend beschreiben wir einen völlig unstrukturierten sowie einen hochgradig strukturierten Ansatz, um alle Eventualitäten zu erfassen, wie sich eine Analyse als falsch herausstellen könnte.

Wie wende ich die Premortem Technik an?

Führen Sie die Premortem Analyse gegen Ende des Analyseprozesses durch, aber noch rechtzeitig bevor mit der Erstellung der ersten Analyseprodukt-Entwürfe begonnen wurde. Falls die Gruppenmitglieder noch nicht mit der Technik vertraut sind, leitet der Gruppenleiter, ein Facilitator oder ein Moderator die Übung mit einer Aussage nach folgendem Muster ein:

„Okay, wir denken jetzt, dass wir die richtige Antwort wissen, aber wir müssen das noch einmal überprüfen. Um unserem Geist den Freiraum zu gewähren, andere Möglichkeiten in Betracht zu ziehen, stellen wir uns vor: wir haben dieses Urteil gefällt, unser Produkt wurde weitergeleitet und akzeptiert – aber jetzt, x Monate oder Jahre später, erfahren wir, dass unser Analyseergebnis absolut falsch war und die Dinge sich völlig gegen unsere Erwartung entwickelt haben. Aus dieser Zukunft gedacht, lassen wir unsere Vorstellungskraft spielen und gemeinsam überlegen, was möglicherweise passiert sein könnte, um unsere Analyse so spektakulär scheitern zu lassen."

Idealerweise sollte ein zweites Treffen für die eigentliche Brainstorming-Sitzung angesetzt werden, um den Teilnehmenden vor dem Treffen Zeit zu geben, darüber nachzudenken, was wohl passiert sein könnte, damit das Analyseergebnis sich als so falsch herausstellt. Sie sollten zur Besprechung eine Liste von Dingen mitbringen, die anders gelaufen sein könnten als erwartet.

Um den richtigen Ton für die Premortem Analyse zu setzen, sollten alle Analystinnen und Analysten ermutigt werden, die Situation aus der Perspektive ihrer eigenen Lebenserfahrung zu betrachten. Sie sollten darüber nachdenken, wie schnell sich die Welt verändert, wie viele Programme ihrer Organisation erfolglos sind oder ungewollte Folgen haben, oder wie schwierig es ist, die Dinge aus der Perspektive einer fremden Kultur oder eines Konkurrenten zu sehen. Dies kann einen ganz anderen Teil des Gehirns aktivieren, während sich die Teilnehmenden den Kopf zerbrechen, was bei ihrer Analyse falsch gelaufen sein könnte.

In der Brainstorming-Sitzung schreibt der Moderator die Ideen, die in die Sitzung eingebracht werden, auf ein Whiteboard oder eine Flipchart. Um sicherzustellen, dass keine einzelne Person die Präsentation der Ideen dominiert, kann das Brainstorming auch in der stillen Variante durchgeführt werden, bei der die Teilnehmenden ihre Ideen auf Post-It oder Klebezettel aufschreiben. Nachdem alle Ideen am Whiteboard angebracht und für alle sichtbar gemacht wurden, diskutiert die Gruppe, was sie aus der Übung gelernt hat und welche Maßnahmen die Gruppe gegebenenfalls ergreifen sollte. Die Ideenentwicklung und die erste Diskussion dieser Ideen kann oft in einem einzigen zweistündigen Treffen durchgeführt werden – eine geringe Zeit-Investition, um das gegenwärtig dominierende Denkmodell der Gruppe systematisch zu hinterfragen.

Wie wende ich die Strukturierte Selbstkritik-Technik an?
Betonen Sie nochmals, dass alle Analystinnen und Analysten in der Gruppe jetzt einen „schwarzen Hut" tragen.[3] Sie sind jetzt Kritiker, nicht Befürworter, und werden nach ihrer Fähigkeit beurteilt, Schwachstellen in der vorherigen Analyse zu finden (siehe Abb. 8.19), während sie die folgenden Themen oder Fragen überprüfen:

- **Quellen der Unsicherheit.** Sollte man erwarten, eine einzige richtige Antwort zu finden, eine höchstwahrscheinliche Antwort mit einigen Alternativen oder aber mehrere glaubwürdige Erklärungen? Ist die zu analysierende Frage ein Puzzle oder ein Mysterium? Handelt es sich um eine stabile Situation oder um eine, die sich verändert?
- **Analyseprozess.** Wurden alternative Hypothesen in Betracht gezogen und Schlüsselannahmen identifiziert? Wurden unterschiedliche Meinungen eingeholt?
- **Schlüsselannahmen.** Welche Annahmen hätten die größten Auswirkungen auf die Analyse, wenn sie sich als falsch erweisen würden? Wurde ein Key Assumptions Check zu diesen Annahmen durchgeführt? Als wie belastbar haben sich diese Annahmen dabei herausgestellt?
- **Wesentliche Belege.** Wie sieht es mit Qualität und Aktualität der wesentlichen Belege aus? Welche diagnostischen Belege würden es dem Team ermöglichen, alternative Hypothesen abzulehnen?
- **Informationslücken.** Gibt es Lücken? Sind einige Informationen so veraltet, dass sie nicht mehr gültig sind? Ist das Fehlen von Informationen leicht zu erklären?

[3] Vgl. die „6-Denkhüte-Methode" von Edward de Bono (https://www.debono.com/).

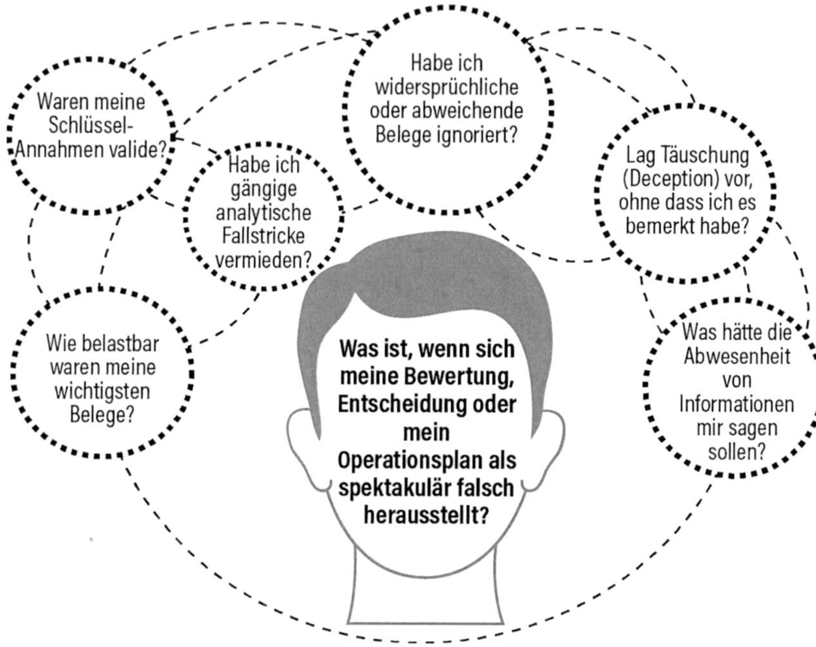

Abb. 8.19 Beispielfragen strukturierter Selbstkritik. (Quelle: Copyright 2024 Pherson. All Rights Reserved)

- **Fehlende Belege.** Gibt es Belege, die man in der öffentlichen Berichterstattung, der Aufklärung oder dem internen Berichtswesen erwarten würde, wenn die Bewertung oder das Ergebnis der Gruppe richtig wäre, die aber nicht vorliegen?
- **Anomale Belege.** Wurden Belege zurückgewiesen, weil man sie zum damaligen Zeitpunkt nicht für signifikant hielt?
- **Änderungen im weiteren Umfeld.** Wie könnten soziale, technische, wirtschaftliche, ökologische und politische Veränderungen das Geschehen beeinflussen?
- **Alternative Entscheidungsmodelle.** Sind andere Modelle anwendbar, die das Aushandeln zwischen bürokratischen Kräften, Standard-Organisationsprozessen oder die Laune einer autoritären Führungskraft widerspiegeln?
- **Kulturelles Fachwissen.** Benötigt das Team mehr kulturelle Expertise zu diesem Thema?
- **Täuschung.** Hat jemand ein Motiv, eine Gelegenheit und die Mittel, um eine Täuschung vorzunehmen?

Nach Beantwortung dieser Fragen sollten alle Analystinnen und Analysten ihre schwarzen Hüte abnehmen und – auf der Grundlage beider Übungen – die bisherigen Urteile und Konfidenz-Niveaus des Teams neu überdenken. Das Analysepersonal sollten sich fragen: Welche bisherigen Bewertungen oder Ergebnisse wurden bestätigt und welche müssen geändert werden? Was sollte getan werden, um eine der identifizierten Schwachstellen in Angriff zu nehmen? Müssen wir unsere Konfidenz-Niveaus anpassen?

Red Hat-Analyse

> Die Red Hat-Analyse antizipiert das Verhalten eines anderen Individuums oder einer Gruppe, indem sie versucht, deren Denkweise zu replizieren.

Wann verwende ich diese Technik?
Die Red Hat-Analyse funktioniert am besten, wenn Sie versuchen, das Verhalten einer bestimmten Person zu antizipieren, welche die Autorität besitzt, Entscheidungen zu treffen. Autoritäre Führer oder kleine, eng vernetzte Gruppen wie z. B. terroristische Zellen sind offensichtliche Kandidaten für diese Technik. In der Strafverfolgung kann diese Analysetechnik verwendet werden, um das Verhalten eines Kriminellen, beispielsweise eines Drogenbosses, zu simulieren.

Wobei hilft mir die Technik?
Die Red Hat-Analyse ist eine Reframing-Technik, bei der das Analysepersonal ihren Bezugspunkt von (a) jemandem, der das Verhalten eines Gegners oder Konkurrenten beobachtet oder antizipiert, zu (b) jemandem, der Entscheidungen innerhalb einer bestehenden operativen Struktur zu treffen hat, ändern muss. Die Technik führt neue und andere Stimuli ein, die in der traditionellen Analyse möglicherweise nicht berücksichtigt wurden, wie z. B. die familiären Bindungen der Zielperson.

Die Technik führt mehr menschliche Faktoren in die Analyse ein, wie z. B. „Auf wen kann ich mich verlassen (z. B. habe ich Verwandte, Freunde oder Geschäftspartner)?“ oder „Liegt diese Operation innerhalb meiner Möglichkeiten?“ Sie schützt Analysepersonal auch vor den Fallstricken des Ankereffekts, des Ignorierens fehlender Informationen, der Überbewertung von Verhaltensfaktoren und der (vorschnellen) Prognose von Ereignissen auf der Basis von (allzu) leicht verfügbaren Belegen.

Aus einer Präsentations-Perspektive können Red Hat-Produkte oft eine überzeugende Darstellungsform sein, da sie:

- Keine probabilistische Sprache verwenden. Red Hat-Produkte werden oft in der ersten Person verfasst und daher sind Formulierungen wie „möglicherweise" oder „höchstwahrscheinlich" weniger üblich.
- von einer Einzelperson und nicht von einer Gruppe verfasst werden. Dies führt oft zu einer kohärenteren und geradlinigeren, wenn auch weniger nuancierten Argumentation.
- selten koordiniert sind, weil das Design der Analyse darauf ausgelegt ist, die Perspektive einer einzelnen Person zu entwickeln.
- konkrete Prognosen entwickeln, nicht eine Reihe möglicher Handlungsoptionen.

Die Red Hat-Analyse sollte nicht verwendet werden, wenn die Teilnehmenden:

- kein ausgereiftes Verständnis für die Kultur und das operative Umfeld ihrer Themen bzw. Zielobjekte haben.
- Mirror Imaging nicht vermeiden können. Die Frage lautet nicht: „Was würden Sie tun, wenn Sie diese Person wären?"
- es nicht schaffen, zukünftige Entwicklungen mit validierten Indikatoren zu verfolgen, um beurteilen zu können, ob sich die Akteure entsprechend der Prognose verhalten oder nicht.

Wie wende ich die Technik an?
Versammeln Sie eine Gruppe von Experten, die sich mit dem operativen Umfeld und der Persönlichkeit, den Motiven und der Denkweise der Zielperson auskennen. Beziehen Sie Personen ein, die die Kultur der Zielperson verstehen, dieselbe Sprache sprechen, den selben ethnischen Hintergrund haben oder im Land der Zielperson gelebt haben.

- Präsentieren Sie den Experten die Situation oder den Stimulus und fragen Sie sie, was sie tun würden. Die Antworten dienen dazu eine erste Ausgangsbasis zu schaffen.
- Bitten Sie sie zu erklären, warum sie sich so verhalten würden. Welche Grundwerte oder Annahmen haben sie zu ihrem Handeln motiviert?
- Bitten Sie sie dann, zu simulieren, wie die Zielperson ihrer Meinung nach reagieren würde. Wie würden sich die Werte, Motive, Annahmen oder Arbeitsmethoden der Zielperson von den Ihren unterscheiden?
- Betonen Sie die Notwendigkeit, Mirror Imaging zu vermeiden. Die Frage lautet nicht mehr „Was würden Sie tun, wenn Sie an Stelle der Zielperson wären?",

sondern „Wie würde diese Person höchstwahrscheinlich denken/handeln/auf den Stimulus reagieren?"

- Fixieren Sie das wahrscheinlichste Ergebnis schriftlich, oder bitten Sie das jeweilige Experten-Ergebnis schriftlich zu fixieren, indem:
  - ein Dokument entworfen wird (z. B. militärische Befehle, Anweisungen), das die Zielperson wahrscheinlich erstellen würde.
  - ein hypothetisches Gespräch umrissen wird, in welchem die Zielperson und weitere Akteure in der ersten Person sprechen und in dem diese beispielsweise beschreiben, was sie tun wollen und warum.

8.4 Vorausschau-Techniken

Vorausschau-Methoden helfen Analystinnen und Analysten, zukünftige Entwicklungen zu antizipieren und Indikatoren zu entwickeln, mit deren Hilfe das Eintreten oder Nicht-Eintreten solcher Szenarien prognostiziert werden kann. Damit dienen Vorausschau-Methoden der Früherkennung und helfen Entscheidungsträgerinnen und Entscheidungsträgern, die Folgen unerwünschter Entwicklungen frühzeitig einzudämmen und sich bietende Gelegenheiten als solche zu erkennen und zu nutzen.

Aufgrund der zunehmenden Komplexität unserer Lebenswelten, immer zahlreicheren Interessengruppen, ungezählten Interdependenzen zwischen Akteuren, Institutionen und Ereignissen ist die Antizipation künftiger Entwicklungen eine besondere Herausforderung. Entscheidungsträgerinnen und Entscheidungsträger in Regierungen und im Privatsektor erwarten von Analystinnen und Analysten, auf entstehende Trends, unvorhergesehene Entwicklungen und Ereignisse aufmerksam gemacht zu werden, wie z. B. auf den rasanten Aufstieg des sogenannten Islamischen Staates 2014, auf Wahlergebnisse oder heraufziehende Kriege und Konflikte.

Analystinnen und Analysten können diese Aufgabe am besten erfüllen, indem sie Methoden der Vorausschau nutzen – eine Familie von innovativen Techniken, die Kreativität in den Analyseprozess einfließen lassen.

Die Techniken helfen Entscheidungsträgerinnen und Entscheidungsträgern, ein Problem besser zu strukturieren und das Unvorhergesehene zu antizipieren. Wenn Szenarien mit Indikatoren gepaart werden – also Katalogen von Ereignissen, die das Heraufziehen zukünftiger Entwicklungen anzeigen –, dann können Vorausschau-Methoden helfen, vor kommenden Gefahren zu warnen oder neue Wege aufzuzeigen, wie auf heraufziehende Gelegenheiten reagiert werden kann.

Zeithorizont der Analyse	Einfache Situation	Komplexe Situation	Primäre Zielsetzung
Kurzer Zeithorizont (< 1 bis 2 Jahre)	Cluster Brainstorming Reversing Assumptions	Simple Scenarios / Cone of Plausibility Klassisches Quadranten-Crunching™	Überraschungen vermeiden Das Unerwartete antizipieren
Langer Zeithorizont (3 - 10 Jahre)	Alternative Futures Analysis Was wäre wenn?-Analyse (What-If? Analysis)	Entwicklung unterschiedlicher Szenarien (Multiple Scenarios Generation) Foresight Quadrant Crunching™ Analysis by Contrasting Narratives Counterfactual Reasoning	Die Zukunft abbilden Chancen identifizieren

Abb. 8.20 Taxonomie unterschiedlicher Vorausschau-Techniken. (Quelle: Copyright 2024 Pherson. All Rights Reserved)

Abb. 8.20 enthält eine Liste von zehn Vorausschau-Analysetechniken, von denen fünf in diesem Handbuch beschrieben werden. Die Techniken dienen als effektive Werkzeuge, um Gruppendenken und dem Ankereffekt entgegenzuwirken; Indikatoren sind ein wirksames Mittel gegen den Rückschaufehler, d. h. gegen die (nachträgliche) Behauptung, dass die wichtigsten Informationen, Ereignisse, Antriebskräfte oder Faktoren, die ein zukünftiges Ergebnis determiniert haben, von vornherein leicht hätten erkannt werden können. Sie sind auch ein wirksames Mittel gegen die Tendenz, nur eine einzige Lösung anzunehmen oder lediglich marginale Änderungen zu erwarten. In den Abb. 8.21 und 8.22 ist aufgeführt, welche Analysetechnik bei der Abschwächung welcher kognitiven Stolperfalle besonders hilfreich ist.

Der Zeitaufwand zur Anwendung der Techniken reicht von einigen Stunden bis zu mehreren Tagen – abhängig von der Komplexität des Problems und der Anzahl der beteiligten Personen. Die meisten Techniken umfassen mehrere Analyseschritte, die unterschiedliche Strukturierte Analysetechniken nutzen – etwa, um Schlüsseltreiber zu identifizieren, um alternative Zukunftsentwicklungen zu durchdenken, um Indikatoren zu entwickeln oder Methoden zur Unterstützung von Entscheidungsfindungs- oder Strategie-Prozessen (siehe Abb. 8.20).

All diese Methoden helfen Analystinnen und Analysten dabei, Komplexität und Unsicherheit in den Griff zu bekommen, indem sie den Vorausschau-Prozess stringent gestalten.

Kognitive Verzerrungen

Ausgewählte kognitive Verzerrungen, die das analytische Denken behindern können:

Rückschaufehler: Der Rückschaufehler besteht in der Einschätzung und (nachträglichen) Behauptung, Schlüssel-Informationen, -Geschehnisse, -Treiber, -Akteure oder -Faktoren, die eine zukünftige Entwicklung hervorgerufen oder beeinflusst haben, hätten im Vorfeld einfach identifiziert und berücksichtigt werden können.

Falsch angewendete Heuristiken

Ausgewählte Heuristiken, die - wenn sie falsch angewandt werden - das analytische Denken behindern können:

Ankereffekt: Der Anker-Effekt beschreibt die Tendenz, seine Analyse an der ersten oder frühesten Information zu verankern, die als wichtig empfunden wurde. In der Folge werden spätere Anpassungen des initial vollzogenen Schlusses unzureichend angepasst und bleiben daher zu nah am ursprünglichen Anker.

Assoziatives Gedächtnis: Vorhersage von seltenen Ereignissen auf der Basis von schwachen Belegen oder Belegen, die einem leicht in den Sinn kommen.

Verfügbarkeitsheuristik: Beurteilung der Häufigkeit eines Ereignisses oder einer Kategorie anhand der Leichtigkeit, mit der einem Beispiele des Ereignisses oder der Kategorie in den Sinn kommen.

Gruppendenken: die Auswahl derjenigen Option, welche die Mehrheit der Gruppe auf sich vereint oder das Ignorieren von gruppeninternen Konflikten durch den Wunsch nach Konsens.

Verfrühtes Beenden: Abbruch der Ursachen-Forschung, wenn eine scheinbar zufriedenstellende Antwort gefunden wird, doch bevor genügend Informationen vorliegen und eine korrekte Analyse durchgeführt werden kann.

Intuitive Stolperfallen

Ausgewählte Beispiele von Fehlern, die häufig von Analystinnen und Analysten gemacht werden.

Angenommene Unvermeidbarkeit: Die Annahme, dass ein Ereignis mit größerer Sicherheit eintreten wird, als es tatsächlich der Fall ist. Wird auch als „Illusion der Unvermeidbarkeit" bezeichnet.

Annahme einer einzigen Lösung: Die ausschließliche Fixierung auf ein wahrscheinliches (und vorhersehbares) Ergebnis, anstatt anzuerkennen, dass „die Zukunft pluralistisch" ist und mehrere Ergebnisse in Betracht gezogen werden sollten.

Erwartung marginaler Veränderungen: Konzentration auf eine enge Auswahl von Alternativen, die eine marginale, aber keine radikale Veränderung darstellen.

Ignorieren der Basisrate: Das Unvermögen, die Wahrscheinlichkeit eines Ereignisses einzuschätzen, wenn man mit Statistiken konfrontiert wird und das Ignorieren früherer Wahrscheinlichkeitseinschätzungen oder Basisraten.

Ignorieren widersprüchlicher Belege: Das Verwerfen oder Ignorieren von Informationen, die nicht mit dem übereinstimmen, was man zu sehen erwartet.

Fehlende mentale Ablagen: : Die Analystin oder der Analyst kann sich nicht an etwas erinnern oder etwas nicht in die Analyse einbeziehen, weil ihm eine geeignete Kategorie oder „mentale Ablage" für diese spezielle Information fehlt.

Fehlkommunikation von Wahrscheinlichkeiten: Fehlkommunikation oder Fehleinschätzung von subjektiven Wahrscheinlichkeiten (höchstwahrscheinlich, möglicherweise, unwahrscheinlich).

Überbewertung von Verhaltensfaktoren: Überschätzung der Rolle interner Determinanten des Verhaltens (Persönlichkeit, Einstellungen, Überzeugungen) und Unterschätzung der Bedeutung externer oder situativer Faktoren (Zwänge, Kräfte, Anreize). Wird oft als Fundamentaler Attributionsfehler bezeichnet.

Ablehnung von „unwichtigen" Belegen: Festhalten an einem Urteil, obwohl man mit einer wachsenden Anzahl widersprüchlicher Belege konfrontiert wird.

Abb. 8.21 Definitionen von Biases, Heuristiken und Intuitiven Stolperfallen. (Quelle: Copyright 2024 Pherson. All Rights Reserved)

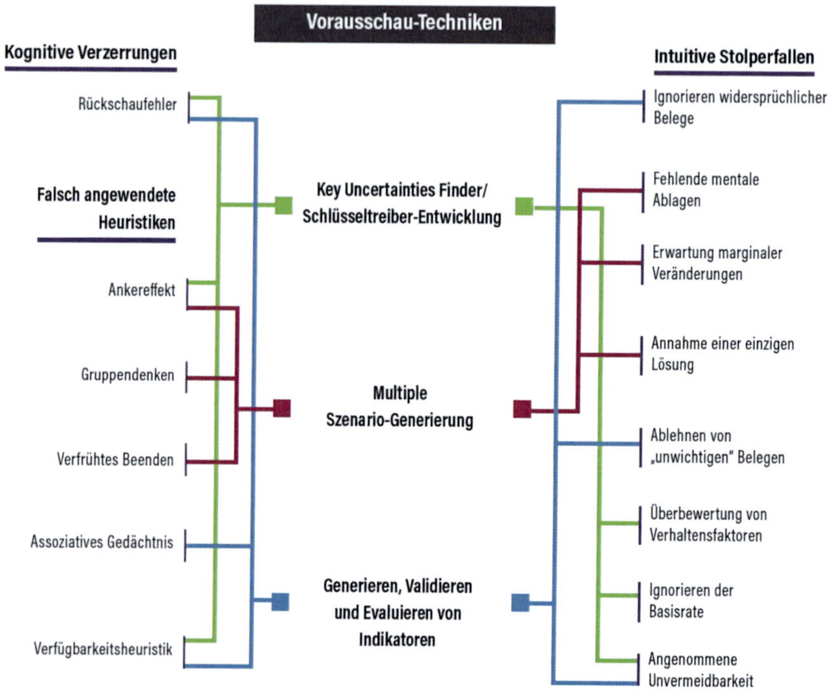

Abb. 8.22 Welche Vorrauschau-Technik hilft gegen welche kognitive Stolperfalle? (Quelle: Copyright 2024 Pherson. All Rights Reserved)

Szenario-Arbeit basiert auf der Prämisse, dass die Entwicklung möglichst vieler Zukunftsszenarien die Sensibilität von Entscheidungsträgerinnen und Entscheidungsträgern für Handlungsoptionen aufzeigt, die Sensibilität für Extrem-Szenarien erhöht und so die Wahrscheinlichkeit von Überraschungen reduziert.

Key Uncertainties Finder

Der Key Uncertainties Finder – ein Werkzeug zur Erkennung systemrelevanter Veränderungsfaktoren, die sich durch ein hohes Maß an Ungewissheit hinsichtlich ihrer zukünftigen Ausprägung auszeichnen – wandelt die

Ergebnisse eines Key Assumptions Check (Überprüfung der wichtigsten Grundannahmen) in eine Liste möglicher Schlüsseltreiber um, die für die Durchführung einer Vorausschau-Analyse benötigt werden.

Wann verwende ich diese Technik?

Der Key Uncertainties Finder sollte zu Beginn einer Vorausschau-Analyse verwendet werden, um bei der Identifikation von Schlüsseltreibern zu helfen. Ein Schlüsseltreiber ist ein systemrelevanter Einflussfaktor, der die Richtung oder Entwicklung eines Systems maßgeblich beeinflusst. In der Welt der Nachrichtendienste (Intelligence Analysis) sind Key Uncertanties Dynamiken, die einen bedeutenden Einfluss auf Entwicklungen und Akteure ausüben (bspw. Wirtschaftswachstum, Unterstützung durch die Bevölkerung, Konflikt vs. Kooperation, Globalisierung). Es handelt sich also um Veränderungstreiber, die die größte Wirkung auf alle anderen Treiber ausüben – es sind sogenannte „unabhängige Variablen". Sie beeinflussen Verhalten, Performanz oder Strategie jetzt oder in der Zukunft.

Ein Schlüsseltreiber muss so formuliert sein, dass er auf einem Kontinuum abtragbar ist (hoch – niedrig, viel – wenig, zentripetal – zentrifugal usw.).

Bei der Zusammenstellung einer Liste von Schlüsseltreibern sollten die folgenden Kriterien berücksichtigt werden:

- **sich gegenseitig ausschließend** – jeder Schlüsseltreiber basiert auf einer anderen grundlegenden Dynamik als alle anderen Treiber;
- **grundlegend** – Schlüsseltreiber sind für die Performanz, das Verhalten oder den Typus eines Systems prägend;
- **nicht offensichtlich:** Mindestens ein aufgelisteter Schlüsseltreiber weist auf eine Dynamik hin, die auf den ersten Blick nicht offensichtlich ist.

Wobei hilft mir die Technik?

Die Technik nutzt Elemente des Key Assumptions Check, um eine Liste von Schlüsseltreibern herauszuarbeiten, die für die Entwicklung von Zukunftsszenarien verwendet werden können. Sie wird oft zusammen mit der Cluster-Brainstorming-Technik eingesetzt.

Bei einer Überprüfung der wichtigsten Grundannahmen (Key Assumptions Check) stellen sich nicht unterstützte Annahmen oft als wesentliche Ungewissheiten heraus (Key Uncertainties) – Dinge, die wir anfangs für wahr halten, die sich bei genauerer Betrachtung jedoch als unzutreffend herausstellen. Solche Key

Uncertainties werden auch als „kritische Variablen“ bezeichnet. Sie können bestimmen, wie sich eine Situation entwickeln könnte oder welche Verlaufskurve über Zeit wahrscheinlicher ist.

Wie wende ich die Technik an?
Stufe I: Führen Sie einen Key Assumptions Check durch:[4]

- Versammeln Sie eine kleine Gruppe, die sich mit dem Thema beschäftigt, zusammen mit einigen externen Expertinnen, die eine unabhängige Perspektive einbringen können.
- Vergegenwärtigen Sie sich, was eine Grundannahme (Key Assumption) auszeichnet: Etwas, das als wahr, zutreffend oder sicher angenommen wird, ohne dass hierfür Belege vorgelegt werden. Grundannahmen sind die Basis, auf der die Hauptargumentationslinie eines Analyseproduktes ruht.
- Listen Sie sämtliche Grundannahmen auf, die die Teilnehmer zu dem Thema entwickeln, und prüfen Sie jede Annahme kritisch.

Stufe II: Identifizieren Sie die wichtigsten Ungewissheiten:

- Wählen Sie jene nicht belegten oder fragwürdigen Annahmen aus, die als „wesentliche Ungewissheiten“ (Key Uncertainties) charakterisiert werden können – also jene, die einen starken Einfluss auf die Hauptargumentationslinie oder das Kernthema eines Analyseproduktes haben.
- Überprüfen Sie diese Key Uncertainties und fragen Sie, ob diese als kritische Variablen für die Szenario-Bildung herangezogen werden können.

Stufe III: Wandeln Sie Ungewissheiten in Schlüsseltreiber um:

- Identifizieren Sie vier bis sechs wichtige Ungewissheiten, die sich am besten als Schlüsseltreiber in einer Vorausschau-Übung eignen.
- Wenn die Gruppe auch eine Übung zur Entwicklung von Schlüsseltreibern (Key Drivers Generation) durchgeführt hat, vergleichen Sie beide Sets von Schlüsseltreibern und fusionieren Sie sie zu einer einzigen Liste von vier bis sechs Treibern.
- Stellen Sie fest, ob die endgültige Liste der Schlüsseltreiber folgende Kriterien erfüllt:

[4] Eine ausführliche Beschreibung des Key Assumptions Check finden Sie im Abschnitt über diagnostische Analyse-Methoden.

  - Schließen sie sich gegenseitig aus?
  - Decken sie die meisten, wenn nicht alle STEMPLES+ -Kriterien ab (Soziales, Technik, Wirtschaft, Militär, Politik, Recht, Umwelt, Sicherheit und weiche Faktoren)?
- Überarbeiten Sie die Liste entsprechend und fügen Sie weitere Treiber hinzu, wenn eine wichtige Dimension fehlen sollte.

Entwicklung von Schlüsseltreibern

Die Entwicklung von Schlüsseltreibern verwendet die Cluster-Brainstorming-Technik, um eine Liste von Schlüsseltreibern zu erstellen, die für eine Vorausschau-Analyse (Szenario-Entwicklung) benötigt werden.

Wann verwende ich diese Technik?
Die Schlüsseltreiberentwicklung sollte zu Beginn einer Vorausschau-Analyse verwendet werden. Ein Schlüsseltreiber ist eine grundlegende Kraft oder ein wesentlicher Einflussfaktor (wie z. B. Wirtschaftswachstum, Unterstützung durch die Bevölkerung, Konflikt versus Kooperation oder Globalisierung), der Akteursverhalten oder eine Strategie in der Gegenwart oder Zukunft beeinflusst. Bei der Zusammenstellung einer Liste von Schlüsseltreibern sollten die folgenden Kriterien berücksichtigt werden:

- **sich gegenseitig ausschließend** – jeder Schlüsseltreiber basiert auf einer anderen grundlegenden Dynamik als alle anderen Treiber;
- **grundlegend** – Schlüsseltreiber sind für die Performanz, das Verhalten oder den Typus eines Systems prägend;
- **nicht offensichtlich:** Mindestens ein aufgelisteter Schlüsseltreiber weist auf eine Dynamik hin, die auf den ersten Blick nicht offensichtlich ist.

Wobei hilft mir die Technik?
Die Schlüsseltreiberentwicklung ist eine von zwei Techniken, die sich als hilfreich bei der Entwicklung von Schlüsseltreibern erwiesen haben. Die andere Technik ist der Key Uncertainties Finder™, der Elemente des Key Assumptions Check adaptiert.

Wie wende ich die Technik an?
Phase I: Cluster-Brainstorming.

1. Verteilen Sie (vorzugsweise große) Klebezettel/Post-It und Stifte an alle Teilnehmenden. Eine Gruppe von 10–12 Personen funktioniert am besten.
2. Präsentieren Sie das Thema in Form einer klar definierten Frage auf einem Whiteboard oder Flipchart, sodass diese während der gesamten Durchführung sichtbar bleibt. Die Ausgangsfrage einer Schlüsseltreiberentwicklung beginnt normalerweise mit: „Was sind all die (Dinge/Kräfte/Faktoren/Umstände), die zur Erklärung von … beitragen?“ oder „Welche Dynamiken werden die Situation in xyz in den kommenden x Monaten/Jahren beeinflussen?“ Nur die Moderatorinnen und Moderatoren dürfen während der Übung sprechen.
3. Bitten Sie die Teilnehmenden, pro Klebezettel (Post-It) nur eine Idee oder einen Satz zu schreiben und ihn einer der Moderatorinnen zu geben. Hierbei sollten die Ideen oder Sätze nach Möglichkeit neutral formuliert sein, um dann Kontinuen wie „hoch–niedrig“, „viel–wenig“ etc. abtragen zu können.
4. Sammeln Sie alle Klebezettel ein. Sobald die Gruppe mit der Niederschrift ihrer Ideen erlahmt, fangen Sie an, die Ideen der Teilnehmenden laut vorzulesen. Ziel ist es, durch das Vorlesen der Ideen anderer die Teilnehmenden zu weiteren, kreativeren Ideen zu animieren. Kleben Sie die Zettel an ein Whiteboard und behandeln Sie alle Ideen gleich.
5. Immer wenn eine Pause im Ideenfluss entsteht, warten Sie ein oder zwei Minuten in Stille, damit die Gruppe tiefer nach neuen Ideen graben kann. Beenden Sie diese „Sammlungsphase“ nach zwei oder drei Pausen oder wenn immer mehr „wilde“ Ideen aufgeschrieben werden.
6. Bitten Sie die Teilnehmenden (oder eine kleine Gruppe von Teilnehmern), an die Tafel/das Whiteboard zu gehen und die Notizen schweigend nach ihren Gemeinsamkeiten zu bündeln (Cluster/Affinitätsgruppen). Machen Sie eine zweite Kopie von jeder Notiz, die offensichtlich zu mehr als einer Gruppe gehört.
7. Ist Schritt 6 abgeschlossen bitten Sie einen Teilnehmenden oder eine kleine Arbeitsgruppe, ein Wort oder eine Beschreibung zu finden, der jedes Cluster am besten charakterisiert. Achten Sie darauf, dass diese Bezeichnung so formuliert ist, dass man sie in ihren Veränderungspotenzialen (z. B. als Kontinuum) beschreiben kann. Ein Beispiel: „Klimaveränderung“ kann in den Extremausformungen als „inkrementell“ bis „beschleunigt“ beschrieben werden oder aber als „kontrollierbar–chaotisch“ (je nach Perspektive, aus der man das Problem betrachtet).

8. Entscheiden Sie gemeinsam mit der Gruppe, ob Ideen, die keinem Cluster zugeordnet wurden, irrelevant sind oder ob sie eine Idee beinhalten, die eine weitere Ausarbeitung verdient (Wild Cards – häufig handelt es sich dabei um Ideen, die beim Vorlesen durch den Moderator ein Schmunzeln provoziert haben). Geben Sie Wild Cards denjenigen, die nicht an der Tafel stehen und bitten Sie die Arbeitsgruppe, die Notizen mit dem aktuellen Thema in Verbindung zu bringen.
9. Führen Sie mit den Teilnehmenden eine Diskussion darüber, welche Cluster (Affinitätsgruppen) sich besonders als Schlüsseltreiber für die Szenario-Bildung anbieten.
10. Wild Cards, die sich als besonders systemrelevant herausgestellt haben, nehmen Sie in das Set der Schlüsseltreiber auf und nutzen Sie bei der späteren Szenario-Bildung als intervenierende Variable – als Störfaktor, um zu testen, wie robust ein System im Falle ihres Eintretens ist.

Phase II: Identifizieren Sie Schlüsseltreiber:

- Identifizieren Sie, welche Cluster/Affinitätsgruppen zu einer kritischen Variablen formuliert werden können. Eine Variable also, die hohen Einfluss darauf hat, wie sich die vorliegende Situation im Laufe der Zeit entwickeln wird (also ein systemischer Einflussfaktor ist).
- Erstellen Sie eine Liste von vier bis sechs kritischen Variablen, die sich am besten als Schlüsseltreiber zur Durchführung einer Vorausschau-Analyse eignen (Szenarien).
- Wenn die Gruppe zuvor auch eine Key Uncertainties Finder-Übung durchgeführt hat, überprüfen Sie beide Sets von Schlüsseltreibern und verschmelzen Sie sie zu einer einzigen Liste von vier bis sechs Treibern.
- Stellen Sie fest, ob die endgültige Liste der Schlüsseltreiber die folgenden Anforderungen erfüllt:
  - schließen sich die Schlüsseltreiber gegenseitig aus? (basieren also alle Treiber auf unterschiedlichen grundlegenden Dynamiken?)
  - decken sie die meisten, wenn nicht alle STEMPLES+ -Kriterien ab (Soziales, Technik, Wirtschaft, Militär, Politik, Recht, Umwelt, Sicherheit und weiche Veränderungsfaktoren)?
- Überarbeiten Sie die Liste entsprechend und fügen Sie neue Treiber hinzu, sofern wichtige Dimensionen bislang nicht abgedeckt sind.

Multiple Szenario-Generierung

> Multiple Szenario-Generierung ist eine Methode zur Erarbeitung von Zukunftsszenarien, wenn gleich mehrere Schlüsseltreiber berücksichtigt werden müssen und erhebliche Unsicherheit darüber besteht, wie sich eine Situation entwickeln wird.

Wann verwende ich diese Technik?
Die Entwicklung einer großen Anzahl von Szenarien (multiple Szenarien), auch bekannt als Scenario Planning oder Scenario Thinking, ist eine nützliche Methode, um eine große Bandbreite von Möglichkeiten zu eruieren, wie sich eine Situation entwickeln könnte, um überraschende Entwicklungen zu antizipieren oder um Informationsbedarfe zu identifizieren (etwa, wenn man es mit wenig konkreten Informationen und/oder einer mehrdeutigen Bedrohung zu tun hat). In der Terrorismusbekämpfung können Analystinnen und Analysten damit Schwachstellen identifizieren und mögliche Angriffe bzw. Angriffsmethoden bewerten, antizipieren und priorisieren. Multiple Szenario-Generierung kann auch als Ermittlungsinstrument verwendet werden und bietet einen idealen Rahmen für die Entwicklung von Indikatoren sowie die Formulierung von Aufklärungs- und Informationsaufträgen.

Wobei hilft mir die Technik?
Der Prozess zur Entwicklung mehrerer Szenarien hilft Analystinnen und Analysten und Entscheidungsträgerinnen und Entscheidungsträgern, ihre Vorstellungskraft anzuregen und Überraschungen zu vermeiden, indem eine große Anzahl potenzieller Szenarien erzeugt wird. Dies sensibilisiert sie für mögliche neue Ereignisse und macht es wahrscheinlicher, dass sie abweichende Daten in Betracht ziehen (zur Umgehung des Bestätigungsdrangs oder Confirmation Bias). Die größte Herausforderung besteht darin, nur jene Phänomene und Veränderungsfaktoren zu identifizieren, die einerseits den größten Einfluss auf die zu lösende Aufgabe haben, andererseits ein Höchstmaß an Ungewissheit aufweist (sich also in Extremen entwickeln kann). Der Mehrwert der Technik besteht also darin, strukturiert eine ganze Reihe unterschiedlicher Szenarien zu generieren, um auf dieser Basis entscheiden zu können, welche Szenarien besondere Aufmerksamkeit verdienen.

Wie wende ich die Technik an?

Die Entwicklung mehrerer Szenarien nutzt das kollektive Wissen und die Vorstellungskraft einer Experten-Gruppe, um eine Reihe von Schlüsseltreibern zu identifizieren, die einen komplexen Sachverhalt wahrscheinlich prägen werden, und ordnet sie paarweise in unterschiedlichen Kombinationen an, um potenzielle Szenarien zu erzeugen.

Die grundlegenden Schritte sind:

- Identifizieren Sie das Schwerpunktthema entweder anhand von bereits bestehenden Informationsbedarfen oder durch die Befragung von Expertinnen und Experten, die sich mit dem Thema am besten auskennen. Sinnvoll ist die Formulierung einer konkreten Frage. Beispielsweise: „Wie wird sich die militärische Situation in der Ukraine in den kommenden zwölf Monaten entwickeln?"
- Versammeln Sie eine Gruppe von Experten (einschließlich kreativer Denker, die die Denkweise der Gruppe kritisch hinterfragen können), um ein Brainstorming über all jene Kräfte und Faktoren durchzuführen, die ihr Thema in Zukunft beeinflussen wird. Es ist sinnvoll, mehrere Experten an der Erstellung der Schlüsseltreiber teilnehmen zu lassen, um Gruppendenken und andere kognitive Fallstricke zu vermeiden.
- Erstellen Sie eine Liste von Faktoren und Akteuren, die den größten Einfluss darauf haben, wie sich die Situation höchstwahrscheinlich entwickeln wird.
- Verfeinern Sie die Liste der Schlüsseltreiber falls nötig.
- Wählen Sie aus dieser Liste jene Faktoren oder Treiber aus, deren Ergebnis am schwierigsten vorherzusagen ist oder deren Einfluss auf künftige Ereignisse von den Analysten nicht sicher eingeschätzt werden können.
- Definieren Sie für jeden dieser Treiber den Status quo (Ist-Stand) sowie die zwei Extremausprägungen entlang eines binären Spektrums oder Kontinuums (z. B. „hoch–niedrig", „dynamisch–statisch" oder „chaotisch–kontrolliert").
- Kombinieren Sie alle Treiber paarweise in einer Serie von 2 × 2-Matrizen. Die Anzahl der Treiber definiert die mögliche Anzahl der Kombinationen: Bei drei Treibern (A–C) können Sie drei Kombinationen bilden (A/B, A/C und B/C) mit je vier Quadranten pro Kombination (insgesamt also 12 Szenario-Möglichkeiten); bei fünf Treibern sind bereits 10 Kombinationen möglich (mit je 4 Quadranten, also 40 Szenario-Geschichten).
- Entwickeln Sie für jeden einzelnen Quadranten der 2 × 2-Matrizen/der Szenario-Kreuze plausible Geschichten.
- Wählen Sie aus der Vielzahl der entwickelten Szenarien jene aus, die am meisten Aufmerksamkeit verdienen, weil sie überzeugende, herausfordernde oder besonders gewinnbringende Einsichten gewähren. Eine Möglichkeit ist auch die

Auswahl entlang der Kriterien „Best Case“, „Worst Case“ und „Wild Card“ (abhängig vom normativen Standpunkt des Analysten).
- Entwickeln Sie ein Set an Indikatoren, die zukünftig beobachtet werden können, um festzustellen, ob sich das ausgewählte Szenario tatsächlich entwickelt oder nicht (s. weiter unten).

Die Technik kann anhand der Frage veranschaulicht werden: „Was ist die Zukunft des russischen Angriffskrieges gegen die Ukraine?“

- Versammeln Sie eine Gruppe von Experten (einschließlich einiger kreativer Denker, die die Denkweise der Gruppe kritisch hinterfragen können), um ein Brainstorming über alle Kräfte und Faktoren durchzuführen, die höchstwahrscheinlich die Zukunft des Krieges in der Ukraine bestimmen.
- Wählen Sie aus dieser Liste jene Faktoren oder Treiber aus, deren Ergebnis am schwierigsten vorherzusagen ist oder deren Einfluss auf künftige Ereignisse von den Analystinnen und Analysten nicht sicher eingeschätzt werden kann. In diesem Beispiel verwenden wir drei Treiber, die diese Kriterien erfüllen:
  - Die Fähigkeiten der russischen Streitkräfte
  - Den Umfang der Unterstützung durch NATO-Staaten
  - Die Widerstandsfähigkeit der ukrainischen Bevölkerung
- Definieren Sie die Endpunkte des Spektrums für jeden Treiber. Die NATO-Staaten könnten zum Beispiel an einem Ende des Spektrums vereint und unterstützend sein und am anderen Ende geteilt und weniger unterstützend
- Ordnen Sie die Treiber paarweise in einer Reihe von 2 × 2-Matrizen an (siehe Abb. 8.23).

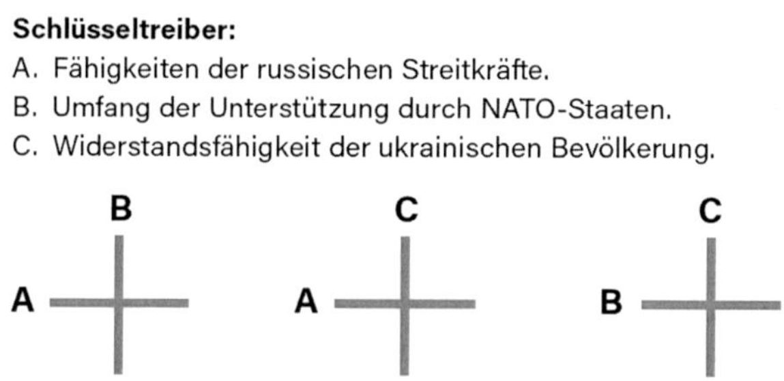

Abb. 8.23 Die Zukunft des Ukraine-Krieges: Paarung der Schlüsseltreiber. (Quelle: Copyright 2024 Pherson. All Rights Reserved)

Entwickeln Sie eine „Geschichte" oder mehrere „Geschichten", die beschreiben, wie sich die Ereignisse in jeder einzelnen Zelle der 2 × 2-Matrix höchstwahrscheinlich entfalten werden. In der 2 × 2-Matrix, die durch die Unterstützung der NATO-Staaten und die Fähigkeiten der russischen Streitkräfte definiert ist, wären die Kriterien im oberen linken Quadranten beispielsweise geeinte und unterstützende NATO-Staaten, aber unwirksame russische militärische Fähigkeiten. In dieser „Welt" könnte man sich vorstellen, dass die russischen Streitkräfte aus der gesamten Ukraine vertrieben würden. (siehe Abb. 8.24).

- Überprüfen Sie alle entwickelten Szenarien oder Geschichten und wählen Sie drei oder vier aus, die am meisten Aufmerksamkeit verdienen (siehe Abb. 8.25), basierend auf Kriterien wie z. B. welche Szenarien:
  - die größten Herausforderungen für ukrainische und europäische Politiker und Entscheidungsträger darstellen.
  - besondere Bedenken hervorrufen, die bislang nicht vorhergesehen wurden.
  - neue Dynamiken sichtbar werden lassen, die angesprochen werden sollten.
  - neue Aufklärungs- und Informationsforderungen nahelegen.

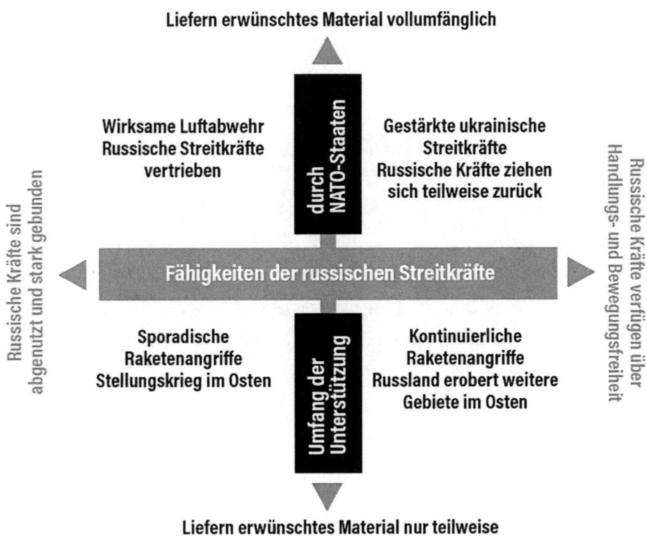

Abb. 8.24 Die Zukunft des Ukraine-Krieges: Multiple Szenario-Generierung – Beispiel. (Quelle: Copyright 2024 Pherson. All Rights Reserved)

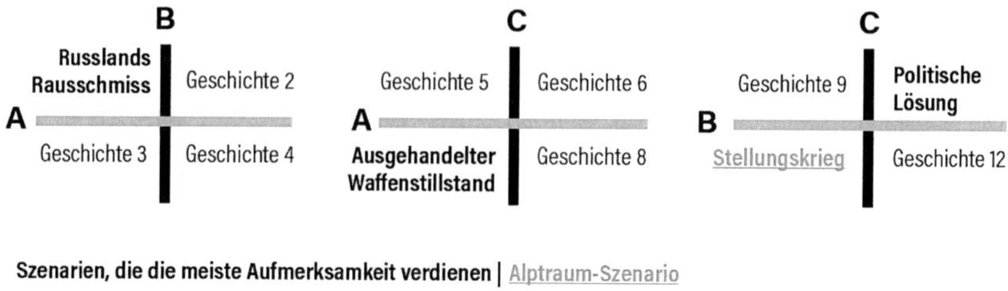

Abb. 8.25 Die Zukunft des Ukraine-Krieges: Szenarauswahl. (Quelle: Copyright 2024 Pherson. All Rights Reserved)

- Identifizieren Sie ggf. ein viertes „Albtraum"-Szenario oder einen „Joker" (Wild Card), der – je nachdem – große Auswirkungen, aber auch eine geringe Eintrittswahrscheinlichkeit haben könnte. Der „Joker" könnte entweder als viertes Szenario oder in einem begleitenden Textfeld vorgestellt werden.
- Überlegen Sie, was Politiker oder Entscheidungsträger tun könnten, um:
  - das Auftreten schlechter Szenarien zu verhindern.
  - die Entwicklung guter Szenarien zu ermöglichen.
- Erstellen Sie eine Liste von Indikatoren, mit deren Hilfe Sie überwachen können, welches Szenario oder welche Geschichte den Verlauf der Ereignisse am besten beschreibt.

Generieren und Validieren von Indikatoren

> Indikatoren sind beobachtbare Phänomene, die regelmäßig überprüft und ergänzt werden, um heraufziehende Ereignisse zu verfolgen, neue Trends zu erkennen, Hypothesen zu validieren und so rechtzeitig vor unerwarteten Veränderungen zu warnen. Es geht also um die Etablierung eines Früherkennungssystems.

Wann verwende ich diese Technik?

Die Identifizierung und Überwachung von Indikatoren sind grundlegende Aufgaben von Analystinnen und Analysten, denn sie sind die einzige geprüfte Methode zur Vermeidung von Überraschungen und zur Identifikation heraufziehender Chancen.

Sie werden oft mit Szenarien gepaart, um festzustellen, welche von mehreren möglichen Verlaufskurven sich entfaltet. Auch andere Methoden, wie z. B. die „Was wäre wenn?"-Analyse, die HANPA-Methode (Hohe Auswirkung/ geringe Probabilität) und die Analyse konkurrierender Hypothesen (ACH) verwenden Indikatoren, um rechtzeitig vor unerwarteten Ereignissen zu warnen (estimative Indikatoren) oder um laufende Beobachtungen zu validieren (evaluative Indikatoren).

Indikatoren-Listen können als Ausgangsbasis zur Entwicklung von Aufklärungsaufträgen oder zur Festlegung von Recherche-Prioritäten herangezogen werden. Indikatoren sind vor allem geeignet, um a priori zu klären, ob ein neues Geschäftsmodell funktioniert oder ob sich ein Szenario geringer Wahrscheinlichkeit abzeichnet, das gleichwohl die Chance für ein neues Geschäftsmodell bergen könnte.

Wenn Analyse- und Entscheidungspersonal über die Interpretation von Ereignissen (z. B. den Verlauf eines Krieges) oder die Verstrickung einer Zielperson (z. B. in der Spionageabwehr) uneins ist, können Indikatoren auch dazu beitragen, die Debatte zu entpersonalisieren, indem sie die Aufmerksamkeit von persönlichen Standpunkten auf objektive Kriterien lenken. Wenn sich Analysten auf eine Reihe objektiver Kriterien einigen können, die zeigen, dass z. B. Entwicklungen in eine bestimmte Richtung laufen (oder auch nicht) bzw. das Verhalten einer Zielperson auf deren Schuld oder Unschuld schließen lässt, können dadurch Emotionen kontrolliert und inhaltliche Meinungsverschiedenheiten geklärt werden.

Wobei hilft mir die Technik?

Indikatoren bieten eine objektive Ausgangsbasis zur Nachverfolgung von Ereignissen, indem sie dem Analyseprozess eine gewisse Stringenz und Objektivität verleihen und damit die Glaubwürdigkeit des Endprodukts erhöhen. Sie können verwendet werden, um:

- zu identifizieren, welche alternative Zukunft sich abzeichnet;
- auf unvorhergesehene Entwicklungen hinzuweisen, die sonst unentdeckt bleiben könnten;
- bestehende Hypothesen oder Standpunkte zu validieren;
- aufkommende Trends zu erkennen und vor unvorhergesehenen Veränderungen zu warnen;
- den Früherkennungsprozess effizient und für Dritte nachvollziehbar zu gestalten.

Wenn Indikatoren im Rahmen der nationalen Sicherheitsanalyse verwendet werden, sind sie in der Regel weitblickend und werden als vorausschauende (estimative) Indikatoren bezeichnet. Sie werden verwendet, um Veränderungen entlang der Zeitachse zu überwachen, aufzuspüren oder auszuwerten. In den Bereichen Strafverfolgung und in der medizinischen Fachwelt werden Indikatoren verwendet, um zu beurteilen, ob Aktivitäten oder das Verhalten einer Zielperson mit einem zuvor erkennbaren Muster übereinstimmen. Solche Indikatoren sind rückwärts- oder gegenwartsgerichtet und werden deshalb als evaluative, diagnostische oder beschreibende Indikatoren bezeichnet.

Wie wende ich die Technik an?

Das Erstellen einer Indikatoren-Liste kann von einem einfachen Prozess (Notizen über Dinge, die man bei der Entwicklung einer bestimmten Situation erwarten würde), bis hin zu einer umfangreichen Teamarbeit reichen, um wirklich trennscharfe Indikatoren mit dazugehörigen Bewertungsskalen und Gewissheitsgraden (Konfidenz-Niveaus) zu identifizieren.

Bei der Entwicklung von Indikatoren sollte jeder Indikator sorgfältig definiert werden. Wichtig ist auch festzulegen, was für jeden Indikator als Normalzustand angesehen wird und was beobachtet werden muss, damit für alle klar ist, dass das Eintreten eines Indikators beobachtet wurde (man spricht in diesem Zusammenhang auch davon, dass ein Indikator „zündet"). Dieser Wert kann als Grenzwert oder Schwellwert bezeichnet werden und sollte sich klar und logisch nachvollziehbar vom definierten Normalwert abheben.

Je nach Bedarf können Indikatoren durch Anwendung einer Vielzahl strukturierter Methoden entwickelt werden, einschließlich:

- **Cluster-Brainstorming** oder **Mind Mapping** zur Entwicklung kritischer Wegmarken
- **Gantt-Diagramme, Critical-Path-Analyse** oder **Entscheidungsbäume**, um kritische Wegmarken zu erkennen
- **Circleboarding,** um alle Dimensionen eines Problems zu identifizieren
- **Key Assumptions Check,** um wichtige Variablen oder wesentliche Ungewissheiten aufzudecken
- **Strukturierte Analogien,** um herauszuarbeiten, was in vergleichbaren Situationen beobachtet werden konnte.

Wenn Sie ein Set von Indikatoren erstellt haben, betrachten Sie die Gesamtheit Ihrer Indikatoren: Haben Sie genug Indikatoren entwickelt? Sind Indikatoren redundant? Die Liste an Indikatoren sollte umfassend, konsistent und komplementär sein. Auch wenn es schwerfallen sollte: Vermeiden Sie, zu viele Indikatoren zu entwickeln; Mitarbeitende vor Ort und Analyse- und Entscheidungspersonal ignorieren üblicherweise lange Listen; im übrigen besteht die Kunst in einer möglichst effizienten wie effektiven Arbeit, denn Ressourcen sind stets begrenzt – vor allem, wenn es um noch nicht wahrnehmbare Probleme geht (denn alle Ressourcen sind in der Regel im Hier und Jetzt gebunden).

> „Der Wert von Indikatoren wird stark geschmälert, wenn sie nicht aktualisiert und verfeinert werden, sobald neue Erkenntnisse gewonnen werden und sich die Rahmenbedingungen verändern.“ (John Pyrik).

Zur Überprüfung der eigenen Objektivität ist es nützlich, zwei unabhängige Indikatoren-Sets zu entwickeln: eines, das nahelegt, dass die Hypothese korrekt ist oder ein bestimmtes Ereignis eintreten wird (Verifizierung); ein zweites Set, das nahelegt, dass die Hypothese falsch ist oder ein bestimmtes Ereignis nicht eintreten wird (Falsifizierung).

Merkmale eines guten Indikators

Ideale Indikatoren erfüllen alle der folgenden Merkmale; die ersten drei Merkmale sollte jeder Indikator erfüllen. Merkmale vier und fünf sind wünschenswert, können jedoch oftmals nicht erfüllt werden:

- **Beobachtbar/aufklärbar:** Ein Indikator kann mit verfügbaren Mitteln, Personal oder Sensoren in geeigneten Zeiträumen beobachtet und erfasst werden. Wenn ein Indikator über einen längeren Zeitraum beobachtet werden soll, muss er auch über einen längeren Zeitraum beobachtbar bleiben (Zugang, personelle oder technische Voraussetzungen).
- **Valide:** Ein Indikator muss klar auf das Ereignis (oder die Hypothese) hinweisen, das aufgeklärt oder validiert werden soll. Je nach Komplexität kann hierfür mehr als nur ein Indikator erforderlich sein; Ziel aber bleibt, so wenig Indikatoren wie möglich zu benötigen.
- **Zuverlässig:** Die Aufklärung muss zuverlässig (konsistent) sein und vergleichbare Methoden verwenden. Auswerter müssen immer dasselbe Phänomen beobachten. Dies erfordert eine genaue Definition jedes Indikators.
- **Stabil:** Idealerweise sind Indikatoren über einen längeren Zeitraum stabil, um Vergleiche zu ermöglichen und um Trends nachzuverfolgen. Im Idealfall sollte der Indikator in einem frühen Stadium der Entwicklung beobachtbar sein, damit Analysepersonal und Entscheidungsträgerinnen Zeit haben, entsprechend zu reagieren.

- **Einzigartig:** Ein Indikator sollte nur eine einzige Sache messen und – in Kombination mit anderen Indikatoren – sich ausschließlich auf das untersuchte Phänomen beziehen. Besonders hilfreich sind Indikatoren, die zugleich mit nur einem Szenario/einer Hypothese konsistent, aber mit allen anderen Szenarien/Hypothesen inkonsistent sind.

In manchen Fällen mag ein Indikator vielleicht nicht einzigartig oder valide sein, aber er ist ein essentieller Bestandteil des untersuchten Phänomens. In solchen Fällen ist es eine gute Strategie, ein Cluster von Indikatoren zu bilden, das nicht-diagnostische, aber notwendige Indikatoren mit anderen diagnostischen Indikatoren kombiniert.

Wenn Indikatoren als Cluster behandelt werden, können sie sich gegenseitig verstärken und synergetisch wirken.

Indikatoren-Sets sind dann besonders prognostisch, wenn sich die darin enthaltenen Indikatoren im Falle von Veränderungen gegenseitig verstärken (also sogenannte „positive Rückkopplungsschleifen" erkennbar sind). Eine Cross-Impact-Matrix oder eine Regressions-Analyse und andere Methoden können verwendet werden, um eine solche Dynamik zu messen.

Analystinnen und Analysten müssen die Gültigkeit und Relevanz einer Indikatoren-Liste regelmäßig überprüfen. Zu eng konzipierte oder veraltete Indikatoren-Sets können:

- kognitive Verzerrungen verstärken
- fehlerhafte Annahmen verstetigen
- Analystinnen dazu verleiten, abweichende neue Erkenntnisse zu ignorieren
- Verdächtige in unangemessener Weise zu adressieren

Kurzum: Alte Indikatoren können sich als schlechte Anhaltspunkte für das herausstellen, was sie eigentlich messen sollten. Oder aber, sie erweisen sich als nutzlos, weil Zielpersonen erfahren haben, welche Indikatoren (z. B. von Strafverfolgungsbehörden) verwendet werden und haben ihre Vorgehensweisen entsprechend verändert.

Indikatoren präsentieren

Zu den Methoden, die den Reifegrad und die Glaubwürdigkeit einer Indikatoren-Liste erhöhen, gehören:

- Bereitstellung eindeutiger Definitionen für jeden Indikator
- Festlegung einer Skala zur Bewertung jedes Indikators

- Bewertung der Indikatoren innerhalb festgelegter Zeiträume (z. B. monatlich, vierteljährlich oder jährlich)
- Zuweisung eines Gewissheitsgrades (Konfidenz-Niveaus) zu jeder Bewertung
- Bereitstellung einer Beschreibung für jeden Punkt auf der Bewertungsskala, mit der definiert wird, was man auf jeder Stufe der Skala zu beobachten erwartet
- Auflistung der Informationsquellen, die bei der Entwicklung des Ratings verwendet wurden

Wann können Indikatoren versagen?

- Wenn Sie erforderlichen Daten nicht erfassen können
- Wenn Dienste, die vergleichbare Methoden verwenden oder für Ihre Arbeit relevant sind, den Indikator nicht erheben können
- Wenn der Indikator nichts mit dem zu tun hat, was Sie aufzuklären versuchen.
- Wenn der Indikator mehr als nur einen Sachverhalt misst (sogenannter „Allerweltsindikator“)
- Wenn Sie Indikatoren nicht periodisch überarbeiten können

Indikatoren-Evaluation

Die Evaluation von Indikatoren ist eine einfache Methode zur Beurteilung ihrer diagnostischen Aussagekraft.

Wann verwende ich diese Technik?
Die Evaluation von Indikatoren ist eine wesentliche Begleittechnik, die bei der Entwicklung von Indikatoren für konkurrierende Hypothesen oder alternative Szenarien verwendet wird. Sobald eine Reihe von alternativen Szenarien oder konkurrierender Hypothesen entwickelt wurde, besteht der nächste Schritt darin, Indikatoren für jedes einzelne Szenario (oder jede Hypothese) zu entwickeln, die zu beobachten sein müssen, sollte die Hypothese wahr sein oder sich die Gegenwart in Richtung eines der diskutierten Szenarien entwickeln. Eine kritische Frage – die jedoch nur selten gestellt wird – ist, ob ein bestimmter Indikator nur in dem Szenario auftreten kann, für das er entwickelt wurde. Tatsächlich können Indikatoren in mehreren Szenarien

auftreten; dann aber sind sie nicht diagnostisch und nicht sonderlich nützlich, um festzustellen, ob sich ein konkretes Szenario abzeichnet. Der ideale Indikator ist in hohem Maße konsistent mit dem Szenario, dem er zugeordnet ist, und in hohem Maße inkonsistent für alle anderen Szenarien.

Wobei hilft mir die Technik?
Die Indikator-Evaluation zur Identifikation nicht aussagekräftiger Indikatoren kann die Qualität und Glaubwürdigkeit einer Analyse deutlich erhöhen. Durch die Anwendung dieser Methode können Analystinnen und Analysten ihre Indikatoren von der höchsten bis zur niedrigsten Diagnostizität einstufen und entscheiden, welche Indikatoren sie zur Fallbeobachtung tatsächlich heranziehen wollen. Unter Umständen entdecken Analystinnen und Analysten durch diese Methode aber auch, dass die meisten oder sogar alle Indikatoren für ein bestimmtes Szenario ausscheiden – was zur Folge hätte, dass neue Indikatoren entwickelt werden müssten. Wenn Analystinnen und Analysten es schwierig finden, für unterschiedliche Szenarien hoch diagnostische Indikatoren-Sets zu erstellen, kann das daran liegen, dass die Szenarien nicht unterschiedlich genug sind. In diesem Fall kann es zielführend sein, betreffende Szenarien zu integrieren.

Wie wende ich die Technik an?

- Analystinnen und Analysten füllen eine Matrix aus, die folgende Elemente enthält:
  - Alternative Szenarien bzw. Welten (oder konkurrierende Hypothesen) auf der Horizontalen der Matrix (analog zu den Hypothesen in der ACH).
  - Indikatoren, die für alle Szenarien entwickelt wurden, auf der Vertikalen der Matrix (wie es mit Belegen und Annahmen in der ACH geschieht).
- Bewerten Sie für jede Zelle der Matrix, wie wahrscheinlich das Auftreten des Indikators in den jeweiligen Szenarien ist:
  - sehr wahrscheinlich (SW)
  - wahrscheinlich (W)
  - möglich (M)
  - unwahrscheinlich (U)
  - sehr unwahrscheinlich (SU)

  Indikatoren sollten im Szenario, für das sie erstellt worden sind (Basis-Szenario), Bewertungen von mindestens „wahrscheinlich" oder „sehr wahrscheinlich" erzielen.
- Nachdem die Eintrittswahrscheinlichkeit jedes Indikators in jedem Szenario bewertet wurde, übersetzen Sie die Wahrscheinlichkeitsbewertungen in einen

nummerischen Wert. Sollte der Indikator in seinem Basis-Szenario sehr wahrscheinlich (SW) sein, vergeben Sie für jede andere Bewertung – je nach Eintrittswahrscheinlichkeit – in den übrigen Szenarien folgende Punktzahl:
  - Ist die Eintrittswahrscheinlichkeit des Indikators auch in anderen Szenarien sehr wahrscheinlich, dann vergeben Sie null Punkte (sehr wahrscheinlich = 0 Punkte)
  - Ist die Eintrittswahrscheinlichkeit des Indikators in anderen Szenarien wahrscheinlich, dann vergeben Sie einen Punkt (wahrscheinlich = 1 Punkt)
  - Ist die Eintrittswahrscheinlichkeit des Indikators in anderen Szenarien ungewiss, aber durchaus möglich, dann vergeben Sie zwei Punkte (möglich = 2 Punkte)
  - Ist die Eintrittswahrscheinlichkeit des Indikators in anderen Szenarien unwahrscheinlich, dann vergeben Sie vier Punkte (unwahrscheinlich = 4 Punkte)
  - Ist die Eintrittswahrscheinlichkeit des Indikators in anderen Szenarien sehr unwahrscheinlich, dann vergeben Sie sechs Punkte (sehr unwahrscheinlich = 6 Punkte)
- Sollte der Indikator in seinem Basis-Szenario wahrscheinlich (W) sein, vergeben Sie für jede andere Bewertung in den übrigen Szenarien folgende Punktzahl:
  - sehr wahrscheinlich (0 Punkte)
  - wahrscheinlich (0 Punkte)
  - möglich (1 Punkte)
  - unwahrscheinlich (3 Punkte)
  - sehr unwahrscheinlich (5 Punkte)
- Ist dieser Prozess abgeschlossen, addieren Sie die Punkte für jeden Indikator, um seine Diagnostizität zu berechnen; sortieren Sie die Indikatoren vom höchsten bis zum niedrigsten Wert. Der aussagekräftigste Indikator ist jener, der „sehr wahrscheinlich" in nur einem einzigen Szenario auftritt und „sehr unwahrscheinlich" in allen anderen; der am wenigsten aussagekräftige Indikator tritt „sehr wahrscheinlich" in allen Szenarien auf. Die meisten Indikatoren werden irgendwo dazwischen liegen.
- Behalten Sie nur jene Indikatoren mit hoher Diagnostizität und löschen Sie die übrigen – es sei denn, diese liefern kritische Informationen, wenn sie in einem Cluster von Indikatoren zusammengefasst werden können.
- Gruppieren Sie die Indikatoren, nachdem nicht aussagekräftige Indikatoren gestrichen wurden, unter ihrem zugewiesenen Szenario neu. Wenn die meisten Indikatoren für ein Szenario eliminiert wurden, entwickeln Sie neue Indikatoren mit höherer Diagnostizität für dieses Szenario.

- Überprüfen Sie regelmäßig den diagnostischen Wert aller neuen Indikatoren mithilfe der Indikatoren-Evaluation.

8.5 Techniken zur Entscheidungsunterstützung

Analysetechniken zur Entscheidungsunterstützung helfen Entscheidungsträgerinnen und Entscheidungsträgern, optimale Regelungen und Strategien zu identifizieren, um Probleme zu minimieren und Chancen zu nutzen. Sie dienen außerdem dazu, Entscheidungssituationen anderer Akteure simulieren und dadurch besser verstehen zu können.

Normalerweise sind es nicht Analystinnen und Analysten, die selbst Entscheidungen treffen müssen. Aber sie können und sollten Techniken zur Entscheidungsunterstützung anwenden können, um Vorgesetzten, Befehlshaberinnen, Planern und Entscheidungsträgerinnen, die ihrerseits Entscheidungen treffen müssen, rechtzeitig Unterstützung anbieten zu können. Um diese Aufgabe erfolgreich zu bewältigen, müssen Analystinnen und Analysten das operative Umfeld des Entscheidungsträgers verstehen und antizipieren, wie diese Person einen Sachverhalt wahrscheinlich angehen wird. Sie müssen die Dynamik und Abfolge des Entscheidungsfindungsprozesses verstehen, um erkennen zu können, wann und wie sie am hilfreichsten unterstützen können.

Die in diesem Abschnitt beschriebenen Entscheidungshilfen bieten einen Rahmen für die Analyse, warum und wie eine Führungsperson, eine Gruppe, eine Organisation oder ein Land eine bestimmte Entscheidung getroffen hat oder wahrscheinlich treffen wird. Wenn Analystinnen und Analysten die Ziele und Präferenzen von Gegnern oder Konkurrenten greifen können, erleichtert dies, deren Handlungen zu antizipieren. Oft besteht die beste Unterstützung darin, diejenigen Schlüsseltreiber zu beschreiben, die eine Entscheidung oder ein Ergebnis mit hoher Wahrscheinlichkeit maßgeblich beeinflussen. Die Kenntnis dieser Schlüsseltreiber gibt der Entscheidungsträgerin dann einen Vorsprung bei dem Versuch, mit dem antizipierten Ergebnis umzugehen.

Indem sie den Entscheidungsprozess strukturieren, helfen die für die Entscheidungsunterstützung verwendeten Analysetechniken, häufige Fallstricke wie Gruppendenken und verfrühtes Abbrechen zu vermeiden. Ferner wird die natürliche Tendenz zum Mirror Imaging bei Verwendung dieser Techniken ebenfalls unter Kontrolle gehalten, weil sie mehrere Perspektiven für die Betrachtung eines

Problems und die Vorstellung des Zusammenspiels komplexer Faktoren bieten. Die Techniken zur Entscheidungshilfe bieten auch Schutz vor den folgenden intuitiven Fallen: der Projektion vergangener Erfahrungen, der Überschätzung von Wahrscheinlichkeiten und der Überbewertung von Verhaltensfaktoren bei gleichzeitiger Unterschätzung von externen oder situativen Faktoren. In den Abb. 8.26 und 8.27 ist aufgeführt, welche Analysetechnik bei der Abschwächung welcher kognitiven Stolperfalle besonders hilfreich ist.

In diesem Abschnitt werden sechs verschiedene Techniken dargestellt, die Analystinnen, Führungspersonal, Entscheidungsträger und Planer verwenden können, um zielführende Regelungen und Strategien zu entwickeln oder Entscheidungssituationen anderer Akteure effektiver simulieren zu können.

- **Chancen Inkubator.** Eine systematische Methode zur Identifizierung von Maßnahmen, die das Entstehen positiver Szenarien erleichtern und unerwünschte Ergebnisse verhindern oder begrenzen können.
- **SWOT-Analyse** (Strengths, Weaknesses, Opportunities, and Threats – Stärken, Schwächen, Chancen und Bedrohungen) Eine 2×2-Matrix, die verwendet wird, um einen Plan oder eine Strategie zum Erreichen eines bestimmten Ziels zu entwickeln und zu bewerten, was die Zielerreichung am Ehesten fördert oder behindert.
- **Einflussmatrix.** Ein Management-Werkzeug zur Bewertung der Auswirkung einer Entscheidung auf die Organisation und zur Erarbeitung der besten Vorgehensweisen für eine erfolgreiche Umsetzung.
- **Entscheidungsmatrix.** Ein sehr nützliches Hilfsmittel, um abwägend widersprüchliche Ziele und Präferenzen in der Entscheidungsfindung zu berücksichtigen.
- **Umfeld-Analyse.** Ein Werkzeug, das der Entscheidungsträgerin oder dem Entscheidungsträger hilft, die effektivsten Wege zur Lösung eines Problems oder zum Erreichen eines Ziels zu identifizieren – und die Frage nach der Machbarkeit zu klären.
- **Vor- und Nachteile, Fehler und Korrekturen.** Eine Strategie zur Kritik neuer Verfahrensweisen (Richtlinien) durch Auflistung der Pro- und Kontra-Argumente sowie der Möglichkeiten, wie man am besten die Pro-Argumente auf ihre Mängel hin und die Kontra-Argumente auf ihre Optimierung hin bearbeiten kann.

Kognitive Verzerrungen

Ausgewählte kognitive Verzerrungen, die das analytische Denken behindern können:

Bestätigungsfehler: Der Bestätigungsfehler beschreibt die Tendenz, ausschließlich Informationen zu berücksichtigen, welche die eigene Hypothese, den eigenen Schluss oder das eigene Urteil bestätigen.

Mirror Imaging: Die Annahme, dass andere Personen unter ähnlichen Umständen genauso handeln würden wie wir.

Falsch angewendete Heuristiken

Ausgewählte Heuristiken, die - wenn sie falsch angewandt werden - das analytische Denken behindern können:

Ankereffekt: Der Anker-Effekt beschreibt die Tendenz, seine Analyse an der ersten oder frühesten Information zu verankern, die als wichtig empfunden wurde. In der Folge werden spätere Anpassungen des initial vollzogenen Schlusses unzureichend angepasst und bleiben daher zu nah am ursprünglichen Anker.

Verfügbarkeitsheuristik: Beurteilung der Häufigkeit eines Ereignisses oder einer Kategorie anhand der Leichtigkeit, mit der einem Beispiele des Ereignisses oder der Kategorie in den Sinn kommen.

Gruppendenken: die Auswahl derjenigen Option, welche die Mehrheit der Gruppe auf sich vereint oder das Ignorieren von gruppeninternen Konflikten durch den Wunsch nach Konsens.

Mentale Schrotflinte: Mangelnde Präzision und Kontrolle bei der ständigen Durchführung von Bewertungen; die Neigung, schnelle und einfache Antworten auf schwierige Fragen zu geben.

Verfrühtes Abbrechen: Abbruch der Ursachen-Forschung, wenn eine scheinbar zufriedenstellende Antwort gefunden wird, doch bevor genügend Informationen vorliegen und eine korrekte Analyse durchgeführt werden kann.

Satisficing: Auswahl der erstbesten Antwort, die "gut genug" erscheint.

Intuitive Stolperfallen

Ausgewählte Beispiele von Fehlern, die häufig von Analystinnen und Analysten gemacht werden.

Annahme einer einzigen Lösung: Die ausschließliche Fixierung auf ein wahrscheinliches (und vorhersehbares) Ergebnis, anstatt anzuerkennen, dass "die Zukunft pluralistisch" ist und mehrere Ergebnisse in Betracht gezogen werden sollten.

Verwechselung von Kausalität und Korrelation: Unangemessenes Ableiten von Kausalität; (fälschliche) Annahme, dass Korrelation Kausalität impliziert. Wird auch als "Wahrnehmung von Ursache und Wirkung" bezeichnet.

Erwartung marginaler Veränderungen: Konzentration auf eine enge Auswahl von Alternativen, die eine marginale, aber keine radikale Veränderung darstellen.

Fehlende mentale Ablagen: Die Analystin oder der Analyst kann sich nicht an etwas erinnern oder etwas nicht in die Analyse einbeziehen, weil ihm eine geeignete Kategorie oder "mentale Ablage" für diese spezielle Information fehlt.

Überschätzung der Wahrscheinlichkeit: Überschätzung der Wahrscheinlichkeit, dass mehrere Ereignisse unabhängig voneinander eintreten könnten, um ein bestimmtes Ereignis oder einen Angriff stattfinden zu lassen. Merke: Einzelwahrscheinlichkeiten multiplizieren sich.

Überinterpretation kleiner Stichproben: Überzogene Schlussfolgerungen aus einer kleinen Stichprobe von konsistenten Daten.

Überbewertung von Verhaltensfaktoren: Überschätzung der Rolle interner Determinanten des Verhaltens (Persönlichkeit, Einstellungen, Überzeugungen) und Unterschätzung der Bedeutung externer oder situativer Faktoren (Zwänge, Kräfte, Anreize). Wird oft als Fundamentaler Attributionsfehler bezeichnet.

Projektion vergangener Erfahrungen: Die Annahme, dass dieselbe Dynamik im Spiel ist, wenn etwas mit den vergangenen Erfahrungen des Analysepersonals übereinzustimmen scheint.

Sich auf erste Eindrücke verlassen: Zu starke Gewichtung des ersten Eindrucks oder der ersten Daten und Informationen, besonders wenn sie unsere Aufmerksamkeit erregen und zu diesem Zeitpunkt wichtig erscheinen.

Abb. 8.26 Definitionen von Biases, Heuristiken und Intuitiven Stolperfallen. (Quelle: Copyright 2024 Pherson. All Rights Reserved)

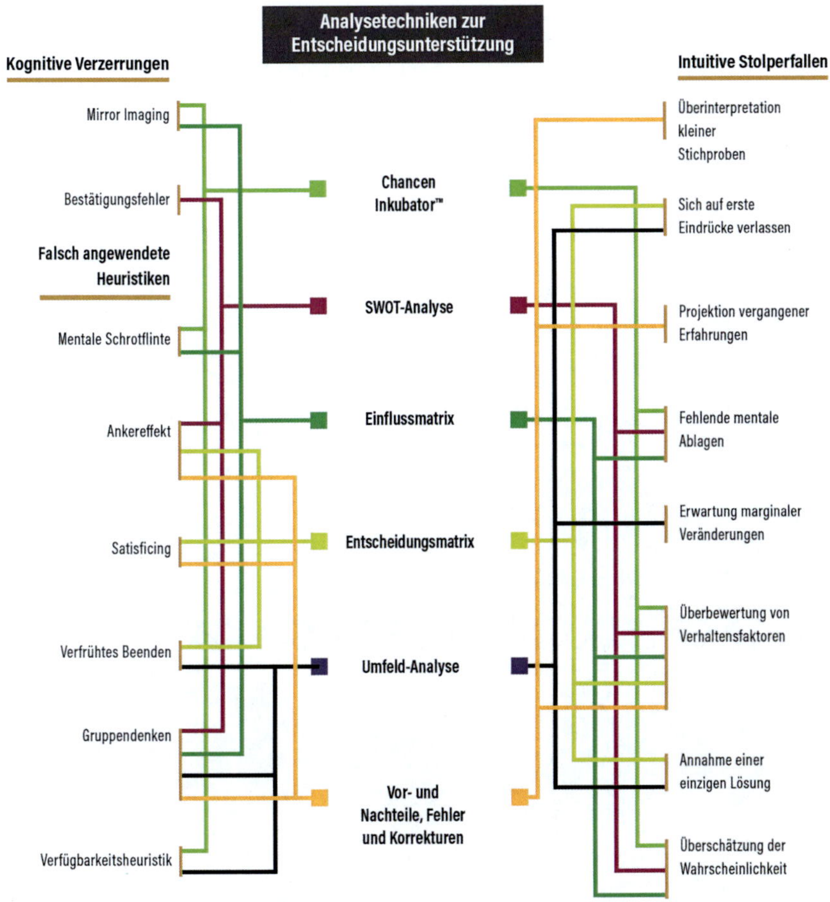

Abb. 8.27 Welche Technik zur Entscheidungsunterstützung hilft gegen welche kognitive Stolperfalle? (Quelle: Copyright 2024 Pherson. All Rights Reserved)

Chancen Inkubator™

> Der Chancen Inkubator (Entscheidungsoptimierer) ist eine systematische Methode zur Identifizierung von Maßnahmen, die positive Ergebnisse erleichtern und unerwünschte Ergebnisse verhindern oder abschwächen können.

Wann verwende ich diese Technik?

Der Chancen Inkubator (siehe Abb. 8.28) ist nützlich, wenn Entscheidungsträgerinnen und Entscheidungsträger sich auf Veränderungen vorbereiten müssen oder die Art und Weise, wie Veränderungen stattfinden könnten, gestalten wollen.

Wobei hilft mir die Technik?

Der Chancen Inkubator hilft Führungspersonal und Entscheidungsträgern zu erkennen, welche Maßnahmen am effektivsten wären, um das Eintreten eines negativen Szenarios zu verhindern oder das Entstehen eines positiven Szenarios zu fördern. Das Werkzeug lenkt die Aufmerksamkeit auf die Frage, wer von einem bestimmten Szenario am meisten betroffen ist und wer die Fähigkeit und Absicht hat, ein Ergebnis zu beeinflussen.

Wie wende ich die Technik an?

Szenario:

Wahrnehmung durch den Adressaten:

Akteursbewertung						
Hauptakteure	Ausprägung des Interesses	Fähigkeit H/M/N	Absicht H/M/N	Prioritätsstufe 1-5	Schlüsseltreiber	Mögliche Strategie

Interessenausprägungen: äußerst wünschenswert (WW), wünschenswert (W), neutral (N), unerwünscht (U), äußerst unerwünscht (UU).

Abb. 8.28 Chancen Inkubator. (Quelle: Copyright 2024 Pherson. All Rights Reserved)

Nachdem Sie eine Reihe von Szenarien entwickelt haben, bewerten Sie jedes Szenario separat anhand der folgenden Schritte:

- Beschreiben Sie das Szenario, die voraussichtliche Verlaufskurve oder das erwartete Ergebnis in einem einzigen Satz.
- Stellen Sie fest, wie Ihre Adressatin oder ihr Adressat das Szenario, die voraussichtliche Verlaufskurve oder das erwartete Ergebnis wahrnimmt. Verwenden Sie die folgende Skala: *äußerst positiv, positiv, neutral, negativ, äußerst negativ.*
- Identifizieren Sie die Hauptakteure in dem Szenario, die ein Interesse an der projizierten Verlaufskurve oder dem erwarteten Ergebnis haben.
- Beurteilen Sie, wie sehr jeder Akteur an dem projizierten Ergebnis des Szenarios interessiert sein könnte, weil es positive oder negative (wahrgenommene oder reale) Auswirkungen auf den Lebensunterhalt, den Status, die Zukunftsaussichten usw. des Akteurs hat. Diese Einschätzung berücksichtigt die Frage, wie handlungs-motiviert der Akteur sein könnte, nicht aber, ob der Akteur wahrscheinlich handeln wird oder nicht. Verwenden Sie die Skala: äußerst wünschenswert (WW), wünschenswert (W), neutral (N), unerwünscht (U), äußerst unerwünscht (UU).
- Beurteilen Sie die Fähigkeiten oder Ressourcen jedes Akteurs, auf das Szenario zu reagieren. Nutzen Sie die Skala hoch (H), mittel (M) oder niedrig (N).
- Beurteilen Sie die wahrscheinliche Absicht jedes Akteurs, auf das Szenario zu reagieren. Nutzen Sie die Skala hoch (H), mittel (M) oder niedrig (N).
- Identifizieren Sie jene Akteure, die die größte Aufmerksamkeit erhalten sollten, auf der Grundlage folgender Prioritätsstufen:
  - Prioritätsstufe 1: WW- oder UU-Bewertung der Interessen-Stufe plus hohe Bewertungen der Fähigkeit und Absicht.
  - Prioritätsstufe 2: Hohe Bewertungen der Fähigkeit und Absicht.
  - Prioritätsstufe 3: WW- oder UU-Bewertung der Interessen-Stufe plus hohe Bewertung entweder der Fähigkeit oder der Absicht.
  - Prioritätsstufe 4: Hohe Bewertung entweder der Fähigkeit oder der Absicht.
  - Prioritätsstufe 5: Alle anderen Akteure.
- Sortieren Sie nun die Zeilen in der Matrix so, dass die Akteure von der ersten bis zur fünften Prioritätsstufe sortiert sind.
- Notieren Sie die zwei bis drei wichtigsten Schlüsseltreiber, die jeden Akteur bzw. seine Reaktion am ehesten beeinflussen oder beeinträchtigen würden.
- Betrachten Sie die Wahrnehmung Ihres Adressaten und bestimmen Sie, wie und wann dieser handeln könnte, um die Reaktion eines Akteurs günstig zu beeinflussen, ihr entgegenzuwirken oder sie zu verhindern. Entwickeln Sie aus

dieser Diskussion eine Liste möglicher Maßnahmen, die die Adressatin oder der Adressat ergreifen kann.

SWOT-Analyse

Die SWOT-Analyse hilft Organisationen bei der Bewertung ihrer internen (strukturbedingten) Stärken und Schwächen sowie der Chancen und Bedrohungen, die vom externen Umfeld ausgehen.

Die SWOT-Analyse (Strengths, Weaknesses, Opportunities, and Threats – Stärken, Schwächen, Chancen und Bedrohungen) wird häufig verwendet, um die künftige Vorgehensweise für eine Organisation festzulegen, einen optimalen Plan für die Reorganisation oder Neuausrichtung von Mitarbeitern oder Funktionen zu entwerfen oder um das Potenzial für das Erreichen festgelegter Ziele zu bewerten. Sie kann sowohl den Prozess der organisatorischen Veränderung unterstützen, als auch nach einer Umgestaltung eingesetzt werden, um das Personal wieder auf die Gesamtaufgabe einer Organisation zu fokussieren.

Wann verwende ich diese Technik?
Nachdem Sie ein klar formuliertes Ziel festgelegt haben, verwenden Sie die SWOT-Analyse (siehe Abb. 8.29) zum Sammeln und Organisieren von Informationen, um Ihre eigene Planung und Entscheidungsfindung zu unterstützen. Typischerweise bewertet eine Gruppe die Fähigkeit der Organisation, ein Ziel zu erreichen, indem sie ihre Stärken und Schwächen oder alles das auflistet, (a) was zur Unterstützung des Ziels eingesetzt werden könnte und (b) was den Erfolg verhindern oder ihm im Wege stehen könnte. Dann bewerten die Teilnehmenden diejenigen Chancen und Bedrohungen im externen Umfeld, die das Erreichen des Ziels fördern bzw. behindern würden. Entscheidend ist das korrekte Zuordnen zu Stärken und Schwächen als interne Dimension der Zielerreichung und von Chancen und Risiken als externe Dimension der Zielerreichung. Akteure können lediglich die interne Dimension nutzen beziehungsweise stark beeinflussen. Die externe Dimension entzieht sich weitestgehend der Kontrolle durch den Akteur. Das transparente Herausarbeiten der internen und externen Dimensionen und das darauf aufbauende Ableiten von Handlungsoptionen hilft dabei, die Wahrscheinlichkeiten der Zielerreichung realistischer einschätzen zu können.

SWOT ist besonders effektiv als teambildendes Unterfangen zu Beginn eines Projekts. Ein warnender Hinweis gilt dem Umstand, dass die SWOT lediglich dabei

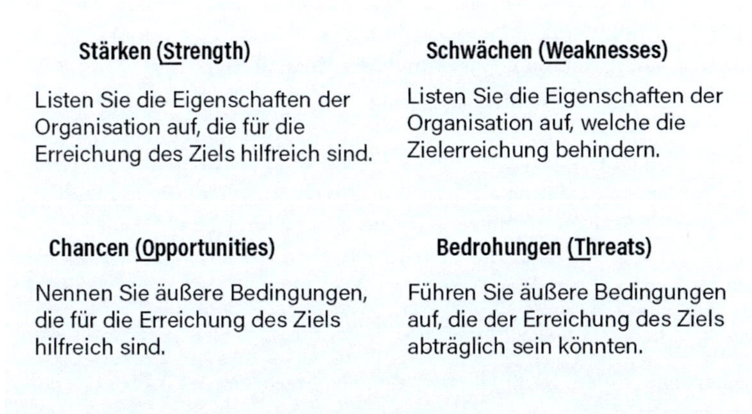

Abb. 8.29 SWOT-Analyse. (Quelle: Copyright 2024 Pherson. All Rights Reserved)

hilft Handlungsoptionen zu erarbeiten, um ein vorher festgelegtes Ziel zu erreichen. Sie gibt jedoch keinen Hinweis darauf, ob das festgelegte Ziel gegenüber anderen Zielen zu bevorzugen ist oder ob andere Zielsetzungen sinnvoller wären. Damit besteht die Gefahr, dass andere ebenso gute oder bessere Maßnahmen, die aus alternativer Zielsetzung resultieren würden, ignoriert werden.

Wobei hilft mir die Technik?
Die SWOT-Analyse ist eine nützliche Technik zur Auflistung von Informationen und weist oft auf spezifische Maßnahmen hin, die ergriffen werden können oder sollten, um das gesteckte Ziel effektiv erreichen zu können. Es hilft, das Gruppendenken oder die natürliche Tendenz, während des Entscheidungsprozesses eine „rosarote Brille" aufzusetzen, abzuschwächen. Sie kann auch genutzt werden, um eine Entscheidungssituation aus Perspektive eines anderen Akteurs zu simulieren. In diesem Fall wird die SWOT-Analyse mit dem Ziel dieses Akteurs durchgeführt.

Wie wende ich die Technik an?

- Definieren Sie das angestrebte Ziel klar und deutlich. Falls notwendig, operationalisieren Sie das Ziel zudem beziehungsweise machen Sie Kriterien der Zielerreichung messbar.

- Erstellen Sie eine Matrix mit vier Quadranten; beschriften Sie die oberen Quadranten mit „Stärken“ und „Schwächen“ und die unteren Quadranten mit „Chancen“ und „Bedrohungen“ – in dieser Reihenfolge.
- Verwenden Sie eine Brainstorming-Technik, um die folgenden Listen zu erstellen:
  - Stärken: Organisatorische Eigenschaften, die zur Erreichung des Ziels beitragen werden (interne Dimension). Welche eigenen Stärken, Fähigkeiten, Mittel o.ä. können wir nutzen, um das Ziel zu erreichen?
  - Schwächen: Attribute, die dem Erreichen des Ziels oder der Zielsetzung abträglich sind (interne Dimension). Welche eigenen Fähigkeits- oder Ressourcenmängel oder negative Pfadabhängigkeiten o.ä. könnten uns daran hindern, das formulierte Ziel zu erreichen?
  - Chancen: Äußere Bedingungen, die zum Erreichen des Ziels oder der Zielsetzung beitragen (externe Dimension). Welche äußeren Faktoren, über die wir keine Kontrolle ausüben können, könnten uns dabei helfen, unser Ziel zu erreichen?
  - Bedrohungen: Äußere Bedingungen, die den Erfolg behindern könnten (externe Dimension). Welche äußeren Faktoren, über die wir keine Kontrolle ausüben können, könnten uns daran hindern, unser Ziel zu erreichen?
- Nach dem Brainstorming von Ideen für die einzelnen Quadranten ordnen Sie diese Ideen in der Reihenfolge, wie groß der Einfluss des jeweiligen Faktors ist, bevor Sie zum nächsten Quadranten übergehen.
- Nachdem Sie jeden einzelnen Quadranten ausgefüllt haben, identifizieren Sie mögliche Vorgehensweise, um Ihr Ziel zu erreichen, indem Sie fragen:
  - Wie können wir jede einzelne Stärke nutzen?
  - Wie können wir jede einzelne Schwäche verbessern?
  - Wie können wir jede einzelne Gelegenheit nutzen?
  - Wie können wir jede einzelne Bedrohung entschärfen?
  - Können wir Stärken einsetzen, um Chancen zu nutzen?
  - Können wir Stärken einsetzen, um Bedrohung zu begrenzen?
  - Welche Schwächen müssen wir beseitigen, um Chancen besser nutzen zu können?
  - Welche Schwächen müssen wir beseitigen, um Bedrohung eindämmen zu können?

Einflussmatrix

Die Einflussmatrix ist eine Rahmungstechnik, die Vorgesetzten oder Analysepersonal dabei hilft, Akteure zu identifizieren, die von einer voraussichtlichen Entscheidung oder einem Szenario betroffenen sind, sowie deren Interessenlage und eventuelle Auswirkungen auf diese Akteure zu bestimmen.

Wann verwende ich diese Technik?

Der beste Zeitpunkt für eine Vorgesetzte oder einen Entscheidungsträger, die Einflussmatrix (siehe Abb. 8.30) zu verwenden, ist kurz vor der Ankündigung einer wichtigen Verfahrensweise (Richtlinie) oder vor der Umsetzung einer beschlossenen Änderung. Die Technik hilft Entscheidungsträgerinnen und Entscheidungsträgern zu erkennen, wo der Widerstand gegen bzw. die Unterstützung für eine neue Verfahrensweise (Richtlinie) oder eine beschlossene Änderung höchstwahrscheinlich am stärksten sein wird. Analystinnen und Analysten können die Einflussmatrix auch verwenden, um vorherzusehen, wie die Öffentlichkeit oder das politische System auf eine neue Marketing-Strategie oder eine Richtlinien-Ankündigung wahrscheinlich reagieren wird.

Analystinnen und Analysten können diese Technik auch folgendermaßen nutzen:

- Am Ende einer strategischen Vorausschau, um ihren Adressaten zu helfen, Strategien für die Umsetzung guter Szenarien oder die Begrenzung schlechter Szenarien zu entwickeln.
- Als Folgemaßnahme einer Vor- und Nachteile, Fehler und Korrekturen-Technik – oder Umfeld-Analyse, um Adressaten auf potenzielle Befürworter bzw. Gegner einer Entscheidung oder Verfahrensweise (Richtlinie) aufmerksam zu machen.

Wobei hilft mir die Technik?

Vorgesetzte können die Technik verwenden, um eine Strategie zu entwickeln, wie eine erwartete – oder besonders unpopuläre – Verfahrensweise (Richtlinie) umgesetzt werden soll, damit sie vor der Ankündigung proaktive Schritte unternehmen können. Die Technik kann unvorhergesehene Widerstandsnester oder Unterstützer aufdecken und herausfinden, mit wem sich eine Rücksprache lohnen würde, bevor die Verfahrensweise (Richtlinie) öffentlich bekannt wird. Die wichtigsten Akteure könnten dann rechtzeitig vor der Ankündigung mit eingebunden werden, um die Auswirkungen besser verdaulich zu machen.

Akteur:	Ausprägung des Interesses: niedrig, mittel oder hoch	Fähigkeit zur Beeinflussung niedrig, mittel oder hoch	Auswirkungen: P= Überwiegend positiv; 0= Neutral oder gemischt; N= Überwiegend negativ
Ich			
Meine Vorgesetzte / Mein Vorgesetzter			
Andere Mitarbeitende			
Kundin / Kunde			
Kolleginnen oder Kollegen oder Ansprechpartnerinnen und Ansprechpartner in meiner Organisation			
Kolleginnen oder Kollegen in Partnerorganisationen			
Andere			

Akteure: Welche maßgeblichen Einzelpersonen oder Gruppen sind von der Entscheidung oder dem Thema betroffen?

Ausprägung des Interesses (oder der Bedeutsamkeit): Wie stark ist das Interesse jedes Akteurs daran? Bewerten Sie, wie wichtig dieses Thema für jeden Akteur ist oder wie sehr diese sich voraussichtlich dafür interessieren werden. Die Ausprägung des Interesses sollte widerspiegeln, wie stark sich die Entscheidung auf ihre Zeit, die Qualität ihrer Arbeitszeit, ihre Erfolgsaussichten usw. auswirken würde.

Fähigkeit zur Beeinflussung: In welchem Maße kann der Akteur Einfluss auf andere maßgebliche Akteure ausüben, um die Entscheidung oder das Szenario umzusetzen? Verfügt der Akteur über die Ressourcen, um einen Unterschied zu bewirken?

Auswirkungen der Entscheidung: Wie stark wird sie sich auf das Verhalten auswirken? Kategorisieren Sie die Auswirkungen der Entscheidung auf jeden Akteur als überwiegend positiv (P), neutral oder gemischt (0) oder überwiegend negativ (N). Wenn eine Entscheidung das Potenzial hat, negativ zu sein, markieren Sie sie als negativ. Wenn die Auswirkungen in einigen Fällen für eine Person gemischt sind oder sowohl positive als auch negative Auswirkungen auf Mitglieder einer Gruppe haben, markieren Sie sie als neutral.

Abb. 8.30 Einflussmatrix. (Quelle: Copyright 2024 Pherson. All Rights Reserved)

Die Verwendung eines strukturierten Ansatzes, der identifiziert, welche Akteure von einer Entscheidung betroffen sind, wie genau diese die Entwicklungen verfolgen und ob sie von dem Szenario oder Ergebnis – entweder positiv oder negativ – betroffen wären, lenkt den Blick auf ungerechtfertigten Optimismus bzw. Pessimismus und deckt Gesichtspunkte auf, die ursprünglich nicht mitgedacht oder berücksichtigt wurden.

Wie wende ich die Technik an?

- Identifizieren Sie einzeln oder im Team alle Gruppen oder Einzelpersonen, die von einer bestimmten organisatorischen Entscheidung oder einem bestimmten Szenario entweder positiv oder negativ betroffen sind.
- Schätzen Sie die persönliche Betroffenheit eines jeden Akteurs ein, wenn die Entscheidung getroffen oder das Szenario eintreten würde. Wie hoch wäre folglich das Interesse des Akteurs? Wählen Sie zwischen den Optionen niedrig, mittel oder hoch.
- Bewerten Sie ob der jeweilige Akteur die Mittel und Fähigkeiten besitzt, die Entscheidung oder das Entstehen des Szenarios zu beeinflussen. Wählen Sie zwischen den Optionen niedrig, mittel oder hoch.
- Kategorisieren Sie, ob die genannten Akteure oder Instanzen den Effekt oder die Auswirkung als positiv, neutral oder negativ wahrnehmen würden.
- Beraten Sie sich mit denjenigen, die am ehesten negativ betroffen sind, und gewinnen Sie die Unterstützung derjenigen, die positiv reagieren werden, damit die Entscheidung bzw. das neue Verfahren auch tatsächlich funktioniert. Beginnen Sie mit jenen Akteuren, die zudem auch über Mittel und/oder Fähigkeiten verfügen, die Entscheidung oder das Szenario zu beeinflussen.

Die Ergebnisse der Einflussmatrix können eine Kommunikations-Strategie anstoßen, zu einer Anpassung der Entscheidung oder des Umsetzungsplans führen, die Basis für eine Chancen-Analyse bilden oder dabei helfen, Indikatoren zu entwickeln.

Entscheidungsmatrix

Eine Entscheidungsmatrix hilft Analystinnen und Analysten dabei, jene Vorgehensweise zu identifizieren, mit der bestimmte Ziele oder Präferenzen am effizientesten erreicht werden können.

Die Entscheidungsmatrix (siehe Abb. 8.31) ist ein einfaches, aber leistungsstarkes Werkzeug, welches das Abwägen zwischen widersprüchlichen Zielen oder Präferenzen erleichtert. Bei diesem Vorgang werden Kriterien für die Wahl aus einer Reihe von Optionen entwickelt, und jedem Kriterium wird ein bestimmter Wert zugewiesen. Die höchste Punktzahl signalisiert die beste Wahl. Man kann die Werte in der Matrix anpassen, um herauszufinden, wie sich die „beste Wahl" ändert, wenn die einzelnen Kriterien-Werte geändert werden oder wenn sich die eigene Einschätzung über die Fähigkeit oder Wahrscheinlichkeit einer Option zur Erfüllung eines Kriteriums ändert.

Wann verwende ich diese Technik?

Eine Entscheidungsmatrix ist nützlich zur Abwägung von Optionen für Geschäftskunden, Militärs oder Entscheidungsträgerinnen, damit diese visualisieren können, welche Option den Umsatz maximiert, das strategische Ziel am besten erreicht oder ein wichtiges Vorhaben am besten realisiert. Analystinnen und Analysten können die Technik auch im Rahmen einer Red Hat Analyse verwenden, um möglichen Entscheidungen zu veranschaulichen, die eine Führungskraft in einer bestimmten Situation treffen könnte, oder um Entscheidungsträgern bzw. Adressatinnen zu helfen, die potenziellen Auswirkungen einer strategischen Festlegung oder geschäftlichen Entscheidung zu überblicken. Die Entscheidungsmatrix kann auch am Ende einer strategischen Vorausschau verwendet werden, um optimale Strategien zur Verwirklichung guter Szenarien zu identifizieren oder um die Auswirkung schlechter Szenarien abzuschwächen.

	% Gewicht	Option 1	Option 2	Option 3
Kriterium 1	30%	3.5 x 30 = 105	3 x 30 = 90	3.5 x 30 = 105
Kriterium 2	10%	3.5 x 10 = 35	2 x 10 = 20	4.5 x 10 = 45
Kriterium 3	20%	2.5 x 20 = 50	4.5 x 20 = 90	3 x 20 = 60
Kriterium 4	20%	4 x 20 = 80	2.5 x 20 = 50	3.5 x 20 = 70
Kriterium 5	15%	3 x 15 = 45	4 x 15 = 60	3 x 15 = 45
Kriterium 6	5%	3.5 x 5 = 17.5	2.5 x 5 = 12.5	4 x 5 = 20
Summe	100%	**332.5**	**332.5**	**345**

Abb. 8.31 Entscheidungsmatrix. (Quelle: Copyright 2024 Pherson. All Rights Reserved)

Wobei hilft mir die Technik?
Indem eine bestimmte Entscheidung in ihre Bestandteile zerlegt wird, erleichtert die Technik die Identifizierung jener Bereiche, in denen Unstimmigkeiten oder versteckte Annahmen existieren, sowie die Einschätzung, wie diese sich auf die Entscheidung auswirken. Man kann dabei auch sehen, wie empfindlich eine Entscheidung auf Änderungen reagiert, die an den zugewiesenen Kriterien-Werten vorgenommen werden könnten. Die Matrix hilft dabei, eine verfrühte Beendigung (der Entscheidungsfindung) zu vermeiden, ebenso wie die ungerechtfertigte Übergewichtung von ersten Eindrücken und die Überbewertung von Verhaltensfaktoren.

Wie wende ich die Technik an?
Zerlegen Sie die Entscheidung oder das Problem in zwei Komponenten:

a) eine Liste der in Betracht zu ziehenden Optionen und b) eine Liste von Eigenschaften oder Kriterien, welche die Optionen erfüllen sollten.

- Erstellen Sie eine Matrix mit einer Spalte für jede Option und zwei weiteren Spalten auf der linken Seite.
  - Listen Sie in der ersten Spalte die Kriterien in grober Reihenfolge ihrer Wichtigkeit auf.
  - Weisen Sie in der zweiten Spalte jedem Kriterium eine numerische Gewichtung zu, sodass die Gesamtsumme 100 % beträgt.
- Gehen Sie die Matrix Zeile für Zeile durch, um zu bewerten, inwiefern jede Option jedes Kriterium erfüllt. Weisen Sie jeder Zeile 10 Punkte zu und verteilen Sie diese Punkte auf die Optionen. Im hier genutzten Beispiel erhält Option 1 „3,5“ Punkte zur Erfüllung von Kriterium 1, Option 2 „3“ Punkte und Option 3 „3,5“ Punkte.
- Multiplizieren Sie die Punktzahl mit dem Prozentsatz oder der Gewichtung, die jedem Kriterium zugewiesen wurde. In Abbildung 8.31 hat das Kriterium 1 eine Gewichtung von 30 %, also ist die Punktzahl für Option 1 „3,5 × 30“ = „105“.
- Summieren Sie die Punktzahlen der einzelnen Optionen am Ende jeder Spalte.

Wenn Sie die in der Matrix ausgedrückten Präferenzen und Urteile akzeptieren, wäre die Option mit der höchsten Gesamtpunktzahl die beste Wahl.

Umfeld-Analyse

Die Umfeld-Analyse ist eine einfache Technik zur Auflistung und Bewertung aller Kräfte, die für oder gegen eine Veränderung, ein Problem oder ein Ziel wirken.

Wann verwende ich diese Technik?

Die Umfeld-Analyse (siehe Abb. 8.32) ist in den frühen Phasen eines Projekts oder einer Forschungsarbeit nützlich, wenn Analysepersonal den Sachverhalt definiert, Daten sammelt oder Handlungs-Empfehlungen entwickelt. Sie verlangt die klare Definition des Problems in allen seinen Aspekten. Sie hilft bei der Strukturierung der Daten und bei der Bewertung der jeweiligen Bedeutung aller Kräfte, die den Sachverhalt beeinflussen. Die Technik kann dabei helfen, die natürliche menschliche Neigung zu überwinden, sich auf jene Daten-Aspekte zu konzentrieren, die am bequemsten sind. Die Technik kann von einer einzelnen Analystin beziehungsweise einem einzelnen Analysten oder von einem kleinen Team angewendet werden.

Wobei hilft mir die Technik?

Ziel: Errichtung eines föderalen/lokalen Netzwerks zum Austausch von Informationen zur Terrorismusabwehr.

5	**Große Gefahr für die nationale Sicherheit**	4	**Hohe Kosten**
4	**Große Bedenken der Öffentlichkeit hinsichtlich der Sicherheit**	4	**Widerstand der Führung**
4	**Bedarf an landesweiten Informationen von Einsatzkräften**	3	Notwendigkeit, Richtlinien zu standardisieren
3	Notwendigkeit organisatorische Hindernisse zu überwinden	2	Unterschiedliche föderale/lokale Einsatzarten
2	Technologie ist verfügbar	2	Inkompatibilität der Systeme

Abb. 8.32 Umfeld-Analyse. (Quelle: Copyright 2024 Pherson. All Rights Reserved)

Der Vorteil der Umfeld-Analyse besteht darin, dass sie von Analysepersonal verlangt, alle Kräfte und Faktoren zu berücksichtigen, die eine Situation beeinflussen. Sie hilft die Art und Weise zu durchdenken, wie verschiedene Kräfte den Sachverhalt beeinflussen, und sie fördert die Erkenntnis, dass solche Kräfte in zwei Kategorien unterteilt werden können: treibende Kräfte und hemmende Kräfte. Durch die Einteilung in zwei Kategorien kann das Analysepersonal tief in die Problematik eindringen und auch unauffälligere Faktoren berücksichtigen. Durch das Abwägen aller Kräfte, die sich für bzw. gegen einen Sachverhalt auswirken, können Strategien empfohlen werden, die am effektivsten die Wirkung der hemmenden Kräfte reduzieren und die Wirkung der treibenden Kräfte verstärken.

Die Technik hilft Analystinnen und Analysten, verfrühtes Abbrechen und Gruppendenken zu vermeiden. Sie schützt sie auch davor, sich auf erste Eindrücke zu verlassen und lediglich marginale Veränderungen zu erwarten.

Die Umfeld-Analyse bietet eine leistungsstarke Möglichkeit, die wesentlichen Elemente des Problems zu visualisieren, indem sie eine einfache Strichliste zur Kennzeichnung der unterschiedlichen Intensitätsgrade jener Kräfte (sowohl einzeln als auch insgesamt) bereitstellt. Mit den in zwei Listen sortierten Daten können Entscheidungsträger leichter identifizieren, welche Kräfte die größte Aufmerksamkeit verdienen, und Strategien entwickeln, um negative Elemente zu überwinden und gleichzeitig die positiven Elemente zu fördern.

Wie wende ich die Technik an?

- Definieren Sie das Problem, das Ziel oder die Änderung klar und prägnant.
- Machen Sie ein Brainstorming, um jene Kräfte zu identifizieren, die den Sachverhalt am meisten beeinflussen. Berücksichtigen Sie Themen wie Bedürfnisse, Ressourcen, Kosten, Vorteile, Organisationen, Beziehungen, Einstellungen, Traditionen, Interessen, soziale und kulturelle Trends, Regeln und Vorschriften, Richtlinien, Werte und Führungsqualitäten, um das gesamte Spektrum potenziell relevanter Kräfte zu entwickeln, die die beteiligten Faktoren fördern bzw. hemmen.
- Erstellen Sie eine Liste mit den Kräften oder Persönlichkeiten, die den Wandel „antreiben", und eine zweite Liste mit den Kräften oder Persönlichkeiten, die den Wandel „hemmen".
- Weisen Sie jeder treibenden oder hemmenden Kraft einen Wert (einen Intensitätsgrad) zu, um ihre Stärke anzugeben. Geben Sie dem schwächsten Intensitätsgrad einen Wert von 1 (schwach) und dem stärksten einen Wert von 5 (stark). Derselbe Intensitätsgrad kann mehr als einer Kraft zugewiesen werden, wenn der

Analyst die Faktoren als gleich stark bewertet. Führen Sie die Intensitätsgrade in Klammern neben jeder Kraft auf.

- Überprüfen Sie die beiden Listen, um festzustellen, ob irgendeine der treibenden Kräfte die hemmenden Kräfte ausgleicht.
- Entwickeln Sie Vorgehensweisen, um jene Kräfte zu stärken, die zu dem gewünschten Ergebnis führen, und jene Kräfte zu schwächen, die das gewünschte Ergebnis behindern würden.

Analystinnen und Analysten sollten bedenken, dass das bevorzugte Ergebnis entweder die Förderung oder die Eindämmung einer Veränderung sein kann. Wenn das Problem z. B. ein wachsender Drogenkonsum oder kriminelle Aktivitäten sind, würde sich die Analyse auf jene Faktoren konzentrieren, die den größten Einfluss auf die Eindämmung der kriminellen Aktivitäten oder des Drogenkonsums haben. Wenn das bevorzugte Ergebnis dagegen eine verbesserte Grenzsicherheit ist, würde das Analysepersonal jene Kräfte hervorheben, die die Grenzsicherheit am ehesten fördern, wenn diese gestärkt würden.

Vor- und Nachteile, Fehler und Korrekturen

Vor- und Nachteile, Fehler und Korrekturen ist ein Werkzeug, das entwickelt wurde, um neue Verfahrensweisen (Richtlinien) oder Strategien zu kritisieren, indem es die menschliche Tendenz überprüft, voreilige Schlüsse zu ziehen, bevor eine vollständige Analyse des Problems abgeschlossen ist.

Wann verwende ich diese Technik?

Das Erstellen von Listen mit Vor- und Nachteilen für eine beliebige Aktion ist ein gängiger Ansatz zur Entscheidungsfindung. Das Auffinden von „Fehlern" und deren „Korrektur" unterscheidet dieses Werkzeug von einem einfachen „Pro"- und „Kontra"-Ansatz. Die Vor- und Nachteile, Fehler und Korrekturen-Technik ist auf praktisch alle Arten von Entscheidungen anwendbar. Sie ist unter den Strukturierten Analysetechniken eine derjenigen, die für Entscheidungsträgerinnen und Entscheidungsträger am einfachsten zu handhaben sind. Sie erfordert lediglich ein bestimmtes Verfahren für die Erstellung und Diskussion der entsprechenden Listen, um divergentes Denken mit einzubeziehen.

Wobei hilft mir die Technik?

Eine neue Idee stößt selten auf sofortige Zustimmung. Wenn eine neue Idee zur Diskussion gestellt wird, erklären ein oder zwei Leute sofort, warum sie ihnen nicht gefällt oder warum sie nicht funktionieren wird, und die Idee wird dann fallen gelassen. Es gibt aber auch Fälle, in denen genau das Gegenteil passiert: Eine neue Idee wird sofort begrüßt und (spontan) unterstützt, noch bevor sie eine kritische Bewertung erfährt.

Diese Technik sagt dem Analysten nicht, ob die betreffende Entscheidung oder Strategie „gut" ist oder nicht, und sie hilft auch nicht bei der Frage, ob die Pro- oder die Kontra-Seite das stärkste Argument besitzt. Denn diese Entscheidung basiert immer noch auf dem professionellen Urteilsvermögen des Analysepersonals. Der Zweck dieser Technik besteht darin, jede Tendenz zu einem voreiligen Urteil auszugleichen, indem die Elemente des Problems logisch geordnet und beide Seiten eines Problems bzw. Sachverhalts systematisch überdacht werden. Die Elemente eines Problems zu dokumentieren und sich die Zeit zu nehmen, darüber nachzudenken, ob alle Beteiligten jedes Element auf die gleiche Art und Weise betrachten würden, hilft dem Analyse- und Entscheidungspersonal, die Dinge klarer zu sehen, objektiver zu werden und Entscheidungen ohne große Emotionen zu treffen. Die Technik schützt vor klassischen Verzerrungen wie Gruppendenken, Satisficing und dem Ankereffekt. Sie schützt auch vor der Projektion vergangener Erfahrungen, der Überbewertung von Verhaltensfaktoren und vor der Überinterpretation kleinerer Stichproben.

Wie wende ich die Technik an?

Definieren Sie klar die geplante Aktion oder Alternative:

- Listen Sie die Pros auf, die für die Entscheidung oder für die Alternative sprechen.
- Listen Sie die Kontras oder Argumente gegen die Alternative auf.
- Überprüfen Sie jede Liste und fassen Sie ähnliche Ideen zusammen.

Wenn die Wahl zwischen zwei klar definierten Optionen besteht, gehen Sie die vorherigen Schritte auch für die zweite Option durch. Wenn es mehr als zwei Optionen gibt, kann eine Technik wie die Entscheidungsmatrix geeigneter sein als Vor- und Nachteile, Fehler und Korrekturen.

- Entscheiden Sie, ob das Ziel darin besteht, zu demonstrieren, dass eine Idee nicht funktioniert, oder zu zeigen, wie sie am besten zum Erfolg gebracht werden kann.

- Wenn ersteres der Fall ist, nehmen Sie die Pros und prüfen Sie, ob etwas an ihnen auszusetzen ist. Inwiefern könnte die Verfahrensweise (Richtlinie) nicht zum Tragen kommen oder unerwünschte Folgen haben? Identifizieren Sie:
  - einen Grund, warum das Pro nicht funktionieren würde oder warum der Vorteil nicht zur Geltung kommen würde.
  - eine unerwünschte Nebenwirkung, die mit dem Vorteil einhergehen könnte.
  - weiteren Forschungsbedarf, um die Annahme zu widerlegen, dass das Pro vorteilhaft sein wird.
- Wenn letzteres der Fall ist, nehmen Sie die Kontras und schauen Sie, ob diese „korrigiert" werden können. Wie kann ihr Einfluss neutralisiert werden? Können Sie sie sogar in Pros umwandeln? Vier mögliche Strategien lauten:
  - Schlagen Sie eine Änderung des Kontras vor, die das Risiko, dass das Kontra zu einem Problem werden könnte, deutlich verringert.
  - Identifizieren Sie eine Präventiv-Maßnahme, die die Wahrscheinlichkeit, dass das Kontra zu einem Problem wird, deutlich verringern würde.
  - Entwickeln Sie einen Notfallplan, der eine Kursänderung beinhaltet, sollten bestimmte Indikatoren beobachtet werden.
  - Identifizieren Sie einen Bedarf an weiteren Untersuchungen, um die Annahme zu bestätigen, dass das Kontra ein Problem darstellt.
- Eine dritte Möglichkeit besteht darin, beide Ansätze zu kombinieren: Fehler in Vorteilen suchen und Nachteile korrigieren.
- Vergleichen Sie die Pros, einschließlich aller Fehler, mit den Kontras, einschließlich aller „Korrekturen". Wägen Sie das eine gegen das andere ab und treffen Sie die Wahl auf der Grundlage Ihres professionellen Urteils, nicht auf der Grundlage einer numerischen Kalkulation der Vor- und Nachteile.

8.6 Die Auswahl der richtigen Analysetechnik

Die Auswahl der richtigen Technik hängt stets davon ab, welche Aufgabe oder Fragestellung Sie bearbeiten wollen (siehe Abb. 8.33). Daher: Formulieren Sie zunächst klar Ihren Auftrag oder Ihre Fragestellung und wählen Sie im Anschluss eine oder mehrere passende Analysetechniken aus. Oftmals ist es hilfreich, eine Reihe aufeinander aufbauende Analysetechniken zu nutzen.

Die Auswahl der richtigen Technik kann eine Herausforderung darstellen, wenn Sie gerade erst beginnen, sich mit Strukturierten Analysetechniken zu befassen. Aber es gibt keinen Grund ängstlich zu sein: Analysetechniken sind Denkwerkzeuge. Sie sollen dabei helfen, Probleme zu strukturierten und zu durchdenken. Sie können also nichts falsch machen, wenn Sie sich für diese oder

Wählen Sie Ihre Aufgabe aus und wählen Sie die Technik(en) aus, die Ihnen am besten dabei helfen, diese Aufgabe zu erledigen.

Exploration

Beginnen Sie; sammeln Sie Daten; erweitern Sie Ihr Denken

- Key Assumptions Check
- Einfaches Brainstorming
- Circleboarding
- Starbursting
- Kontexterweiterndes Denken

Erschließen Sie die Daten; suchen Sie nach Verbindungen, Gruppierungen, Grenzen und Lücken

- Chronologien
- Timelines
- Cluster Brainstorming
- Concept Maps
- Venn-Analyse

Vertiefen Sie Ihre Ideen; suchen Sie nach Beziehungen, Vergleichen und Ursache-Wirkungs-Beziehungen

- Mind Maps
- Venn-Analyse
- Strukturierte Analogien
- Concept Maps

Diagnose

Ereignisse erklären; Antworten geben, wahrscheinliche Hypothesen identifizieren und Alternativen anbieten

- Multiple Hypothesen-Generierung
- Analyse konkurrierender Hypothesen
- Inconsistencies Finder
- Diagnostische Reflektion
- Strukturierte Analogien

Bewerten Sie die Wahrscheinlichkeit von Täuschung

- Deception Detection
- Analyse konkurrierender Hypothesen
- Multiple Hypothesen-Generierung
- Red Hat-Analyse

Stellen Sie vorgefasste Meinungen, etablierte Modelle und Denkweisen in Frage

- Key Assumptions Check
- Premortem-Analyse & Strukturierte Selbstkritik
- Diagnostische Reflektion
- Vor- und Nachteile, Fehler und Korrekturen
- Umfeld-Analyse

Reframing

Ihre Thematik neu bewerten; betrachten Sie diese aus einem anderen Blickwinkel

- Kontexterweiterndes Denken
- Red Hat-Analyse
- Was wäre wenn?-Analyse
- Deception Detection
- Klassisches Quadranten-Crunching™

Ereignisse aus der Perspektive des Gegners oder Konkurrenten sehen

- Red Hat Analyse
- Klassisches Quadranten-Crunching™
- Multiple Hypothesen-Generierung
- Chancen Incubator™
- SWOT-Analyse

Vorausschau

Ermitteln der Schlüsseltreiber für Ereignisse; Vorhersage und Mitverfolgung künftiger Entwicklungen

- Schlüsseltreiberentwicklung
- Key Uncertainties Finder
- Multiple Szenario-Generierung
- Foresight Quadrant Crunching
- Indikatoren

Vermeiden Sie Überraschungen; warnen Sie frühzeitig vor Veränderungen, die wichtige Interessen beeinträchtigen könnten

- Indikatoren
- Deception Detection
- Klassisches Quadranten-Crunching™
- Was wäre wenn?-Analyse
- HANPA-Analyse

Entscheidungsunterstützung

Unterstützung des Entscheidungsträgers beim Ziehen handlungsermöglichender Schlussfolgerungen und bei der Wahl von Handlungsoptionen

- Entscheidungsmatrix
- Chancen Incubator™
- SWOT-Analyse
- Einflussmatrix
- Vor- und Nachteile, Fehler und Korrekturen
- Umfeld-Analyse

Veranschaulichen Sie Ihre Ergebnisse grafisch

- Timelines
- Venn-Analyse
- Mind Maps
- Indikatoren
- Vor- und Nachteile, Fehler und Korrekturen
- Umfeld-Analyse

Abb. 8.33 Wobei hilft mir welche Strukturierte Analysetechnik? (Quelle: Copyright 2024 Pherson. All Rights Reserved)

jene Analysetechnik entscheiden. Im schlimmsten Fall werden Sie während der Anwendung der Technik merken, dass diese Ihnen nicht weiterhilft. In diesem Fall beenden Sie die Anwendung der Technik einfach und probieren eine andere aus. Im besten Fall bringt Sie die Anwendung der Technik bei der Lösung Ihres Problems oder der Beantwortung Ihrer Fragestellung signifikant weiter.

Deshalb: Seien Sie mutig, probieren Sie Strukturierte Analysetechniken aus, wann immer es Ihnen möglich ist, und erreichen Sie auf diese Weise mehr Klarheit im Denken.

9 Und nun? – Anstelle eines Schlussworts

Haben Sie schon einmal „Scotland Yard“ gespielt? – Ein Brettspiel aus den 1980er Jahren. Ein Krimineller taucht im Straßengewirr Londons unter, um der Polizei zu entkommen. Ahnungslos – nur mit dünnen Annahmen gewappnet – versuchen die Bobbys den Flüchtenden zu stellen. Nur um festzustellen, dass sie ihre kriminalistischen Sinne rasch schärfen müssen, um eine Chance zu haben. Denn die Uhr tickt…

Hätten die Hobby-Ermittler dieses Handbuch zur Verfügung gehabt, hätten sie eine Idee ihrer kognitiven Unzulänglichkeiten bekommen, von den intuitiven Stolperfallen, den fehlgeleiteten Analogien und den irreführenden Hinweisen – und dass sie ihrer Intuition nicht vertrauen können.

Doch im Ernst: Wer Daniel Kahnemans „Schnelles Denken, langsames Denken“ gelesen hat, versteht unmittelbar, warum es Methodenhandbücher wie dieses braucht: Denn obgleich uns menschlicher Erfindergeist bis zum Mond gebracht hat, müssen wir Menschen unseren Alltag noch immer mit denselben kognitiven Möglichkeiten bestreiten, die auch dem Homo Sapiens vor 300.000 Jahren zur Verfügung standen.

Um unsere kognitiven Fähigkeiten an die Herausforderungen unserer heutigen Welt anzupassen, kann man entweder den Weg Elon Musks gehen und Mikrochips in menschliche Gehirne einpflanzen (für Querschnittgelähmte ein Segen, für klar denkende Menschen ein Frankenstein-Szenario). Oder aber, wir helfen unseren Sinnen mit kritischem Denken auf die Sprünge, um uns zu befähigen, Rohdaten zu Informationen zu verarbeiten, Informationen mit Sinn aufzuladen und Sinn mittels Werten eine tiefere Bedeutung zu verleihen. Denn am Ende des Tages geht es nicht bloß um Wahrnehmung von Wirklichkeit; es geht vielmehr um die Fähigkeit, richtig von falsch zu unterscheiden und gut von böse.

O. Donner et al., *Klarheit im Denken*, Sicherheit, Strategie & Innovation,
https://doi.org/10.1007/978-3-031-62117-8_9

In einer Welt, in der Falschinformationen gezielt zur Unterminierung des gesellschaftlichen Konsenses eingesetzt werden, in der Deep Fakes, Diffamierungen und Behauptungen zu politischen Zwecken eingesetzt werden, braucht es schon klaren Verstand, um nicht aus der Spur geworfen zu werden.

Hängt man die Argumente für klares Denken moralisch ein paar Stufen tiefer, kann es gleichwohl von großem Nutzen sein: Wenn man nämlich seine Brötchen mit der Aufklärung von Straftaten verdient, als Mitarbeiter von Staatsschutz oder Nachrichtendiensten, als politische Beraterin, Journalistin, ja als Ärztin: Sie alle müssen auf ihre analytischen Fähigkeiten vertrauen in einer Welt, die tagtäglich 350 Exabyte digitale Daten erzeugt – das sind 350 Mio. Terrabyte. Täglich. Wohl dem, der Spreu von Weizen trennen kann, Grundrauschen von schwachen Signalen und Eins und Eins zusammenzählen.

Mit diesem Buch, seinen Fallstudien und den zusammengestellten Analysetechniken – nach ihrem analytischen Nutzen in Familien gruppiert – hoffen wir, Ihnen Rüstzeug, Beispiele und Fingerzeige zu geben, um nun selbst klar denkend ans Werk gehen zu können. Letztlich sind es Denkwerkzeuge für alle Lebenslagen; denn – frei nach Curt Goetz: Denken ist nicht nur allen erlaubt, es bleibt letztlich niemandem erspart.

Anhang A: Ausgewählte Biases, Heuristiken und Intuitive Stolperfallen

„Biases", Heuristiken und Intuitive Stolperfallen können großen Einfluss auf Analyseprozesse und Analyseergebnisse haben. Zum besseren Verständnis dieser Phänomene werden im Folgenden einige dieser „Denkfallen" erläutert.

I. Biases

Der Bestätigungsfehler/„Confirmation Bias"
Definition

Beim Bestätigungsfehler verarbeiten wir ausschließlich Informationen, die mit der bevorzugten Hypothese bzw. dem bevorzugten Urteil oder Schluss übereinstimmen.[1]

Erklärung

Je mehr wir über ein bestimmtes Thema wissen, desto schneller können wir auf die entsprechenden Inhalte in unserem Gedächtnis zugreifen. Allerdings wird es dann auch zunehmend schwerer, aus den etablierten Denkmustern auszubrechen. Das gilt sowohl im sprichwörtlichen als auch im physischen Sinne. Damit wird es auch schwerer, einen bekannten Sachverhalt aus einer anderen Perspektive zu beleuchten: wenn zum Beispiel neue und vielleicht sogar konträre Informationen auftauchen.[2] Hierzu merkt Richards Heuer an:

---

[1] Definition in Anlehnung an: Pherson, Randolph H.: Handbook of Analytic Tools & Techniques, 5th ed., Pherson Associates, LLC, 2018. Original: „Seeking only the information that is consistent with the lead hypothesis, judgement, or conclusion".

[2] Vgl. Heuer, Psychology of Intelligence Analysis, 1999, S. 20 f.

O. Donner et al., *Klarheit im Denken*, Sicherheit, Strategie & Innovation,
https://doi.org/10.1007/978-3-031-62117-8

„Wenn Informationen nicht zu dem passen, was Menschen wissen oder glauben zu wissen, dann haben sie große Schwierigkeiten damit, diese Informationen zu verarbeiten.“[3]

Das Verarbeiten bezieht sich hier auf die Wahrnehmung der Information durch das sensorische Gedächtnis, die korrekte Kontextualisierung im Kurzzeitgedächtnis und das Transformieren der Information in das Langzeitgedächtnis. All dies findet entweder gar nicht, erschwert oder falsch statt.[4] Als Folge werden bevorzugt Informationen verarbeitet, die das eigene Weltbild bestätigen. Hierdurch entsteht die Tendenz, präferierte Hypothesen, Urteile oder Schlüsse zu verifizieren, statt diese zu falsifizieren. Allerdings weist Heuer darauf hin, dass verifizierende Belege, und zwar egal in welchem Umfang, eine Hypothese niemals vollkommen beweisen können. Der Grund liegt darin, dass viele Belege auch mit einer Reihe anderer Hypothesen konsistent sein könnten.[5]

Beispiel

Filterblasen in den sozialen Netzwerken sind ein Beispiel für vorweggenommene Bestätigungsfehler:

„Die Filterblase […] oder Informationsblase ist ein Begriff der Medienwissenschaft […]. [Filterblasen entstehen], weil Webseiten versuchen, algorithmisch vorauszusagen, welche Informationen der Benutzer auffinden möchte – dies basierend auf den verfügbaren Informationen über den Benutzer (beispielsweise Standort des Benutzers, Suchhistorie und Klickverhalten). Daraus resultiere eine Isolation gegenüber Informationen, die nicht dem Standpunkt des Benutzers entsprechen.“[6]

Die Filterblase ist eine technisch programmierte Reaktion darauf, dass Nutzerinnen und Nutzer von sozialen Netzwerken besonders Beiträge von solchen Menschen lesen, anklicken oder „liken“, die ihrem eigenen Weltbild entsprechen. Der Algorithmus konfrontiert uns also vor allem mit dem, was unserem eigenen Weltbild entspricht und blendet widersprüchliche Meldungen aus.

Aber auch ohne die Unterstützung eines Algorithmus suchen wir nach dem, was unserer Sicht entspricht. Damit läuft auch Analysepersonal Gefahr, eher Quellen zu nutzen und Informationen zu suchen, die dem eigenen Weltbild und der eigenen Arbeitshypothese entsprechen und andere Quellen und Informationen zu ignorieren, obwohl diese vielleicht sogar besser wären.

---

[3] Heuer, ed., S. 23, eigene Übersetzung.

[4] Vgl. Heuer, ebd., S. 22 ff.

[5] Vgl. Heuer, ebd., S. 46 ff.

[6] Wikipedia: Filterblasen, Online: https://de.wikipedia.org/wiki/Filterblase, [Zugriff: 05.09.2023].

„Vividness Bias“

Definition

Beim „Vividness“-Effekt werden Informationen, die lebendig, konkret und bildhaft sind, deutlich besser aufgenommen, verarbeitet, abgespeichert und erinnert, als abstrakte Informationen.

Erklärung

Dem „Vividness“-Effekt zufolge beeinflussen Informationen, die wir mit eigenen Augen und Ohren aufgenommen oder die wir von Freunden oder Informanten mitgeteilt bekommen haben, unsere Urteilsbildung stärker als abstrakte oder statistische Informationen. Und das, obwohl letztere wahrscheinlich eine größere Aussagekraft – also einen höheren Wert – besitzen. Im Wettstreit bilden bildhaftere und lebendigere Informationen eher eine Urteilsgrundlage als statistische, selbst wenn letztere, die lebendigeren Informationen widerlegen.[7]

Beispiel

Wenn Analystinnen und Analysten die Anschlagswahrscheinlichkeit in einem Krisenland bewerten sollen, dann wird ihr Urteil auch davon abhängen, ob sie selbst schon einmal einen Anschlag erlebt haben. Das liegt an der hohen Geschwindigkeit, mit der sie lebhafte, klare und anschauliche Bilder eines Anschlages in ihrem assoziativen Gedächtnis abrufen können. Dieser Effekt entzieht sich der bewussten Steuerung: Er entspringt dem Unbewussten.

Rückschaufehler

Definition

Der Rückschaufehler besteht in der Einschätzung und (nachträglichen) Behauptung, Schlüssel-Informationen, -Geschehnisse, -Treiber, -Akteure oder -Faktoren, die eine zukünftige Entwicklung hervorgerufen oder beeinflusst haben, hätten im Vorfeld einfach identifiziert und berücksichtigt werden können.

---

[7] Vgl. Heuer, a. a. O., S. 118 f.

Erklärung

Personen, die „Intelligence Failures“[8] untersuchen oder den Nutzen von „Intelligence Reports“ rückblickend bewerten, überschätzen in der Regel den Grad an Vorhersehbarkeit der untersuchten Ereignisse, bzw. unterschätzen wie viel sie von der Lektüre des „Intelligence Reports“ gelernt haben.[9]

Den Grund für den Rückschaufehler sieht Richards Heuer im Unterschied zwischen Vorausschau und Rückschau. Beide Modi laufen unter vollkommen unterschiedlichen Voraussetzungen. Bei der Vorausschau, also einem Kernarbeitsbereich vieler Analystinnen und Analysten, versuchen diese auf Grundlage unvollständiger und widersprüchlicher Informationen eine Aussage über mögliche künftige Entwicklungen zu formulieren („Intelligence Estimates“). Dabei wählen sie verschiedene Informationen aus einem Bündel aus und nutzen sie, um entsprechende Aussagen zu formulieren. Bei der Rückschau, nachdem ein Ereignis eingetreten ist, kommt es zu einer abstrakten und auch konkret physischen Veränderung des eigenen Wissens. Wir erinnern uns: Das Gehirn besteht aus Millionen Neuronen und Verbindungen zwischen ihnen. Lernen wir etwas, beeinflusst das, welche Neuronen wie miteinander verbunden sind. Nehmen wir neues Wissen auf, verändert es das mentale Abbild des Gegenstandes, über den wir etwas gelernt haben: in diesem Fall über das inzwischen eingetretene Ereignis. Dieser Vorgang läuft unbewusst ab und verändert damit auch die Art, wie wir insgesamt über diesen Gegenstand nachdenken. Informationen, die vorher genauso wichtig oder vielleicht sogar unwichtiger erschienen als andere, erhalten plötzlich eine sehr große Bedeutung. Denn in der Rückschau weisen sie deutlich auf das inzwischen eingetretene Ereignis hin. Diese Wahrnehmung lässt jedoch außer Acht, dass diese Informationen nur Teil eines größeren Grundrauschens („Noise“) im Informationsraum waren. Hierin liegt der wesentliche Unterschied zwischen Vorausschau und Rückschau. Spannend ist nun

[8] Unter Intelligence Failure kann im Wesentlichen verstanden werden, dass ein bestimmtes Ereignis großer Tragweite nicht vorhergesehen werden konnte. Als klassische Intelligence Failures werden in der US-amerikanischen Intelligence Community beispielsweise 9/11 oder die Analysen im Vorfeld der US-Invasion im Irak 2003 (Stichwort vermeintliche Massenvernichtungswaffen Saddam Husseins) verstanden. Zu Intelligence Failures in der US-amerkanischen Intelligence Community siehe beispielhaft: Hedley, John Hollister, Learning from Intelligence Failures, International Journal of Intelligence and CounterIntelligence, 18: 3, 2005, S. 435–450. Für einen anderen Ansatz und Umgang mit Intelligence Failure (den Critical Thinking Ansatz) siehe beispielhaft: Moore, David T.: Critical Thinking and Intelligence Analysis, National Defence Intelligence College, Occasional Paper Number 14, Washington DC: 2007, S. 20 ff.

[9] Vgl. Heuer, a. a. O., S. 161.

vor allem, dass wir uns, nachdem wir um ein Ereignis wissen, nicht mehr in denselben kognitiven Zustand versetzen können wie zuvor. Die physische Struktur unseres Gehirns hat sich bereits verändert und diese Veränderung lässt sich nicht zurückstellen. Deshalb erscheinen beispielsweise „Intelligence Failures" in der Rückschau für den Untersuchenden regelmäßig so, als wären sie leichter vorhersagbar gewesen als in der Vorausschau.[10] Und Nutzerinnen und Nutzer von „Intelligence"-Produkten glauben, sie hätten weniger durch das Lesen der entsprechenden Produkte gelernt, als es vielleicht tatsächlich der Fall war.[11]

Mirror Imaging
Definition

Die Annahme, andere würden unter den gleichen Umständen genauso handeln wie wir selbst.[12]

Erklärung

Es ist ohnehin schwer, die Ratio anderer Menschen so zu durchdringen, dass deren Handeln korrekt eingeordnet werden kann. Denn das setzte voraus, dass die oder der Andere mit all ihren oder seinen Werten, Annahmen und Fehlwahrnehmungen verstanden wurde.[13] Der Mangel an Informationen kann deshalb dazu führen, dass die eigenen Wissenslücken – bewusst oder unbewusst – mit Bekanntem geschlossen werden. Sprich: Wissen wir nicht, wie jemand anderes ein Ereignis bewertet, nehmen wir (unbewusst) an, sie oder er beurteilten es genauso wie wir selbst in derselben Situation. Ein guter Indikator für „Mirror Imaging" ist die Ansicht, der andere Akteur handelte „irrational". Das zeigt in der Regel nur an, dass die Ratio des Anderen nicht verstanden wurde.

Beispiel

Nehmen wir an, eine Analystin soll vor wichtigen Verhandlungen mit einem anderen Staat die Wahrscheinlichkeit bewerten, inwiefern dieser Staat Langstreckenraketen testet. Besagter Staat ist aufgrund seines Raketenprogramms international bereits stark isoliert und hätte die Möglichkeit, diese Isolation bei den anstehenden Verhandlungen mindestens teilweise zu überwinden. In einer solchen Situation kann es sein, dass die Analystin die Wahrscheinlichkeit von Raketentests unterschätzt,

[10] Vgl. Heuer, ebd., S. 161 ff.

[11] Vgl. Heuer, ebd., S. 165 ff.

[12] Übersetzung basierend auf Pherson/Heuer, a. a. O., S. 24.

[13] Vgl. Heuer, a. a. O., S. 33.

wenn sie selbst eine auf Ausgleich und Harmonie bedachte Person ist. Die (unbewusste) Logik dahinter könnte sein: Würde ich dieses Land führen, wollte ich die Chance auf Annäherung nicht verspielen, indem ich vorher noch einen Raketentest durchführe.

II. Falsch angewandte Heuristiken

Die Affektheuristik

Definition

Bei der Affektheuristik werden Urteile und Entscheidungen auf Grundlage von Emotionen getroffen.

Erklärung

„Die Affektheuristik ist ein Fall von Ersetzung, bei dem die Antwort auf eine leichte Frage (Welche Gefühle weckt das in mir?) als Antwort auf eine viel schwierigere Frage dient (Was denke ich darüber?).“[14]

Vorlieben und Abneigungen bestimmen also die Weltanschauung. Im Kontext von System 1 und System 2 verhält es sich so, dass System 1 Eindrücke, Gefühle und Neigungen erzeugt. Übernimmt System 2 diese, werden sie zu Überzeugungen und Einstellungen. Diese Übernahme durch System 2 stellt den Regelfall dar. Nur selten werden die Eindrücke, Gefühle und Neigungen, die in System 1 entstehen, kritisiert oder neu bewertet. Eine Überprüfung durch System 2 findet nur selten statt.[15]

„Ein aktives, nach Kohärenz strebendes System 1 schlägt einem anspruchslosen System 2 Lösungen vor.“[16]

Beispiel

Sollen Analysten die Bedrohung durch russische Streitkräfte im Oblast Kaliningrad beurteilen, dann kann ihre Beurteilung von positiven oder negativen Emotionen gegenüber Russland abhängen. Dies geschieht nicht unbedingt bewusst und absichtlich; es kann den Analyseprozess und das Analyseergebnis dennoch in unzulässiger Weise beeinflussen. Beispielsweise weil die Analysten unbewusst dazu tendieren, je nach Einstellung, russlandkritische oder pro-russische Informationen zu bevorzugen.

---

[14] Kahneman, Schnelles Denken – langsames Denken, Penguin Verlag: 2016, S. 175.

[15] Vgl. Kahneman, ebd., S. 133 ff.

[16] Kahneman, ebd., S. 134.

Verfügbarkeitsheuristik
Definition

Bei der Verfügbarkeitsheuristik wird die Einschätzung der Häufigkeit oder Wahrscheinlichkeit eines Ereignisses oder einer Kategorie unbewusst davon abhängig gemacht, wie leicht es fällt, entsprechende Ergebnisse oder Kategorien aus dem Gedächtnis abzurufen.[17]

Erklärung

Die Verfügbarkeitsheuristik kommt zum Tragen, wenn Personen die Wahrscheinlichkeit oder Häufigkeit von Ereignissen bewerten sollen. Bei der Bewertung greift der Mensch unbewusst auf zwei Strategien zurück. Er prüft, wie leicht es ihm fällt, sich an ähnliche Geschehnisse zu erinnern und wie viele ähnliche Geschehnisse ihm einfallen; also Abrufgeschwindigkeit und Fallzahl. Ist es mithin möglich, sich mit kognitiver Leichtigkeit an viele ähnliche Ereignisse zu erinnern, wird deren Wahrscheinlichkeit oder Häufigkeit als hoch eingeschätzt. Allerdings trifft diese mentale Faustregel nicht immer zu. Verschiedene Faktoren, die selbst nichts mit der korrekten Wahrscheinlichkeit oder Häufigkeit zu tun haben, können die Abrufgeschwindigkeit und die Zahl an abzurufenden vergleichbaren Vorfällen beeinflussen. Wenn etwa entsprechende Vorfälle in jüngerer Vergangenheit stattfanden, wenn die Analysten vielleicht selbst daran beteiligt waren und wenn sie über lebhafte Eindrücke verfügen. Da sich Analysten häufig mit der Einschätzung von Wahrscheinlichkeiten befassen, sollten sie sich mit dieser Heuristik auseinandersetzen und erkennen, wenn sie Gefahr laufen, Wahrscheinlichkeiten auf dieser Grundlage zu bewerten.[18]

Beispiel

„In einer berühmten Studie wurden Eheleute gefragt: ‚Wie groß war Ihr persönlicher Beitrag beim Aufräumen Ihrer gemeinsamen Wohnung in Prozent?' […] Wie erwartet, addierten sich die Beiträge auf über 100 %. Die Erklärung ist ein einfacher Verfügbarkeitsfehler: Beide Eheleute erinnern sich an ihre eigenen Bemühungen und Beiträge sehr viel deutlicher als an die ihres jeweiligen Partners, und dieser Verfügbarkeitsunterschied führt zu einem Unterschied in der beurteilten Häufigkeit."[19]

[17] Definition in Anlehnung an Heuer/Pherson, a. a. O., S. 24.

[18] Vgl. Heuer, a. a. O., S. 147 ff.

[19] Kahneman, a. a. O., S. 166.

Anker-Effekt

Definition

Der Anker-Effekt beschreibt die Tendenz, eine Analyse an der ersten oder frühesten Information zu verankern, die bewusst oder unbewusst als wichtig empfunden wurde. In der Folge bleiben spätere Anpassungen des initial vollzogenen Schlusses unzureichend und daher zu nah am ursprünglichen Anker.[20]

Erklärung

Der Ankereffekt tritt auf, wenn Menschen auf Grundlage unvollständiger Informationen Zahlenwerte schätzen oder Sachverhalte beurteilen sollen. Zahlenwerte können Wahrscheinlichkeiten sein, Häufigkeiten, der Grad an Unsicherheit und so weiter. Liegen bereits Zahlenwerte oder Beurteilungen von Sachverhalten vor, beispielsweise aus einer älteren Analyse, oder geben die Analysten, vielleicht auch unbewusst, nach der Lektüre einiger weniger Informationen eine Initialschätzung ab, dann kann diese als kognitiver Anker dienen. Der auf Grundlage dieses Ankers geschätzte Zahlenwert oder die vorgenommene Sachverhaltsbeurteilung ist eine Anpassung auf Basis verfügbarer Informationen. Allerdings wird der Anker hier zu einem wichtigen Einflussfaktor, sodass es aufgrund nicht ausreichender Anpassung zu einer falschen Einschätzung kommt.[21]

Beispiel

Jeder Zahlenwert kann, unbewusst, zu einem Anker werden, und zwar auch ganz alltägliche Werte, von 90 % fettfreiem Käse, über 50 % Arabica-Kaffeebohnen bis hin zu Wettquoten bei der Fußballbundesliga. Wenn Analysten nun vor der Aufgabe stehen, die Wahrscheinlichkeit zu bewerten, dass ein Beteiligter in einem aktuellen Analysefall bewusst getäuscht hat („Deception"), kann der Anker diese Wahrscheinlichkeitsbewertung beeinflussen. Das geschieht unbewusst und entzieht sich der eigenen Wahrnehmung und damit der eigenen Steuerung.

---

[20] Definition in Anlehnung an: Artner, Stephan et al.: Assessing the Value of Structured Analytic Techniques in the U.S. Intelligence Community, RAND Corporation, Research Report, 2016, S. 2.

[21] Vgl. Heuer, a. a. O., S. 150 ff.

Gruppendenken

Definition

Beim Gruppendenken handelt es sich um einen unterschwelligen gruppeninternen Konsens. Dieser hält Mitglieder der Gruppe davon ab, alternative Perspektiven einzubringen oder andere Interpretationen zu äußern. Beides wird als Versuch gewertet, den Konsens der Gruppe aufzubrechen.[22]

Erklärung

Eingespielte Gruppen, teilweise auch neue Gruppen und Gruppen mit einem Hierarchiegefälle, tendieren dazu, einen Konsens zu finden. Dieses Bestreben ist verständlich, weil niemand der „Buh-Mann" oder Spielverderber sein möchte, der die Gruppe „daran hindert", zu einem Ergebnis zu gelangen. Wenn ein Ergebnis für alle Beteiligten einigermaßen zufriedenstellend ist, wird es wahrscheinlich zum offiziellen Gruppenergebnis. Es kann allerdings deutlich schlechter ausfallen, als es möglich gewesen wäre. Weil sich ein Beteiligter beispielsweise nicht getraut hat, seinen Vorschlag einzubringen.

Beispiel

Die generelle Haltung der „US Intelligence Community" vor dem Einmarsch US-amerikanischer Truppen in den Irak 2003 kann als Fall von „Groupthink" gelten. Das belegt beispielhaft ein Auszug aus dem entsprechenden Untersuchungsbericht des US-Kongresses vom 7. Juli 2004, in dem es heißt:

„The Committee does not regard the analysis on Iraq's aluminum tubes, performed by CIA contractors, as an attempt to challenge assumptions, but rather as an example of the collective rationalization that is indicative of ‚groupthink.'".[23]

---

[22] Artner, a. a. O., S. 2.

[23] Senate Select Committee On Intelligence, Report on the U.S. Intelligence Community's Prewar Intelligence Assessments on Iraq, United States Senate, 108th Congress, 7 July 2004, S. 21, Online: https://web.mit.edu/simsong/www/iraqreport2-textunder.pdf [Zugriff: 02.09.2019]. Sinngemäße Übersetzung: „Der Ausschuss betrachtet die von CIA-Auftragnehmern durchgeführte Analyse der irakischen Aluminiumtuben nicht als einen Versuch, Annahmen in Frage zu stellen, sondern als ein Beispiel für eine kollektive Rationalisierung, die auf ‚Gruppendenken' hindeutet."

„Satisficing"
Definition

„Satisficing" beschreibt das Auswählen der erstbesten Antwort, die als „gut genug" erscheint.[24]

Erklärung

Beim sogenannten „Satisficing", eine Kombination aus dem englischen „satisfy" (zufriedenstellen) und dem englischen „suffice" (genügen, ausreichen), wird die erstbeste, kohärent und plausibel erscheinende Hypothese ausgewählt. Anschließend werden Daten so gesammelt und aufbereitet, dass sie diese Hypothese stützen.[25] Hier gibt es eine große Schnittmenge zum verfrühten Abbrechen. Allerdings stoppt die Analyse beim „Satisficing" gegebenenfalls noch früher als beim verfrühten Abbrechen.

Beispiel

Unter hohem Zeitdruck soll ein neuer Analyst in der Abteilung bewerten, ob der Kreml-Kritiker Alexei Nawalny auf Geheiß der russischen Führung vergiftet wurde. Bei seiner Recherche stößt er auf Berichterstattung zur Vergiftung von Sergej Skripal und seiner Tochter in England. Dadurch entsteht schnell die Arbeitshypothese, dass der Fall Nawalny ähnlich gelagert und Russland tatsächlich für die Vergiftung von Nawalny verantwortlich sein könnte. Der Analyst fertigt nun einen kohärenten Report aus den zwei Fällen an und übergibt ihn als Ersteinschätzung an seinen Vorgesetzten, ohne alternative Hypothesen in Betracht gezogen zu haben.

Verfrühtes Abbrechen/„Premature Closure"
Definition

„Verfrühtes Abbrechen beschreibt das Phänomen, bei dem die Suche nach einer Ursache beziehungsweise einer Erklärung eingestellt wird, sobald eine einigermaßen befriedigende Antwort gefunden wurde und noch bevor ausreichend Informationen gesammelt und analysiert wurden."[26]

---

[24] Vgl. Heuer, a. a. O., S. 43.

[25] Vgl. Heuer, ebd., S. 44.

[26] Globalytica LLM, List of Definitions.

Erklärung

„Satisficing" und verfrühtes Abbrechen ähneln sich stark. Allerdings stoppt die Analyse beim verfrühten Abbruch gegebenenfalls später – jedoch immer noch zu früh – als beim „Satisficing".

III. Intuitive Stolperfallen

Analystinnen und Analysten im Bereich Intelligence – und in vielen anderen Disziplinen – fallen oft mentalen Fehlern oder intuitiven Stolperfallen zum Opfer, die Ausdruck allgemein bekannter kognitiver Verzerrungen sind. Intuitive Stolperfallen sind mentale Abkürzungen, die Praktiker bei der Ausübung ihrer Tätigkeit machen. Die Projektion vergangener Erfahrungen tritt beispielsweise auf, wenn ein Polizeibeamter davon ausgeht, dass der nächste Fall, an dem er oder sie arbeitet, wie der vorherige Fall sein wird.

Die häufigsten intuitiven Stolperfallen

Bevorzugung von Informationen aus erster Hand: Die Neigung, Informationen, die wir persönlich erhalten haben, mehr Einfluss zu gewähren als solchen, die wir aus zweiter Hand oder erzählt bekommen.

Ignorieren widersprüchlicher Belege: Das Verwerfen oder Ignorieren von Informationen, die nicht mit dem übereinstimmen, was man zu sehen erwartet.

Ignorieren von Informationsdefiziten: Mangelnde Berücksichtigung der Auswirkungen fehlender Informationen auf analytische Schlussfolgerungen.

Projektion vergangener Erfahrungen: Die Annahme, dass dieselbe Dynamik am Werk ist, wenn etwas mit den vergangenen Erfahrungen des Analysepersonals übereinzustimmen scheint.

Annahme von Mustern: Der Glaube, dass Handlungen das Ergebnis einer zentralen Planung oder Anweisung sind, und das vermeintliche Auffinden von Mustern dort, wo sie gar nicht existieren.

Fehlende mentale Ablagen: Der Analyst oder die Analystin kann sich nicht an etwas erinnern oder etwas nicht in die Analyse einbeziehen, weil ihm eine geeignete Kategorie oder „mentale Ablage" für diese spezielle Information fehlt.

Überinterpretation kleiner Stichproben: Überzogene Schlussfolgerungen aus einer kleinen Stichprobe von konsistenten Daten.

Verwechselung von Kausalität und Korrelation: Unangemessenes Ableiten von Kausalität; (fälschliche) Annahme, dass Korrelation Kausalität impliziert. Wird auch als „Wahrnehmung von Ursache und Wirkung" bezeichnet.

Erwartung marginaler Veränderungen: Konzentration auf eine enge Auswahl von Alternativen, die eine marginale, aber keine radikale Veränderung darstellen.

Weitere intuitive Stolperfallen

Annahme einer einzigen Lösung: Die ausschließliche Fixierung auf ein wahrscheinliches (und vermeintlich vorhersehbares) Ergebnis, anstatt anzuerkennen, dass „die Zukunft pluralistisch" ist und mehrere Ergebnisse in Betracht gezogen werden sollten.

Angenommene Unvermeidbarkeit: Die Annahme, dass ein Ereignis mit größerer Sicherheit eintreten wird, als es tatsächlich der Fall ist. Wird auch als „Illusion der Unvermeidbarkeit" bezeichnet.

Sich auf erste Eindrücke verlassen: Zu starke Gewichtung des ersten Eindrucks oder der ersten Daten, besonders wenn sie unsere Aufmerksamkeit erregen und zu diesem Zeitpunkt wichtig erscheinen.

Überbewertung von Verhaltensfaktoren: Überschätzung der Rolle interner Determinanten des Verhaltens (Persönlichkeit, Einstellungen, Überzeugungen) und Unterschätzung der Bedeutung externer oder situativer Faktoren (Zwänge, Kräfte, Anreize). Wird oft als Fundamentaler Attributionsfehler bezeichnet.

Emotionsgeleitetes Urteilen: Akzeptieren oder Ablehnen von allem, was eine andere Person sagt, weil der Analyst oder die Analystin die Person besonders mag oder nicht mag. Wird auch als „Halo-Effekt" bezeichnet.

Ablehnung von „unwichtigen" Belegen: Festhalten an einem Urteil, obwohl man mit einer wachsenden Zahl widersprüchlicher Belege konfrontiert wird.

Ignorieren der Basisrate: Das Unvermögen, die Wahrscheinlichkeit eines Ereignisses einzuschätzen, wenn man mit Statistiken konfrontiert wird und das Ignorieren früherer Wahrscheinlichkeitseinschätzungen oder Basisraten.

Fehlkommunikation von Wahrscheinlichkeiten: Fehlkommunikation oder Fehleinschätzung von subjektiven Wahrscheinlichkeiten (höchstwahrscheinlich, möglicherweise, unwahrscheinlich).

Überschätzung der Wahrscheinlichkeit: Überschätzung der Wahrscheinlichkeit, dass mehrere Ereignisse unabhängig voneinander eintreten könnten, um ein bestimmtes Ereignis oder einen Angriff stattfinden zu lassen. Merke: Einzelwahrscheinlichkeiten multiplizieren sich.

Definitionen

Adressatinnen/Adressaten: Adressatinnen/Adressaten sind konkret benennbare Personen oder Organisationen, für die Analyseprodukte erstellt werden. Diese sind in der Regel Entscheidungsträgerinnen oder Entscheidungsträger, sodass Analyseprodukte darauf ausgerichtet werden müssen, die Ausgangssituation zur Entscheidungsfindung zu verbessern. Ziel ist das Ermöglichen besserer Entscheidungen als potenzieller oder tatsächlicher Konkurrenten, Gegenspieler oder Feinde.

Analyseprozess: Der Analyseprozess umfasst alle notwendigen Schritte, um von einem Adressatenbedarf, über eine zielführende Fragestellung bis hin zu einem Analyseergebnis zu gelangen, das den Adressatenbedarf deckt.

Analystin/Analyst: Der Begriff Analystin/Analyst ist ein Sammelbegriff für unterschiedliche Berufsbilder, bei denen die Analyse den Schwerpunkt der Stellenbeschreibung bildet. Dies kann Personal in Behörden, wie dem Verfassungsschutz oder dem Bundesnachrichtendienst betreffen genauso wie Personal im Bereich der Unternehmenssicherheit, dem Sicherheitsmanagement, der Risikoeinschätzung oder der Informations- und Cybersicherheit. Synonym wird in Deutschland häufig der Begriff Consultant oder Manager genutzt: Security Consultant, Risk Manager etc.

Annahme: Etwas, das als wahr, zutreffend oder sicher angenommen wird, ohne dass es hierfür Belege gibt.

Aufklärung: Im Rahmen der Aufklärung werden Informationslücken durch den Einsatz von Sensoren geschlossen. Sensoren umfassen hierbei alle klassischen Aufklärungsdisziplinen wie OPEN QUELLE INTELLIGENCE (OSINT), HUMAN INTELLIGENCE (HUMINT), IMIGARY INTELLIGENCE (IMINT), SIGNAL INTELLIGENCE (SIGINT) und so weiter.

Aufklärungs- und Informationsersuchen: Aufklärungsersuchen sind konkret formulierte Anfragen an Sensoren, um eine Informationslücke zu schließen. Dies können beispielsweise Ersuchen an menschliche Sensoren (Ermittler/HUMINT) oder einen technischen Sensor wie eine Drohne (SIGINT oder IMINT) sein. Informationsersuchen sind konkret formulierte Anfragen an andere Stellen oder Abteilungen, mit denen dort vorhandene Informationen abgerufen werden. Beispielsweise die Abfrage zu Informationen zu einer bestimmten Person oder Gruppierung bei einer anderen Behörde oder die Abfrage zu technischen Spezifikationen eines Produktes eines kooperierenden Unternehmens.

Ausgangsfrage: Eine durch eine Adressatin oder einen Adressaten formulierte Fragestellung, die in den Intelligence-Bereich bzw. an das Analyseteam gerichtet wurde.

Auswerter: Personen, die Aufklärungsergebnisse eines speziellen Sensors auswerten.

Hauptargumentationslinie: Die Hauptargumentationslinie stellt die Gesamtheit aller in einem Analyseprodukt genutzten Elemente dar und mündet in der Regel in einer Bewertung und/oder Folgerung. Mögliche Elemente sind unter anderem Belege, Annahmen sowie analytische Schlüsse und Urteile. Bewertungen sind Einordnungen des im Produkt Analysierten (das So What?). Folgerungen ergeben sich aus den Bewertungen und werden in der Regel als konkrete Handlungsempfehlungen für den Adressaten oder die Adressatin verfasst.

Kernfrage: Die Kernfrage ist die einem Analyseprodukt zu Grunde liegende Frage. Sie ergibt sich entweder aus der Anpassung und Operationalisierung einer von Adressatin oder Adressat gestellten Ausgangsfrage oder wird vom Analyseteam aufgrund einer Lageentwicklung oder im Rahmen bestehender Aufträge aufgeworfen. Kernfragen werden in der Regel in Teilfragen zerlegt.

Kollektor: Eine Person, dessen Aufgabe das Gewinnen oder Beschaffen von Informationen durch menschliche Quellen ist. (HUMINT/Human Intelligence).

Konfidenz-Niveaus (*Levels of confidence*): Konfidenz-Niveaus bringen den Grad an Unsicherheit zum Ausdruck, dem ein analytischer Schluss unterliegt. Sie werden in der Regel unterteilt in niedrig, mittel und hoch. Die Festlegung des Konfidenz-Niveaus basiert auf der Einschätzbarkeit des Sachverhaltes sowie der Qualität und Menge der verfügbaren Informationen und Quellen.

Leithypothese: Die Leithypothese ist die zur jeweiligen Zeit favorisierte Erklärung für eine bestimmte Entwicklung oder ein bestimmtes Phänomen.

Produkte: Produkte sind zumeist schriftlich übermittelte Analyseergebnisse, Ergebnisse von sensornaher Auswertung oder Zusammenfassungen von Informationen. Klassische Beispiele für Analyseprodukte sind Intelligence Briefings, Intelligence Reports, Intelligence Summaries oder Szenarien und Indikatoren. Sensornahe Auswertungen können Zeugenbefragungen, Zusammenfassungen von Zahlungen aus dem Bereich Controlling oder sämtliche Berichte aus Aufklärungsdisziplinen (OSINT-Reports, HUMINT-Reports, IMINT-Reports usw.) sein.

Produktionsprozess: Der Produktionsprozess umfasst alle in einer Organisation vorgesehenen Prozessschritte, um ein fertiges Analyseprodukt bereitstellen zu können.

Schlüsselannahme: Etwas, das als wahr, zutreffend oder sicher angenommen wird, ohne dass es hierfür Belege gibt und von dem stark beeinflusst wird, wie belastbar die Hauptargumentationslinie eines Analyseproduktes ist.

Schlüsseltreiber: Schlüsseltreiber sind Dynamiken, die maßgeblichen Einfluss auf Sachverhalte, Entwicklungen und Akteure ausüben. Sie können verstanden werden als jene Treiber, welche die größte Wirkung auf alle anderen Treiber ausüben.

Teilfragen: Weil Kernfragen in der Regel zu umfangreich sind, um diese als Ganzes zu beantworten, werden diese in Teilfragen zerlegt. Die Beantwortung der Summe aller aus einer Kernfrage entwickelten Teilfragen sollte der Beantwortung der Kernfrage gleichkommen.

Treiber: Treiber sind Dynamiken, die Einfluss auf Sachverhalte, Entwicklungen und Akteure ausüben. Treiber bewegen sich immer innerhalb von Kontinuen wie hoch/niedrig, viel/wenig etc. und müssen entsprechend beschrieben werden.

Unsicherheiten (Uncertainties): Unsicherheiten sind eine Teilmenge der einer Analyse zu Grunde liegenden Annahmen und beschreiben jene Annahmen, die fragwürdig oder unsicher sind.

Wahrscheinlichkeitseinschätzung (*Probability*): Wahrscheinlichkeitseinschätzungen bringen zum Ausdruck, für wie wahrscheinlich zukünftige Entwicklungen gehalten werden *(Staat A wird Staat B wahrscheinlich angreifen).* Sie werden auch genutzt, um auszudrücken, für wie wahrscheinlich potenzielle Erklärungen (Hypothesen) für unklare Sachverhalte eingeschätzt werden *(Bei dem Gebäude handelt es sich wahrscheinlich nicht um ein Meth-Labor).*

Wesentliche Unsicherheit/*Key Uncertainty*: Wesentliche Unsicherheiten sind jene Unsicherheiten, die starken Einfluss auf die Hauptargumentationslinie eines Analyseproduktes aufweisen.

Wildcard-Szenario: Ein „Wildcard"-Szenario beschreibt eine unvorhersehbare oder wenig wahrscheinliche Entwicklung, die große Auswirkungen auf eine bestimmte Situation oder einen bestimmten Plan haben kann.

Anhang B: Literaturempfehlungen

Pherson Publikationen

Structured Analytic Techniques for Intelligence Analysis, 3rd ed. Randolph H. Pherson and Richards J. Heuer, Jr., Washington, DC: CQ Press/SAGE Publications, 2021.

Critical Thinking for Strategic Intelligence, 3rd ed. Katherine Hibbs Pherson and Randolph H. Pherson, Washington, DC: CQ Press/SAGE Publications, 2021.

Cases in Intelligence Analysis: Structured Analytic Techniques in Action, Sarah Miller Beebe and Randolph H. Pherson, Washington, DC: CQ Press/SAGE Publications, 2015.

Handbook of Analytic Tools and Techniques, 5th ed., Randolph H. Pherson. Reston, Virginia: Pherson Associates, 2019.

How to Get the Right Diagnosis: 16 Tips for Navigating the Medical System, Randolph H. Pherson, Coral Gables, Florida: Mango Publications, 2020.

Analyst's Guide to Indicators, Randolph H. Pherson and John Pyrik, Tysons, Virginia: Pherson Associates, 2018.

Analytic Writing Guide, 2nd ed. Louis Kaiser and Randolph H. Pherson. Reston, Virginia: Pherson Associates, 2021.

Analytic Briefing Guide, Randolph H. Pherson, Walter Voskian, and Roy A. Sullivan, Jr. Reston, Virginia: Pherson Associates, 2018.

Analytic Production Guide, Walter Voskian and Randolph H. Pherson. Reston, Virginia: Pherson Associates, 2016.

Intelligence Communication in the Digital Era: Transforming Security, Defence and Business. Rubén Arcos and Randolph H. Pherson, eds. London: Palgrave Macmillan, 2015.

Psychology of Intelligence Analysis, Richards J. Heuer, Jr. Reston, Virginia: Pherson Associates, 2007.

O. Donner et al., *Klarheit im Denken*, Sicherheit, Strategie & Innovation,
https://doi.org/10.1007/978-3-031-62117-8

Rethinking Intelligence: Richards J. Heuer, Jr.'s Life of Public Service, Richards J. Heuer, Jr. edited by Randolph H. Pherson, Tysons, Virginia: Pherson Associates, 2018.

Alle Pherson-Publikationen können online bestellt warden: https://shop.globalytica.com/collections/publications.

Weitere Literaturempfehlungen

Burrows, Mathew and Oliver Gnad. Between ‚Muddling Through' and ‚Grand Design': Regaining Political Initiative – The Role of Strategic Foresight, in: Futures 97 (2018), pp. 6–17 (DOI: http://dx.doi.org/10.1016/j.futures.2017.06.002).

Clark, Robert M. Intelligence Analysis: A Target-Centric Approach, 5th Edition. Los Angeles, CA: CQ Press/SAGE Publications, 2016.

Elgersma, Erik. The Strategic Analysis Cycle Handbook. London, England: LID Publishing Limited, 2017.

Elgersma, Erik. The Strategic Analysis Cycle Toolbook. London, England: LID Publishing Limited, 2017.

Fingar, Thomas. Reducing Uncertainty: Intelligence Analysis and National Security. Stanford, CA: Stanford University Press, 2011.

Gawande, Atul. The Checklist Manifesto: How to Get Things Right. New York, NY: Picador, Reprint 2011.

George, Roger Z. and James B. Bruce, editors. Analyzing Intelligence: Origins, Obstacles, and Innovations, 2nd Edition. Washington, DC: Georgetown University Press, 2014.

Gladwell, Malcolm. Outliers: The Story of Success. New York, NY: Back Bay Books, Reprint 2011.

Grabo, Cynthia M. Anticipating Surprises: Analysis for Strategic Warning. Lanham, MD: University Press of America, 2004.

Grabo, Cynthia and Jan Goldman. Handbook of Warning Intelligence: Assessing the Threat to National Security. Lanham, MD: Scarecrow Press, 2010.

Groopman, Jerome, MD. How Doctors Think, Boston, MA: Houghton Mifflin Company, 2007.

Higgins, James M. 101 Creative Problem Solving Techniques: The Handbook of New Ideas for Business. Winter Park, FL: The New Management Publishing Company, 1994.

Janis, Irving L. Victims of Groupthink: A Psychological Study of Foreign Policy Decisions and Fiascos. 2nd ed. Boston, MA: Wadsworth, 1982.

Jervis, Robert. Why Intelligence Fails. Ithaca, NY: Cornell University Press, 2010.
Kahneman, Daniel. Thinking Fast and Slow. New York, NY: Farrar, Straus and Giroux, 2011.
Karabell, Zachary. The Leading Indicators: A Short History of the Numbers That Rule Our World. New York, NY: Simon & Schuster, 2014.
Khalsa, Sundri. Forecasting Terrorism: Indicators and Proven Analytic Techniques. Lanham, MD: Scarecrow Press, 2004.
Klein, Gary. Sources of Power: How People Make Decisions. Cambridge, MA: The MIT Press, 1999.
Klein, Gary. The Power of Intuition: How to Use Your Gut Feelings to Make Better Decisions at Work. New York, NY: Currency/Doubleday, 2004.
Lahneman, William J. and Ruben Arcos, editors, The Art of Intelligence: More Simulations, Exercises, and Games, 2nd ed. Lanham, MD: Rowman & Littlefield, 2018.
Lowenthal, Mark M. Intelligence: From Secrets to Policy, 8th Edition. Los Angeles, CA: CQ Press/SAGE Publications, 2020.
Lowenthal, Mark M. and Robert M. Clark, editors. The Five Disciplines of Intelligence Collection. Washington, DC: CQ Press/SAGE Publications, 2016.
McDowell, Don. Strategic Intelligence. Rev. Ed. Lanham, MD: Scarecrow Press, 2009.
Moose, Charles A. and Charles Fleming. Three Weeks in October: The Manhunt for the Serial Sniper. New York, NY: Penguin Books, 2003.
Ratcliffe, J. Strategic Thinking in Criminal Intelligence, 2nd Edition. Annandale, New South Wales, Australia: The Federation Press, 2009.
Root-Bernstein, Robert and Michele. Sparks of Genius: The 13 Thinking Tools of the World's Most Creative People. Boston, MA: Houghton Mifflin, 1999.
Schum, David A. The Evidential Foundations of Probabilistic Reasoning. Evanston, IL: Northwestern University Press, 2001.
Schwartz, Peter. The Art of the Long View. New York, NY: Doubleday, 1996.
Silver, Nate. The Signal and the Noise: Why So Many Predictions Fail – but Some Don't. New York, New York: Penguin Books, 2012.
Steiner, James E. Homeland Security Intelligence. Los Angeles, CA: CQ Press/Sage Publications, 2015.
Surowiecki, James. The Wisdom of Crowds. New York, NY: Random House, 2005.
Taleb, Nassim Nicholas. The Black Swan: The Impact of the Highly Improbable. New York, NY: Random House, 2010.

Tetlock, Philip E. Expert Political Judgment. Princeton, NJ: Princeton University Press, 2005.

Tetlock, Philip E. and Dan Gardner. Superforecasting: The Art and Science of Prediction. New York, NY: Broadway Books, 2015.

Vandepeer, Charles. Applied Thinking for Intelligence Analysis: A Guide for Practitioners. Canberra, AU: Air Power Development Centre, 2014.

Walton, Timothy. Challenges in Intelligence Analysis: Lessons from 1300 BCE to the Present. New York, NY: Cambridge University Press, 2010.

Analyseprodukte erstellen und präsentieren

Chastain, Emma. How to Write: A Concise Guide to Grammar, Usage & Style (Spark Notes Ultimate Style). New York, NY: Spark Publishing, 2005.

Knaflic, Cole Nussbaumer. Storytelling with Data: A Data Visualization Guide for Business Professionals. Hoboken, NJ: John Wiley & Sons, 2015.

Koegel, Timothy J. The Exceptional Presenter: A Proven Formula to Open Up and Own the Room, Expanded Edition. Austin, TX: Greenleaf Book Group Press, 2007.

Mayberry, Katherine J. Everyday Arguments: A Guide to Writing and Reading Effective Arguments, 3rd Edition. Boston, MA: Houghton Mifflin, 2009.

Roam, Dan. The Back of a Napkin: Solving Problems and Selling Ideas with Pictures. London, UK: Portfolio Trade Expanded Edition, 2013.

Strunk Jr., William and E.B. White. The Elements of Style, 50th Anniversary Edition. New York, NY: Pearson Education, 2009.

Williams, Joseph M. and Joseph Bizup. Style: Lessons in Clarity and Grace, 12th edition. New York, NY: Pearson, 2017.

Williams, Joseph M. and Gregory C. Colomb. The Craft of Argument, 3rd Edition. New York, NY: Pearson Longman, 2007.

Wong, Dona M. The Wall Street Journal Guide to Information Graphics. New York, NY: W.W. Norton & Company, 2010.

Yau, Nathan. Data Points: Visualization That Means Something. Indianapolis, IN: John Wiley & Sons, 2013.

Zinsser, William. On Writing Well. 30th Anniversary Edition. New York, NY, 2012.

SPRINGER NATURE

GPSR Compliance

The European Union's (EU) General Product Safety Regulation (GPSR) is a set of rules that requires consumer products to be safe and our obligations to ensure this.

If you have any concerns about our products, you can contact us on ProductSafety@springernature.com

In case Publisher is established outside the EU, the EU authorized representative is:

Springer Nature Customer Service Center GmbH
Europaplatz 3
69115 Heidelberg, Germany

FSC
www.fsc.org
MIX
Papier | Fördert
gute Waldnutzung
FSC® C083411

Zeitfracht Medien GmbH
Ferdinand-Jühlke-Straße 7
99095 Erfurt, Deutschland
produktsicherheit@kolibri360.de